U0930225

国家出版基金项目
“十四五”时期国家重点出版物出版专项规划项目

高速铁路基础研究与技术创新丛书

工程施工与组织系列

高速铁路施工组织创新与实践

本丛书编委会　总主编
魏　强　编　著
卢春房　主　审

中国铁道出版社有限公司

2023年·北　京

内 容 简 介

本书为“高速铁路基础研究与技术创新丛书”之分册。本书全面呈现高速铁路施工组织在工程建设中的创新与实践，既有施工组织的系统论述，又通过实践案例全方位展示技术创新成果，特别是重点论述了智能化手段和技术的应用。主要内容包括高速铁路施工组织设计、技术及大型临时工程、桥梁、隧道、路基、轨道、客站、“四电”工程施工组织创新与实践。

本书适合铁路工程施工组织相关管理、科研、设计、施工人员及高校师生参考。

图书在版编目(CIP)数据

高速铁路施工组织创新与实践/魏强编著. —北京：中国铁道出版社有限公司，2023.5
(高速铁路基础研究与技术创新丛书．工程施工与组织系列)
“十四五”时期国家重点出版物出版专项规划项目
ISBN 978-7-113-30136-1

Ⅰ.①高… Ⅱ.①魏… Ⅲ.①高速铁路-铁路工程-施工组织 Ⅳ.①U238

中国国家版本馆 CIP 数据核字(2023)第 061826 号

书　　名：高速铁路施工组织创新与实践
作　　者：魏　强

策　　划：王　健
责任编辑：王　健　邱金帅　　**编辑部电话：**(010)51873065
封面设计：高博越　刘　莎　　**封面摄影：**王明柱　　**丛书标识设计：**崔丽芳
责任校对：安海燕
责任印制：高春晓

出版发行：中国铁道出版社有限公司(100054，北京市西城区右安门西街 8 号)
网　　址：http://www.tdpress.com
印　　刷：北京联兴盛业印刷股份有限公司
版　　次：2023 年 5 月第 1 版　2023 年 5 月第 1 次印刷
开　　本：787 mm×1 092 mm 1/16　**印张：**21　**字数：**416 千
书　　号：ISBN 978-7-113-30136-1
定　　价：158.00 元

高速铁路基础研究与技术创新丛书

编　辑　组

序

我国高速铁路起步晚、发展快、后劲足，经过几代人的不懈努力，通过原始创新、集成创新、引进消化吸收再创新，成功地走出了一条符合中国国情路情、具有中国特色的自主创新之路。我国已系统掌握各种复杂地质和气候条件下高速铁路建造成套技术；在工务工程、列车运行控制、牵引供电、动车组等高速铁路核心技术方面实现自主化；形成了复杂路网条件下处理跨线运行的运营管理成套技术，构建了人防、物防、技防三位一体的主动安全保障机制。我国已成为全球高速铁路运营里程最长、在建规模最大、运营速度最快、技术体系最全、运营和管理经验最丰富的国家。我国高速铁路技术已走在世界前列，成为推动世界高速铁路发展的重要力量。

为贯彻落实中共中央、国务院《交通强国建设纲要》，推进国铁集团《新时代交通强国铁路先行规划纲要》的落地，系统总结、梳理我国高速铁路各领域前沿理论和技术，向我国乃至世界高速铁路科研工作者和工程技术人员提供一套前沿性的参考书，中国国家铁路集团有限公司铁道出版社公司特组织编著出版“高速铁路基础研究与技术创新丛书”。

丛书以习近平新时代中国特色社会主义思想为指导，以国家自然科学基金课题、国家基金委-国铁集团高铁联合基金课题、国家“973”课题、国家重点研发计划课题等科研成果为支撑，从高速铁路前沿研究、补短板技术、核心技术、技术发展趋势等方向组织选题，涵盖动车组、供电、通信与信号、列控与检测、工程勘察与设计、智能建造、运营与管理、现代信息技术、安全和维护等领域，规模为100册，是全面系统论述我国高速铁路基础研究与技术创新成就的大型系列原创性科技著作。

丛书力求突出制高点、原创性、权威性、全覆盖特色。丛书各册内容以作者团队长期从事高速铁路科学研究的成果为依托，多数成果居于国内领先水平甚至世界先进水平，多种成果荣获国家科学技术奖一等奖、二等奖，国家技术发明奖一等奖、二等奖，茅以升科学技术奖，詹天佑铁道科学技术奖，铁道科技进步奖等奖项，丛书内容体现了我国当今最新、最前沿以及展现未来发展趋势的高速铁路相关研究成果和应用技术。丛书包括动车组、供电、工程施工与组织等十个系列，基本实现高速铁路各领域全覆盖。

丛书由编委会总负责。编委会阵容强大，认真负责。编委会各成员都是长期从事我国高速铁路科研、技术、生产和管理的一流专家学者，是所从事领域的翘楚，其中包括高速铁路及其相关领域的四位院士。编委会多次开会商讨丛书的体系、内容特色、作者条件及质量保障机制；分工负责，精心审订和修改各册编写提纲；多次遴选选题，先从150多个选题意向中遴选出100个选题，后又剔除了内容特色不太鲜明的8个选题，还对10多个选题提出了较大的改进意见，补充了8个关键技术和弥补技术空白的选题；最后邀请专人对各册内容进行审定，从而保证了各册内容的正确性和先进性。

2021年年底，国家新闻出版署经过严格评审，“高速铁路基础研究与技术创新丛书”(100册)成功入选“‘十四五’时期国家重点出版物出版专项规划——重大出版工程”。这是对本丛书项目的认可，也是对编委会、作者和编辑等人员前期工作的认可，更是一种鞭策。我们相信，本丛书的出版，将助力于《交通强国建设纲要》的贯彻落实，推动我国乃至世界高速铁路事业的发展，也将为铁路领域的科研工作者、工程技术人员、管理人员，以及高校相关专业师生提供一套高水平、原创性、权威性、全覆盖的大型高铁科技精品著作。

中国工程院院士
“高速铁路基础研究与技术创新丛书”编委会主任 卢春房
2022年2月

前　言

本书为“高速铁路基础研究与技术创新丛书”之分册，按丛书要求，力图体现高速铁路工程施工组织的前沿性、原创性特色。

我国铁路高速发展，截至 2022 年底，已建成运营线路 15.5 万 km，其中高速铁路 4.2 万 km。随着铁路的发展，特别是高速铁路的大规模建设，施工组织水平不断提升，理念不断创新，标准化水平纵深推进，智能化手段广泛应用。近五年来，相继建成了一批重大高速铁路项目，一批代表世界级水平的复杂桥梁、长大隧道、新型客站等工程投入使用，站后“四电”智能化施工技术、无砟轨道及无缝线路铺设技术等取得实质性提升，高速铁路施工组织创新与实践取得较大成效。

施工组织设计在铁路建设推进中居于纲领性地位，能将理论及实际紧密结合的相关著作还很稀缺。本书聚焦高速铁路施工组织最新的研究成果及新理念、新技术的应用，全面总结呈现其在工程建设中的创新与实践，全书既有施工组织设计与技术的系统论述，又有技术创新成果的实践案例呈现，特别是重点论述了机械化、智能化手段和技术的应用，可为业内人员及相关单位提供参考。

全书共分九章。第 1 章论述了施工组织设计，包括施工组织设计概念与内容、编制与审查、智能化编制理论及方法，以及工期指标与数据库构建；第 2 章论述了施工组织技术创新与实践，包括施工组织方法与工程实践、施工组织动态控制、工期调整分析理论与方法及施工组织信息化技术应用与创新等重点内容；第 3 章论述了大型临时工程的创新与实践，包括大型临时工程管理理念以及双块式轨枕场、轨道板厂、梁场、拌和站等创新与实践；第 4 章～第 9 章分别论述了桥梁、隧道、路基、轨道、客站、“四电”工程的施工组织创新与实践。

本书由中国国家铁路集团有限公司工程管理中心魏强编著，卢春房院士主审。魏强负责全书策划及各章内容的确定审核，具体撰写情况如下：第 1、2 章由魏强撰写，第 3 章由赵健、杨彦海撰写，第 4 章由王鹏、姜贺撰写，第 5 章由汪昆生撰写，第 6 章由张先军撰写，第 7 章由杨永明撰写，第 8 章由梁生武撰写，第 9 章由李凯、徐永超、马昊博撰写。

本书内容吸收了魏强于2020年出版的《高速铁路施工组织管理与技术》相关内容，感谢帮助收集素材的科研、建设、设计、施工单位的朋友们。

本书涉及内容较广，限于作者水平，错误和不足之处在所难免，恳请读者不吝指正。

编著者

2023年2月

目　录

第1章 施工组织设计创新与实践

高速铁路建设以施工组织为主线，施工组织设计是工程建设的纲领性文件，对整个工程实施进行统筹规划，起到前提保障作用。本章重点论述施工组织设计有关理论及编制方法。

1.1 施工组织设计的概念与内容

1.1.1 施工组织设计的概念

施工组织设计是对施工活动实行科学管理的重要计划手段，是设定工程目标，对工程建设顺序、建设组织安排、工期节点计划、施工技术方案、施工资源配置、辅助设施设置、安全质量、环水保管理等要素做出的统筹安排。根据建设项目特点，通过技术经济比选，选择施工方案，确定施工进度计划，设置临时工程和辅助设施，并对项目在人力、物力和财力、时间和空间、技术和组织等方面做出全面科学合理的安排，为施工顺利开展提供前提条件、指导依据和基础保证。我们把施工组织设计称为工程建设的"纲领性文件"，是从管理关系角度突出施工组织设计的重要地位。在高速铁路施工组织设计探索、发展过程中，针对高速铁路质量要求高、控制因素多、接口工程复杂、内外部协调量大等特点，需要确定工程实施的详细的计划，这个计划就是施工组织设计。

1. 在设计理论和管理理念方面

将施工组织设计作为指导项目建设的纲领性文件，确立了施工组织设计在指导铁路项目建设全过程技术、经济和建设组织活动中的重要地位；深入推进标准化管理，以"机械化、工厂化、专业化、信息化"为支撑手段，突出智能建造技术，积极推广应用新技术、新工艺、新设备；坚持节能环保、节约用地、因地制宜，依法合规建设；重视营业线施工条件下的施工过渡方案设计；坚持为打造精品工程、智能铁路和绿色铁路提供支撑；重视生态文明、职业卫生、防灾减灾、文物保护，服务国家重大战略等。

2. 在技术标准和依法合规方面

铁道部 2010 年研究发布了铁路行业首部铁路工程施工组织设计规范——《铁路工程施工组织设计指南》，该规范于 2015 年和 2018 年进行了两次修订，前后历时十年以上，不断总结我国铁路特别是高速铁路建设实践经验，发挥了统一铁路建设各阶段施工组织设计的内容、原则、方法和工期指标等方面的作用；坚持施工组织管理实行建设单位及参建单位第一责任人负责制，坚持运营单位提前介入、组织验收；建立了严格的编制、审核和审批管理流程；坚持实施过程中的动态优化调整机制；按照“统一规划、统一标准、统一平台”的原则推进建设信息化，施工组织管理系统实现了施工组织进度计划编制、实施施工进度展示、对重难点及控制性工程的进度推演和预警提示，强化了施组“红线”管理。

3. 在设计技术和施工方法方面

形成了箱梁整体制架、复杂隧道机械化智能化施工、无砟轨道智能建造、一次铺设跨区间无缝线路、“四电”工程工厂化智能化预配安装、大型复杂客站施工等成套技术，形成了以安全质量为核心，以“铺架工程”和“联调联试及运行试验”两条主线，以复杂隧道桥梁、大型客站等为控制工程，统筹安排各项工程，合理确定工期，以线下工程沉降变形控制、联调联试等为手段确保工程质量，以优化施工方案和工程措施确保投资控制；按照技术可行、经济合理原则做好施工组织方案比选，优化人、财、物、机等资源配置，合理安排施工顺序，注重工程接口，均衡组织生产；坚持主体工程设计和临时工程设计、站前站后站房工程一体化设计。

综合来看，铁路工程施工组织设计，其纵向覆盖了项目决策、设计、交易和施工等建设全过程，横向覆盖了建设项目设计方案、施工方法、工期节点、现场布置、资源配置、建设投资和管理措施等全要素，涉及建设、设计、施工、监理、审批和管理等多个参建单位，因此被称为“指导项目建设的纲领性文件”。

1.1.2 施工组织设计的分类及内容

1.1.2.1 总体分类及内容

《铁路工程施工组织设计规范》(Q/CR 9004—2018)依据不同的建设阶段将施工组织设计分为概略施工组织方案意见、施工组织方案意见、施工组织设计意见、指导性施工组织设计、实施性施工组织设计等五类，见表 1-1。

表 1-1 施工组织设计分类

编制阶段		名　称	编制单位
设计阶段	预可行性研究	概略施工组织方案意见	设计单位
	可行性研究	施工组织方案意见	
	初步设计	施工组织设计意见	
实施阶段		指导性施工组织设计	建设单位
		实施性施工组织设计	施工单位

1. 概略施工组织方案意见

概略施工组织方案意见是在项目预可研阶段编制，由设计单位负责编制。以预可行性研究提出的建设项目主要技术标准和方案为基础，根据主要工程内容和分布情况，侧重研究主要控制工程的施工方案，提出建设项目总工期意见，为编制投资预估算提供依据，为立项提供技术支持。

主要内容包括工程概况及主要工程数量、控制工期的工程情况、施工总工期意见、概略材料供应方案、大型临时（简称“大临”）设施设置方案等。

2. 施工组织方案意见

施工组织方案意见是在项目可行性研究阶段，由设计单位负责编制。以可行性研究提出的主要技术标准和方案为基础，根据主要工程内容和分布情况，侧重研究控制工程和重难点工程的施工方案，经过方案比选，提出建设总工期推荐意见、主要大临设施设置方案及所需主要工装设备数量、分年度完成的主要工程量及投资，主要工程和控制工程的工期和施工方法、顺序、进度等，为编制投资估算提供依据，为项目决策提供技术支持。

主要内容包括项目编制依据、工程概况、建设项目所在地区特征、施工组织方案、大临设施和过渡工程设置方案、控制工程和重难点工程（包括高风险工程）施工方案、资源配置方案和管理措施、有待进一步解决的问题等。

3. 施工组织设计意见

施工组织设计意见在初步设计阶段，由设计单位负责编制。以初步设计确定的主要工程内容和分布情况为基础，根据批复的可研阶段确定的总工期和施工组织方案，对控制工程、重难点工程和各专业工程施工方案、施工方法、资源配置、大临和过渡工程等进行全面深化和优化设计，为编制设计概预算提供依据。

主要内容包括项目编制依据、工程概况、建设项目所在地区特征、施工组织方案、大临设施和过渡工程设置方案、控制工程和重难点工程（包括高风险工程）施工方案、资源配置方案和管理措施等。

4. 指导性施工组织设计

指导性施工组织设计在初步设计批复之后、施工图批复之前，由建设单位组织编制。以批准的初步设计文件为基础，并结合施工图设计文件，在遵循质量安全第一、技术先进、经济合理、确保工期的原则的基础上，合理划分标段，进一步细化、优化和落实施工方案、资源配置方案等。注重施工与设计的结合、站前与站后及各专业工程间的衔接，为招投标提供依据，为编制实施性施工组织设计提供指导。

主要内容包括项目编制依据，编制范围及项目概况，建设项目所在地区特征，施工组织安排，大临设施、过渡工程及取弃土场设置方案，控制工程和重难点工程（包括高风险工程）施工方案，资源配置方案，信息化和管理措施，相关附图表等。

5. 实施性施工组织设计

实施性施工组织设计在项目实施阶段由施工单位负责编制。以施工合同和指导性施工组织设计为基础，结合现场施工条件，对工地布置、施工方案、施工方法、施工工艺、施工顺序、资源配置、工期等进行详细安排，并根据实施情况进行动态管理。制定切实可行的质量、安全保障措施，对高风险工程制定应急预案，全面响应指导性施工组织设计的各项目标要求，全面实现质量、安全、工期、投资、环保和稳定“六位一体”目标承诺。

主要内容包括项目编制依据，编制范围及项目概况，建设项目所在地区特征，总体施工组织安排，大临设施、过渡工程及取弃土场设置方案，控制工程和重难点工程（包括高风险工程）施工方案，资源配置方案，信息化和管理措施，进一步研究解决的问题及建议，相关附图表等。

1.1.2.2 实施阶段施工组织设计细化分类

在项目实施阶段，要根据不同的建设工程内容、不同的施工管理内容、不同的施工阶段等，编制相应的施工组织设计，以达到建设项目精细化管理的程度。实施阶段施工组织设计细化分类见表 1-2。

表 1-2 实施阶段施工组织设计细化分类

<table>
<tr><th>编制单位</th><th colspan="2">名 称</th><th>说 明</th></tr>
<tr><td rowspan="3">建设单位</td><td colspan="2">专项指导性施工组织设计</td><td>大型客站，极高风险隧道，大江大河桥梁，施工难度较大的特殊孔跨桥梁，铺轨铺岔，无砟轨道，“四电”等，根据建设项目具体需要编制</td></tr>
<tr><td colspan="2">调整指导性施工组织设计</td><td>建设标准、重大施工方案、工期等调整时编制</td></tr>
<tr><td colspan="2">剩余工程指导性施工组织设计</td><td>工期超过 1 年的项目，逐年编制</td></tr>
<tr><td rowspan="3">施工单位</td><td>标段实施性施工组织设计</td><td>标段年度（或调整）施工组织设计</td><td>在建设单位编制的全线、调整指导性施组框架下进行编制、调整</td></tr>
<tr><td>单位工程施工组织设计</td><td>分项工程施工组织设计</td><td>在标段实施性施组框架下编制</td></tr>
<tr><td colspan="2">专项施工组织设计</td><td>如高风险隧道、特殊孔跨桥梁、制架梁、连续梁、无砟轨道、铺轨铺岔、“四电”等</td></tr>
</table>

1.2 施工组织设计编制与审查

1.2.1 施工组织设计调查

施工组织调查是科学编制施工组织设计的前提。设计与指导性施工组织阶段施工组织调查的内容主要包括地区特征、气象及水文资料、当地交通运输、当地建筑材料、工程用水用电及燃料、主要工程和控制工程施工条件、大临设施和过渡工程、征地拆迁补偿标准以及国家及地方有关部门收取的其他费用计费规定及标准等。施工调查中注重可实施性的调查，应与设计方案的确定和优化结合起来，从施工组织角度提出设计方案的意见。要积极利用先进的手段比如航拍地形、网络搜索等开展调查。

1.2.1.1　交通运输条件调查

1. 公路交通条件调查

应结合工程分布情况逐个工点落实道路通行条件，与汽车运输便道调查一并开展，特别是山区铁路，重点落实公路到具体工点的开口条件、便道修建规模及等级；对于既有立交宽度、净高满足铁路运输车辆设备的情况进行调查，不满足要求时应提出解决方案；收集利用地方道路施工的有关补偿规定，对利用地方道路补偿和新建便道方案进行综合比选，特别是利用乡村便道的重要道路，要考虑对当地居民的影响并落实可行性。

2. 铁路交通条件调查

就铺轨基地接轨条件、交叉跨越既有铁路的施工要求等征求铁路运营单位意见；对采用火车运输材料方案征求运营单位意见，特别对于繁忙干线，落实可实施性；收集运营单位邻近既有线安全施工相关规定和施工配合费收费标准，在工期计划编制时充分考虑施工时间要求和相关费用；既有线改造项目就占用既有线施工的区段划分和天窗点方案征求运营单位意见；涉及地方铁路或厂矿铁路的，调查可利用情况和运价标准；涉及既有站改造或者需要开站的，落实可行性。

1.2.1.2　建筑材料调查

建筑材料调查重点对砂、石、道砟、石灰和粉煤灰等当地建筑材料进行调查。

(1)产地初选调查：当地料的分布区域，一般通过向当地矿产、河道管理、乡镇管理等部门以及建筑工地了解。在初步了解各种建材来源、价格的基础上，进行产地实地调查。当前电子地图的应用，对识别沿线既有当地料厂家分布情况起到了较好的作用。

(2)实地调查：现场调查地方或营业线铁路既有砂、石、道砟场的产地位置、储量、产量、质量、规格，可供铁路施工用的数量、价格、运输条件等。

(3)与设计的结合：对隧道和路基弃渣，工经、地质、隧道、路基等专业应深入研究，根据质量、施组安排等，合理利用。

(4)扩大范围调查：如沿线缺乏砂石料或产量、储量不满足使用要求或经初步判断不合格，应扩大调查范围调查或者研究拟建自采砂石料厂的方案，调查拟建砂石料厂的位置、储量、剥采比、成品率、开采及运输条件等。砂石料、道砟等材料既有生产厂家若有经地质专业确认符合要求的化验报告，可作为设计采用的依据；其余所有砂石料、道砟料源点现场调查需要现场取样，提交砂石料试验报告。

(5)对于开采条件较好或者可以利用的本线开挖石料，进行自行开采与购买料的经济对比。

1.2.1.3　施工用水、用电调查

1. 施工用水调查

主要进行混凝土拌和站、隧道和缺水地区或取水困难的工程用水的调查。工程施工可

以利用的水源主要包括地表水(河湖水、山溪水)、地下水(浅井、管井)和城市自来水三种。城市地区,考虑环保等方面要求,一般选择自来水供应方案;农村非缺水地区,采用地表水或地下水。需要打井取水的,应调查当地政府有关打井的规定;特殊缺水地区(区域地表水及地下水资源匮乏的地区)或取水困难的工程(区域浅层地下水缺乏且地表水水源远离线路的工程),应进行重点调查,进行长距离干管路供水、深井取水或采用汽车运水方案比选,确定用水方案。

2. 施工用电调查

结合设计方案、工程分布情况,对桥梁、隧道、各类场站等用电负荷需求进行规划。

充分征求地方电力部门意见是保证用电方案可实施性的一项关键工作。走访当地电力管理部门,了解沿线地方电力资源情况,收集电价标准,调查沿线附近变电站分布情况、变压器容量、当前负荷、可供铁路施工用电负荷以及电力线路分布、变电站接口增容收费、供电可靠性等情况,用电是否允许T接,并收集当地电力线、变电站分布图。

根据工程所在地的电力设施状况、施工供电经济性等方面综合考虑用电方案。一般包括就近接引地方电的分散供电方案、接引地方电力设置专线的集中供电方案及自发电方案等。长大隧道、隧道群地段及地方电力供应困难区段,是施工用电调查的重点。临时场站、隧道等工程应以地方电方案为主,涵洞等零小工程以自发电为主。对于林区铁路,一般既有电力资源匮乏,确定用电方案时,应进行架设防火电缆、地下埋入电缆和自发电等供电方案比选。电缆径路应结合临时道路走向布置,如无法结合,需按照防火需求考虑林木砍伐。

1.2.1.4 控制工程施工条件调查

调查的主要内容包括重点路基土石方、大桥、特大桥和隧道等工程,其中长大隧道、特殊复杂地质隧道和技术复杂桥梁一般是项目的控制工程,也是调查的重点内容。施工条件的调查主要包括施工场地、运输道路、材料供应、施工用水用电、施工干扰等内容。

根据设计工点表,明确主要工程和控制工程工点分布;利用航拍电子地图结合已收集到的交通运输、施工用水用电条件,开展有关施工便道、施工用水用电方案和施工场地布置等工作,进行纸上定线并估算施工便道、临时给水干管路、临时电力干线工程数量,到现场进行有关情况的核实;地形困难地段修建运输便道、给水管路、电力干线等大临工程,应进行平面和纵断面选线,并应进行现场调查。

对全线影响建设工期的控制工程等重要工点必须到现场调查施工条件情况。对于高墩、大跨、跨越较大河流和主要交通道路的桥梁,应作为调查的重点,确定主要施工方案。对于长大隧道,了解隧道地质条件,辅助坑道设置情况,对隧道弃渣利用提出可行的方案意见。

1.2.1.5 大临设施调查

大临设施的调查是施工组织调查的一项重要内容,对施工组织方案的整体合理性具有基础性作用。主要包括汽车运输便道、铺轨基地等各类场站、隧道污水处理站、渡口码头等内容。

(1)临时工程设施选址与设置方案,要综合考虑气象、水文、地形、地质和规划等因素。充分考虑气象、水文、地形和地质灾害的影响,特别是强风、泥石流、滑坡、岩溶塌陷、地震变形等极端气候与地质灾害的影响,选址应予避开。

(2)要统筹规划大临设施布局,铺轨基地、梁场、大临便道等重点临时工程应充分考虑征地拆迁、高等级电力线路迁改、环境敏感点等因素。应现场调查确定征地拆迁数量,选址应尽量避开房屋、地下管线、经济林等重大拆迁,勘测期间应留下选址区域完整的影像资料。提高技术经济性和可实施性,防止因设置不合理制约施组整体安排,或造成投入浪费。

(3)梁场。对预制和现浇的施工方案进行分析确定;梁场的设置要充分考虑征地政策要求,考虑地面拆迁、"三电"和管线迁改等外部协调敏感点;尽量在简支桥梁集中地段居中设置梁场,选择具有良好地质条件的场地,减少地基处理费用;尽量使用荒地,减小复垦难度;梁场设置应使架梁的起始端避开特殊桥跨、复杂站改等工期较长的工点;提梁上桥梁场尚应结合纵断面设计情况,高度应适宜;具备良好的道路交通条件,方便设备及材料、大型运输车辆进出。

(4)铺轨基地。对可能的接轨站条件进行全面调查,不遗漏有价值方案。根据施工范围、铺架工作量、与既有线关系、地形和地质等条件统筹考虑确定基地位置,一般选在与既有线接轨容易,引入线路短、列车进出方便、拆迁量小的地带。具备永临结合条件的,尽量利用新建或扩建站场,以减少土石方、临时占地、拆迁工作量。较短线路要进行铺轨基地与 T11 直铺的方案比选。

(5)扎实开展现场调查,尤其是拆迁调查,现场调查确定征地拆迁数量,大临工程选址应尽量避开房屋、地下管线、经济林等重大拆迁。

1.2.1.6　取、弃(渣)土场的调查

1. 取土场调查

取土场的选择要符合国家土地政策要求;对土源进行化验,符合高速铁路路基填料的技术要求;调查土源料的运输方式及合理运输距离,论证可实施性;对于需要改良的 C 类土,落实厂拌条件和场地;对于含水量大的土源,要结合工期要求及现场条件,论证可实施性和经济性;按照管理权限,与地方政府部门签订取土协议,落实取土规划方案、取土价格和土方量。

2. 弃土(渣)场调查

弃土(渣)场选址要符合国家土地政策要求;认真调查弃土场的位置,核查弃渣场与线路的相对关系,尽量避开铁路和居民区等建筑物的上游,确保符合《铁路安全管理条例》及有关安全的要求;调查弃土场现场地形地貌条件,做好防护及排水规划方案;按照管理权限,与地

方政府主管部门签订协议，落实规划方案、用地价格和弃土方量；与地方政府和主管部门进行沟通，共同研究规划方案，特别是隧道弃渣较多的山区铁路项目，要认真优化弃渣方案，与地方规划、建设、填沟造田等相结合，有效控制投资，落实环水保要求，造福地方百姓。

1.2.1.7 征地拆迁的调查

调查建设项目的用地数量、种类，拆迁数量、产权单位。要重点调查以下几类拆迁：用地范围内高压和超高压电力线路、军用通信管线及相关军事设施、天然气及油气管道、涉及既有线的铁路设施、大型厂矿企业、影响铁路运营安全的化工等企业以及重点关键工程范围内的拆迁；进行设施拆改、采取工程措施或者优化设计线路和结构的综合成本与工期比选，确定合理实施方案。对于影响铁路运营安全的化工等企业，要提前进行安全性评估。

1.2.2 施工组织设计编制

施工组织设计编制要以规范为依据，以系统理论为指导，以安全生产为前提，以工程质量为核心，以控制工程为重点，以技术方案为保障，以经济合理为基准，以标准化为手段，统筹协调，有序组织，均衡生产，优质高效。

1.2.2.1 编制原则

1. 总体要求

(1)计划优先，目标至上

认真进行项目规划，落实计划的严肃性，坚持在技术经济比较基础上满足工程建设目标的原则。

(2)合理分工，技术保障

认真确定全线总体施工组织方案、总工期和阶段工期，在标段划分和施工组织上要分工合理，方便组织；强化关键工程技术方案研究，以切实可行的技术方案来保证工程的顺利实施。

(3)落实责任，组织保证

指导性施工组织设计，由建设单位组织编制，用于项目实施阶段指导项目施工；实施性的施工组织设计，由施工单位编制，必须经建设单位审核批准才能实施。必须保证建设单位在施工组织设计管理中的主导地位。

(4)及时调整，动态优化

指导性施工组织设计与初步设计同步展开，在初设批复前基本确定，和施工图同步完成，是招标工作和开工条件批复的必要条件。实时性的施工组织设计，按照时间要求，定期优化调整，保证对工程建设指导的时效性。

2. 编制依据

(1)国家法律、法规和相关规章制度。施工组织设计编制首先要符合国家法律，依法合规，依法用地，节约土地资源，保护农田；做好环境保护、水土保持和地质灾害防治工作；遵守矿床保护、文物保护、生态环境保护要求；维持既有交通秩序；节约能源与木材等稀缺资源。

（2）国家及各级政府部门对项目可行性研究、环评、土地等的批复。施工组织设计要严格履行批复程序，落实各项开工条件后，方可开工建设。

（3）建设项目采用的建设标准，设计和施工规范、规程。必须满足建设工期和工程质量标准，符合施工安全要求。

（4）与地方政府的有关协议、会谈纪要。

（5）初步设计、施工图设计及批复文件。按照设计确定的施工内容和重要技术方案编制施工组织设计。

（6）科学研究及试验成果、“四新”技术的应用。积极采用和鼓励研发提高工程技术和施工装备水平、保证施工安全和工程质量、加快施工进度、降低工程成本的新技术、新材料、新工艺、新设备。

（7）当前铁路建设的技术、管理和施工装备水平。

（8）施工组织调查报告。

3. 基本原则

施工组织设计编制应重点把握以下原则：

（1）以铺轨架梁、联调联试和运行试验为主线，统筹安排站前、站后各项工程。铺轨架梁线主要起促站前、保站后的作用，联调联试和运行试验主线主要起促站后、抓整改、强安保、保开通的作用。

（2）工期计划服从“红线”要求。包括地基沉降时间要求、桥梁收缩徐变要求、无缝线路锁定温度要求以及联调联试各项试验和测试的时间要求，这是保证工程质量要求不可逾越的“红线”。

（3）工期安排应通过科学分析计算确定。结合项目特点明确关键线路，明确施工顺序和关键环节；计算分析每项工作的工期和关键线路上的占用时间；做好机动性工作优化安排；总工期目标应在满足各单项工程、重点控制性工程（不良地质长大隧道、特殊结构桥梁、大型客站、需采取特殊安全和质量控制措施的工程、施工难度大或采用新技术的工程、涉及既有线施工的工程、冬雨季及台风季节施工的工程以及建设环境复杂区段等）工期的前提下按照适当留有余地的原则进行安排。

（4）合理有效地把控关键工期节点。主要包括先期用地进场时间节点，梁场建成、认证、制梁、架梁时间节点，特殊结构开工时间节点，重点隧道进洞时间节点，成段或全线轨道铺通时间节点，钢轨及站内道岔精调锁定时间节点，站房工程进场时间节点，综合楼通信、信号、牵引供电、电力供电、客服系统、防灾系统的进场安装节点，全线贯通或成区段电缆槽提交节点，外电引入时间节点，各项验收完成时间节点等。

（5）合理配置各类资源。根据设计计算数量、工期安排，按照资源充足、适当留有余地原则进行配置。

(6)科学确定施工方案。根据施工环境条件,采用多方案比选方法,综合考虑技术成熟、经济实用、“四化”手段、环水保等地方要求及新技术应用等因素,合理分析确定。

(7)合理划分施工区段和标段,尽量避免施工交叉干扰并考虑站前站后工程施工的有效衔接。

4. 编制步骤

(1)结合设计文件,有计划、有组织地开展施工组织调查,编写调查报告。

(2)分析工程项目的建设特点和工程难点,制定管理目标体系。

(3)制定施工组织方案,做好施工组织安排计划,划分施工标段;确定总体工期计划。

(4)确定重点(关键)工程技术方案和工期;确定大临工程布局、规模和能力;进一步确定阶段性工期和节点工期。

(5)制定资源配置方案计划。

(6)重复(2)～(5)步骤,反复比较、优化,得到相对最佳方案。

(7)编制分年度施工进度计划,计算分年度投资和主要材料用量。

(8)确定主要装备和主要材料的供应计划方案。

(9)制定信息化实施方案及建设管理的技术、经济和组织等管理措施。

(10)绘制施工总平面布置图、形象进度图、横道图和网络图等相关图表。

(11)完成施工组织设计编制,按程序报主管部门审批。

1.2.2.2 施工组织设计编制方法

1. 施工组织目标

(1)我国高速铁路建设目标体系的架构

高速铁路建设项目目标体系由总目标和六个子目标体系所构成(图 1-1)。京沪高速铁路建设的总目标是“建成世界一流高速铁路”。京张高速铁路提出建设世界领先高速铁路,建成“智能铁路、绿色铁路、精品工程”,突出了在铁路建设和运营中运用数字智能技术,强化建设过程中的环境保护和运营中的节能降耗,在质量合格工程基础上建造以站房为引领、突出地方人文特色的精品工程。

六个子目标体系包括:以目标、责任、制度、方法、功能为一体的质量管理体系;以组织、技术、经济、风险控制为一体的安全管理体系;以资源配置、组织协调、技术方案、动态控制为一体的工期管理体系;以计划预算、全面管控、全程跟踪、竣工决算为一体的投资管理体系;以落实环评报告、控制环境污染、节约土地资源、实施工程环保、创建和谐环境为一体的环保管理体系;以思想教育、组织纪律、以人为本、工资监控、外部协调为一体的稳定管理体系。

六个子目标各自内涵不同,相互作用,相互影响。通过理论分析和实践总结,建立质量、安全、工期、投资、环保和稳定“六位一体”的目标模型,研究分析模型各构成要素之间的相互关系以及模型最优的稳定结构，结论表明质量子目标在模型中处于决定性地位。因此六个子目标的关系可以这样描述：质量是核心，在目标子系统中具有决定作用；安全、环保和稳定是前提保证，哪一项存在问题工程建设就不能正常推进；工期是载体，只有按计划抓好工程进度，才能带动其他目标的实现；投资控制是保障性目标，是项目建设的重要约束条件，同时投资收益也是整个项目建设的中心，对工期、安全、质量等产生重要影响。

目标至上原则是施工组织管理的基本原则，目标导向方法是施工组织管理的基本方法，目标管理思想是施工组织管理的思想基础。中国高速铁路起步之初就瞄准世界一流、世界领先目标，并以此为方向统一思想认识，聚集各方力量，发挥多种优势，全方位开展自主创新、集成创新和引进消化吸收再创新，在技术、管理、保障措施等不同领域、不同层面扬长避短、持续攻坚，为加快中国高速铁路发展奠定了可靠的思想基础。

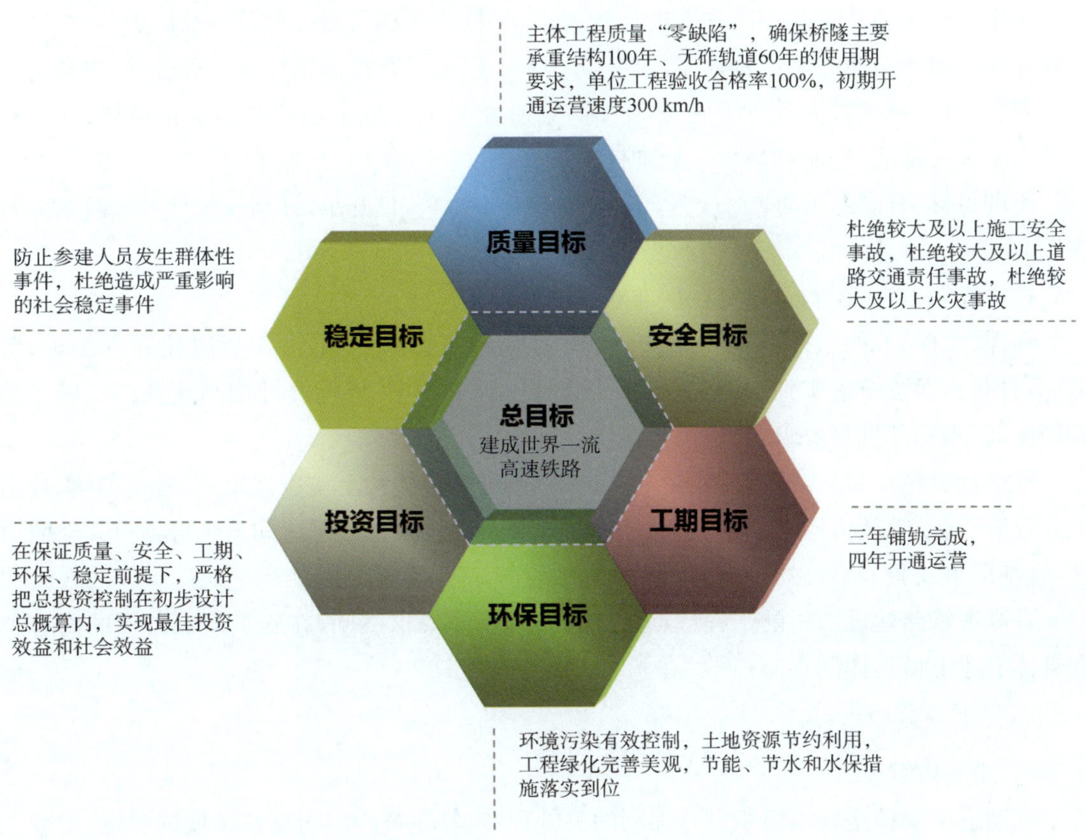

图 1-1　高速铁路标准化管理“六位一体”目标体系

(2)施工组织设计工程建设目标的一般表述

在多年的实践创新基础上，实施以施工组织设计为主线进行动态管理的建设组织方式。施工组织设计是实现铁路建设工程质量、安全、工期、投资、环保和稳定“六位一体”建设目标，深入推进标准化管理和“四化”支撑手段的重要技术路径。施工组织设计应以保证工程质量和安全为前提，以优化工期、资源配置和投资效益为目标，结合工程实际，对工程建设进行“全项目、全过程、全要素、全目标”规划与组织。

在编制施工组织设计时，工程建设目标一般表述为：

建设总体目标：坚持以“创新、协调、绿色、开放、共享”新发展理念为指导，全面落实“交通强国、铁路先行”历史使命，以打造“智能铁路、绿色铁路、精品工程”为引领，以标准化管理和智能化建造为抓手，全面落实安全、质量、工期、投资、环保、稳定“六位一体”的管理目标要求，不断动态优化施工组织，确保高标准、高质量、按期完成××铁路的建设任务。

质量目标：①按照验收标准，各检验批、分项、分部工程施工质量检验合格率达到100％，单位工程一次验收合格率达到100％；②开通验收速度不低于设计速度目标值；③在合理使用和正常维护条件下，路基、桥梁、隧道等工程结构的施工质量，应满足不少于100年设计使用寿命期内正常使用维护时的运营要求；④杜绝工程质量较大等级及以上事故，减少工程质量一般等级事故及工程质量问题；⑤××工程确保获得国家优质工程金奖、鲁班奖。

安全目标：杜绝较大及以上施工安全事故；杜绝较大及以上道路交通责任事故；杜绝较大及以上火灾事故；控制和减少一般责任事故。

工期目标：合同总工期××个月，于××年××月××日开工，计划××年××月××日完工。

投资控制目标：控制总投资在批准的范围之内。

环保、水保、节能目标：环境污染控制有效，土地资源节约利用，工程绿化完善美观，节能、节材和水保措施落实到位，努力建成一流的资源节约型、环境友好型高速铁路。满足生态环境部、水利部批复要求，严格按环保设计进行施工。

维护社会稳定目标：按期发放劳务人员工资，避免群体性上访事件发生，避免围堵、冲击地方政府、建设管理机构等事件发生，杜绝与外部及建设项目内部之间发生群体打架斗殴事件，杜绝刑事及犯罪事件的发生。

各高速铁路建设项目的工程特点、工作内容、具体要求不同，在施工组织目标的内容上和具体表述上做具体调整。

2. 工期进度安排

(1)主要内容

工期进度安排是施工组织设计编制的关键环节，其主要内容包括总工期的确定、阶段工期的安排、分年度施工计划、绘制有关工期进度计划图表。阶段工期安排主要包括施工准备、制架梁、无砟轨道、铺轨、站后工程、静态验收、联调联试和试运行的时间安排；一些关键性重点工程如控制工期的大型客站、复杂隧道、特殊桥梁等单独安排工期，与铺架工程工期安排相结合，纳入总体工期安排中。分年度施工计划按照专业工程编制分年度施工进度计划，明确形象进度、实物工程量和投资需求；重点的桥隧和架梁、无砟道床、铺轨、“四电”、大型客站等工程可以单独安排年度进度计划。有关工期进度的图表主要包括总体施工组织形象进度图、总体施工进度横道图、重点工程进度横道图或网络图、架梁作业进度安排表、铺轨作业进度安排表等。

在进行工期进度安排时，采用合理先进的工期进度指标，必须保证结构变形、沉降、混凝土龄期等技术间隔时间，保证联调联试和试运行的合理周期，科学安排，均衡生产，降低资金使用成本。

(2)总工期的确定

建设项目总工期指从施工准备开始到工程交付运营的全过程所需的时间。制定总工期是在技术经济比较的基础上，以控制性重点工程为核心，不断优化重点工程施工方案、调整施工顺序、划分施工区段的反复的过程。由国铁集团总工期确定流程(图 1-2)可知，重点桥梁、隧道、大型客站工程，铺轨工程，制架梁工程的工期及施工顺序之间的逻辑关系是确定工程总工期的关键。

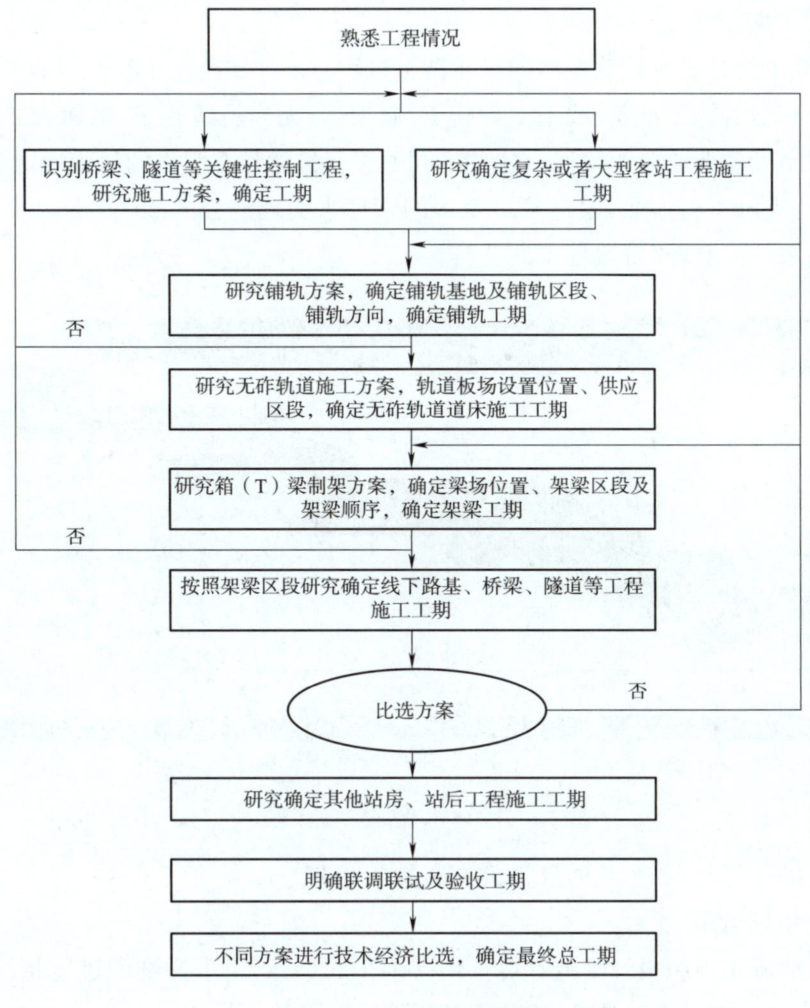

图 1-2　总工期确定流程

确定关键性控制桥梁或者隧道、大型客站工程工期后，研究比选铺轨通过控制性工程或者不通过控制工程的经济性和工期，在此基础上继续研究架梁通过控制性工程或者不通过控制工程的经济性和工期，形成多种方案进行选择。在此基础上，再确定架梁通道上的重点工程工期，以此确定架梁工期。一般情况下，在施工组织设计安排时，把控制性的工期较长的桥梁或者隧道、大型客站等工程作为铺轨合龙口和铺架区段分界点。总工期确定主要方案选择见表 1-3。

表 1-3　总工期确定主要方案选择

方案一	重点工程与铺架工期较长者＋站后工期＋验收工期
方案二	重点工程工期＋剩余铺轨工期＋站后工期＋验收工期
方案三	重点工程工期＋剩余架梁工期＋站后工期＋验收工期
方案四	重点工程工期＋剩余架梁工期＋剩余铺轨工期＋站后工期＋验收工期

(3)阶段工期安排

阶段工期安排是总工期确定后的优化调整过程。高速铁路施工组织具有鲜明的阶段性和流程性，一般分为施工准备、线下工程施工、制架梁、无砟轨道施工、铺轨、站房工程、站后工程、联调联试及整改验收等阶段。这些不同的工程虽然具有明显的阶段性，但在施工组织上存在交叉作业和平行作业，通过接口工程的管理来实现流程的顺畅。图 1-3 为一个以铺架工程为主线的高速铁路阶段性工期安排。

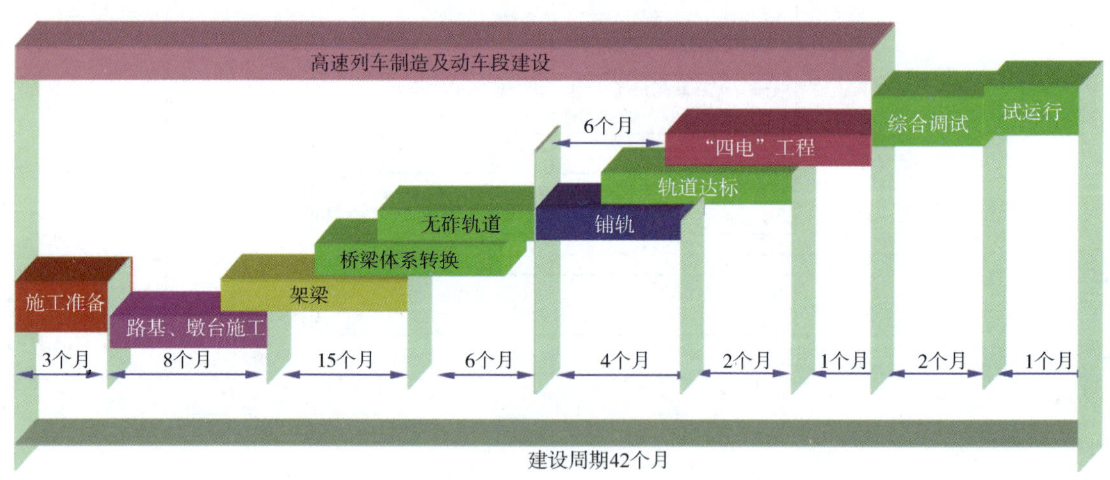

图 1-3　高速铁路阶段性工期安排

总工期 48 个月与 42 个月项目阶段工期参考见表 1-4。

(4)工期指标运用

《铁路工程施工组织设计规范》(Q/CR 9004—2018)给出了详细的进度指标，通常情况下可以直接采用。需要说明的是，规范中的指标是正常施工组织和管理水平条件下每工作

表 1-4　总工期 48 个月与 42 个月项目阶段工期参考表

序　号	项目名称	工期/月	工期/月
1	总工期	48	42
2	施工准备	3	3
3	路基、桥梁下部、隧道	12	12
4	预制箱梁架设	16	14
5	无砟轨道	6	4
6	铺轨	4	3
7	轨道锁定精调及“四电”	3	2
8	联调联试及试运行	3+1	3+1

班或每套施工装备的综合进度指标，按照每月 26 d、时间利用系数 0.85(雨季较长的地区取 0.75)、机械利用系数 0.80 计算。在施工组织设计编制过程中，在运用规范指标时，注意以下事项：

①以近年来铁路建设实践为基础，以正常的建设条件为前提，以合理、均衡组织施工为原则。剔除各种非正常因素的影响，综合我国当前铁路施工管理、施工技术装备水平、劳动力、机械设备及机具等资源的有效配置和优化、施工技术要求编制。特别是对于已开工项目剩余工程施工组织设计编制时，以本项目或者单体工程中的实际统计工期指标为主。

②规范中工期指标分为综合指标和单项指标。位于关键线路上的长大隧道、复杂桥梁、重点土石方、铺轨架梁等工程应根据工程量采用单项指标计算工期；位于非关键线路上的工程可按照综合指标计算工期。使用综合指标计算总工期时尚应考虑各单项工程间的搭接时间。

③以“月”为单位的指标，已综合考虑了正常的设备检修、工序间的合理间歇等影响因素，使用时不再调整。但未考虑既有线施工干扰及要点封锁线路施工，风沙、高原、原始森林等特殊气候和施工条件等因素对人工、机械降效或停工的影响，使用时应根据建设项目所处地区实际情况和施工条件，另行分析确定。高风险工程应在制定风险预案的前提下，根据工程实际情况和施工条件，在规范指标基础上另行分析确定工期指标。

④大型客站施工组织应与市政配套设施统筹安排，同时要考虑前期方案确定及设计周期，合理确定工期。站房建筑面积包含雨棚面积，工期含基础、建筑、结构、装饰装修、智能建筑及配套设备安装调试的工期。

⑤工程实施中当前序工程受到征地拆迁等异常因素影响后序工程工期或总工期时，后序工程正常施工工期顺延，必要时应对总工期进行调整。

⑥路基工期指标未包含堆载预压与沉降评估工期，应按设计或规范要求计算总工期。

⑦在施组方案编制阶段，宜取中低值，以保证足够的设计措施，使工期留有一定的冗余；在指导性施工组织设计编制时，宜采用中高值，以激发现场采取先进的技术手段和工艺措

施，并配足够的资源。

3. 重点工程方案

施工方案是施工组织设计的一项重要内容，与工期进度、资源配置、临时工程布局和方案相互影响、相互制约，施工方案的可实施性对工程设计和顺利实施具有决定性影响，是施工组织设计的核心内容之一。对控制工期的工程、需采取特殊安全或质量控制措施的工程、施工难度大或采用新技术的工程、涉及既有线施工的工程、受季节及台风等影响较大的工程及重大拆改工程应在工期和技术经济比较的基础上，重点研究设计或施工方案。

不同的阶段对施工方案的设计深度也有不同的要求。可研阶段，重点研究控制工程和重难点工程的施工方案；初步设计阶段，要全面深化和优化控制工程、重难点工程和专业工程施工方案设计，其中控制工程和重难点工程的施工方案应包括工程概况、施工条件、主要施工方案和方法、施工辅助措施、工期安排、重难点问题及处理措施等；施工图阶段，编制指导性施工组织设计，应结合项目特点，说明工程概况、工程数量、施工方法、施工装备、施工顺序、作业组织方式、工期安排施工难点和注意事项。控制工程和重难点工程施工方案还应包括施工顺序和作业空间规划、劳动及作业组织方式，关键工序、施工工艺及质量控制、施工难点等内容；实施阶段，要确定施工方法、选择施工装备、制定施工顺序和作业组织方式，要按施工顺序分别制定施工方案和技术措施，并突出质量控制、检测方法和手段、沉降变形的观测与评估等内容。在设计施工方案时，要把握以下事项：

(1)施工方案的选择应结合施工质量与安全要求，根据工程规模、地形地质水文条件、现场施工条件、环境保护要求、有关部门或产权单位要求等，进行综合技术经济比选，注重施工方案的精细化设计，满足总工期的要求。有时在进行技术经比较时，还要考虑整个建设工程全生命周期的经济情况。

(2)在编制指导性施工组织设计时，重视现场调查，对外业勘测资料、地质资料、协议要求等边界条件及施工组织设计方案审查意见等，进行充分理解的基础上进行施工方案设计，以使施工方案具有可操作性。

(3)在设计阶段，工程结构设计应适当考虑适宜的工程体量，不宜单项太少，以便于提高施工机具和周转材料的使用率，降低工程成本。

(4)路基、桥梁、隧道等专业应逐工点梳理排查噪声环境敏感点(医院、民宅、学校、特殊动物养殖场等)、结构变形敏感点(房屋、既有线、既有桥梁等结构)、施工受限区域(既有高压线、管廊、既有线等附近)等特殊施工条件下设计方案和施工方案的可实施性和合理性。如邻近既有线、高压线时，应选用机械高度比较低的设备，如旋喷桩、接杆搅拌桩等；邻近变形比较敏感的建筑物时慎重选择强夯、碎石桩等措施；既有建筑物、既有线对噪声、变形比较敏感的地段应慎重选择爆破开挖方式，必要时采用控制爆破或机械破碎开挖。

(5)长、特长隧道辅助坑道设置方案，应结合施工工期、地形地质、环保要求等施工条件，合理选择辅助坑道形式、断面标准和运输方式。在满足环水保要求的前提下，对隧道弃渣场选址及设计方案进行重点优化。隧道弃渣场方案应考虑运距、占地类型、拆迁、汽车运输便道修建的可行性等，工期紧张情况下可在隧道口设置临时存放场。对于邻近既有铁路等敏感区域的隧道，根据和产权单位对接情况，暗洞开挖时适时采取控制爆破或非爆破方案组织施工。对隧道弃渣综合利用做路基填料和混凝土骨料方案结合工期和施工组织安排开展专项研究。

(6)路基土石方综合调配对降低造价、提升施工效率、满足环保要求等方面影响较大，需要施工组设计过程中细化研究，满足工期要求的同时，实现最大限度减少外购土、弃土数量和运距的效果。堆载预压土可根据施工情况利用桥梁挖基土、隧道弃渣，使用完毕后，可运往站场作为路基填料；路基填料也可根据施组情况利用隧道弃渣填筑。对邻近站场、站后所亭和大临设施等工程的土石方进行统一调配，对路基、站场、桥梁、隧道共用弃土场的统筹分配，同时调配的路径应结合大临便道或施工便道，对运距进行优化。

(7)应积极采用工厂化、智能化的施工方案。随着装配化、工厂化、智能化技术水平的提高，预制装配方案在工期、用地、环保等方面的优势愈发明显。除了简支(箱)梁、无砟轨道板、混凝土等比较传统的工厂化设计内容之外，在钢筋加工、改良土、级配碎石、边坡防护用六边形空心块、预制混凝土空心骨架护坡、地基处理钢筋混凝土桩帽、预制管桩、防护栅栏、沟槽盖板、电缆槽、电缆井、简支梁、栏杆、人行道步板、格栅钢架、钢筋网、钢构件等工程中，也尽量考虑工厂化、智能化、装配式施工方案。

(8)重视重大拆迁段工程设计。综合考虑拆改周期对工期的影响及成本增加等因素，研究重大拆改实施方案。桥梁地段的重大油气管线，尽量采取调跨方案进行解决；重大厂矿企业搬迁，进行搬迁和线路绕避方案的技术经济比选；超高压线路，进行拆改和采取工程措施如增加棚洞方案的技术经济比选；以上方案比选时要考虑拆改周期影响对后期工程成本增加的因素。具有安全风险的化工等企业，要提前进行安全评估，确定线路选线方案，避免后期出现重大搬迁，增加建设成本。

4. 工程标段划分

工程标段划分应考虑施工组织设计工期安排、工程特点、行政区划、设计分界、土石方调配、材料供应、大临设施、过渡工程等因素，并结合大型站房、特长隧道、特大桥梁、“四电”集成、营业线施工等专业化施工特点，综合分析确定。同时，标段划分应便于工程接口管理，尽量避免施工交叉干扰以及站前站后工程施工的有效衔接。

工程标段划分一般遵循以下原则：

(1)站前工程。箱梁制架与下部工程宜垂直划分标段，避免跨标段交叉架梁作业。有砟轨道上砟整道、道岔铺设宜划分在铺轨标段；无砟轨道精调作业、无砟道岔宜划分在线下标段；尽量避免跨标段调配土石方。

(2)“四电”工程与站前工程的同步实施工程应纳入相应的站前标段，包括路基范围内的电缆槽(井)、接触网支柱基础、声屏障基础、综合接地、预埋的过轨管线、电缆上下桥槽道、隧道预埋接触网槽道(不含滑道T形螺栓)、隧道综合洞室隔离墙及防护门等。“四电”房屋及通所道路可以纳入相应的“四电”工程标段。

(3)房建工程中,站台雨棚与跨线天桥基础、站台综合管沟等站台铺装面(不含)以下工程纳入站前标段;站台雨棚与跨线天桥基础以上工程、天桥、站台面装修、旅客地道装修工程宜纳入站前标段。场坪(不含站房)地基处理、土石方及附属工程、治安岗亭和警务区等宜纳入站前工程标段。具备条件的中小站房工程、生产生活房屋可以一并纳入站前标段实施。

(4)声屏障及隔声窗安装工程纳入站前标段实施。

5. 施工顺序安排

一个铁路项目有多个施工点,包括桥梁、隧道、路基、站房等,而每个工点的规模、难度并不一样,施工时间也不相同。因此,一同开工便会造成部分工程建成后闲置,致使投资资金损失几个月甚至几年的时间价值。为此,在网络计划图上确定关键线路后,应按铺轨线、联调联试线,倒排其他工点(工程)的开工时间,做正逆向网络计划图。在此基础上,可以绘制贴线(所有工程完工时间均贴着铺轨线或联调联试线)施组形象示意图。如两个相邻的桥梁施工,一大一小,分别需要100 d和50 d施工时间,而铺轨通过时间为同一天,则正、逆向网络图如图1-4所示。当然,这是对于一个区段而言,对于整个标段乃至整个项目,仍需考虑施工资源的投入,达到均能生产。

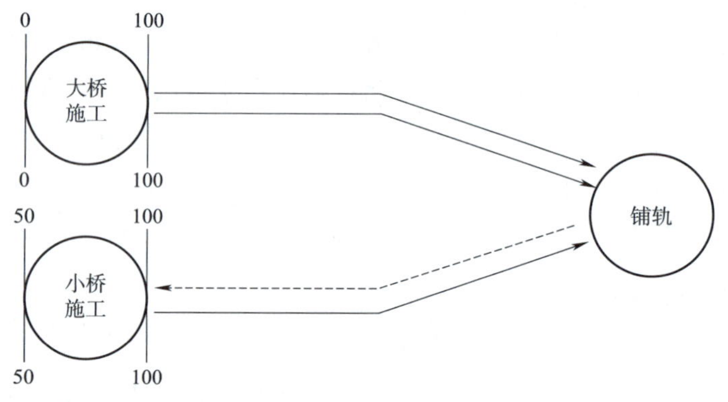

图1-4 正逆向网络计划示例图(单位:d)

对于路基工程,路基开始填筑时间还应考虑隧道出渣利用、与涵洞施工时间衔接、机械转场调配等因素,并以此为依据调整网络计划图。对于路基采用隧道弃渣利用的,隧道与路基施工时间安排如下:

(1)隧道施工在关键线路上,而路基填方与隧道出渣相当。如果路基沉降时间为6个月以上,而隧道贯通后的附属工程、无砟轨道施工时间为3~4个月,那么,就需要另找取土场,其取量满足3个月填筑需要,其余路基填料全部用隧道弃渣。这种情况下,隧道与路基同时完工。

(2)隧道施工在关键线路上,而路基填方仅是隧道出渣的一部分,按第一条原则计算时间和弃渣利用量。一般情况下,可安排路基填料全部用隧道出渣。这种情况下,隧道与路基同时开工,路基有可能先完工,也有可能与隧道同时完工。

(3)隧道、路基均不在关键线路上。按(1)、(2)原则计算弃渣利用量和开竣工时间。隧道、路基按正、逆向网络计划图确定的时间开工。

1.2.3　施工组织设计审查

1.2.3.1　施工组织设计审查规定

施工组织设计审查是施工组织管理的重要环节,《铁路工程施工组织设计规范》(Q/CR 9004—2018)规定了各种施工组织设计的编制、审查单位以及相关责任、审查流程,在施工组织设计审查过程中应注意以下方面:(1)新开工项目指导性施工组织设计审查应在初步设计基本稳定之后、施工图审核批复之前编制完成指导性施工组织设计,在施工图审核时同步审批。(2)按照"一年两次、各有侧重"的原则组织开展续建项目年度剩余工程施工组织设计审查。当年 1 月份进行全路建设项目施工组织设计审查,当年 7 月份重点进行次年开通项目的剩余工程施工组织设计审查。(3)实施性施工组织设计由施工单位项目技术责任人组织编制,由施工单位项目部上级组织内部审查,内部审查后送监理单位进行审核,建设单位组织审批。(4)国铁集团《铁路建设项目验工计价管理办法》(铁建设〔2022〕86 号)对有关大临工程做出了规定:梁场、板场、铺轨基地、拌和站数量、位置等应当以指导性施工组织设计审查单位批复的审查意见为依据,施工组织审查意见应纳入施工图审核批复。

1.2.3.2　施工组织设计审查重点内容

1. 指导性施工组织设计审查方法和重点内容

指导性施工组织设计审查一般由业务主管部门组织审查,采取现场调查和现场会议的方式进行审查。对于特别复杂的项目,邀请专家共同组织审查;对于特别复杂的重点工程如复杂隧道、桥梁、车站、既有线施工等,组织专项研究。

指导性施工组织审查的重点内容:

(1)工期指标采用是否合理,阶段工期安排科学有序。核查工期指标采用是否符合规范要求并结合实际工程条件;特别对于复杂地质条件隧道,应认真进行分析;按照开工标准要求合理设置施工准备工期;尽早安排梁场、铺轨基地建设及进出通道建设;阶段工期安排是否符合规范,尽量采取紧前安排,留足验收时间安排。

(2)临时工程设置满足需要,按照要求进行勘察设计。拌和站、梁场等临时工程设置是否符合现场实际条件,临时用地是否符合国家政策并取得地方政府部门的明确意见;大临便道、便桥、施工用电、用水等是否根据实际条件进行(典型)设计,并完成施工图;取、弃土场是否符合国家政策要求,是否完成工点设计,落实土源、取土数量以及土石方调配设计。

(3)重点工程施工方案合理,能够满足工期质量安全。对于高风险隧道、危大桥梁、大型客站工程等要进行重点审查，是否综合考虑了工期、质量、安全要求，设计必要的辅助设施，选择可靠的施工方案；核查控制性或者极端复杂地质条件隧道，辅助坑道设置宜适当预留余地，工期指标宜选用下限指标；核查大型客站工程的实施进展，宜早开工建设，加快前期工作。

(4)站房站后一体设计施工，明确工程接口时间节点。站房、站后工程与站前工程是否进行了一体化设计，设计方案是否稳定，征地拆迁与交叉工程是否同步实施；对接口工程的施工组织安排是否合理，工期节点是否明确；站房、站后工程招标及进场实施节点是否明确，是否满足总工期要求；铁路客站与地方市政工程的实施界面、工期节点是否明确，不可分割的部分是否一体化组织实施。

(5)既有线施工可实施性强，技术安全保障措施可靠。邻近既有线施工方案是否合理，对既有线沉降控制技术措施是否到位、可实施；邻近既有线架梁的工期指标是否合理，对总体工期的影响是否考虑；引入既有车站施工，分步实施及过渡方案是否合理，是否最大限度地综合考虑了既有线运输和施工组织的需求，技术保障、安全保障、沉降监测措施是否到位。

(6)施工组织安排布局合理，标段划分利于工程实施。建设组织安排是否合理，建设单位管理力量是否符合建设需求；建设项目的特殊性要求，比如应急救援、物资基地设置、物资供应保障方案等是否进行了设计安排；标段划分是否合理，是否存在分工不合理、交叉施工干扰严重等情况。

(7)安全质量环保措施到位，征地拆迁地方保障落实。审查安全质量环水保措施是否具有针对性，对于特殊项目、复杂隧道工程是否制定专项安全管理措施、应急预案、技术保障方案；取弃土场设计是否落地，取得地方政府部门许可；土源是否调查清楚，取得地方许可，土方跨区调配方案是否取得上一级地方政府的许诺支持；稳定物资材料价格、炸药供应及价格是否得到地方政府的承诺和支持；征地手续是否取得，征拆资金是否准备，是否满足开工条件等。

2. 剩余工程施工组织设计审查方法和重点内容

剩余工程施工组织审查一般采取现场调查和会议讨论的方式组织，具体审查方法：按照铺轨线逐梁场进行剩余工程量的清理，对重点工程剩余工程量进行清理，安排重点剩余工程工期节点，安排站房工程和站后工程工期节点，安排站后工作面的交接时间节点，研究影响总工期的重点工程组织和技术措施，落实开通条件，确定剩余工程阶段工期、验收安排和开通时间。

剩余工程施工组织审查的重点内容：

(1)对剩余工程量进行全面清理，包括剩余线下工程、剩余制架梁、剩余铺轨、剩余站房工程、剩余站后工程，摸清现场施工资源配置，对剩余工程的工期计划进行核查。

(2)对滞后工期的工程进行研究，提出加强资源组织、提高施工效率、优化实施方案等措施。

(3)对不同施工单位交叉施工的工程进行研究,安排施工顺序,明确工作面交接时间节点。

(4)全面安排站后工程工作面移交工作顺序和时间节点安排。

(5)研究确定剩余工程的阶段工期计划(里程碑),合理安排验收时间节点、联调联试计划,评估并提出项目开通计划意见。开通项目梳理开通条件,进行计划安排。

1.3　施工组织计划智能化编制理论与方法

铁路工程是线性工程,但是不同的施工单元存在重复活动。在现行铁路施工组织斜率图基础上,采用基于线性计划方法的施工组织计划编制方法,运用资源均衡优化方法,实现施工组织设计智能化的编制。

1.3.1　施工组织计划智能化编制理论

1. LSM 建模方法

现在普遍采用的施工组织设计斜率图法是线性规划方法(LSM)在铁路工程中的应用。线性计划方法是一种“图形化”的工程进度计划方法,即在一个二维的直角坐标系(通常用 x 轴表示线路里程,y 轴表示进度时间)中,来描述线性工程的施工进度计划及相关工程项目信息,任一工序活动根据其施工开始和结束时间、活动起始和结束里程等数据以及施工速率、环境因素等信息,用预先设定的图形标识,以合适的比例尺度绘制在直角坐标系内。线性计划图有三要素,即直角坐标系、施工活动及施工活动间约束。

(1)直角坐标系

在线性进度计划图的二维直角坐标系内(x-y),x 轴表达里程(米、公里、站),y 轴表示时间(天、周、月、季度)。

(2)施工活动类别

分为线状、条状、块状三种,也可根据其施工过程的连续性进一步细分。

(3)约束

包括施工活动之间的时间约束(最大时间、最小时间)、施工活动之间的空间约束(最大空间、最小空间)。

2. 智能算法——遗传算法

遗传算法是以生物遗传及进化机制为基础逐渐演化而来的一种求最优解算法,其基本原理是通过对生物演化的复制、交换及突变等过程的仿真,同时根据需求对自然选择压力进行相应模拟,在此基础上获得最优解决方案。遗传算法提供了一种求解复杂系统优化问题的通用框架，它不依赖于问题的具体领域，对问题的种类具有很强的鲁棒性，所以广泛应用于许多学科，其主要运用领域有：(1)函数优化。函数优化是遗传算法的经典应用领域，也是对遗传算法进行性能评价的常用算例。(2)组合优化。随着问题规模的扩大，组合优化问题的搜索空间也急剧扩大，有时在当前条件下无法求出精确最优解，只能寻找满愈解。

1.3.2 施工组织设计智能化编制方法

1. 考虑弹性开工时间的施工进度计划编制方法

运用倒排工期的思路，已知总工期，计算关键线路上的工程阶段工期，即可倒推各控制工程的完工时间，然后去安排满足工期要求的非关键线路工程的施工计划，对铁路施工组织进行优化。具体思路如下：

已知项目结束工期，以最晚开工时间为目标，确定各活动的阶段工期、开始时间、施工方案。工序包括了线状活动，如铺轨、架梁等；条状活动，如桥墩等；块状活动，如隧道等。完成各个工程时间安排并绘制施工组织计划斜率图。

首先建立计算模型，该问题即为固定项目完成时间约束下，寻找各活动在各单元的施工模式、施工方向，获得最优施工方案，在不超过成本限额情况下寻求最晚开工时间；然后采用遗传算法与模拟退火混合的算法对模型进行求解，算法的设计包括编码、选择、交叉和变异、适应度函数的设计。考虑弹性开工时间的施工进度计划算法模型如图 1-5 所示。

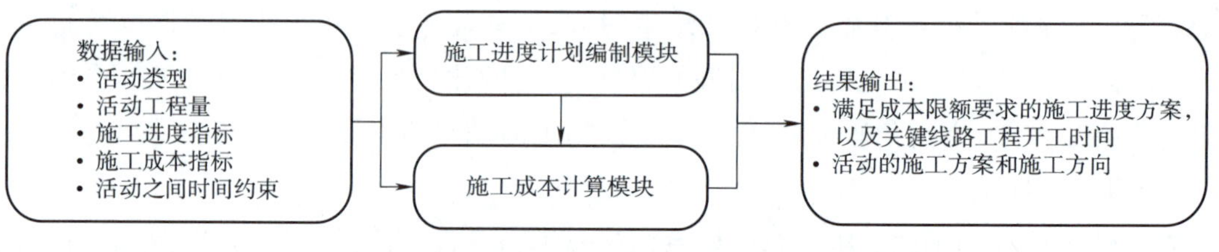

图 1-5 考虑弹性开工时间的施工进度计划算法模型

该种编制方法主要考虑资金时间价值，通过实证分析，计算各活动投入成本的时间价值，对比正排施工组织计划，计算终值和净现值，建设成本能够有较大的节省。但是该种施工组织安排方案没有考虑施工资源的投入，可能造成同步施工多个施工单元，造成资源的投入损失。

2. 考虑资源均衡的施工进度计划编制方法

在固定项目总工期下，求得各施工活动的施工组织方案，使得该铁路工程施工进度计划的单位时间资源使用均衡。具体思路如下：

对铁路工程施工进度计划中非控制性活动进行资源均衡优化，控制性工程部分可以通过考虑弹性开工时间的施工进度计划编制方法模型获得具体施工进度计划。针对一个关键活动进度计划已知的标段，在已知合理工期的情况下，以资源均衡为目标，求出各非关键桥墩、隧道、路基工程的开始时间和结束时间。根据不同类型的工程分别设计资源均衡方案进行工程时序的安排，具体包括：(1)针对桥墩、路基工程，其工期能够通过调整资源灵活变动，采用均匀分配每日工作量的方式实现资源均衡的目标。这部分采用基于方案对比的精确算法实现进度计划的自动编制，如图 1-6 所示。(2)隧道工程施工难度大，施工工期基本固定，不宜采取按工作量均匀计划工期的方案。因此，该部分以费用最小化优化目标，建立考虑施工顺序可变、资源总量可变的优化模型，设计基于遗传算法的启发式算法进行求解，如图 1-7 所示。

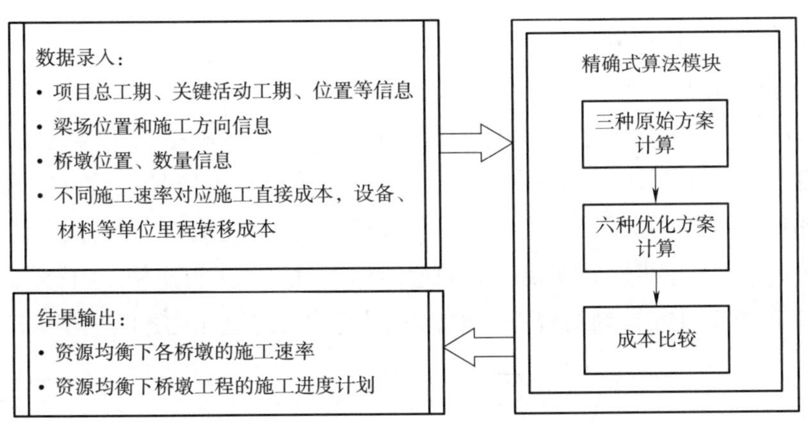

图 1-6　考虑资源均衡的施工进度计划(桥墩算法模型)

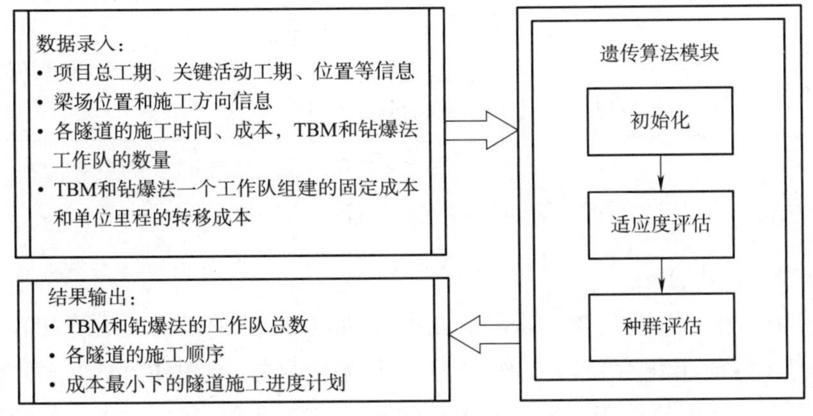

图 1-7　考虑资源均衡的施工进度计划(隧道算法模型)

该种编制方法在考虑弹性开工时间的施工进度计划编制方法基础上，对部分可以重复施工的工程按照施工顺序进行安排，能够使资源均衡使用，降低施工资源的进出场费用及相关成本，有利于施工组织，但是资金的时间成本有一定程度提高。

3. 考虑最优开工时序和资源平衡的施工组织计划编制方法

此种编制方法是将以上两种方法进行结合，进行进度计划编排。首先将控制性工程（除架梁线以外）采用考虑弹性开工时间的施工进度计划编制方法进行倒排，获得控制性工程的进度计划编排计划。接着进行架梁线的编排，并插入到控制性工程的施工计划中，最后按照考虑资源均衡的施工进度计划编制方法编排非控制性活动的施工组织计划。

1.3.3 施工组织设计重点内容智能化编制方法

1. 预制梁场选址及梁场规模优化方法

（1）预制梁场选址优化方法

制定科学合理的梁场布局方案和施工进度计划，实现铁路建设项目全线梁场数量、位置和开工时间等的优化决策。在已知铺轨工程及其他控制性工程进度安排的情形下，以整个项目或者施工区段所有梁场总成本最小化为目标，决策梁场的数量、位置、架梁方向和开工时序，并编制施工进度计划。具体工作包括：①以最小化梁场成本为目标函数，建立梁场布局优化决策模型；②采用带精英保留策略的遗传算法对模型进行求解，实现梁场布局方案的求解和架梁工程施工进度计划的智能化编制。预制梁场选址优化算法模型如图 1-8 所示。

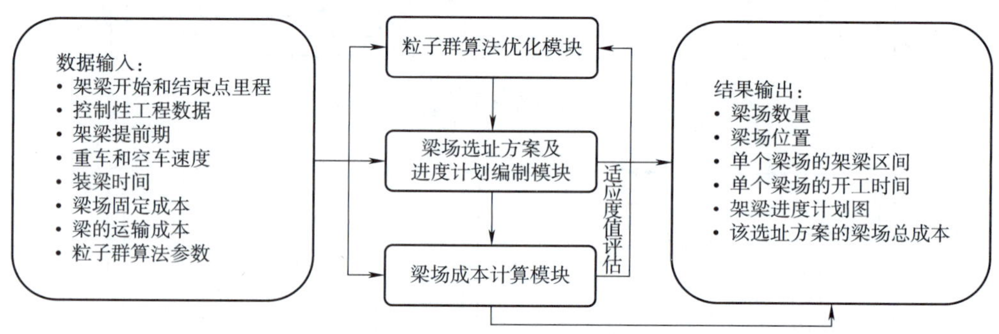

图 1-8　预制梁场选址优化算法模型

（2）梁场规模优化方法

通过各期制梁能力的均衡投入来降低制梁峰值，从而减少梁场的设施配置和建设等成本，在此基础上，将最小化存梁峰值作为另一个优化目标，构建预制梁场配置优化模型（图 1-9），并将人工智能算法用于该组合优化问题的求解（图 1-10），实现大规模制梁计划的快速自动编制。采用定量化方法，从制梁全过程角度出发，优化梁场所需最大生产能力，降低制、存梁峰值两项指标，节约梁场的设施配置和征地、复垦等成本，实现梁场规模最优配置。

2. 轨道板厂及轨枕厂设置方法

通过定量分析与计算选择新建板厂带来的相关费用和采用已有板厂的相关费用，建立

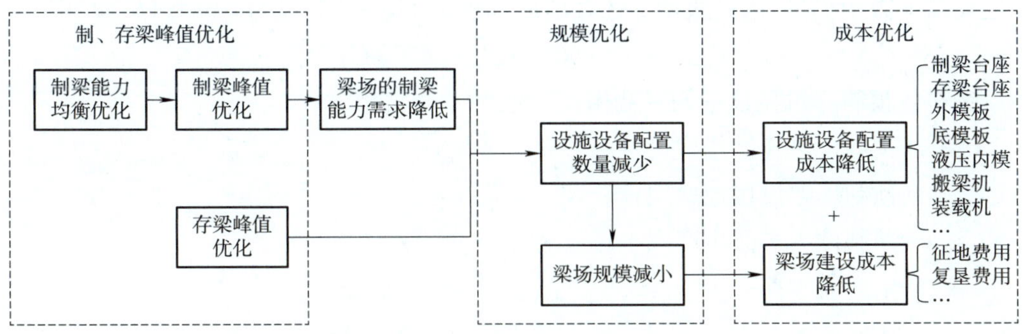

图 1-9　梁场规模优化框架图

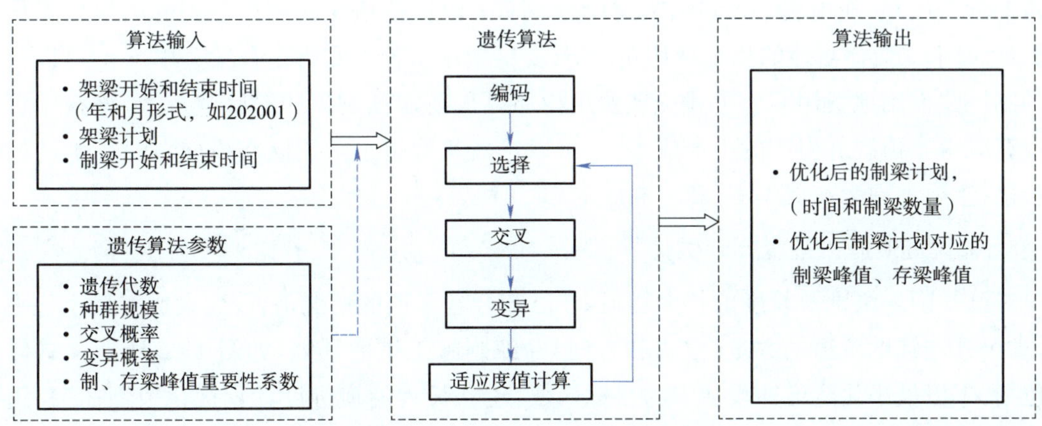

图 1-10　梁场规模优化算法模型

模型，对两者进行权衡，求解出已有板厂经济的供应范围(图 1-11)，在施工组织设计编制时确定是否新建板厂或轨枕场。

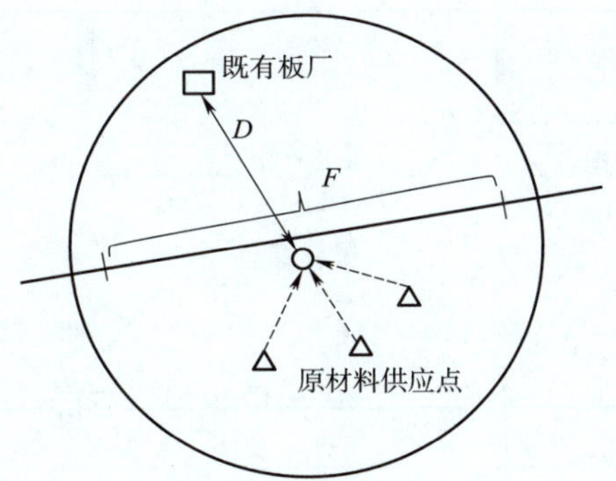

图 1-11　新建或既有板(轨枕)厂供应范围示意图

□—已建可用预制厂；○—新线沿线一个拟定的新建预制厂备选点；△—新建预制厂选用的原材料供应点；F—拟新建预制厂的计划供应范围；D—已建预制厂和拟建预制厂之间的运输路径

建立以下数学模型，通过权衡上述各项成本求解 D，来决策是否新建板（轨枕）厂。

$$C_s + C_j + C_y + C_q = C_t + C_p$$

式中 C_s——预制厂机械设备购置费用；

C_j——预制厂土建结构建设费用；

C_y——预制厂建设用地费用；

C_q——预制件生产的生产成本；

C_t——生产成本；

C_p——运输成本。

当新建预制厂备选点的位置和计划供应范围已知，可以据相关概算计算出预制厂机械设备购置费用 C_s 和预制厂土建结构建设费用 C_j；根据拟新建预制厂规划的用地总面积 m 和租地时间 n，结合当地的租地费用单价 a、复垦费用单价 b 和青苗补偿金单价 c，可以计算出预制厂建设用地费用 C_y；上述三项费用相加可得新建预制厂的总临建成本，该费用可以从概算取得。预制件生产的生产成本 C_q 可以从概算取得。采用既有板（轨枕）厂生产的产品价格，主要考虑生产成本 C_t 和运输成本 C_p。

3. 长大隧道施工进度计划优化方法

对已知围岩级别及长度的长大隧道，在已知合理工期的情况下，以建设成本最小化为目标，求出开挖辅助坑道的数量、位置和方向，并编制施工进度计划，如图 1-12 所示。具体工作包括：①以最小化隧道建设成本为目标函数，建立长大隧道进度计划优化模型；②利用智能算法实现隧道施工进度计划的自动编制，基于遗传算法的长大隧道进度计划优化算法模型如图 1-13 所示。

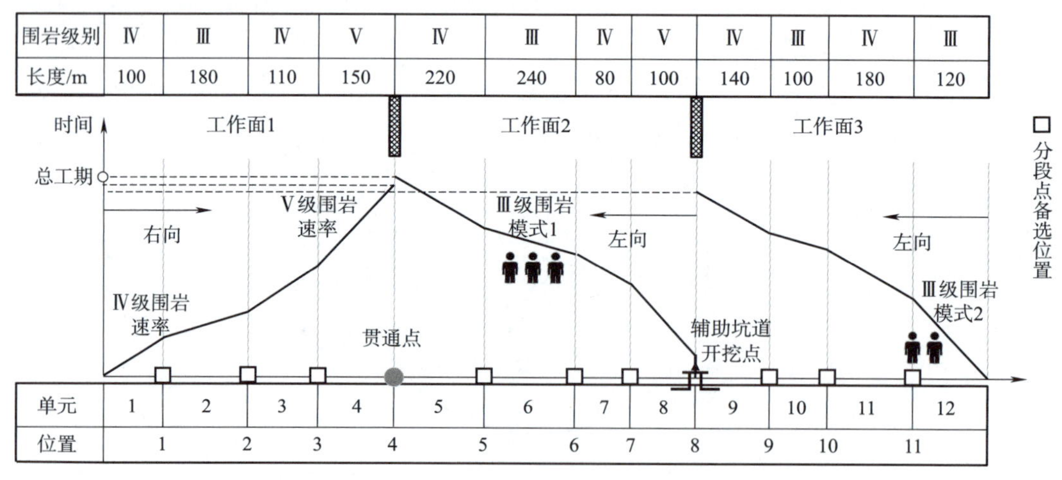

图 1-12 隧道多工作面施工示意图

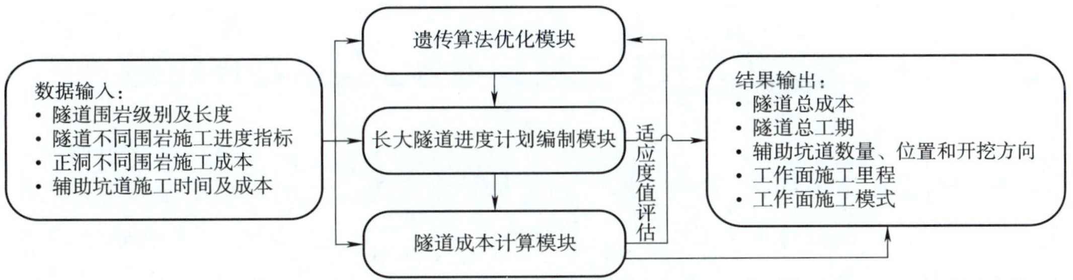

图 1-13　基于遗传算法的长大隧道进度计划优化算法模型

4. 隧道出渣利用分析方法

隧道出渣一般用于路基填筑、自制砂石料、社会利用以及弃掉。

将隧道出渣用于路基填筑，将隧道路基进行组合分配。根据不同出渣情况对路基开工、完工时间进行进度安排，以不影响其今后关键工程为标准，判断是否可以将该隧道出渣用于路基填筑。使用隧道出渣进行路基填筑时，会减少弃渣场的成本、采购其余材料进行路基填筑的成本，增加用于路基填筑的破碎处理及装运等成本。

将隧道出渣作为机制砂石骨料配制不同类型的混凝土，以满足施工现场需求。施工用砂石主要有以下来源：采用自制机制砂石、采购当地机制砂石，对比采取不同来源施工用砂石的成本，计算得到将隧道洞渣用于制作机制砂石所节约的成本。

将隧道出渣进行社会化利用时，考虑将隧道出渣用于造地、建筑等，一般选择就近处理弃渣，增加社会化效益。

建立数学模型，以总成本最低为目标，在不影响今后工作开展以及满足路基填筑需求的前提下，考虑当隧道出渣无法满足路基填筑需求或当地采购价格较低时进行材料外购的情况，决策隧道出渣四种处理途径的数量以及每个隧道给路基或机制砂石点提供石渣的总体规划，如图 1-14 所示。

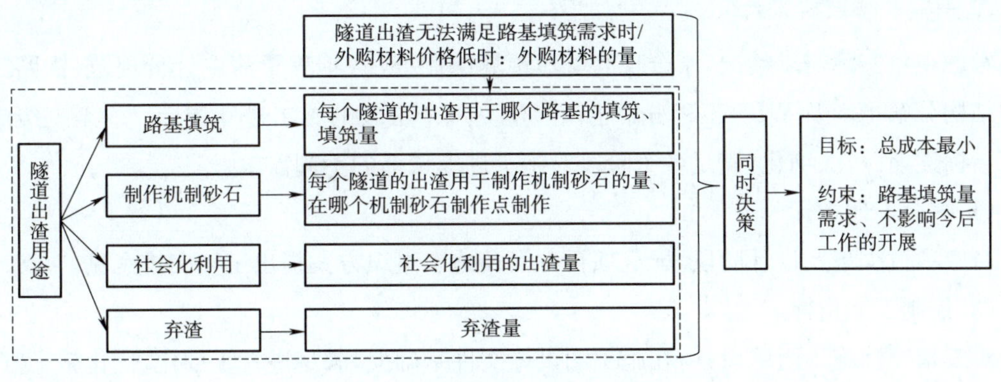

图 1-14　隧道出渣规划模型

1.4 施工组织设计工期指标体系与数据库构建

工序分解是制定工期指标的前提，工期指标是制定施工组织计划的基础。《铁路工程施工组织设计规范》(Q/CR 9004—2018)建立了两级工期指标体系，工期指标是基于现场施工的调研确定的。随着高速铁路施工技术的发展，特别是智能建造技术的出现，施工流程发生了变化，施工工效有大幅提高，而且变化较快，本节进行介绍。

1.4.1 施工组织设计工期指标体系

1. 工期指标体系构建原则

(1)先进性。指标体系应能科学、全面、精准反映施工的先进水平和真实情况，同时应避免指标重复、重叠的情况，各指标均能从某一重要角度反映铁路施工进度的实际状况。

(2)可获取性。工期进度指标应有较稳定的、可持续的数据来源。

(3)层次性。指标体系由铁路工程十几个专业子体系组成，各子体系的结构是按照工序自上而下、从宏观到微观进行逐层分解的，子体系之间相互独立、彼此又存在一定关联性，子体系中不同层级指标之间有紧密逻辑关系，最终多个子体系共同组成一个有机、拓扑结构的指标体系整体。

(4)可拓展性。数据指标应预留未来可拓展的可能性。部分重要指标可能目前缺乏可靠数据来源，但随着社会科技及经济的发展，未来数据来源愈加完善后可进行补充；另外，不同发展时期所关注的指标内容会发生变化。因此，构建大数据进度指标体系时应预留指标可拓展的口径。

2. 指标体系层级设计

考虑项目实际需求情况，结合现有(概)预算编制办法、工程量清单计价规范、铁路工程实体结构分解指南及 WBS 工程分解指南等建立三个层级的施工进度指标。一至三级施工进度指标逐渐深化、细化，满足各个阶段对施工进度指标的不同需求。

(1)综合工期指标

对应项目决策及设计阶段，配合项目方案及施工组织方案提出工期安排意见。

(2)控制工期指标

对应指导性施工组织设计，在施工图设计文件基础上，满足进一步细化、优化施工方案、资源配置方案等对进度指标的需求。

(3)专项工期指标

对应实施性施工组织设计,全方位满足现场施工组织设计需求。

3. 各专业三级施工进度指标

专业包括路基、桥涵、隧道、轨道、站场、通信、信号、信息、自然灾害及异物侵限监测系统、电力、牵引变电、接触网、站房、大临及过渡工程等。按照构建原则对应各级需要进行工程或工序层次划分,实现三级指标体系。对施工进度指标体系的每一个指标按照确定的规则进行编码,便于信息化应用和查询。一级指标体系见表 1-5,轨道工程二级指标、三级指标体系分别见表 1-6、表 1-7。整体工期指标体系可查阅科学研究报告等相关文献。

表 1-5　一级指标体系

工程项目			单　位
施工准备	控制工程拆迁		月/项
	城市拆迁		月/项
路基(含站场)	土方		万断面方/月
	石方		万断面方/月
	地基处理		万延长米/月
	附属工程		万圬工方/月
一般桥梁	墩高 30 m 以内		月/座
	墩高 30～50 m		月/座
简支梁架设	T 梁	32 m	单线孔/d
		32 m 以下	单线孔/d
	箱梁	40 m	孔/d
		40 m 以下	孔/d
特殊结构桥梁	钢梁	钢桁梁	延长米/月
		钢箱梁	延长米/月
		钢-混结合梁	延长米/月
	斜拉桥	钢桁梁	延长米/月
		钢箱梁	延长米/月
		预应力混凝土梁	延长米/月
		钢-混结合梁	延长米/月
	悬索桥	钢桁梁	延长米/月
		钢箱梁	延长米/月
		预应力混凝土梁	延长米/月
		钢-混结合梁	延长米/月

续上表

工程项目				单位
特殊结构桥梁	连续梁	现浇		延长米/月
		悬浇		延长米/月
		现浇转体		延长米/月
		悬浇转体		延长米/月
	移动模架			延长米/月
	节段拼装	干拼		延长米/月
		湿拼		延长米/月
	拱桥			延长米/月
	道岔梁			延长米/月
隧道	正洞	钻爆法	单线	m/月
			双线	m/月
		掘进机法	TBM	m/月
		盾构法	盾构	m/月
	辅助坑道			m/月
铺轨	无缝线路有砟换铺法铺轨			km/d
	无缝线路有砟单枕法铺轨			km/d
	普通线路有砟人工铺轨			km/d
	普通线路机械铺轨			km/d
	无缝线路无砟铺轨			km/d
无砟道床	双块式			km/d
	Ⅰ型板式			km/d
	Ⅱ型板式			km/d
	Ⅲ型板式			km/d
通信信号	室外工程			km/月
	室内工程			处/月
信息	站房建筑面积	$\leqslant 10\ 000\ m^2$		处/月
		$10\ 000 \sim 50\ 000\ m^2$		处/月
		$50\ 000 \sim 100\ 000\ m^2$		处/月
		$>100\ 000\ m^2$		处/月
灾害监测	室外工程			km/月
	室内工程			处/月
电力	室外工程			km/月
	室内工程			处/月
接触网	接触悬挂及调整			条公里/d
供变电	牵引所亭			座/月

续上表

<table>
<tr><th colspan="3">工程项目</th><th>单　位</th></tr>
<tr><td rowspan="4">站房</td><td rowspan="4">建筑面积</td><td>≤10 000 m²</td><td>月/处</td></tr>
<tr><td>10 000～50 000 m²</td><td>月/处</td></tr>
<tr><td>50 000～100 000 m²</td><td>月/处</td></tr>
<tr><td>>100 000 m²</td><td>月/处</td></tr>
<tr><td rowspan="9">大临工程</td><td rowspan="3">制存梁场</td><td>T 梁</td><td>月/处</td></tr>
<tr><td>箱梁</td><td>月/处</td></tr>
<tr><td>节段梁</td><td>月/处</td></tr>
<tr><td colspan="2">钢梁拼装场</td><td>月/处</td></tr>
<tr><td colspan="2">掘进机拼装场</td><td>月/处</td></tr>
<tr><td colspan="2">盾构机拼装场</td><td>月/处</td></tr>
<tr><td colspan="2">管片预制场</td><td>月/处</td></tr>
<tr><td colspan="2">长钢轨焊接(存放)基地</td><td>月/处</td></tr>
<tr><td colspan="2">临时码头</td><td>月/处</td></tr>
<tr><td colspan="3">动态检测及试运行</td><td>月</td></tr>
<tr><td colspan="3">联调联试</td><td>月</td></tr>
<tr><td colspan="3">运行试验</td><td>月</td></tr>
</table>

表 1-6　轨道专业二级指标体系

项目编码	编　号	名　称	指标单位
020101	1	有缝线路铺轨	km/d
02010101	1.1	人工铺轨	km/d
02010102	1.2	机械铺轨	km/d
020102	2	无缝线路铺轨	km/d
02010201	2.1	有砟铺轨	km/d
0201020101	2.1.1	单枕法	km/d
0201020102	2.1.2	换铺法	km/d
02010202	2.2	无砟铺轨	km/d
020103	3	有砟无砟铺轨工序转换	处/d
020104	4	铺轨后续工程(含轨道精调)	月
020105	5	有砟道床	m/d
020106	6	无砟道床	m/d
02010601	6.1	Ⅰ型双块式	m/d
02010602	6.2	Ⅱ型双块式	m/d
02010603	6.3	Ⅰ型板式	m/d
02010604	6.4	Ⅱ型板式	m/d

续上表

项目编码	编　号	名　称	指标单位
02010605	6.5	Ⅲ型板式	m/d
02010606	6.6	弹性支承块式	m/d
02010607	6.7	长枕埋入式	m/d
02010608	6.8	道岔区轨枕埋入式	d/组
02010609	6.9	道岔区板式	d/组

表 1-7　轨道专业三级指标体系

项目编码	编　号	名　称	指标单位
030101	1	有缝线路铺轨	km/d
03010101	1.1	人工铺轨	km/d
03010102	1.2	机械铺轨	km/d
030102	2	无缝线路铺轨	km/d
03010201	2.1	有砟铺轨	km/d
0301020101	2.1.1	单枕法	km/d
0301020102	2.1.2	换铺法	km/d
03010202	2.2	无砟铺轨	km/d
030103	3	铺轨后续工程(含轨道精调)	月
03010301	3.1	有砟轨道后续工程	月
03010302	3.2	无砟轨道后续工程	月
03010303	3.3	钢轨预打磨	km/d
030104	4	有砟道床	m/d
030105	5	无砟道床	m/d
03010501	5.1	Ⅰ型双块式	m/d
0301050101	5.1.1	路基段支承层	m/d
0301050102	5.1.2	路基段底座	m/d
0301050103	5.1.3	桥梁段底座	m/d
0301050104	5.1.4	路基段道床板	m/d
0301050105	5.1.5	桥梁段道床板	m/d
0301050106	5.1.6	隧道段道床板	m/d
03010502	5.2	Ⅱ型双块式	m/d
0301050201	5.2.1	路基段支承层	m/d
0301050202	5.2.2	路基段底座	m/d
0301050203	5.2.3	桥梁段底座	m/d
0301050204	5.2.4	路基段道床板	m/d
0301050205	5.2.5	桥梁段道床板	m/d

续上表

项目编码	编　号	名　称	指标单位
0301050206	5.2.6	隧道段道床板	m/d
03010503	5.3	Ⅰ型板式	m/d
0301050301	5.3.1	路基段底座	m/d
0301050302	5.3.2	桥梁段底座	m/d
0301050303	5.3.3	隧道段底座	m/d
0301050304	5.3.4	轨道板	块/d
0301050305	5.3.5	水泥乳化沥青砂浆充填层	块/d
0301050306	5.3.6	凸形挡台树脂灌注	m/d
03010504	5.4	Ⅱ型板式	m/d
0301050401	5.4.1	路基段支承层	m/d
0301050402	5.4.2	桥梁段底座	m/d
0301050403	5.4.3	隧道段支承层	m/d
0301050404	5.4.4	台后锚固结构	m/d
0301050405	5.4.5	轨道板	块/d
0301050406	5.4.6	水泥乳化沥青砂浆充填层	块/d
03010505	5.4.7	轨道板连接	m/d
0301050501	5.5	Ⅲ型板式	m/d
0301050502	5.5.1	路基段底座	m/d
0301050503	5.5.2	桥梁段底座	m/d
0301050504	5.5.3	隧道段底座	m/d
0301050505	5.5.4	轨道板	块/d
0301050506	5.5.5	自密实混凝土	块/d
03010506	5.6	弹性支承块式	m/d
0301050601	5.6.1	隧道段道床板	m/d
03010507	5.7	长枕埋入式	m/d
0301050701	5.7.1	路基段底座	m/d
0301050702	5.7.2	桥梁段底座	m/d
0301050703	5.7.3	路基段道床板	m/d
0301050704	5.7.4	桥梁段道床板	m/d
0301050705	5.7.5	隧道段道床板	m/d
03010508	5.8	道岔区轨枕埋入式	d/组
0301050801	5.8.1	路基段 12 号道岔	d/组
0301050802	5.8.2	路基段 18 号道岔	d/组
0301050803	5.8.3	路基段 42 号道岔	d/组
0301050804	5.8.4	桥梁段 12 号道岔	d/组

续上表

项目编码	编　号	名　称	指标单位
0301050805	5.8.5	桥梁段 18 号道岔	d/组
0301050806	5.8.6	桥梁段 42 号道岔	d/组
0301050807	5.8.7	隧道段 12 号道岔	d/组
0301050808	5.8.8	隧道段 18 号道岔	d/组
0301050809	5.8.9	隧道段 42 号道岔	d/组
03010509	5.9	道岔区板式	d/组
0301050901	5.9.1	路基段 18 号道岔	d/组
0301050902	5.9.2	路基段 42 号道岔	d/组
0301050903	5.9.3	桥梁段 18 号道岔	d/组
0301050904	5.9.4	桥梁段 42 号道岔	d/组
0301050905	5.9.5	隧道段 18 号道岔	d/组
0301050906	5.9.6	隧道段 42 号道岔	d/组
030106	6	有砟道岔铺设	d/组
03010601	6.1	有缝道岔铺设	d/组
0301060101	6.1.1	9 号单开道岔铺设	d/组
0301060102	6.1.2	12 号单开道岔铺设	d/组
0301060103	6.1.3	6 号对称道岔铺设	d/组
0301060104	6.1.4	6 号交叉渡线道岔铺设	d/组
0301060105	6.1.5	9 号交叉渡线道岔铺设	d/组
0301060106	6.1.6	12 号交叉渡线道岔铺设	d/组
0301060107	6.1.7	9 号复式交分道岔铺设	d/组
0301060108	6.1.8	12 号复式交分道岔铺设	d/组
03010602	6.2	无缝道岔铺设	d/组
0301060201	6.2.1	9 号单开道岔铺设	d/组
0301060202	6.2.2	12 号单开道岔铺设	d/组
0301060203	6.2.3	18 号单开道岔铺设	d/组
0301060204	6.2.4	42 号单开道岔铺设	d/组
0301060205	6.2.5	6 号对称道岔铺设	d/组
0301060206	6.2.6	6 号交叉渡线道岔铺设	d/组
0301060207	6.2.7	9 号交叉渡线道岔铺设	d/组
0301060208	6.2.8	12 号交叉渡线道岔铺设	d/组
0301060209	6.2.9	9 号复式交分道岔铺设	d/组
0301060210	6.2.10	12 号复式交分道岔铺设	d/组
030107	7	无砟道岔铺设	d/组
03010701	7.1	12 号单开道岔铺设	d/组

续上表

项目编码	编　　号	名　　称	指标单位
03010702	7.2	18 号单开道岔铺设	d/组
03010703	7.3	4 号单开道岔铺设	d/组
03010704	7.4	12 号交叉渡线道岔铺设	d/组
030108	8	桥梁段钢轨伸缩调节器	d/组

1.4.2　工期指标体系数据库

1.4.2.1　数据库主要功能及架构设计

1. 功能设计

数据库应实现以下功能:(1)能够进行数据的自动抽取、转化,通过数据挖掘,运用机器学习算法,实现工期指标的自动预测。(2)实现指标体系的结构化、系统化、实时化、自动化管理。(3)与现有工程管理平台、相关管理模块以及其他应用体系如施工组织设计编制自动衔接。

功能设计为 6 个模块,如图 1-15 所示,依次分为指标管理、指标查询、数据管理、指标分析、指标发布、系统管理。指标管理中包含专业信息维护、EBS 指标数据等;数据管理主要是对项目信息的管理,包含一些重要的字段信息,如项目总里程、工点信息等;指标分析,依赖于数据管理中采集到的项目工点信息与实际每日上报的施工日志信息的分析与计算;指标发布主要是将指标体系动态化管理,通过前面的指标数据分析与统计,结合研究的指标计算方法,定期或不定期的动态发布指标。

2. 构架设计

为了满足铁路施工进度指标管理的需要,需将施工日志、监测数据等进行集成,统计施工进度,建立起施工全过程的历史和动态数据库,为实现进度指标的汇总计算和动态更新提供基础数据支撑。系统采用动态索引树结构图和数据指标字典建立施工进度指标体系,通过"新建""更新""删除"等操作来实现指标的管理,动态更新系统中的进度指标。建立起来的进度指标体系将成为施工组织设计和工期优化中的重要参考依据,进度指标内容可以依据实际情况进行设置和调整。

数据库系统采用微服务架构,前后端可以分开部署与开发。前端集成了 Web 开发技术,如 Web 组件 miniUI 等常用组件;后台主要采用 WebAPI 接口开发技术,通过协议约定来驱动前端页面的数据加载与展示。数据库技术构架如图 1-16 所示。

3. 开发流程

(1)收集铁路项目的基础参数,包含专业信息、EBS 数据、指标影响因素、指标与影响因素的关联、指标与施工日志的关联分析等。

铁路施工进度一期指标数据库系统
登录
指标管理
专业管理
施工专业查询
施工专业维护
EBS指标数据
EBS指标数据查询
EBS指标数据维护
指标信息维护
施工组织影响因素
二三级指标影响因素维护
二三级进度指标维护
指标数据管理
指标与影响因素关联
指标与施工日志关联
指标查询
指标项查询
二级进度指标查询
三级进度指标查询
指标情况查询
指标情况信息查询
数据管理
项目信息管理
项目管理
项目信息查询
工点管理
工点信息查询
指标填报
指标信息通报
指标分析
指标统计
指标信息统计
指标分析
指标信息分析
指标预测
指标预测
指标发布
版本管理
指标维护
指标版本查询
指标发布管理
指标发布管理维护
系统管理
用户管理
权限管理
日志监控

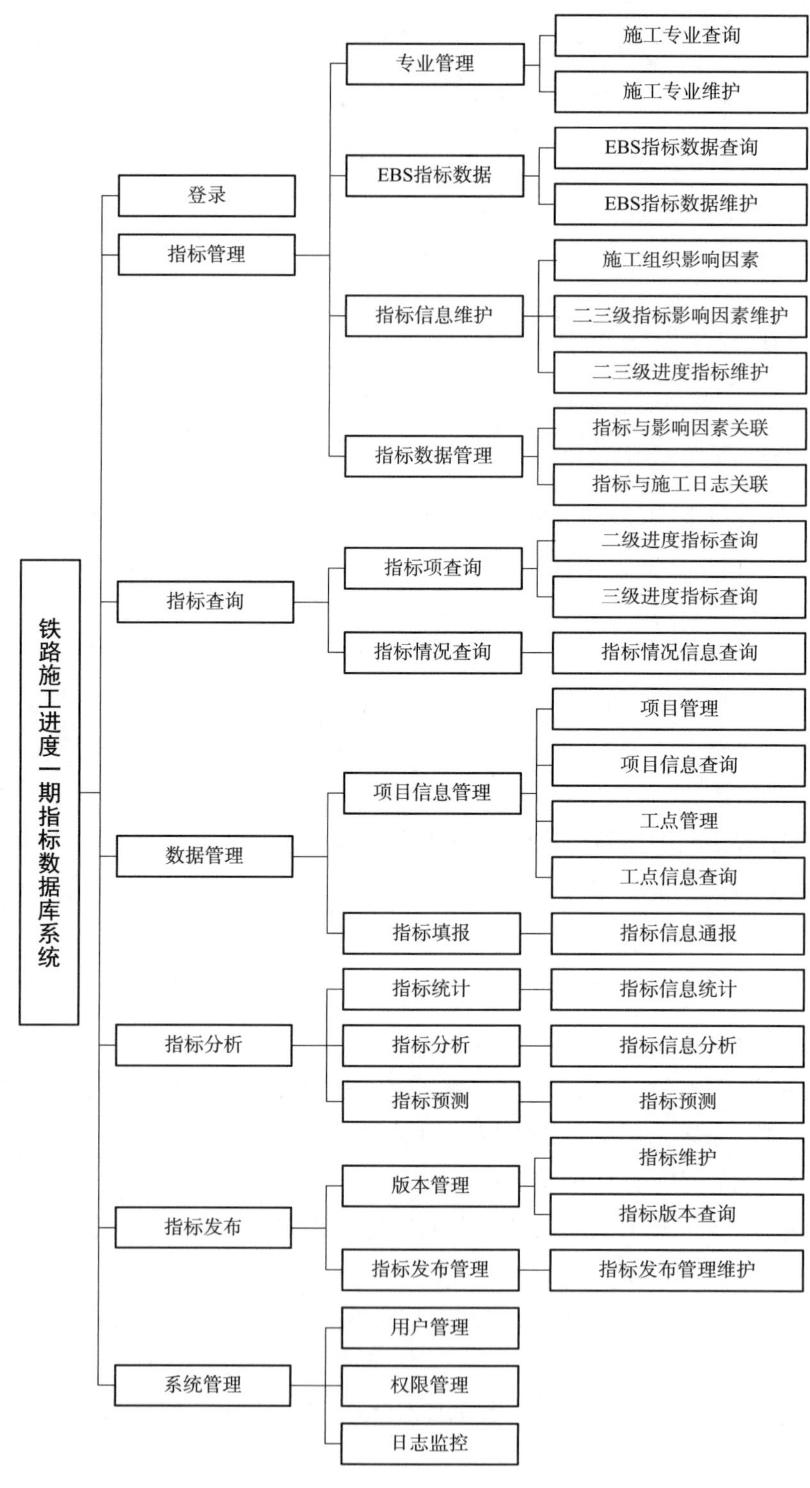

图 1-15　系统功能模块

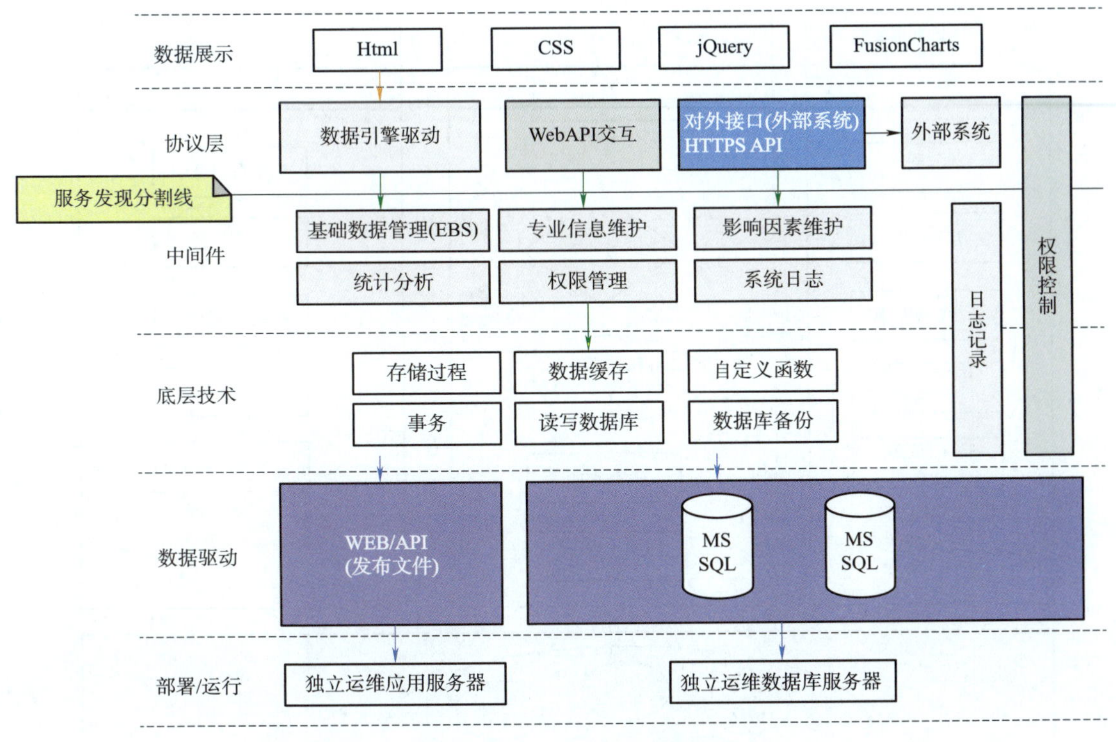

图 1-16　数据库技术构架

(2)通过数据接口或文档的形式,采集铁路施工项目的关键信息。包括项目信息、工点信息、计划作业信息、施工日志信息等。

(3)通过前面两个步骤的数据建设,对已采集的数据进行基础的数据过滤。

(4)开始建设数据指标预测模型与分析算法,通过反复的推演与计算,逐步完善预测模型内容以及分析算法。

(5)通过模型与分析算法建设,发布预测指标。

(6)进行针对项目的指标分析与统计,校对预测指标的可用性和计算方法的科学性。在此工作上进行反复的统与分析,不断提高预测指标方法的科学性。

系统设计流程如图 1-17 所示。

1.4.2.2　进度指标预测分析方法

ETL(抽取 extract、转换 transform、加载 load)是构建施工进度指标数据库的关键一环,系统使用者依据一定的规则,将多源异构的进度数据按照预先系统设定好的数据仓库模型,通过 ETL 集中进行接口、数据格式、传输等规范的设定,实现进度指标的自动化计算,使系统具有更强的适应性。进度数据经过 ETL 后,可进行可视化分析与数据挖掘,通过机器学习算法对采集到的施工进度数据进行建模,实现对进度指标值的预测。课题组采用数据驱动的思路,将随机森林(RF)算法和 XGBoost 相结合,提出一种基于 RF-XGBoost 的工期

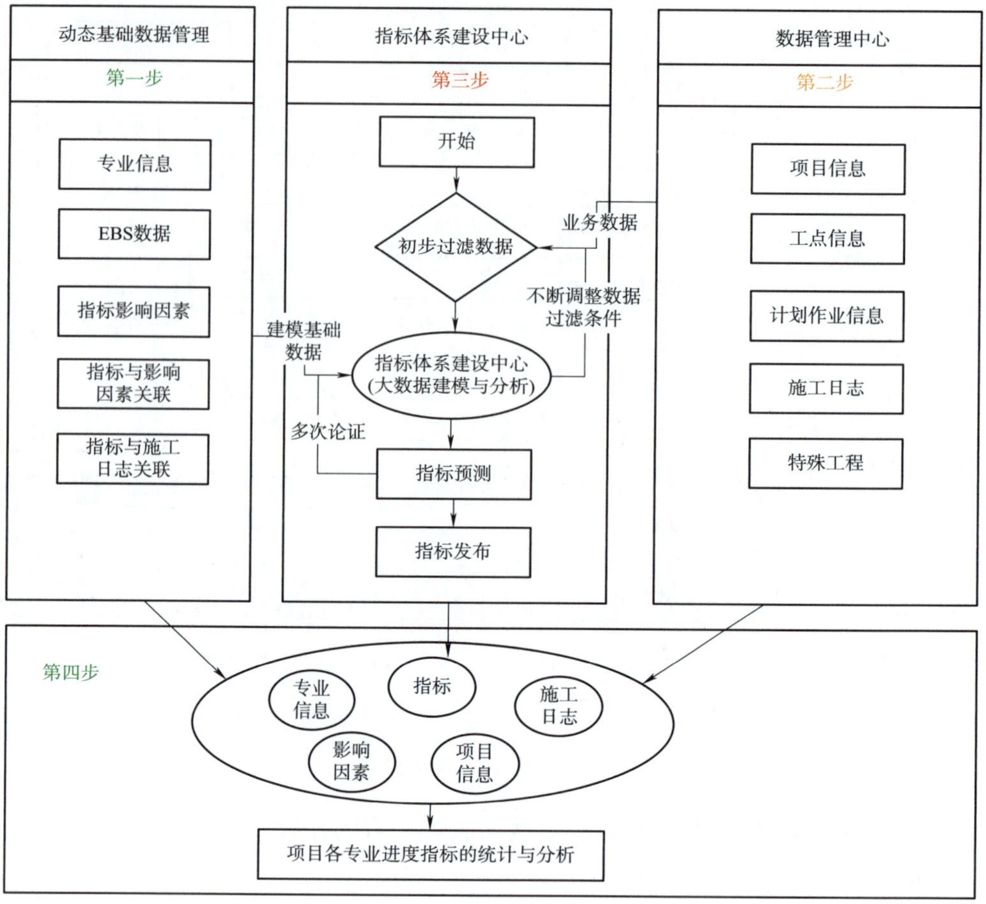

图 1-17　系统设计流程图

指标预测模型。首先利用 RF 可以对特征重要程度进行排序的特性，结合向后剔除法对不重要的影响因素进行剔除，得到工期指标预测的最优影响因素集，然后在此基础上构建基于 XGBoost 的工期指标预测模型，以实现对工期指标的精确预测，建模流程如图 1-18 所示。

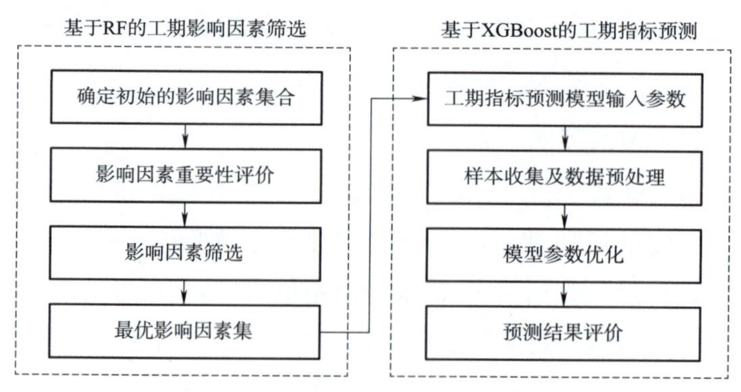

图 1-18　基于 RF-XGBoost 的工期指标预测建模流程

第2章 施工组织技术创新与实践

2.1 施工组织方法与工程实践

铁路工程线性工程的特点以及标准化管理的实践，决定了高速铁路工程的施工组织方法，是以“架梁铺轨”和“联调联试”为主线，以“专业化、机械化、工厂化、信息化”作业组织为标准，实行“分阶段大流水、分区段大平行、施工过程多种作业方式交织”的施工作业方法。

2.1.1 施工组织方法

施工组织方法包括四种：(1)依次施工：前一个施工过程完成后，后一个施工过程才开始施工。这是一种最基本的施工组织方式。(2)平行施工：将几个相同的施工过程，分别组织几个相同的工作队，在同一时间、不同的空间上平行进行施工。(3)流水施工：将拟建工程在竖直方向上划分施工层，在平面上划分施工段，然后按施工工艺的分解组建相应的专业施工队，按施工顺序的先后进行各施工层、施工段的施工。(4)交叉施工：不同的专业施工队伍在不同时间、相同的空间进行流水作业的施工方式，交叉施工本质上也是流水施工，是更大专业区别的流水施工。以上几种施工方法对施工成本和建设工期有不同的影响，在施工组织计划安排时应综合考虑，以实现成本最低、效益最优、均衡生产、工期合理的目标。

2.1.2 高速铁路施工组织方法工程实践

2.1.2.1 “分阶段大流水”施工组织方法

高速铁路是多专业的复杂巨系统工程，从大类上分为站前工程、站后工程、站房工程以及联调联试等，其中站前工程包括桥涵、隧道、路基、轨道等专业，是工程建设中最复杂、最控制性的内容，并对站后工程和站房工程形成制约；站后工程包括电力、接触网、通信、信号、客服、防灾等内容，专业多、施工繁琐，受制于站前工程和站房工程提供施工的作业面条件；站房专业包括站房主体、雨棚站台及相关配套项目，同样与站前工程相互制约，特别是高架站、既有站改等工程项目，与站前、站后作业交织，必须一体化建设。总体施工顺序是站前工程线下及架梁完成后，开展全线的铺轨工程，站房及雨棚工程要同步跟进，然后进行站后工程的实施，所有工程完成后进行联调联试工作，调试合格后线路开通，分阶段大流水施工组织方法示意如图 2-1 所示。

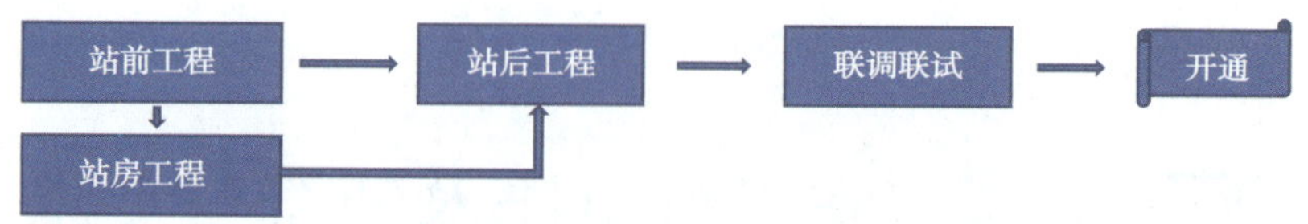

图 2-1　分阶段大流水施工组织方法示意图

在工程施工组织和任务划分时，要充分考虑到我国铁路建设专业化总承包的特色，合理确定各专业的施工时序和接口关系，合理确定承包队伍的进场时间。一般情况而言，站房和站后专业总承包队伍尽量早进场进行施工准备，一般在开通前两年要进场组织，当然站房工程要根据工程规模合理确定施工周期，特别是规模较大的控制性工程，需要根据确定的工期组织进场施工。

2.1.2.2　"分区段大平行"施工组织方法

我国高速铁路采用的是箱梁预制架设的技术路线，因此采取"分区段大平行"的施工组织方法，即把站前工程按照"均衡生产、工期匹配"的原则分成若干个施工区段，以架梁为主线进行平行作业组织，每个架梁区段的线下完成时间根据架梁达到时间确定，每个架梁区段架梁及桥面系完成时间按照"铺轨作业线"确定，站后、站房工程根据实际与线下工程同步平行或交叉作业。某项工程划分为三个架梁区段进行施工组织，三个架梁区段的工程任务以铺轨线为基准平行组织开展，如图 2-2 所示。

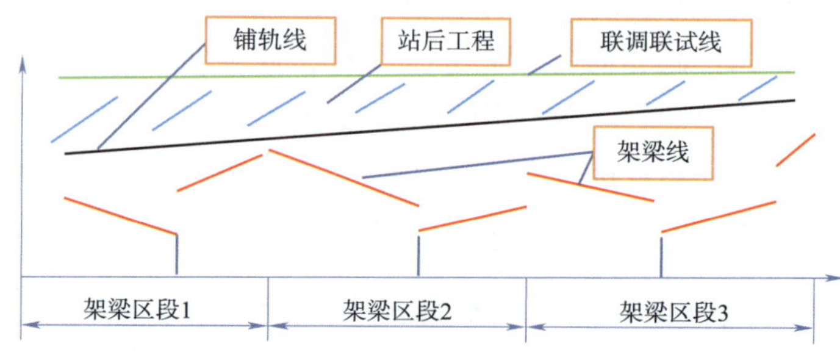

图 2-2　分区段大平行作业施工组织方法示意图

2.1.2.3　施工过程中多种施工组织方法综合运用

在"分阶段大流水、分区段大平行"总体施工组织方法安排下，施工过程中要运用多种施工组织方法，在工期目标确定的情况下，达到"成本最低、资源均衡"的效果。

1. 确定关键线路和关键里程碑计划

首先绘制完成施工组织斜率图，然后在斜率图基础上完成施工组织时标横道图，找出关键线路，标注关键里程碑计划，其中关键工程如复杂隧道工程、长大桥梁工程、大型客站工程等，在各种施工组织图中单独标注。根据施工组织斜率图和施工组织时标横道图进行施工组织方式的安排。

2. 同一架梁施工区段内施工组织方法

在同一架梁区段内可能包括的工程内容有桥梁基础及墩台工程，路基土方填筑、开挖工程，隧道工程等不同专业。不同专业之间采取平行作业或交叉作业的方式，同一专业采取流水作业的施工组织方式。同时考虑土方平衡时路基挖方、隧道开挖与路基填筑的时间匹配。图 2-3 所示架梁区段有 4 个墩台施工单元、两个路基填筑施工单元、一个隧道施工单元、一个路堑施工单元。各专业之间开展平行或者交叉作业，但是隧道施工单元向路基填筑 1 提供路基填料、路堑施工单元向路基填筑 2 单元提供填料，在时间上要做到匹配。同一专业施工既有平行作业，也有顺序作业，其中路基填筑 1 单元填筑完成后向路基填筑 2 单元转移，加快路基填筑 2 单元的进展；墩台施工 1 单元完成施工后转场施工墩台 3 单元，墩台施工 2 单元完成施工后转场施工墩台 4 单元。

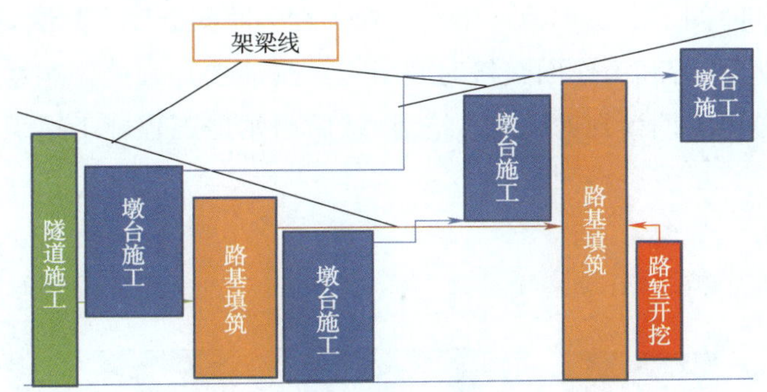

图 2-3　架梁区段施工组织示意图

3. 运用施工组织方法对控制性工程进行优化

关键线路上的控制性工程一般为特别复杂的长大隧道工程、复杂技术的长大桥梁工程及特别复杂的大型客站工程。这些控制性工程工期风险高、受环境条件影响大，一旦出现工期延误，则首先需要考虑进行施工组织上的优化，考虑变更施工组织方法，将原来依次施工作业方法调整为平行作业施工方法，补充相应的施工资源，同时尽量根据专业队伍划分考虑流水作业和交叉施工作业方法。图 2-4 所示原控制性隧道采取进出口两头掘进的施工组织方案，即进、出口两个作业工区平行作业，由于地质条件变化，工期有所滞后，成为全线控制性工程，经过研究，在隧道中间适当位置增加一处斜井，调整为四个作业面平行作业的施工组织方法。另如某大型客站，原计划采取整个区域流水施工的施工组织方法，由于工期存在较大风险，经过研究，调整为东、西两个区域平行作业的施工组织方法，两个区域内采取流水作业，补充了专业施工力量。

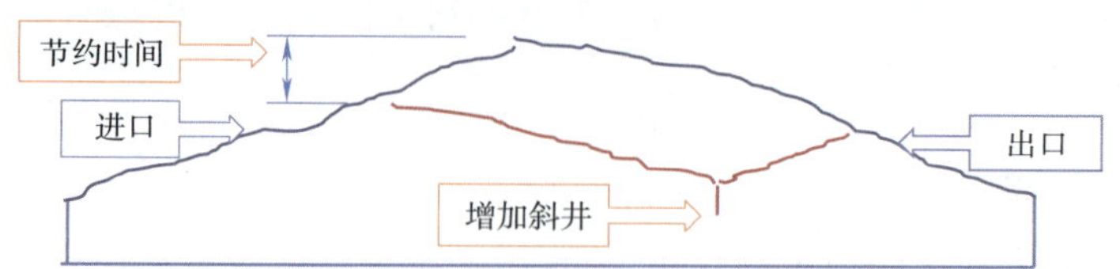

图 2-4　某控制性隧道施工组织方法调整示意图

4. 非关键线路工程尽量采取依次施工或专业化流水作业方法

非关键线路尽最大限度的利用施工资源，采取依次施工方法，专业队伍采取流水作业的施工组织方法，以做到生产均衡。施工组织优先但不局限于在一个施工作业区段内安排，资源满足时跨区段组织。

5. 站后、站房与站前工程采取平行作业和交叉作业

站后、站房与站前工程采取平行作业和交叉作业的施工组织方法，首先要进行施工顺序的梳理，按照工期和时间节点要求梳理出本专业工程的时间顺序。其次，要梳理出各专业与其他专业的接口工作内容和工作面交接时间节点。最后要加强施工组织，确保每一项节点按期兑现，以保障总体工期计划的完成。站前、站后与站房工程施工组织方法示意如图 2-5 所示。

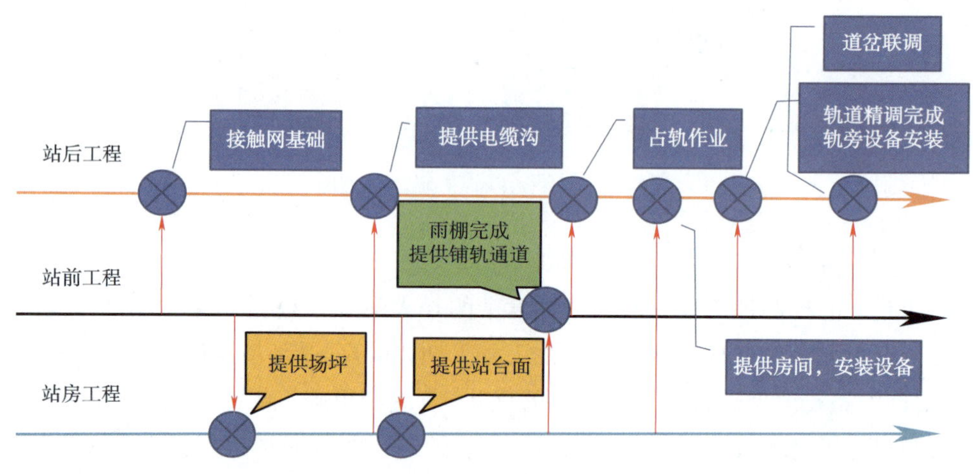

图 2-5　站前、站后与站房工程施工组织方法示意图

2.1.3　利用数据智能技术进行施工组织计划安排

施工组织方法是进行高速铁路施工组织计划安排的基础。由于高速铁路项目是线性工程，同时线性工程中又包含多个单体工程，同时施工专业多、施工内容繁杂，所以在施工组织方法及其原则的确定基础上，各工程内容之间的逻辑关系梳理是施工组织安排的基础。在此基础上，运用数据智能化的技术，进行施工组织设计的智能化安排。

2.2　施工组织动态控制

施工组织计划安排以后，需要进行动态控制，以实现指导性施工组织设计确定的各项目标。我国高速铁路在工程建设实践中，总结了施工组织动态控制的实施措施，形成了有效的控制方法，并在施工组织动态调整理论和方法上进行了深入研究，运用了信息化和智能化的控制手段。

2.2.1　施工组织动态控制要点

2.2.1.1　夯实施工组织设计基础

1. 认真开展现场调查

摸清影响线路方案的外界环境，研究绕避风景名胜区、自然保护区、水源保护区、基本农田保护区、重要文物、军事设施、厂矿企业等方案的技术经济比较，积极协调解决影响项目实施的关键线位问题。从近年项目推进实际情况来看，通过以上区域采取的拆迁或者工程措施及协调所付出的工程成本或工期代价，有些高于局部线路改移的成本。

2. 及时落实前置条件

尽早完成道路立交、油气管线迁改（防护）等重要协议签订，提前开展重要地材情况现场调查，委托具有相关资质单位及时办理地质灾害、地震安全、压覆矿藏、防洪评价、通航论证、文物保护等相关工作，并取得主管部门批复。近年来，涉及直辖市、省会城市的道路立交协议签订，涉及跨江、跨河行政许可办理工作，因重视不足、协调难度大等原因，往往成为制约特殊结构桥梁进场施工的重要因素。

3. 统筹大临工程布局

统筹规划大临设施布局，铺轨基地、梁场、大临便道等重点临时工程应充分考虑征地拆迁、高等级电力线路迁改因素，提高技术经济性和可实施性，防止因设置不合理制约施工组织整体安排；认真开展选址方案现场核对调查，避免因位置不当，造成实施困难，尤其是生活驻地严禁设置在地质灾害或易发生洪涝灾害区域；要特别加强取、弃土（渣）场设计管理，充分调动地方政府工作积极性，采取综合治理措施，依法合规做好土地征用、补充环评、变更水保工作。同时，也要预留出临建工程验收认证时间。

2.2.1.2　落实重大技术方案

1. 坚持安全质量核心

科学制定重大技术方案是施工组织管理的前提和保证。要充分认清重难点工程的施工风险，深化从量变到质变的认识，深入研究有特殊要求的工艺工法，对风险和挑战要有足够的心理准备，始终把安全质量风险防范摆在工程推进中的首要位置。

2. 做好初步设计方案

初步设计阶段，在现场调查得的基础上，以质量安全和总体效益为中心，认真比选线路选线方案和重大工程设计方案，进一步加大前期工作管理力度，使重大实施方案符合现场实际，节约总体成本，能够顺利推进。

3. 把好施工图审核关

施工图是工程实施的依据，其质量决定着施工组织设计方案能否顺利实施。建设单位要及早落实项目建设的前置性条件，同步组织施组编制与施工图审核，加强施工图审核意见的研究落实，严格施工图审核检查和考核，进一步夯实施工图审核管理基础，使设计施工图更具有实际操作性。

4. 持续优化设计方案

在实施阶段，持续加强重难点工程施工技术管理，及早发现解决可能影响施组落实和安全质量的技术问题，科学研究制定对策，既要保证施工工效，更要确保施工质量和结构安全，果断决策实施，避免贻误最佳处理时机，减少后期返工情况发生，防止遗留运营病害隐患。

2.2.1.3 重点加强枢纽工程组织

1. 统筹安排建设时序

大型枢纽一般存在引入项目多、相互交叉制约、施工过渡复杂、涉及专业广等难题，应充分利用工程建设时序、施工方案与运输组织调整、过渡措施相辅相成等特点，互相创造条件，减少频繁过渡、新老设备调试等问题。

2. 努力减少交叉影响

实施枢纽引入工程势必引起既有客货运系统重新布局，枢纽项目建设与运输组织存在交叉干扰。因此，要与运输部门紧密联系，通过调整运输路径，减少直接交叉干扰，降低施工和运输安全风险，同时在施工组织安排上尽最大努力减少施工对枢纽运输能力的影响。

3. 注重外部协调工作

枢纽建设往往涉及城市规划、征地拆迁、道路跨越、管线迁改、环境保护、外电接入等控制因素，外部环境复杂，某一环节协调不当就会成为制约工程推进和开通的关键。因此，施组动态管理要充分考虑以上因素影响，提前列出协调推进的重点工作，在组织推进过程中重点协调解决。

2.2.1.4 重视工程接口系统管理

高速铁路是由工务、“四电”、动车组、运营调度、客运服务、防灾监控和检测维修等多个子系统组成的庞大的系统工程，各子系统既自成体系又相互关联，只有做到子系统间相互匹配、接口协调且高度集成，才能充分发挥各子系统的功能，达到系统最优。因此，工程各子系统接口设计和施工组织的有效衔接十分重要，是工程建设顺利进行的重要保证。施工接口主要包括各专业之间的接口，不同标段、不同施工单元之间的接口，代建工程与非代建工程的接口等。建设单位要以工作面移交为工期节点，从技术方案、施工配合、建设管理等方面，做好接口施工组织方案的编制和施工组织动态管理，并在建设组织中加强协调。

1. 站前工程与“四电”工程接口

“四电”专业需要与站前土建工程同步实施或预留的接口，主要有综合接地、电缆槽、过轨预埋、人孔、手孔和站台综合管沟、综合管线、接触网支柱基础等。要积极推进站前站后工程一体化设计，站前工程对站后预留工程应做到统筹规划、统一设计、同步实施，避免实施站后工程时，对已建成的土建工程进行二次处理，危及结构安全，产生废弃工程。同时，一次完成征地工作，避免站后工程方案变化导致补办征地手续和二次征地拆迁。施组编制及实施过程中需要关注两个问题：一是电缆槽道的贯通，如不能及时贯通，通信、信号、电力等光电缆无法完成敷设及引入设备房屋，将导致室内外连挂试验无法进行，影响通信信号电力等专业施组。二是钢轨锁定，钢轨锁定后，信号轨旁设备才能进行安装。如果钢轨锁定滞后，信号轨旁设备安装调试必然滞后，对施组将产生较大影响。

2. 房建工程与“四电”工程接口

房建工程与“四电”工程接口主要包括“四电”用房提交、“四电”线缆通道提供。“四电”用房包括车站站房中涉及通信、信号、牵引供电、电力供电等设备用房，以及区间独立建设的通信基站、信号中继站、牵引变电所、分区所、开闭所及AT所、电力变电所、配电所等“四电”房屋；还有设置在站台、雨棚上以及连通“四电”用房的线缆通道，包括电缆沟、桥架，其施工与站台、雨棚结构的施工存在交叉，站台、雨棚结构要提前完成便于线缆通道施工。设备用房应在静态验收前2～3个月提供，功能用房应在联调联试前1个月提供。若站房方案确定较晚影响站房工期，但场地条件具备时，可以考虑“四电”用房独立建设的方案。

3. 房建工程与客服工程接口

站房工程与客服工程接口，主要包括客运服务用房、站台雨棚客运设施和线缆通道工作面的提交，以及客服终端设备工作面的提供等。由于客服终端设备与站房装修效果密切相关，需要建设单位从设计阶段开始就要加强客服与站房建筑、结构、强弱电、消防等各专业之间协调配合。站台引导、广播、监控安装区与雨棚建设同步推进，宜在接触网送电前1个月完成；站内客服区工作面，包括安检、检票、导向、广播、监控等，宜在联调联试前1～2月提供。

4. 站前工程与房建工程接口

站前工程与房建工程接口，主要包括施工场地移交、运输通道、轨道工程、站台墙限界、桥式站、高架站等。桥式站站前工程与房建工程接口较多，上部有站台、雨棚、天桥等跨线设施，结构与轨道层结构交叉；下部有轨道梁、柱、基础与站房结构、建筑装修、楼扶梯等接口，应组织相关单位编制联合施组，并定期检查和动态调整优化。应根据铺轨及站房进度交叉的时间点、场地及设备安排，重点编写施工顺序及施工流程：高架站房横跨线路，轨道铺设在站台层结构上，站台层完成后才可进行轨道工程；雨棚、天桥施工与铺轨也存在交叉作业，雨棚及站台主要工程量应安排在铺轨前完成；同时站房主体结构及外装修施工与铺轨存在立体交叉作业，为保证施工安全，不宜同时施工，一般在铺轨后安排；站前单位应考虑房建施工的运输通道，可在不影响铺架的情况下，在站台之间架设运输通道，或在站台两端铺设临时平交道。

5. 车站与市政配套接口

车站与市政配套的接口主要包括地铁、通站道路、站前广场、站前高架、给水、排水、排污、热力管线接入、外部电源引入等。市政配套工程往往由市政部门组织实施，建设单位要制订详细的进度节点计划，加强与设计、市政部门的沟通协调，争取地方政府支持，确保同步完成。在设计对接时，注意市政和铁路坐标及高程系统的换算关系、站前高架与站房地下和地上部分的施工交叉、地铁与站房地下结构的交叉等问题。要特别重视市政工程施工对站场及无砟轨道沉降的影响，深基坑及降水工程应在无砟轨道铺设前完成。高铁车站、站房、土石方等与市政、地铁等工程衔接紧密、不可分割时，应一体化组织实施。

2.2.1.5 加大施工组织动态管理力度

抓好施工组织落实是维护施工组织目标严肃性的有力手段，是施组执行能力和动态管理水平的综合体现，是施组动态管理工作的重点。为此，要切实加强对外协调工作，为施组落实提供良好外部环境；要认真落实程序性工作要求，为施组落实提供有利条件；要加大工艺工法和四化支撑力度，为施组落实提供管理手段。同时，要坚持施组定期检查与日常检查相结合、施组主线与专业措施相结合等方式，着力提高施组推进过程控制与关键节点工期兑现的能力，确保施工组织得到有效落实。

1. 加大外部协调力度

用地手续报批、征拆协议签订、路产军产拆迁、地方资金到位、压矿补偿、外电引入、市政配套、堆土弃渣等环境治理问题，仍然是制约项目开工、推进、投产的关键因素。建设单位履行主体责任、发挥主导作用，加强与地方发改委和交通、国土、环保、水利、铁办等部门的日常联系，建立问题通报和协商机制，畅通沟通渠道，调动各方资源，完善协调机制，形成解决问题的整体合力，突破征地拆迁等外部难题，发挥好路地共建优势。

2. 加强工艺工法创新应用

积极应用先进技术和创新成果，加速工装、工艺、工法、工序与机械化、专业化、工厂化、信息化手段融合。推广隧道智能建造、桥梁装配式结构、路基自动压实、“四电”工厂化智能拼装等先进成熟技术，加大先进工艺工法创新与应用，采取信用评价加分等方式鼓励施工企业加大工艺工法、工装设备创新力度，不断改进工装、优化工艺、规范工法、控制工序力度，以工装保工艺、工艺保工法、工法保质量，为克服工程质量通病、消除施工安全隐患提供有力保证，为节约建造成本提供科技支撑。

3. 高度重视程序性工作

重视开工前置条件落实，按照开工标准化管理要求，从项目伊始对管理制度标准化、人员配备标准化、现场管理标准化、过程控制标准化等作出统一部署。做好工程质量过程验收规划，严格按设计要求和验收标准，合理划分验收单元，抓好检验批、分部、分项、单位工程验收及委外检测等工作组织实施，在项目投产前一年应对照项目验收及安全评估必要条件组织模拟验收，按有关规定落实各项要求，为按期有序开展验收工作提供前提条件。同时，组织做好其他各项程序性工作，包括立交协议签订和移交手续办理、环水保评价及验收、文物保护、施工图审核、先期用地手续、地质灾害评估、压矿评估、防洪影响评估、通航论证、招投标、外电引入、消防等工作。

4. 安排提前介入工作

在指导性施工组织设计编制时，根据各专业工程进展安排，明确各专业提前介入时间节点、介入人员组织安排以及主要工作内容；超前谋划，坚持建设、运营“一体化”管理理念，根据工程进展，分阶段分专业重点介入，做好介入人员工作组织和安排；运营单位要成立提前介入工作领导组织，建立工作机制，明确组织机构、验收内容、职责制度、工作考核等，调派富有技术和经验的人员参加，在设计阶段积极参与初步设计、施工图文件的审查；提前介入工作要结合本项目工程特点，突出重点工程质量跟踪检查、工程验收、重点工程及克缺整改方案研究、关键工序技术指导、外部环境安全整治等内容。

2.2.2 施工组织动态控制与调整

施工组织动态管理要坚定管理目标不动摇，优化施组方案下功夫，落实施工资源不手软，研究开通方案动脑筋；要采取切实可行的管理方法和措施，保证建设目标的实现。

2.2.2.1 施工组织动态管理方法

1.“施工组织斜率图”法

利用信息化手段和大数据分析技术，实时对施工组织斜率图中的隧道工程、特殊结构桥梁工程、制架梁工程、铺轨工程、“四电”工程等的进展曲线进行对比分析，计算落后施工的天数，调整关键线路，采取工程措施，进行工期目标的调整。

2. 头脑风暴反复优化法

施工组织设计编制及不断调整的目的是适时对工程建设进行指导，因此各参建单位对施工组织设计的深刻理解非常重要。指导性施工组织设计动态调整反复优化法主要程序为:建设总指编制施组调整大纲→各实施单位组织编写各管段内实施性施组→建设单位组织集中进行施组汇总调整→建设单位组织集中审查→各单位进行学习吸收→建设单位与各实施单位就各标段实施性施工组织设计进行讨论、对接和确定。其中建设单位组织集中进行施组汇总、调整是主要阶段,在该阶段主要领导亲自参与,与各参建单位主要业务人员采取头脑风暴法进行反复讨论,研究确定各重要工程的施工方案和施工计划。建设单位与各单位就各标段实施性施工组织设计进一步对接阶段非常必要,通过进一步对接,对重要工期节点、施工方案及施工措施等实施性环节进行深入研究,并进一步明确。

3."关键工期节点卡控表格"法

将施工组织关键线路上的关键时间节点、进展情况、影响因素以及实际进展列在一张表格上,定期进行对比分析,对出现的新的偏差采取措施进行纠正。表格主要完成时间节点包括路基工程、路基防护工程、隧道贯通、隧道二次衬砌完成、特殊结构梁、架梁、电缆槽贯通、无砟轨道、道岔铺设、轨道铺通、轨道锁定、轨道精调、防护栅栏、"四电"用房、雨棚及站台铺装、站房客服区装修、客运标识、"四电"所站、缆线敷设、轨旁信号设备安装、10 kV 供电、客服系统、公跨铁立交桥具备防灾设备安装条件、防灾、牵变所选址意见书、牵引站站址位置确定、牵变所验收、牵变所外部电源通电、新建动车运用所具备Ⅱ级检修能力、静态验收完成具备联调联试条件、具备开通条件等。

4."两会三报"调度法

"两会三报"调度法是指建设单位依托调度中心及信息管理系统平台,建立"日报、周报、生产调度月报和调度周例会、月度生产例会"制度,强化工程调度管理,对工程进展信息进行全面收集和动态管理。建立日报制度的目的是对全线重点工程的完成情况以及存在问题、解决措施及解决时间等进行全面的动态控制,日报内容根据工程的进展情况进行不断调整。周报和周例会制度是进行建设管理的重要手段,周报全面反映了全线一周工程进展情况,包括征地拆迁方面的进展、投资完成情况、各重点工程的进展情况等,周例会进行研究部署。月度生产调度分析例会以及月报专门分析各标段生产进度、投资完成情况,并通过会议进行工作总结、问题分析、研究制定措施,并部署下一阶段重点工作计划和重要工作。

5."四抓"工作法

"四抓"是指"抓早、抓小、抓细、抓实"。"抓早"就是早发现、早处理影响工程进展和安全质量的隐患,尽快处理;"抓小"就是不能放过任何一个可能制约施组落实的小问题,真正做到防微杜渐;"抓细"就是对重点工程和关键工点的工艺工法进行细致分析,仔细核算现场人、财、机、物、法、环等生产要素配置能否满足施组要求;"抓实"就是要解决日常管理不到位、严不起来、落不下去的问题,解决工作还浮在面上、身段没有沉下去的问题,耐心细致做好指导、检查和督促工作,确保节点工期可控。

2.2.2.2 施工组织动态调整方法

1. 加强组织提高工效

对一个单元工程的工序循环，通过加强组织和工序衔接，提高操作效率，降低非必需的工序间隔时间以及工序交接时间，达到节约工期的目的。主要用于：特殊结构连续梁每个节段施工时间可以优化为 7～8 d；箱梁架设可以进一步提高每天的架梁榀数，平均可以达到 2～3 榀；隧道开挖可达到每天两个循环或者两天三个循环；不同专业工程之间如雨棚工程与铺轨工程等有序衔接。

2. 优化施工组织方案

通过增加施工资源增加工作面，将顺序作业调整为平行作业，达到节约工期的目的。主要做法：路基、桥梁工程地段将施工单元划短；采用预制拼装技术代替现浇技术，如桥面系预制、节段拼装梁技术替代现场浇筑；特殊结构现浇梁主墩与 0 号块支架、底模、钢筋等同步实施；双线隧道电缆槽紧跟二次衬砌施工；站房工程分区域、分层次组织施工；铺轨作业与“四电”工程通过调度组织，合理使用占轨作业时间。

3. 增加工程措施

增加必要的工程措施可以起到改变施工组织、施工顺序、增加工作面的效果，从而节省工期。通过补强地基处理措施可以节省路基沉降预压的时间；增加制存梁台座可以解决供应不足的问题；架梁通道上通过在路基或者桥梁地段增加错车平台、增加提梁设备进行接力运量都可以节约运梁的时间；增加小型梁场和铺轨基地（存轨厂）可以节约整个架梁铺轨工期；增加斜井、横洞、迂回导坑等措施，增加工作面，缩短隧道施工工期。

4. 优化设计方案

对于一些控制性重点工程可以采取优化设计方案的措施来达到节约工期的效果。采用过的方案有：特殊结构节段现浇调整为整体或者大节段现浇；大型现浇混凝土结构梁变更为钢结构预制拼装顶推方案；大型桥梁桩基础采取增加桩基直径以减少桩基数量等措施；大型桥梁塔柱结构由钢板混凝土或者钢结构代替混凝土结构；浅埋隧道暗挖优化为明挖；优化特殊地质条件下轨道结构类型；大型车站改造尽量减少过渡施工。

5. 采取技术创新手段

采取智能化技术和“四新”创新手段，有效提高生产效率、改变生产组织模式、优化生产流程，是提高施工组织管理水平、加快建设尽早发挥投资效益的主要方式。当前，智能化梁场、板场、轨枕场以及小型构建生产场，加大了预制拼装的比例，改变了生产流程和检验方式，提高了生产效率；路基智能连续压实技术、混凝土梁自动张拉技术、连续梁线形自动监控技术、轨道机器人检测技术、钢轨锁定自动检测技术等先进技术的应用，优化了工序检测程序，在提高质量的基础上也有效促进了工期节约；隧道机械化智能化配套技术替代人工、基于预制拼装技术或者机械设备研发的盾构主体与轨道基础同步施工技术，新型可伸缩栈桥综合施工平台改变隧道施工流程技术等大幅提高隧道施工进度。

2.3 工期调整分析理论与方法

铁路建设影响因素变化较大，容易引起施工组织和工期的调整，特别是对国家和地区经济社会影响较大的项目，对于工期的合理性确定十分重要。在确保质量安全的前提下，以投资收益最大化为原则，提出工期调整前后成本和效益变动测算方法，确定合理工期，作出更加科学的工期调整决策。结合相关课题，围绕工期调整前后铁路建设项目全生命周期内的成本效益进行研究，运用净现值测算结果评估项目决策的技术经济性。

2.3.1 工期调整决策理论分析

当建设项目的工期发生调整时，应进行成本—收益定量化的分析计算，来进行工期调整的决策，如图 2-6 所示。根据计划调整的工期，计算采取的措施所需要的工程成本，包括直接工程成本和其他相关成本；同时进行效益的计算，包括直接的经济收益和间接的社会附加收益。

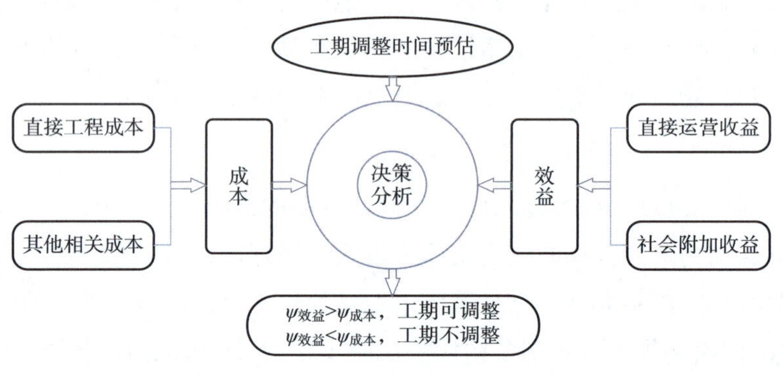

图 2-6 工期调整决策分析

2.3.2 工期调整下铁路建设项目成本效益分析

1. 铁路建设项目成本变动构成及分析

铁路建设项目全寿命周期包括立项期、设计期、建设期和运营期，其中项目建设期与运营期成本受工期变动影响最明显，在工期调整时重点考虑，其他阶段可以不考虑，成本变动构成如图 2-7 所示。工期变化导致的铁路建设项目成本变动主要包括方案措施费用变动、管理费用变动、其他费用变动，以及运营期的运营费用变动。方案措施费用变动是指当工期调整导致的直接费用、间接费用和税金发生变动的成本。管理费用变动是指工期调整导致的包括建设管理等费用发生变动的成本。其他费用变动是指当工期调整导致的其他有关管理性支出的变动。例如，受项目建设工期调整影响，土地租金及征地拆迁费用会随着土地需求变动、征地进展情况而变化，临时供水供电、临时活动房屋等临时设施成本也会发生变化。运营期费用变动则主要指工期调整所导致的建设单位建设期未完成的贷款本金和利息的偿还情况及主营业务支出的变动。

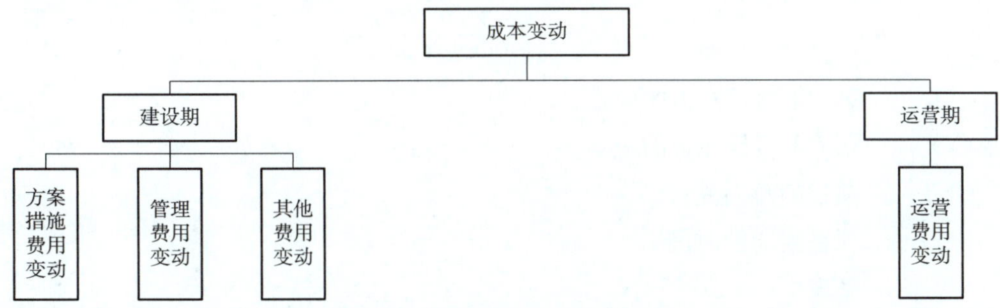

图 2-7　铁路建设项目成本变动构成

2. 铁路建设项目效益变动构成及分析

工期调整导致铁路建设项目效益变动主要包括建设期的贷款利息变动、运营期的运营收入变动和社会收益变动，效益变动构成如图 2-8 所示。贷款利息变动是指当工期调整而导致利息发生变动的效益。运营收入变动是指工期调整而导致主营业务收入的变动。社会收益变动是指铁路运营所产生的社会经济效益受工期调整影响而发生的变动：铁路建设项目可通过提高项目所在城市或国家的声誉，促进区域间的政治、经济、文化交流，推动当地居民生活改善及道德、习惯、精神追求的改变，进而带动相关产业的发展，同时还会增加大量就业机会，减少交通事故损失、降低交通污染等。此部分社会效益不易量化，需根据各地各项目的实际情况进行测算。

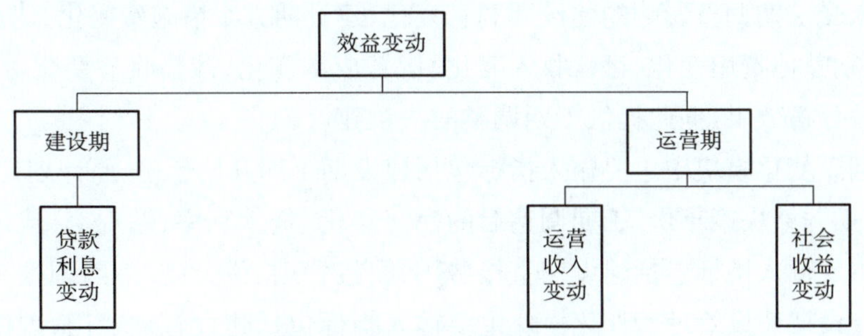

图 2-8　铁路建设项目效益变动构成

3. 工期调整下铁路建设项目成本效益综合分析方法

成本效益分析法(cost benefit analysis, CBA),也称为费用效益分析法,是通过将项目建设过程中产生的全部成本与收益分别转化为相同的货币价值,并通过两者比较来评估项目价值的方法。在成本效益分析法中,常用的评价项目效果的主要指标之一是净现值。净现值(net present value,NPV)是指一项投资所产生的未来现金流的折现值与项目投资成本之间的差值,是常用的项目投资经济效益分析方法。若一个项目的净现值是正的,则从社会经济角度该项目是可行的。项目净现值 NPV 的计算公式如下:

$$\mathrm{NPV}=\sum_{t=0}^{T}\frac{\mathrm{CI}_t-\mathrm{CO}_t}{(1+r)^t}$$

式中 CI_t ——第 t 年项目产生的效益;

CO_t ——第 t 年项目耗费的成本;

T——项目的总时间;

t——项目当前的时间;

r——贴现率。

可以得出铁路建设项目全生命周期净现值公式如下:

$$\mathrm{NPV}=\sum_{t=0}^{T_1}\frac{\mathrm{CI}_t-\mathrm{CO}_t}{(1+r)^t}+\sum_{t=T_1+1}^{T_2}\frac{\mathrm{CI}_t-\mathrm{CO}_t}{(1+r)^t}+\sum_{t=T_2+1}^{T_3}\frac{\mathrm{CI}_t-\mathrm{CO}_t}{(1+r)^t}+\sum_{t=T_3+1}^{T_4}\frac{\mathrm{CI}_t-\mathrm{CO}_t}{(1+r)^t}$$

式中,$t\in(0,T_1)$ 为项目立项期;$t\in(T_1+1,T_2)$ 为项目设计期;$t\in(T_2+1,T_3)$ 为项目建设期;$t\in(T_3+1,T_4)$ 为项目运营期。

当 NPV 为正值时,现金流入的现值大于现金流出的现值,即建设项目的投资报酬率大于预定的贴现率,项目实施有经济价值;当 NPV 为零时,现金流入刚好被现金流出抵消,建设项目的报酬率等于预定的贴现率;当 NPV 为负值时,现金流入不足以偿还现金流出,即建设项目的报酬率低于预定的贴现率,项目实施未带来正向收益。

2.3.3 铁路建设项目工期决策支持系统构建

通过输入受工期调整影响的建设期利息变化、建设期方案措施费变化、建设期建设管理费变化、建设期其他费用变化、运营收入变化、运营成本变化、社会收益变化等数据,测算项目的投资收益分析效果,据此提供工期调整的决策建议。

建设期利息变化模块中主要输入指标包括建设期工期开始年份、原计划完工年份、年均贷款金额、工期调整决策年份、工期调整后的完工年份、贷款利率、贴现率;建设期方案措施费变化模块主要输入指标包括建设期直接费用、间接费用、税金(皆为因调整工期而发生变动的部分);建设期建设管理费变化模块主要输入指标包括建设管理费用(因调整工期而发生变动的部分);建设期其他费用变化模块主要输入指标包括其他费用(因调整工期而发生变动的部分)。

运营收入变化模块主要输入指标包括原计划完工年份、工期调整后的完工年份、年收入额；运营成本变化模块主要输入指标包括工期开始年份、原计划完工年份、年均贷款金额、工期调整决策年份、工期调整后的完工年份、贷款利率、贴现率、最后一次还款年份；社会收益变化模块主要输入指标包括社会收益变化。

铁路建设项目工期决策支持系统模型如图 2-9 所示。

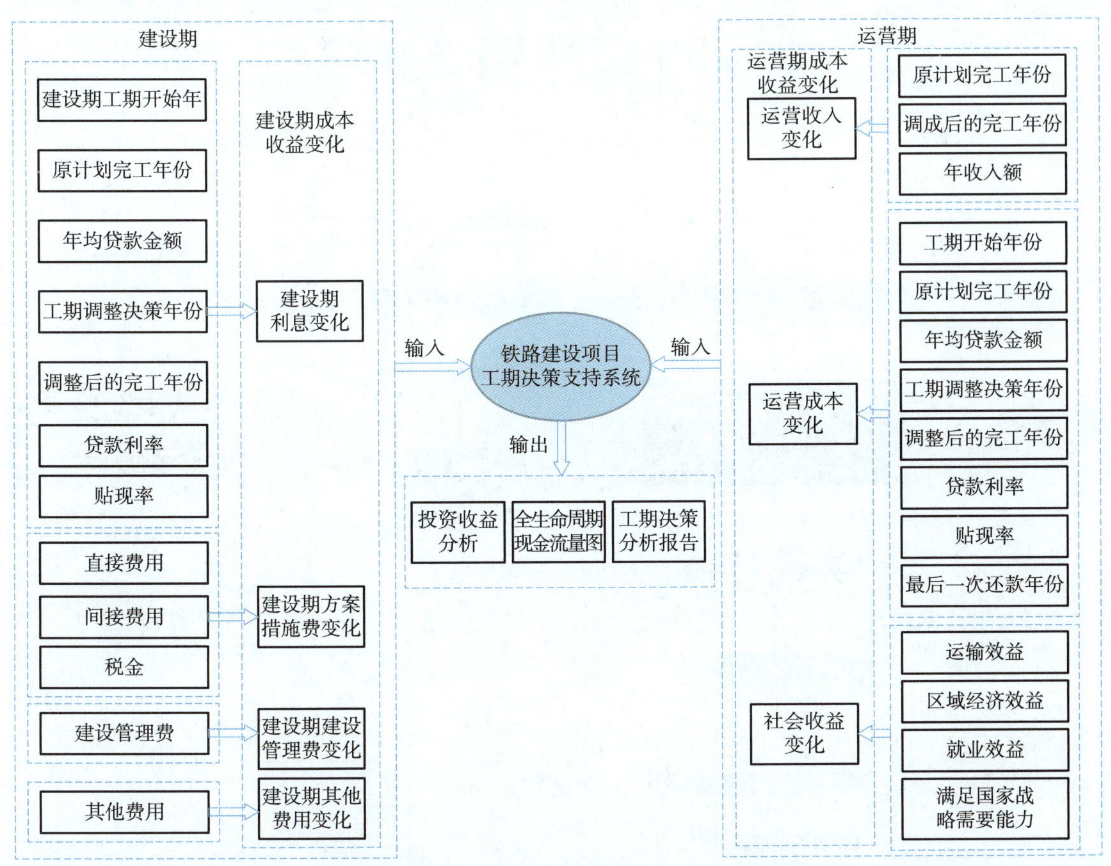

图 2-9　铁路建设项目工期决策支持系统模型

2.4　施工组织信息化技术应用与创新

2.4.1　施工组织信息化技术应用

2.4.1.1　施工组织管理系统功能架构

施工组织管理系统由综合展示、进度管理、计划管理、施工方案管理、大数据分析、基础数据管理和系统管理组成，其功能架构如图 2-10 所示。

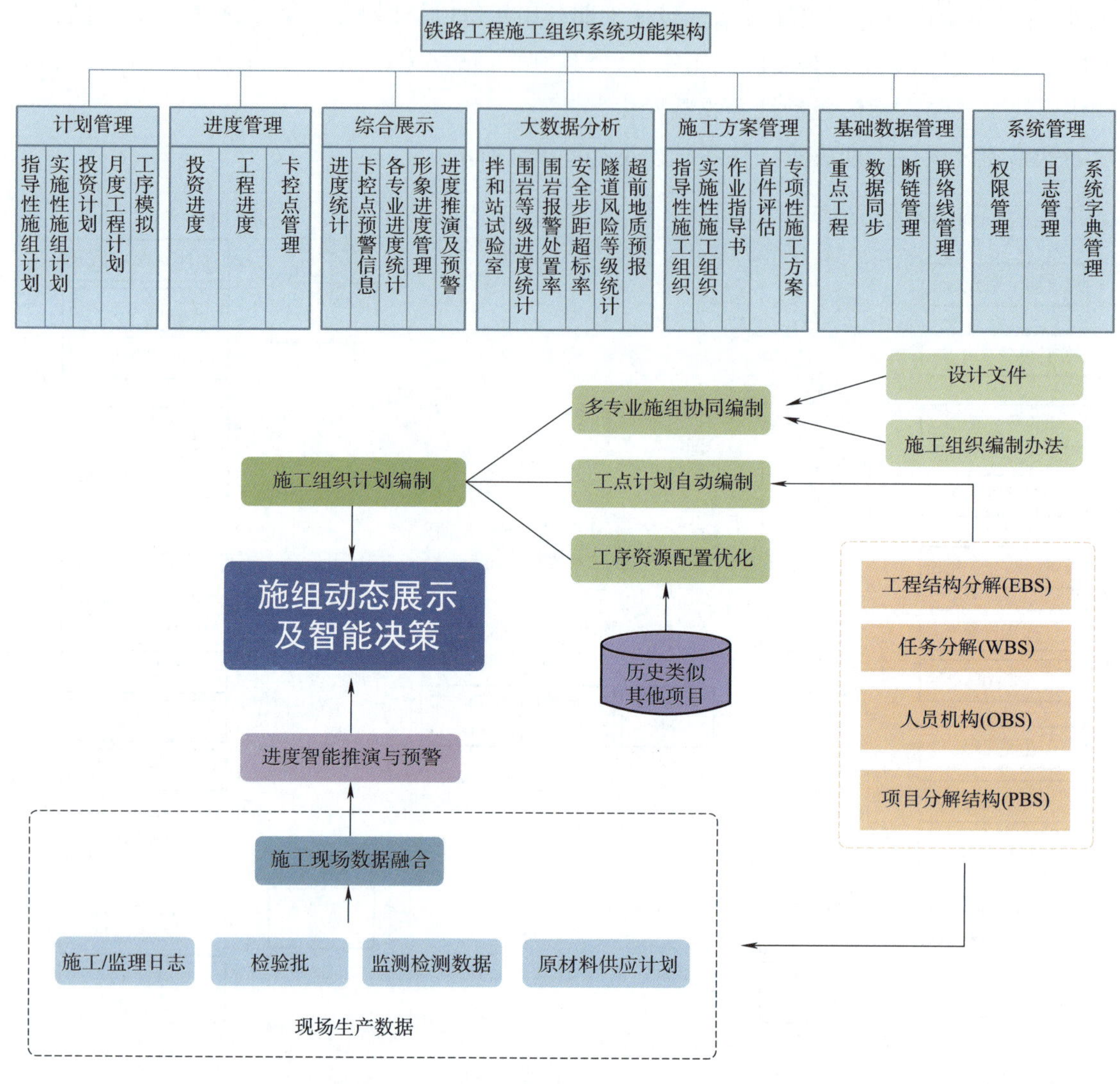

图 2-10　系统功能设计

1. 计划管理

计划管理模块主要实现对计划的版本管理，施工组织计划是动态调整过程，定期会根据实际进度进行动态调整，调整后版本不一致，通过版本管理实现施工组织计划动态管理。计划编制主要包括工期计划编制和月度工程计划编制，工期计划主要对构筑物、工点的工期进行编制，月度工程计划主要对实体工程完成量进行编制，如桩基、承台、墩身、隧道开挖等编制月度完成工程计划。通过工期和工程量两种方式对整个项目计划进行管控。

2. 进度管理

进度管理主要包括实际进度的填报、形象进度图展示以及计划和实际进度对比推演进行进度的预警管理，并针对出现的预警进行预警跟踪管理，包括预警原因和处理措施管理，实现动态追踪进度管理。

3. 综合展示

综合展示是系统的内容综合展示区，包括预警统计信息、重难点工程及卡控点进度情况、进度统计图和表、整体形象进度图、进度计划甘特图等展示方式。通过首页信息可以直观看出工程项目进度整体和局部的情况。哪里进度滞后、正常、超前一目了然，实现对工程建设项目进度动态和形象化管控。

4. 大数据分析

大数据分析主要通过对铁路工程建设资源（人、机、料、法、环）分析，基于施工项目进度管理的模糊综合评价及网络计划技术，构建施工进度指标评价体系；基于施工项目质量管理的关键风险因素分析，构建施工质量指标评价体系；通过对围岩报警、安全步距、隧道风险等级等因素的分析，构建施工安全指标评价体系。从不同维度、不同专业、不同方位上体现施组系统对进度、质量、安全方面的管控措施，提高了现场的信息化管理水平。

5. 施工方案管理

施工方案管理主要是针对项目指导性施工组织文件管理，对标段的实施性施工组织设计管理，对施工中连续梁等专项施工方案管理，对首件评估、作业指导书进行文档管理。

2.4.1.2　施工组织信息化应用

1. 施组计划编制

基于统一的 WBS 模板进行计划编制，实现工点级、标段级、项目级计划的自动拆合，将施工组织计划进行统一编制，统一管理。施组计划编制总体斜率图如图 2-11 所示。

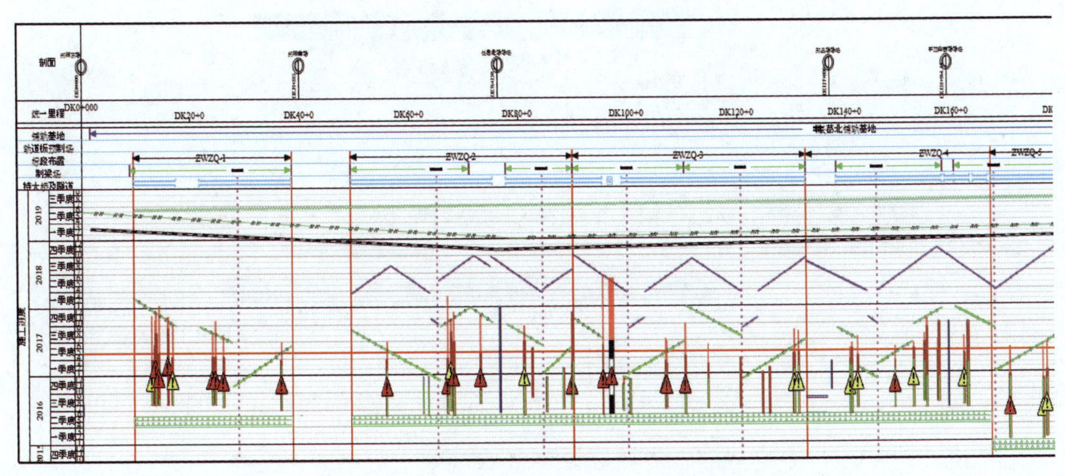

图 2-11　施组计划编制总体斜率示意图

2. 施工进度预警管理

通过指导性施组将各专业施工节点计划与自动抓取电子施工日志的进度信息比对，推演全线各专业工程总量、开累完成量、完成百分比及剩余工程，采用形象进度图、计划甘特图展示工期预警，严格落实施组节点工期，实现从全线总体到各标段详细的进度评估并进行红黄灯预警，如图 2-12 所示。

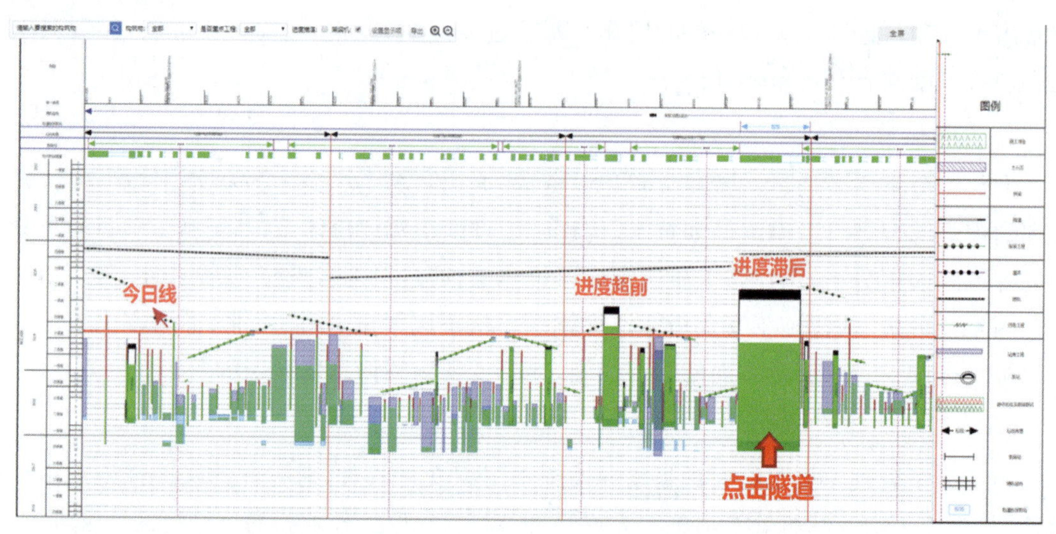

图 2-12　施工进度红线管理示意图

3. 施工计划自动推演

根据当前工程进展，通过工程实际进度数据统计分析确定的工期指标，对剩余工程计划进行推演，从而确定工程最终完成时间，如图 2-13 所示。

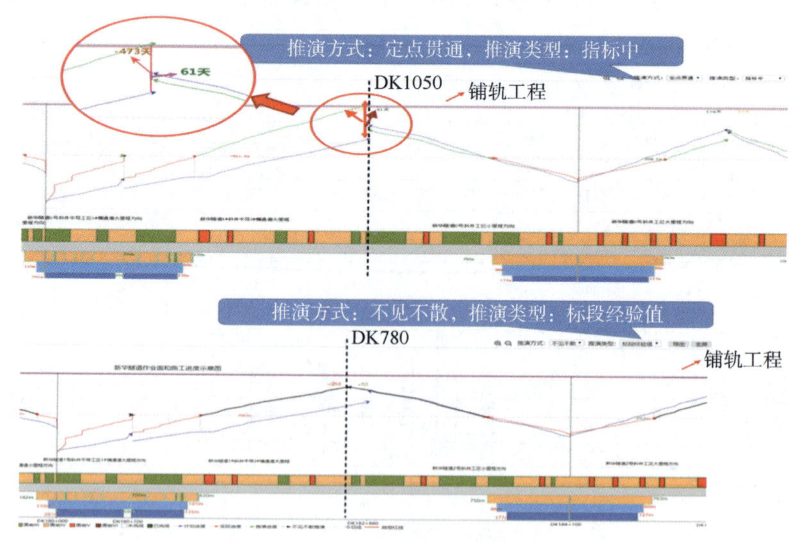

图 2-13　施工计划自动推演示意图

4. 问题库报警管理

结合影响工程进度的主要因素，包括征地拆迁、“三电”迁改、手续批办、资源配置、队伍更换、设计变更、物流交通、文物考古、环保监察、自然灾害、安全质量事故，对铁路工程建设的施工进度进行监控，及时收集各类影响因素的数据进行分析和预警，督促问题环节及时整改，保证工程建设进度。问题库如图 2-14 所示。

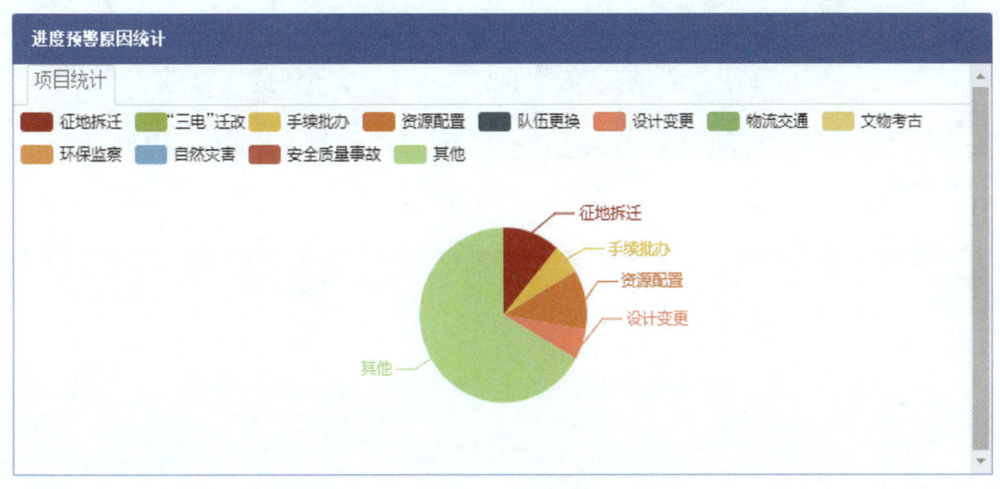

图 2-14　问题库

2.4.2　基于 BIM+GIS 技术的施工组织技术创新

在既有施工组织管理系统中，引入 BIM 技术，建立施工组织 4D 模型，并结合二维进度形象化平面展示，实现二三维的联动形象化；再进一步将模型引入 GIS 场景，对施工组织进行真实模拟，实现施工组织管理的 4D 可视化管理。中国铁道科学研究院集团有限公司开展了相关研究工作，并在试点项目进行了应用，取得了一定的成果。

1. BIM 整体进度模型表达

在工程形象化进度展示界面，采用二三维结合的展示方法逐层细化工程进度，充分发挥二三维的展示优势，桥梁整体进度表达图形中形象展示桩基、承台、墩身完成情况的三维、二维形象，并按照颜色进行区分完成情况，如图 2-15 所示。再进一步依托二维进度斜率图(图 2-16)，发挥斜率图在“时间—里程”下的表达优势，从时间和空间的层面查看该主体工程的进度情况、里程分布情况，直观把握工程构建的关键进度信息，后续重要时间节点的距离和时间信息，推演接下来工期完成的进度信息等。

2. 施工进度过程模拟

通过 BIM+GIS 技术将工程实体构件编码与 BIM 模型编码的关联组织，对隧道、桥梁等专业施工进度数据进行管理，结合时间进度轴可以查看各时期工程整体完成情况，通过拖

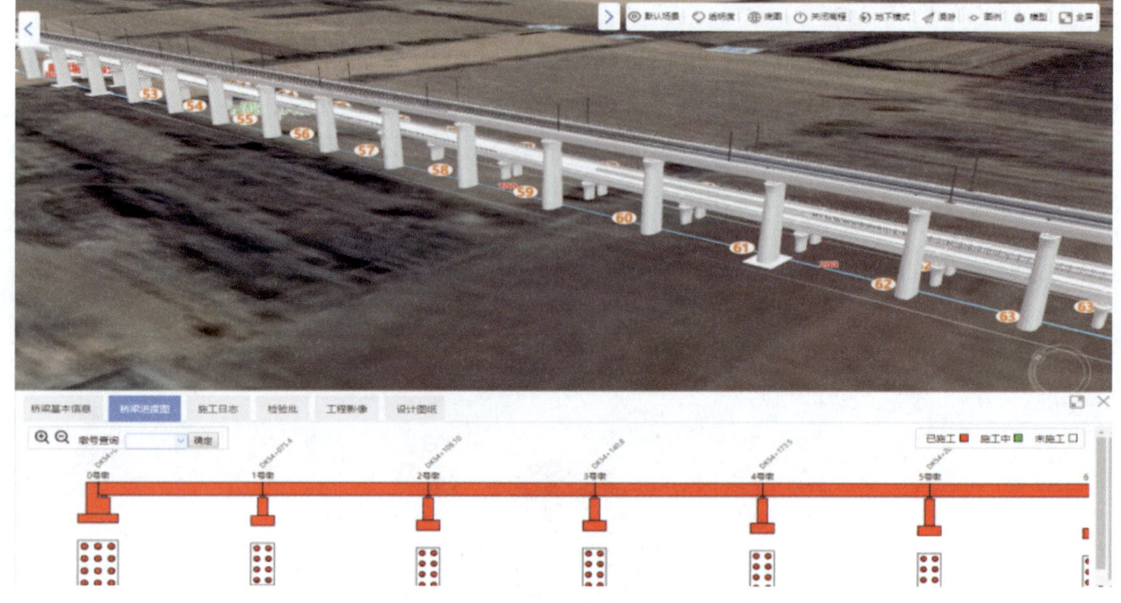

图 2-15　桥梁整体进度表达图形[二维(下)、三维(上)]

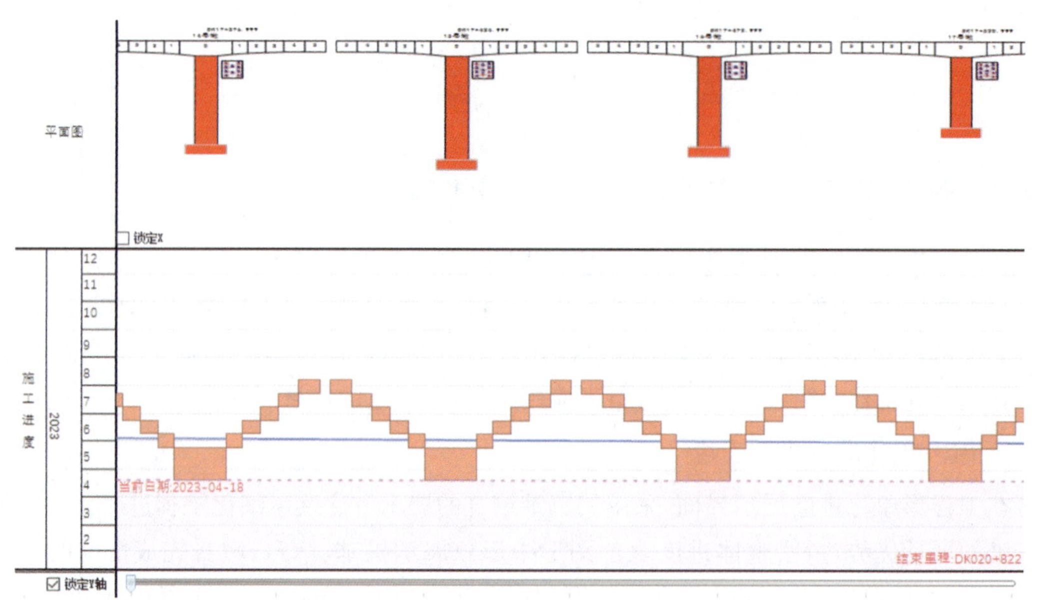

图 2-16　桥梁进度斜率图表达图形(二维)

动时间轴模拟仿真施工全过程,如图 2-17 所示。

3. 工程整体信息全方位查看

将主体工程 BIM 模型加入 GIS 三维场景中,实现对重难点主体工程从整体到局部、从地上到地下、从三维地形到建筑模型、从静态目标到动态目标的全方位展示,所有构件依据

图 2-17　施工进度过程模拟(三维)

精细程度的不同被拆分为多个独立的图层,便于管理者更加清晰地展现各工程部位之间的逻辑和层次结构,在GIS平台中对模型的层次结构进行重新组织。

4. 施工场地布置仿真分析

通过对工程整体信息全方位查看,可以在图上进行施工组织规划的仿真分析,包括施工道路、钢筋加工厂、混凝土拌和站、施工营地等辅助工程及辅助设施的规划布置,在时间和空间上进行仿真分析、碰撞检查,避免相互干扰。

第3章 大型临时工程施工组织创新与实践

铁路工程分为正式工程和临时工程。正式工程包括路基、桥涵、隧道、轨道、通信、信号、信息、电力、牵引供电、房屋等永久工程。在我国铁路建设管理中，大临工程内容包括梁场、铺轨基地、轨道板(轨枕)预制厂、拌和站、运输通道、管线路设施、过渡工程、既有线防护及其他(土地复垦、环境保护、水土保持、给排水)等工程。临时工程是正式工程的生产场地和保障，也是铁路工程建设的重要组成部分，对工程建设的安全、质量、进度等影响巨大。

3.1 大型临时工程施工组织原则

当前，随着国家大力提倡发展装配式结构的战略实施，临时工程在工程建设中的作用与影响更加明显，特别是对于山区铁路场地狭窄、交通不便、地质条件差的现状，临时工程的设置和管理对工程建设成功与否将起到决定性作用。

3.1.1 总体设计要求

大临工程设计直接影响项目的进度、投资、安全、质量等目标，在施工组织设计时作为重点进行安排，其中，高速铁路重点大临工程主要包括箱梁预制场、长轨存放基地、轨道板(轨枕)预制厂、混凝土拌和站等。大临工程总体设计应贯彻如下要求：

(1)依据《铁路大型临时工程和过渡工程设计规范》(Q/CR 9149—2018)等规范对大临工程开展施工图设计。

(2)大临工程设计应遵循节约用地、节省投资、环保节能、水土保持、永临结合、合理实用的原则，重视防灾减灾、文物保护等工作。

(3)大临工程应满足建设项目总工期要求，并与施工组织设计统筹考虑。相关设施应根据工期要求，结合工程量、供料情况、运输条件、地形条件等因素，经技术经济比选合理确定配置方案、建设标准和规模。

(4)大临工程场址选择在建设项目的用地界内及需要转变功能或闲置的既有铁路用地范围内，宜与地方待开发建设的项目及铁路开发用地相结合。

(5)大临工程应积极采用现代化管理手段和先进成熟的施工技术，推广 BIM 技术的应用，提高机械化、工厂化、专业化、信息化水平。

3.1.2　积极贯彻新发展理念

大临工程作为临时性设施，应积极响应国家最新政策，统筹全线施组目标，集约节约设计和使用大临工程。适应新时代铁路建设需要，坚持贯彻“创新、协调、绿色、开放、共享”的新发展理念。

1. 绿色低碳

大临工程应当体现绿色低碳、节约环保的建设理念，充分适应国家建设用地政策，尽量利用铁路既有用地，实现永临结合，匹配利用地方既有大临工程，充分挖掘地方闲置建设用地，努力避免占用耕地和永久基本农田，切实实现绿色发展理念。

大临工程设计和建造应本着节约资源、便于恢复、集约环保的原则，研究工程模块化分解、总体灵活布局，节约集约利用土地，减少占用耕地和农田。探索试验大临设施结构装配化施工，最大程度方便工后基础拆除、清理等工作，实现快速优质经济的复垦复耕目标。

2. 协调共享

大临工程中铺轨基地、轨枕预制厂、小型构件预制厂等设施，应该按照最大化共享原则，协调邻近区域多项目共享共用。

随着地方铁路大规模兴起，华东、华南等区域项目越发密集分布，尤其是邻近或存在线路交叉的项目，更可体现节约投资和建设用地的优势，在施组设计阶段应注意做好调查研究工作，充分考虑邻近区域内在建铁路情况，本着施组协调、资源共享的原则，精简设置和利用大临工程。同时，借鉴商品物流仓储基地的理念，将大临工程生产的预制构件视作产品，综合选择具备铁路、水运等交通运输条件好的地点，合理布局和建设永久性生产基地，工厂化生产和就近供应相关构件产品，最大程度协调共享，有利于节省铁路工程投资和发展地方经济。

3. 创新探索

充分应用机械化、工厂化、专业化、信息化手段，聚焦建设理念与方法、施工技术与工艺等方面，不断深入开展工程创新与探索实践，顺应新时代发展要求，着力实践应用工程信息化技术，提升机械化生产水平，尽量实现少人化、无人化作业，应对建筑工人数量减少的挑战。提高专业化水平，培育具备更高技能水平的产业工人，充分发挥现代科学管理和先进技术的作用，推动“四化”技术深度融合，推进大临工程向着工厂化工业化方向发展，进而再向更高阶的智能化发展，提升实体质量水平，确保施工过程安全，实现工程效益的最大化。

4. 标准化建设

标准化是铁路工程建设积极推行的有效管理手段，在规范建设管理、提高工程质量、保障施工安全方面发挥着重要作用。大临工程应遵循标准化理念，体现标准化的原则精神，设计阶段突出功能模块化标准化，筹建阶段实现资源配置、方案准备等开工标准化，实施阶段在生产流程和工艺控制的标准化上下功夫，提升大临工程整体设计和管理水平，有利于正式工程安全质量管控，充分实现大临工程价值。

3.1.3 大临工程与正式工程施工组织一体化管理

1. 需求分析

大临工程对能否成功建成高速铁路至关重要，应突破固有建设管理模式，创新管理体制，针对工程建设的地理环境和地质条件，把施工人员的身心健康和生命安全放在首位，树立“以人为本”的管理理念，认真分析大临工程管理需求，进而谋划确定高速铁路临时工程施工组织管理方案。

（1）从设计源头上要考虑临时工程的安全性问题

临时工程的选址、安全评估、勘察设计等，要按照正式工程的程序进行办理，特别是施工营地的设计，要从设计源头上考虑施工人员居住环境的健康性和舒适性，配备相应的设施和设备。

（2）从施工组织上要考虑临时工程的可靠性问题

从创新建设管理模式、增加资金保障力度、加强施工营地管理、尽量“永临结合”等方面，对临时工程建设与运营期管理进行全寿命周期管理，大大提高高速铁路临时工程使用的可靠性与安全性。

（3）从灾害监控上要考虑人员安全的预防性问题

在工程建设与施工组织管理方面，要充分利用现代的智能化手段和信息化技术，对环境、地质、气候、疫情等灾害进行监控，及时提供相关信息数据，提前研判可能产生的灾害，从而起到及早预防的效果。

（4）从应急救援上要考虑灾害救助的及时性问题

要充分利用铁路工程管理信息化平台，及时获得并发布灾害信息，及时启动救援机制，发动各方面救援力量，保证救援的及时性。

（5）从维护稳定上要考虑民族团结的协调性问题

高速铁路建设之初，首先要解决沿线的征地拆迁问题，这是工程顺利开工的重要保障。和谐推进沿线征地拆迁，“永临结合”造福地方百姓，促进路地协调建设，维护社会稳定安宁，建设和谐稳定之路。

2. 一体化管理方案

充分发挥建设单位在高速铁路临时工程建设管理中的主导作用，以“正式工程和临时工程并重，十分重视临时工程组织管理”为根本出发点，突出“以人为本，保障施工安全和施工人员身心健康”的管理理念，借助各种先进的技术手段为支撑方法和措施，涵盖临时工程建设管理的全方位、全过程、全要素，设计以“一体化勘察设计、一体化建设管理、一体化灾害监控、一体化应急救援”为核心的高速铁路大临工程一体化施工组织管理方案。

一体化勘察设计是指对工程正式、临时工程和设施，运营维护辅助工程及设施等进行综合的规划、勘察、设计、咨询、审查的管理体系，是提高勘察设计效率和经济社会效益的管理方式。

一体化建设管理即将不同建设阶段、不同建设内容、不同建设主体、建设与运输接口等纳入统筹管理，协调运作，整体推进，以达到建设管理的高效率。

一体化灾害监控是指将不同的监控对象、不同的监控内容、不同的监控主体纳入统一的信息化平台进行综合管理，达到全过程、全方位的有效控制灾害和规避灾害造成损失的目的。

一体化应急救援是在全面分析灾害产生的敏感点的基础上，对救援队伍设置、救援地点安排、救援设备配置、救援途径规划、救援平台指挥等进行全面规划，达到企业自救、专业救援、行业指导结合的综合救援体系。

3.2　智能化预制梁场

预制简支箱梁作为铁路桥梁的基础梁型，一般占线路总长的比例为50%～90%，工厂化预制和架设模式有效保障了施组工期和工程质量，在高速铁路桥梁中大规模应用，全路已应用的简支箱梁数量约60万孔。箱梁预制场是高速铁路的重要辅助工程，应根据建设项目的总工期、施工组织设计、制存梁数量、制梁能力、存梁时间和工程分布等因素，结合工程条件进行技术经济比选确定。

充分吸纳既有铁路梁场好的做法和经验，着力推行标准化管理，实现标准化向工序、工艺纵深延伸，发挥“工厂化、机械化、专业化、信息化”等“四化”支撑作用，紧密围绕梁场标准化、信息化、智能化等进行集成创新和工程实践，进一步提升预制场的生产管理和施工技术水平，进而探索实践向智能梁场方向发展。

3.2.1　标准化梁场建设

1. 预制场选址

箱梁预制场的选址应根据区段内桥梁和周围结构物的分布情况，在满足项目建设总工期和施工组织设计的基础上，结合沿线控制工程、既有或新建结构物高度与宽度等工程限制及电力线、拆迁等外部条件，以及技术经济比较因素等确定。

(1)永临结合，尽量利用车站、货场、动车所等场坪设置，或与地方开发、扶贫工程等相结合，力求节约用地、减少工程浪费。

(2)外部制约因素少，尽量避开耕地、电力线迁改、房屋等拆迁。

(3)水文地质条件好,土石方工程和基础加固较少的平坦地域。

(4)交通便利,有较好的交通条件,便于物料运输组织。

(5)施工条件好,水源充足、电源可靠、通信良好,并靠近当地料源。

(6)桥梁相对集中,宜设置在供梁范围的中心附近。

(7)架桥机与运梁车效率配套,一般供梁的最大运距不超过 20 km。

(8)架梁通道制约因素少,包括控制工程工期是否满足架梁进度需求,既有铁路、公路、电力线等是否满足过梁需求等。

2. 梁场布置及区域划分

(1)平面布置形式

预制场平面布置应综合考虑生产规模、工艺及设备等因素。根据场地地形条件,可采用横列式或纵列式布置,横列式布置梁场适用于中等及大规模生产能力的预制场,纵列式布置梁场适用于较小生产能力的梁场。同时考虑四种不同的搬(移)梁工装设备(轮轨式搬梁、轮胎式搬梁、轮轨式提梁、移动台车)、两种上线方式(提梁上桥、运梁便道)、两种存梁方式(单层、双层),可以组合多种箱梁预制场布置形式。

(2)功能区布置

预制场功能区主要由制梁区、存梁区、保障区、提梁上桥区(装车区)等部分组成。各区组成及主要功能分别为:

①制梁区。包含制梁台座、模型整备台座、钢筋绑扎台座、龙门吊轨道基础等,主要实现预制梁的预制和初张拉等功能。

②存梁区。包含存梁台位、横移滑道、搬梁机通道与变向区及基础等,主要实现预制梁的养生、终张拉、压浆、封锚、检测等功能。

③保障区。包含混凝土拌和站、砂石料存储场、钢筋存放加工区、锅炉房、试验室、仓库等,主要实现预制场各种材料、物资、电力、水、蒸汽等保障和供给功能。

④提梁上桥区(装车区)。包含提梁台座、提梁机轨道基础或运梁通道等,主要实现预制梁上桥、装车等功能。

3. 预制场设备配置

(1)箱梁模板配置

为减少模板安装工序占用作业时间,侧模一般采用固定式模板,侧模、底模与制梁台座按 1∶1 配置,内模、端模与制梁台座分别按 1∶2 配置。

(2)龙门吊配置

根据每榀箱梁钢筋骨架、模板吊装相应配置,同时考虑备用 1 台。

(3)搬梁设备

搬梁设备类型根据箱梁种类、制梁能力、存梁方式、移梁方式等因素,经技术经济比选确定。一般包括轮胎式搬梁机、轮轨式搬梁机、轮轨式提梁机、移动台车等四种。

为减少搬(移)梁作业道路的地基处理费用,对于地质条件较差的预制场,优先采用轮胎式搬梁机;对于地质条件良好的预制场,优先采用轮轨式搬梁机。为减少工装设备费用,对于梁场规模较小,地质条件较好的预制场,优先采用移梁台车横移法移梁方案;对于梁场规模较大,制梁速度要求快的预制场,优先采用提梁机方案。

(4)混凝土拌和站

箱梁预制场中的混凝土拌和站设计生产能力按每榀箱梁混凝土在6 h内连续浇筑完毕确定,并按1∶1设置备用拌和设施。如单榀箱梁混凝土量327.62 m^3,要求在6 h内浇筑完毕,则每小时浇筑的混凝土数量为54.6 m^3,考虑拌和站实际生产效率,应选用HZS120型拌和站1台,并备用1台。

4. 预制场规模

制梁区与存梁区所占面积一般是生产区总面积的80%左右,因此,箱梁预制场的规模主要由制梁台座与存梁台位的数量来确定。箱梁预制与架设进度应匹配,存梁数量按照出梁时间考虑,一般为1~2个月的架梁数量。制梁台座、存梁台位的数量原则上应根据施工组织设计及工期安排确定,也可参考下列公式计算,并按施工组织设计做必要调整。

(1)制梁台座数量

制梁台座数量=制梁总数量/一个台座全周期制梁数。其中,一个台座全周期制梁数=制梁总工期/每片梁在台座周转时间。如某梁场制梁总数600榀,实际有效制梁时间350 d,每个台座周转时间一般为5 d,则一个台座全周期制梁数为70榀,制梁台座数为8.6个,约9个。考虑模板周转、天气、设备等因素影响,综合考虑此梁场设置10个制梁台座。

(2)存梁台位数量

存梁台座数量应考虑梁体拆模后养护、终张拉、压浆、封端等工序使用时占用的数量,同时为减少占地,一般采用双层存梁方式。

存梁台座数量=每天制梁数量×存梁台座占用时间×存梁系数。其中,存梁系数,单层存梁时取1.0~1.1,双层存梁时取0.6~0.7。

(3)砂石料存放场

砂石料存放场应按待检区和已检区设置,砂石料的储量宜满足10~15 d生产的需求。可根据每天预制箱梁的数量及满足连续生产预制箱梁的天数计算出需储备的砂石料数量,进而确定砂石料存放场的存储面积。砂石料的储备量应考虑原材料供应距离的远近程度及料源是否丰富等因素。

(4)其他

采用提梁上桥方式架梁,其上桥区架设箱梁的孔数根据拼装架桥机、运梁车及作业空间的要求确定,一般为4孔32 m标准箱梁;预制场生产区道路根据材料运输量及车流量确定道路宽度及占地面积,可参照《公路工程技术标准》(JTG B01—2014)中三级或四级公路标准的有关规定设计，提梁机走行道路依据采用的提梁机技术参数确定；预制场区排水系统应根据场区地基及所在地气候情况确定，场区排水可参照《铁路车站及枢纽设计规范》(TB 10099—2017)有关规定设计；蒸养设备根据预制场生产安排，结合气候条件进行专项设计。

3.2.2 信息化梁场

梁场信息化管理最初主要针对张拉、压浆等施工工序，实现对关键工序质量的管控。参建单位在工程实践中，结合项目和企业实际，本着提高工作效率、保障安全质量等原则，探索试验将信息技术应用到梁场管理。总结梁场信息化管理和技术经验，进一步研发梁场信息化管理平台，全方位提升梁场生产进度、工艺质量、施工安全等管理水平。集成后的梁场信息平台于京雄高铁固安东梁场应用实践，取得较好的效果，如图 3-1 所示。

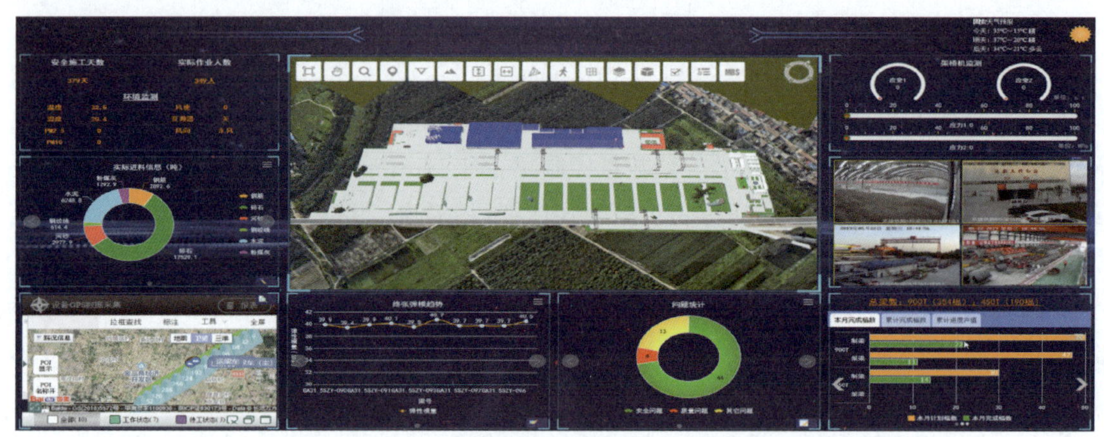

图 3-1 梁场协同管理平台界面

固安东制梁场，以 BIM 技术为核心，建立了梁场协同管理平台，涵盖进度、安全、质量、人员、物资、设备等管理要素，实现了数据自动采集、自动上传、手机移动办公、远程辅助决策，提高了生产效率。梁场协同管理平台架构如图 3-2 所示。

1. 进度管理模块

进度管理模块包含生产计划、制梁进度、架梁进度、透视图等部分，通过对计划动态更新，制架梁进度实时填报，再按月、季、年、开累分别进行对比分析，实现形象进度与生产计划实时比对，做到智能排产和进度滞后预警，如图 3-3 所示。

2. 安全管理模块

安全管理包含安全问题管理、安全护照管理、监控预警管理等模块。

安全问题管理实现了安全问题微信实时推送、一键生成奖罚表单、问题闭合实时追踪等功能，如图 3-4 所示。

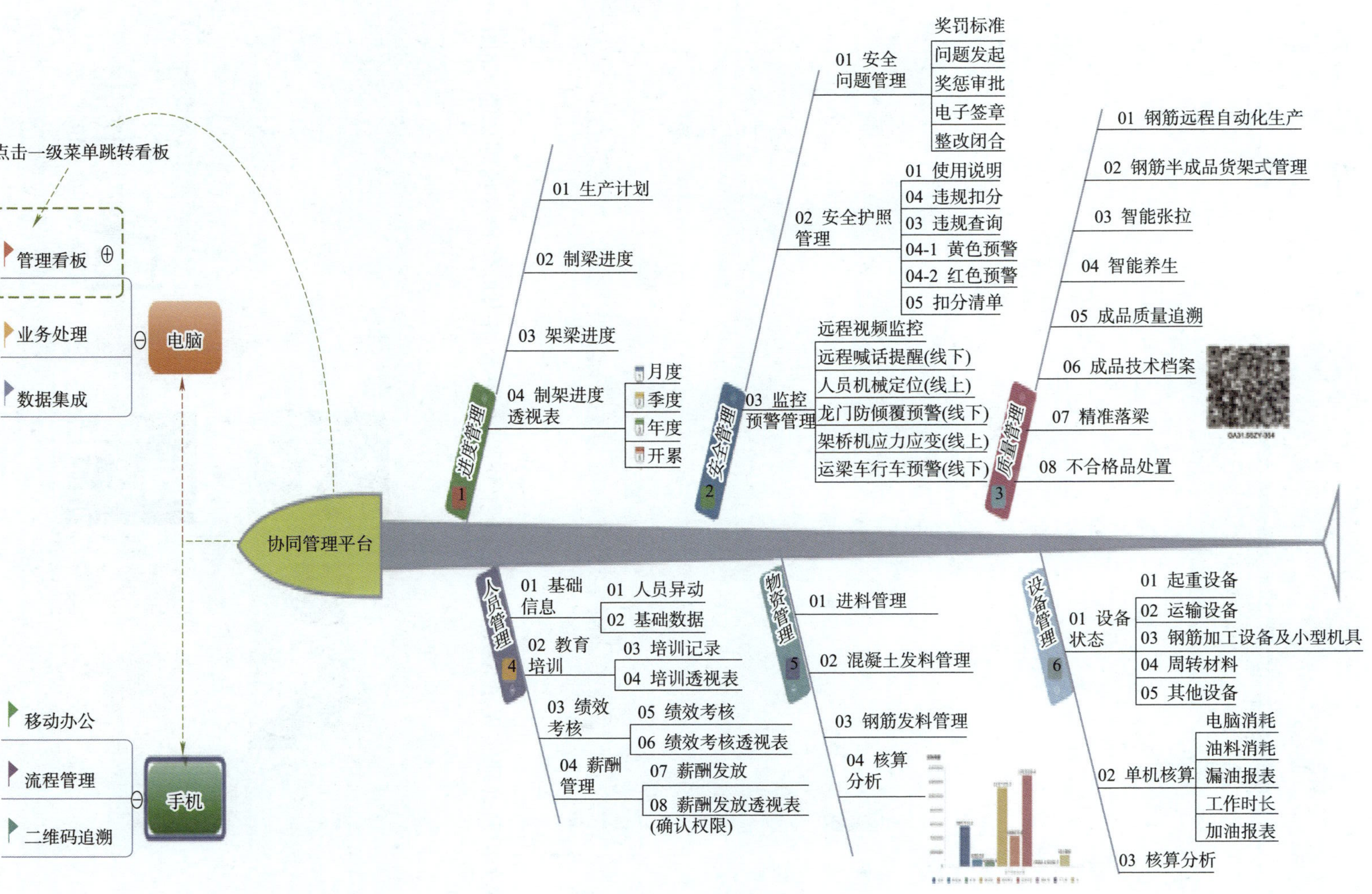

图3-2　梁场协同管理平台架构

图 3-3　进度管理模块

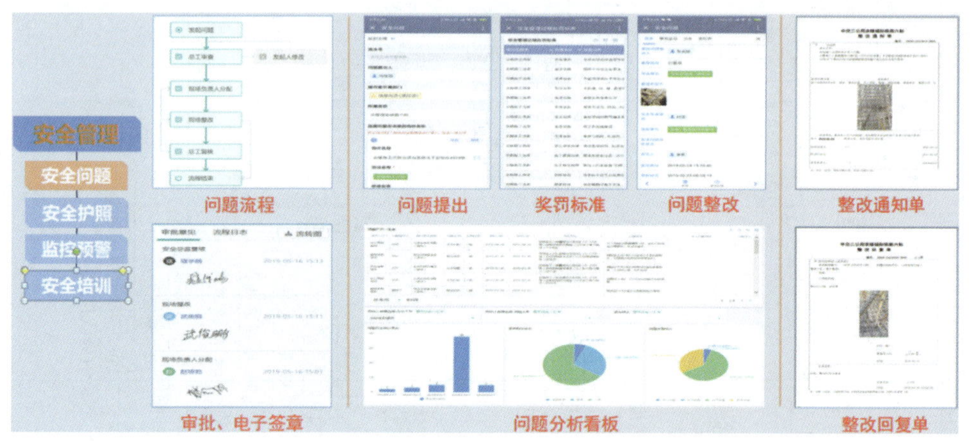

图 3-4　安全问题

安全护照管理实现了人人持证上岗、扣分留痕、不合格人员禁止入场等功能，如图 3-5 所示。

图 3-5　安全护照

监控预警管理实现了对关键设备、重点部位无死角监控，远程广播提醒、人机定位、龙门吊防倾覆预警、架桥机应力应变监测、运梁车行车预警等功能，如图 3-6 所示。

图 3-6　监控预警

通过“仿真型”安全体验，可视化安全风险认知、实操演练、答题考核等，变传统的“灌输式、说教式”为现代的“体感式、互动式”教育培训，更有效地提高了全员的安全认知和操作技能。安全培训如图 3-7 所示。

图 3-7　安全培训

3. 质量管理模块

模块实现了钢筋远程自动化生产、过程和成品质量追溯管理功能。

钢筋远程自动化生产方面。采用 BIM 技术与钢筋加工机器人数字化链接，实现加工参数自动采集，确保了加工精准度，如图 3-8 所示。

过程追溯方面。钢筋半成品货架式管理可以追溯到原材料检验批和使用的箱梁编号。

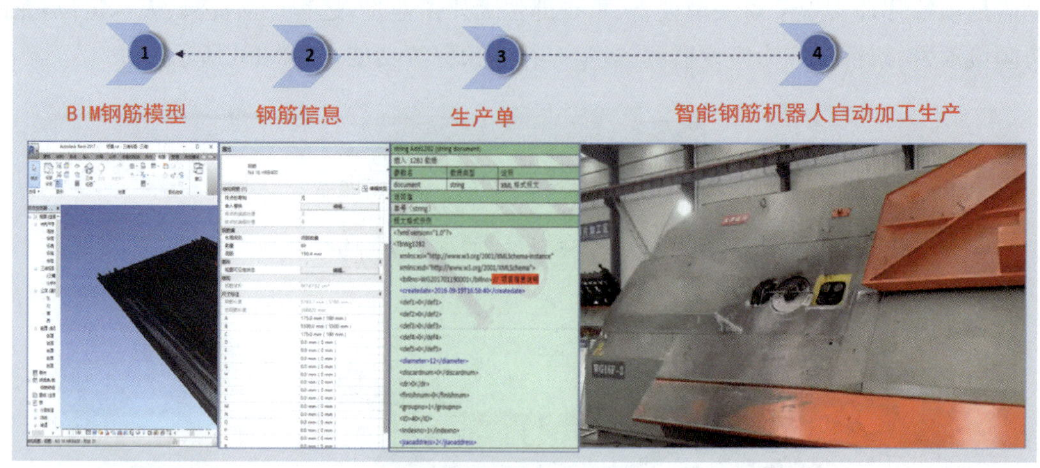

图 3-8 钢筋远程自动化生产

智能张拉、养生数据能实现无线上传。

成品质量追溯方面。梁场通过二维码等信息化管理手段，把原材料、混凝土拌和、钢筋半成品生产、张拉压浆、劳动力匹配、过程检验等表单进行数字化处理，并通过手机微信端实时填报，形成电子档案，能对生产过程质量信息快速追溯，实现了流程化管控和每一孔箱梁全生命周期信息的集成。

4. 人员管理模块

人员管理包含基础信息、教育培训、绩效考核、薪酬管理等功能，如图 3-9 所示。实现了人员异动、培训档案、薪资发放、教育培训的数字化管理，提高了管理效率。

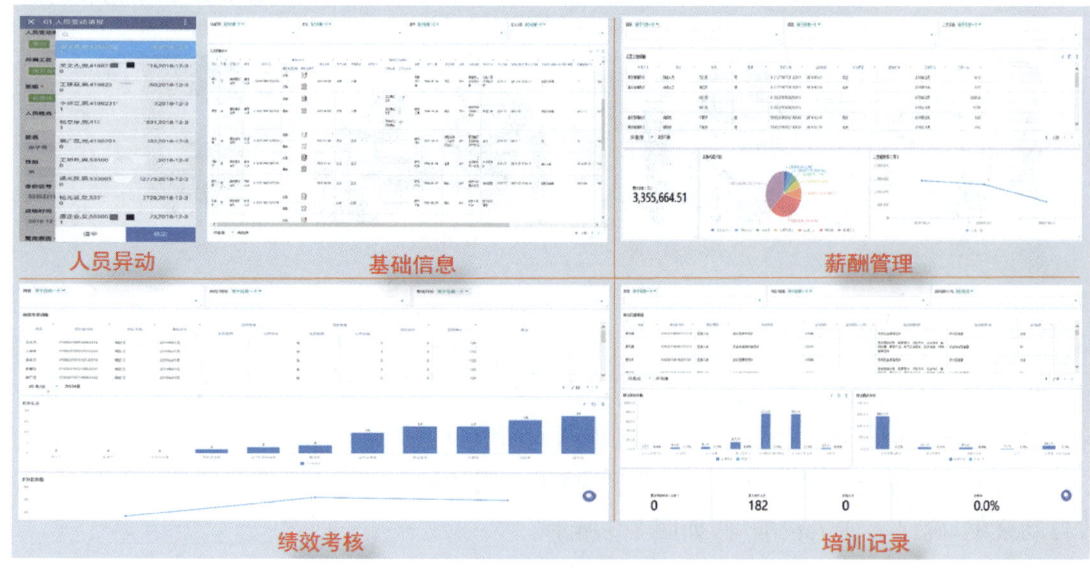

图 3-9 人员管理模块

5. 物资管理模块

物资管理包含进料管理、混凝土及钢筋发料管理、核算分析，如图 3-10 所示。实现了进场物资数据自动采集上传，利用手机进行物资调配，达到了物资管理从计划到进场验收、试验检测、调拨发放、半成品、成品加工的全过程可控管理。

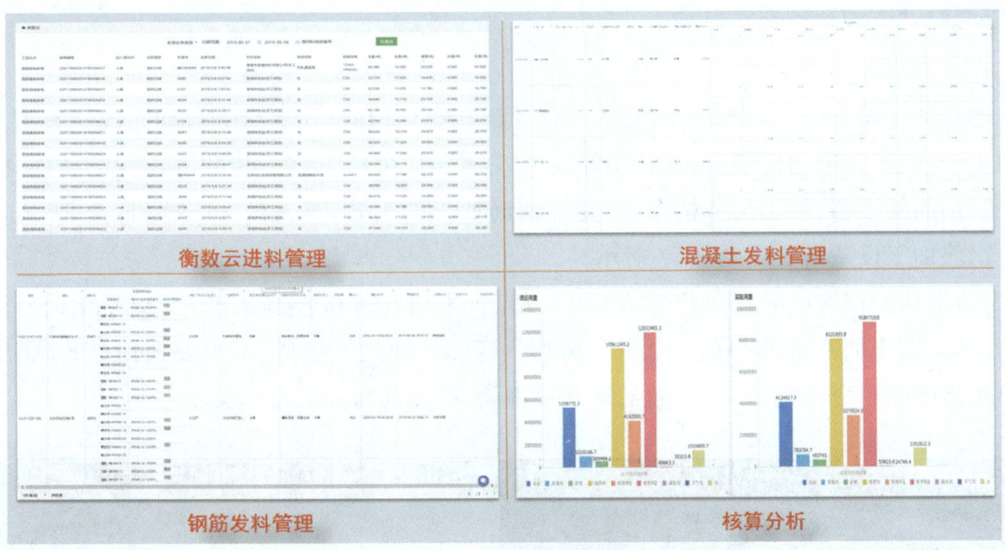

图 3-10　物资管理模块

6. 设备管理模块

设备管理包含设备状态管理、单机核算及分析，如图 3-11 所示。实现了对梁场五大类设备从购置到进场验收、保养记录、维修记录的日常管理；以及对设备油耗、电耗等运行情况进行实时监控核算，大幅提高了资源利用率。

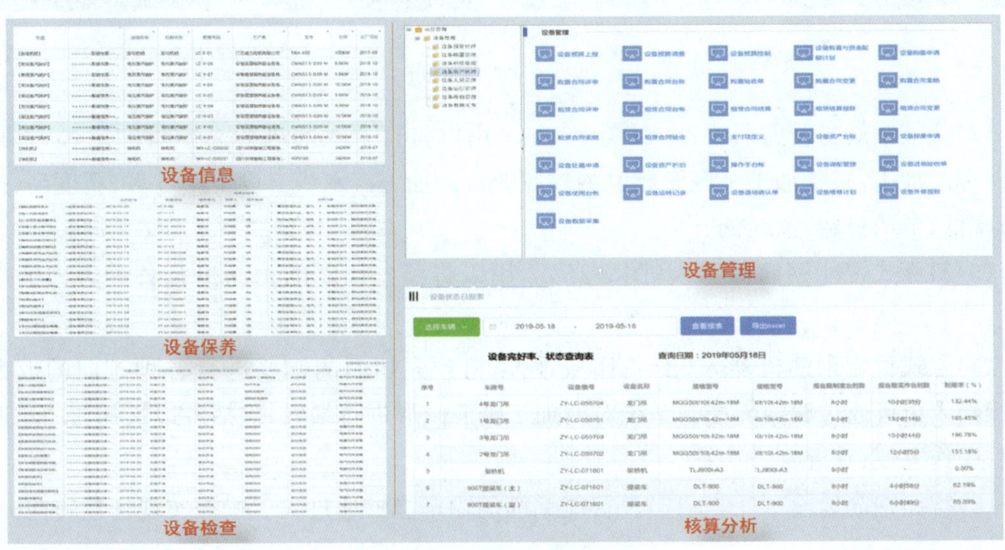

图 3-11　设备管理模块

3.2.3 智能化梁场施工组织

固安东制梁场、南浔制梁场，积极开展智能梁场探索创新，充分提炼融合信息化与机械化技术，提升梁场进度、安全、质量等综合管理水平，在智能梁场建设上进行了有益的工程实践，可为后续梁场提供参考借鉴。

1. 智能化钢筋加工

钢筋加工设备应与 BIM 模型技术一体化链接，具备在操作平台上自动完成所有型号钢筋的生产功能，宜采用机器人、光伏运输车实现钢筋从生产、运输、装卸等过程的智能化，有效控制钢筋的下料、加工尺寸精度，提高了钢筋加工的工效，工人由 18 人降低至 12 人。智能化钢筋加工设备布置如图 3-12 所示。

(1)多功能智能钢筋弯箍机器人(图 3-13)。采用计算机控制系统，大幅简化设备操作人员工作，钢筋加工通过矫直—牵引—剪切—弯曲—回送—接料，不需要任何计算，钢筋加工模块化图库+个性化编辑，可加工复杂长箍筋，产能为每天 2 榀箱梁箍筋量。

图 3-12 智能化钢筋加工设备布置图

图 3-13 多功能智能钢筋弯箍机器人

(2)智能钢筋自动剪切机器人(图 3-14)。用以将直条钢筋进行高质量的定尺剪切、输送、储存及加工，将各加工工序形成电脑控制的自动加工流水线。设备产量大、精度高、操作故障率低、节约材料、消耗低。

(3)斜面式智能钢筋机器人(图 3-15)。用以将预先切断的钢筋进行各种方向的成型加工。

(4)立式智能钢筋机器人(图 3-16)。用以将预先切断的钢筋进行各种方向的成型加工，操作人员可通过触摸屏控制系统对所加工钢筋图形进行编辑，包括各边长和弯曲角度的设定，操作方便、直观。

(5)智能钢筋运输车(图 3-17)。智能钢筋运输车能够通过人工操控实现任意转向。

图 3-14　钢筋剪切机器人

图 3-15　斜面式智能钢筋机器人

图 3-16　立式智能钢筋机器人

图 3-17　智能钢筋运输车

2. 智能张拉及压浆

(1)智能张拉工艺。可实现施工数据与铁路建设管理平台的实时链接,达到远程监控的目的,自动化预应力张拉设备如图 3-18 所示。张拉设备与操作平台一体化集成,操作方便、提高效率,操作工人由原来的 8 人降低至 5 人。

图 3-18　自动化预应力张拉设备

(2)智能压浆台车。预应力孔道压浆应采用先进的智能压浆设备，全过程由电脑控制，可以准确控制压浆料、水泥和用水量，控制浆液的搅拌时间，以达到压浆的最佳效果，保证压浆密实，自动化孔道压浆台车如图 3-19 所示。将上料制浆、真空压浆及行走三大关键工序自动化协同控制，移动便捷、操作方便、工作效率高、绿色环保。省去了人工转运压浆材料的工作，节约搬运工人 2 人，只需 3 名工人即可完成压浆作业。

图 3-19　自动化孔道压浆台车

3. 智能化梁体养生系统

自动喷淋养护能够对梁体进行全面的养护，提高养护质量，减少养护人员的数量及劳动强度，梁体养生系统如图 3-20 所示。采用自动喷淋系统后，系统可根据需要定时自动洒水养护，大幅减少了人工养护的工作量，将养护人数由原来的 14 人减少至 2 人。

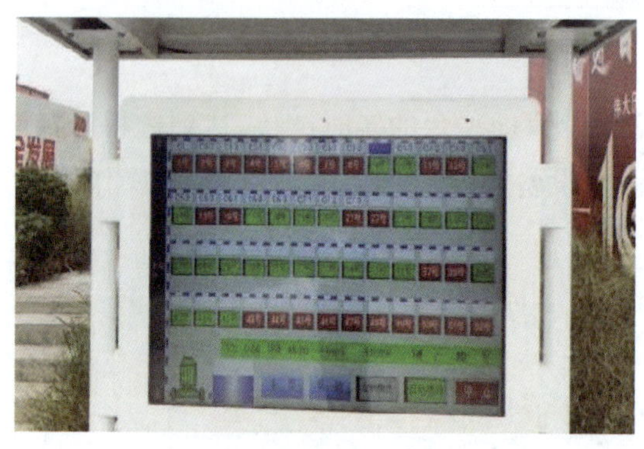

图 3-20　梁体养生系统

4. 自驱式液压内模

自驱式液压内模由纵移装置提供动力，通过内模主梁齿条将内模从内模存放支架平稳移入钢筋内，安装位置准确，节约了内模安装时间，提高了内模安装效率，同时降低了内模安装的安全风险，如图 3-21 所示。

图 3-21　自驱式液压内模

5. 拌和站远程操控中心

通过网络技术将操作室移至地面，实现了拌和站远程操控。避免工作环境噪声和粉尘对操作人员的影响，改善作业环境，同时避免了操作工人频繁上下拌和楼，降低安全风险。拌和站远程操控中心如图 3-22 所示。

图 3-22　拌和站远程操控中心

6. 智能静载试验系统

智能静载试验系统，可实现静载试验全过程自动检测、自动判定和数据传输等功能，如图 3-23 所示。静载试验时只需 1 人操作控制柜，即可实现一键加载和自动测量记录挠度，使试验加载和监测人员数量从 26 人减少至 1 人。

图 3-23　智能静载试验系统

7. 智能运架梁系统

梁场运架梁设备集成 GPS 定位、油耗传感器、视频监控、胎压监测传感器、雷达等信息化、智能化设备，采用纠偏、导航系统和落梁自动四点联动联调定位，可实现精准喂梁、精准落梁，如图 3-24 所示。

图 3-24　精准运架梁

3.3　智能化混凝土拌和站

铁路工程具有线长、混凝土需求分散、需求量相对较少的特点，特别是山区铁路沿线地形狭窄、设置困难，特殊气候条件下还需采用温控技术措施保证工程质量。混凝土拌和站应结合地理条件、交通状况等综合考虑设置，应具备随着工程进展可对混凝土系统进行转移及布置紧凑的特性。

3.3.1　总体要求

1. 选址原则

混凝土拌和站建设场地选址应进行场地勘察和场地适宜性评价，避开塌方、滑坡、泥石流等不良地质区域，同时应避开受施工爆破作业影响区域，场地满足防洪度汛要求。场地尽量布置紧凑，减少施工占地。场址尽量避免大方量土石方挖填，减少植被砍伐，避开动物迁徙通道，减少对当地自然环境的影响。

2. 总体要求

(1)满足混凝土施工高峰强度；

(2)匹配工程需求的温控混凝土生产能力要求;

(3)具备先进的环保水保配套设施和标准化施工要求;

(4)便于拆分和组装,可以适应不同地形条件下的安装、布置,满足占地尽量少的目的。

3.3.2　智能生产拌和站

拌和站采用综合管理系统(图 3-25)、粉料罐料位监测系统、车辆管理系统,实现拌和站业务流程管理、远程操控、自动调度、车辆管理、质量卡控等目标。通过远程操控及视频监控系统,实现少人化管理。

图 3-25　综合管理信息系统

1. 物料管理

消耗管理,根据生产的物料消耗自动生成物料消耗台账及物料消耗统计,便于安排生产、采购,防止断料,防止储料仓冒仓等情况出现。收料查询,接入地磅或其他物资系统,为物资人员提供及时翔实的收料台账及统计。物料管理系统如图 3-26 所示。

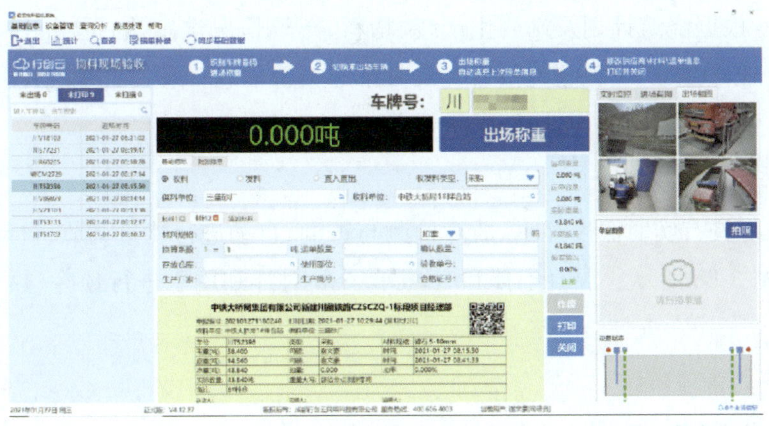

图 3-26　物料管理系统

2. 粉罐料位监测系统

储料仓监控实时展示粉料仓的重量、管锁和报警状态；收料时发放信息卡，根据信息卡指定到料罐上料，避免“错仓”“混料”；通过料位监测系统检验库存量，避免“爆仓”。

3. 浇筑计划管理

由管理人员通过扫描二维码自动新增浇筑计划，使得拌和站内浇筑计划与工程管理平台保持一致。列表中可展示浇筑计划的状态和执行进度，可以查看选定浇筑计划的所有发货列表和发货详情，以时间线的方式展示发货进度(关键事件、完成百分比和完成时间)。浇筑计划管理如图 3-27 所示。

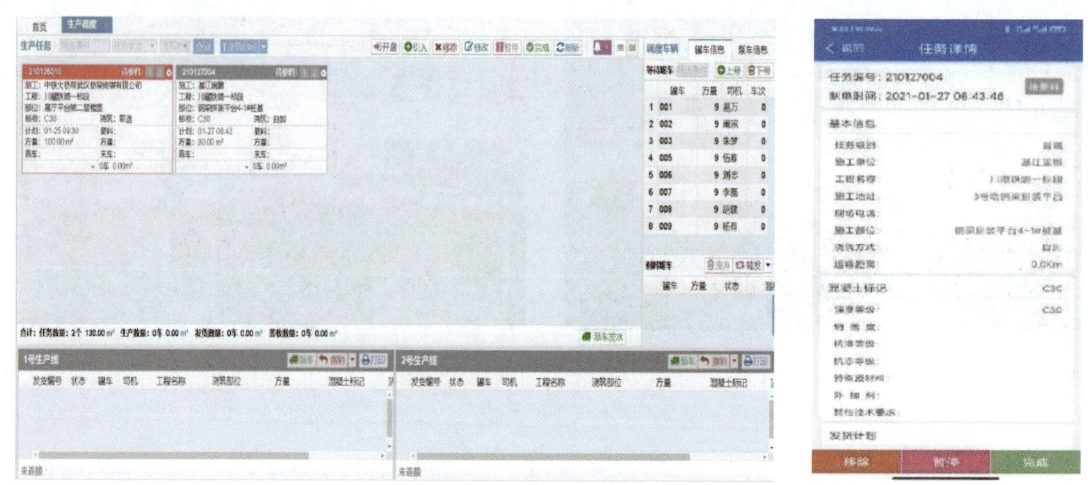

图 3-27　浇筑计划管理

4. 生产管理

开盘管理，根据浇筑计划及站内生产线、物料、车辆情况选定执行浇筑任务的生产线及车辆。报警管理，在生产出现超差报警时及时推送报警信息。发货台账统计，以时间线展示每一车的发货台账，统计某一时段的发货汇总。

5. 水恒温系统

水恒温系统具有实时温度显示、故障检测与查询、自动进行能量调节、自动除霜、远程控制等功能，如图 3-28 所示。混凝土拌和时，提前 3 h 对拌和用水进行预冷(热)，控制混凝土出机温度。

6. 车辆智能管理系统

车辆上安装 RFID 芯片，在车辆回场时系统通过 RFID 刷卡设备自动检测车辆回场并将车辆自动排队上号。通过室外 LED 大屏实时展示车辆排队信息等，派车生产自动进行语音播报。通过安装定位系统，实现车辆的实时位置监控和超出区域报警，通过安装油量监控

图 3-28　水恒温系统

系统，实现车辆油耗及利用率监控和统计。

7. 远程签收

混凝土到达施工现场后，技术人员用手机扫描罐车司机手机上的混凝土信息二维码，进行混凝土电子签收，可实现混凝土现场浇筑量的自动统计。现场施工人员用手机 App 对每车混凝土质量进行拍照上传，后台及时掌握混凝土性能，同时上传系统中便于质量追溯。

3.3.3　绿色人文拌和站

1. 绿色环保

（1）全封闭生产区。罐体、料仓采用全封闭处理，降低噪声及扬尘污染，同时起到冬季保暖、夏季隔热的作用，如图 3-29 所示。

图 3-29　罐体和料仓全封闭图

（2）室外抑尘系统。采用水泵将水加压，采用单流体喷嘴，雾化效果好，覆盖面积大，雾滴扩散性好。

（3）料仓喷雾抑尘系统。砂石料仓内安装喷雾设施，定时自动喷雾降尘。采用电机驱动高压柱塞泵，将水加压至高压，通过管道输送至雾化喷嘴，雾化后的雾滴在空中弥散，弥散过程中与粉尘结合，在重力作用下降落，从而达到降温降尘的目的。

(4)全自动龙门洗车机。在车辆出口方向设置一个龙门式自动洗车机和一个红外感应传感器，当需冲洗车辆从入口进入洗车线时，触发红外线感应传感器，自动开启水泵，喷出摇摆往复运动的中压水柱对车轮、车身、底盘进行冲洗，水泵采用分级启动方式，当车辆完全进入洗车台后，水泵全部开启。

(5)污水处理。生产污水处理系统包含沉淀池、搅拌池、清水池、砂石分离机、压滤机等设施，如图 3-30 所示。混凝土余料通过砂石分离机分离出砂、石和浆水，浆水和生产污水经过两级沉淀池后，流入搅拌池，通过水泵抽入压滤机压滤处理后，分离出滤饼和清水，清水流入清水池循环再利用。

生活污水处理采用 A2/O 工艺加 MBBR 膜加 MBR 膜一体化技术，通过物理过滤、吸附和生物分解作用达到净化生活污水并循环使用的目的，如图 3-31 所示。

图 3-30　生产污水处理系统

图 3-31　生活污水处理系统

2. 人文景观

(1)进出口景观打造。进出口挡墙可进行主题文化设计，周围坡面进行植草绿化，如图 3-32 所示。

图 3-32　拌和站进出口景观示例

(2)内部道路两侧布置。站内可设文化走廊、安全文化长廊和风景长廊等,在显著地方布置大型宣传标语,如图 3-33 所示。

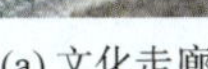

(a) 文化走廊

(b) 安全文化长廊

图 3-33　内部道路两侧布置示例

(3)周边绿化。与地方风俗民情相融合,贴合地方文化特色和旅游景观需要。

3.4　智能化轨道板预制厂

轨道板预制厂创新应用轨道板智能制造技术,改变高速铁路轨道板“一线一建一拆”的传统制造方式,开创“流程制造”在高速铁路建设中的应用新模式,实现轨道板制造全工艺智能化。通过研发应用模具清理、预埋件安装、成品封锚、成品检测等人工智能装备,确立了产品制造智能化新格局;自主开发生产制造执行系统,在轨道板制造中实现生产过程的智能控制、优化决策,建立质量在线反馈机制;开发应用轨道板智能芯、物联网、智能工厂综合管理平台,在制造装备的健康诊断、预测维护、能耗优化上实现平台化管理;结合数字孪生技术打破了各管理系统之间存在的信息壁垒,实现了轨道板制造人、机、料、法、环等管理要素的数字化管理。

以沈白高铁苏家屯轨道板厂为例进行具体介绍。轨道板厂位于沈阳市苏家屯铁路编组站西侧,占地面积 210 亩,为永久固定式厂区,建有矩阵台座法及流水机组法两条生产线,年生产能力 8 万块以上,具有公铁两运便利运输条件,轨道板供应辐射半径 1 000 km,苏家屯轨道板厂全貌如图 3-34 所示。其中采用轨道板智能制造技术的流水机组法生产线,占地面积 11 亩,设计两跨钢结构厂房,配备模具 96 套,月满负荷生产能力 3 600 块。先后为哈大、盘营、沈丹、京沈、牡佳、朝凌、沈白等高铁工程生产轨道板 21 万块。轨道板智能制造生产车间如图 3-35 所示。

图 3-34　苏家屯轨道板厂全貌

图 3-35　轨道板智能制造生产车间

3.4.1　智能制造施工组织

1. 工艺原理及流程

轨道板智能制造通过液压、机械、材料、工程结构、数字运算、人工智能、大数据、物联网等多学科交叉应用，实现智能建造技术与施工性能的结合、基础研究与工程应用的结合。生产线采用环形布置，轨道板标准模具按照流水线工艺流程，在中央控制系统的控制下以10 min 流水节拍，依次通过模具清理、脱模剂喷涂、预埋套管安装、钢筋骨架绑扎、钢筋骨架入模及张拉杆连接、预应力张拉、钢筋骨架绝缘检测、混凝土浇筑、蒸汽养护、预应力放张、轨道板脱模、轨道板翻转、轨道板封锚、成品板检测等智能化工位，最终完成轨道板制造。轨道板智能制造生产线如图 3-36 所示。

图 3-36　轨道板智能制造生产线

2. 生产工艺自动化智能化

研发应用施工工艺机器人，实现施工工艺的自动化智能化，主要包括模具清理、脱模剂喷涂、预埋套管安装、钢筋骨架绑扎、钢筋骨架入模及张拉杆连接、预应力张拉、钢筋骨架绝缘检测、混凝土浇筑、蒸汽养护、预应力放张、轨道板脱模、轨道板翻转、轨道板封锚、成品板检测等 14 个关键工艺，实现智能工艺的全覆盖。

（1）模具清理

模具清理机器人，由多轴桁架系统、毛刷清理系统、除尘系统、安全报警系统组成，如图 3-37 所示。工作时不同的辊刷负责不同区域清理，异形刷清理承轨槽，大辊刷清理底模，柱型刷清理端侧模。辊刷高速转动，将水泥残渣与模具表面脱离，吸尘器同步工作，将粉尘及颗粒吸入吸尘器中。多轴桁架机器人运动，保证模具清理无盲点。同时设置隔离房，作业时，房门自动关闭，作业完成后再开启，实现无人化作业，避免粉尘污染。

(a) 模具清理工位

(b) 模具清理机器人

图 3-37　模具清理机器人及工位

（2）脱模剂喷涂

脱模剂喷涂机器人，由横梁部件、竖梁部件、立柱部件、喷涂部件、移动部件及接水部件组成，如图 3-38 所示。

(a) 脱模剂喷涂工位

(b) 脱模剂喷涂机器人

图 3-38　脱模剂喷涂机器人及工位

采用气压驱动与控制等关键技术为高压雾化喷枪提供动力，雾化脱模剂在模具表面形成均匀的薄膜，喷涂完成后，油雾回收装置自动启动，回收空气中残余脱模剂，设置隔离房，作业时自动关闭房门，防止雾化脱模剂污染空气，保障作业人员健康。

(3)预埋套管安装

预埋套管自动安装机器人，由桁架系统、抓取系统、控制系统、托盘输送系统组成，如图 3-39 所示。

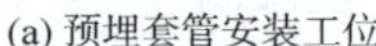

(a) 预埋套管安装工位

(b) 预埋套管安装机器人

图 3-39　预埋套管安装机器人及工位

安装预埋套管时两组抓手抓取托盘上四个套管，同步动作，将套管组件放置到模具的定位栓上，气动锤分三次将套管压紧，依次作业。在最后一组安装完成后，托盘自动供料系统更换满料托盘，实现自动连续作业，安装精度更准确。

(4)钢筋骨架绑扎

钢筋骨架自动绑扎机器人，由坐标式机械手系统、输送线系统、末端自动绑扎系统、安全报警系统等组成，如图 3-40 所示。通过设计定制化的钢筋定位胎具，实现钢筋骨架所有钢筋的摆放和固定。通过桁架机器人三坐标自动定位技术，实现自动绑扎机构对绑扎点的初定位；通过机械臂自动绑扎技术，在不同位置、不同角度绑扎点，实现钢丝的自动绑扎。

(a) 钢筋骨架绑扎工位

(b) 钢筋骨架绑扎机器人

图 3-40　钢筋骨架绑扎机器人及工位

(5)钢筋骨架入模及张拉杆连接

钢筋骨架入模及张拉杆连接机器人，由骨架抓取机构、横移机构、旋拧机构、输送机构、控制机构组成。通过数控系统控制液压动作，结合整体结构和旋拧头等专利技术，实现张拉杆同步对位、旋紧自动化作业，如图 3-41 所示。钢筋骨架在专用胎具上绑扎，由滚轮输送机构输送至抓取位置，抓取机构抓取钢筋骨架精准定位入模。旋拧机械手自动对位张拉杆，两端同时旋拧，实现张拉杆与预应力钢筋连接。通过程序控制横向旋拧机械手间距，以适应不同型号轨道板。

(a) 钢筋骨架入模及张拉杆连接工位

(b) 张拉杆连接机器人

图 3-41　钢筋骨架入模及张拉杆连接工位及张拉杆连接机器人

(6)预应力张拉

轨道板预应力自动张拉系统，由动力系统、框架机构、控制机构组成，如图 3-42 所示。纵横向张拉横梁安装有液压千斤顶和锚固电机，对应每根预应力筋设置一个传感器精准控制张拉力值，采用液压马达驱动锁紧螺母，实现了张拉的高精度。预应力张拉系统通过调节工作头间距，适用三种不同板型。具备异常情况自动报警处理功能及断电续传功能。张拉过程实时记录数据，自动生成张拉报表，上传至中控室，实现此工序的自动化作业。首创的液压马达驱动机械锁紧螺母技术，确保有效预应力精度更高，并已作为关键技术标准在全行业推广。

(a) 预应力张拉工位

(b) 预应力自动张拉系统

图 3-42　预应力自动张拉系统及工位

(7)钢筋骨架绝缘检测

钢筋骨架绝缘检测系统为立体支撑桁架结构，采用一次全部接触，行列矩阵扫描式检测的形式,如图 3-43 所示。整个检测系统设计了三个横向检测架,一个纵向检测架,检测桁架通过直线升降实现检测电极与钢筋的有效接触。控制器控制电子开关发出脉冲信号驱动绝缘检测仪开始检测,检测合格时记录检测信息并自动扫描下一检测点,当检测到绝缘露点时,系统发出声光电警报并可视化显示在电子显示屏上。本系统的研发和应用极大提高了绝缘检测的自动化程度及检测精度,并通过安全电子光栅有效保证了作业人员的人身安全。

(a) 钢筋骨架绝缘检测工位

(b) 钢筋骨架绝缘检测系统

图 3-43　钢筋骨架绝缘检测系统及工位

(8)混凝土浇筑

混凝土浇筑由混凝土中转料斗、布料机、振捣系统等组成,混凝土浇筑工位如图 3-44(a)所示。振捣系统主要由操作台、液压系统、气动系统、振捣平台、顶升系统及附着式振动器等装置组成。中转料斗运行至布料机上方自动停止,对布料机进行喂料。混凝土布料机采用半圆筒螺旋推送方式,共有四个布料门,每个布料门可单独控制开合,且在布料口设置下落倾角,布料更加均匀。模具行至混凝土浇筑工位后,气囊顶起,模具与轨道脱离,机械手将模具与振动台固定在一起。通过无线遥控布料,整体高频振动;振捣系统采用 PLC 控制振捣器的频率、振捣时间、振捣平台位移及气囊气压等。混凝土低噪浇筑技术引入自动传输系统和降噪技术,实现混凝土浇筑工位的无人值守和 70 dB 以下的噪声控制,如图 3-44(b)所示。

(a) 混凝土浇筑工位

(b) 混凝土低噪浇筑技术

图 3-44　混凝土浇筑

(9)蒸汽养护

轨道板采用立体通道式养护，每八套模具为一个养护单元，在养护通道内设置蒸汽、喷淋、通风装置，由轨道板养护系统远程计算机实时控制蒸汽量、水喷淋量及通风量，确保轨道板的养护温度、湿度—时间曲线在规定的范围之内，蒸汽养护工位如图 3-45(a)所示。立体通道式智能温控蒸汽养护技术使轨道板蒸汽养护场地受限的瓶颈得以突破，节能效果更优，蒸汽养护用自动提升机如图 3-45(b)所示。

(a) 蒸汽养护工位

(b) 蒸汽养护用自动提升机

图 3-45　蒸汽养护

(10)预应力放张

预应力自动放张系统由动力系统、框架机构、放张机构组成，如图 3-46 所示。框架下部有四个定位销，模具上有四个定位孔，通过销孔结合，实现模具及放张系统的精准对位。采用机械旋出张拉杆的方式进行放张，通过控制张拉杆的旋转角度实现放张同步。液压马达提供放张动力，角度编码器实时监测张拉杆的旋转角度，放张前两圈缓慢进行，待预应力完全释放后，快速旋转至张拉杆与预应力筋完全脱离，完成放张作业。通过调整放张设备工作头间距，适用于不同板型。首创的旋转角度控制同步放张技术使预应力放张的同步性、轨道板结构的稳定性大幅提升。

(a) 预应力放张工位

(b) 预应力自动放张系统

图 3-46　预应力放张

(11)轨道板脱模

轨道板脱模系统由控制系统、液压系统、抓取装置、行走机构、灌注孔拆除机构等组成，如图 3-47 所示。控制系统控制液压系统驱动锁紧机构固定模具，抓取机构抓取模具内的轨道板门形筋，自动精确控制位移和力值，整体匀速同步脱模，实现了本工位的自动化作业。同时自动拆除灌注孔预埋柱，有效避免不均匀、不同步升降造成轨道板受损。

(a) 轨道板脱模工位

(b) 轨道板自动脱模系统

图 3-47　轨道板脱模

(12)轨道板翻转

轨道板翻转采用中轴桁架翻板机，翻转机主要由桁架结构、走行上部机构、翻板台机构组成，如图 3-48 所示。翻转机构、提升机构及轨道板锁紧机构等组成整体机械结构；走行控制系统、升降控制系统、轨道板对位控制系统、翻转控制系统、位置检测系统等组成电气控制系统。翻板机由电机减速机实现动力输出，往返于轨道板翻板准备工位和翻板落板工位之间。轨道板脱模完成后通过自动输送平车将轨道板输送至翻板暂存工位，暂存工位具备液压顶升平推功能，当平车携带轨道板到达暂存台后，平推千斤顶自动将轨道板调正；桁架式中轴翻板机抓取卡紧暂存平台上的轨道板并行走至翻转区，随后将轨道板翻转 180°，完成后桁架中轴翻转机将轨道板放置在封锚线暂存平台，等待流转并进行封锚作业。

(a) 轨道板翻转工位

(b) 桁架中轴翻板机

图 3-48　轨道板翻转

(13)轨道板封锚

轨道板自动封锚系统由四台六轴 ABB 关节机器人、封锚前端总成、移位走行系统、砂浆拌和系统、智能定位系统组成。轨道板脱模完成后,通过 PLC 控制的轨道板智能平车结合激光测距技术完成轨道板的运输及精确定位。关节机器人通过智能相机智能识别锚孔位置,完成锚孔和关节机器人作业头的精确对位。锚孔清理和界面剂喷涂采用气动马达作为动力,完成封锚砂浆注入前准备工作。由封锚前端总成分步有序完成锚穴孔清理、界面剂喷涂、注浆、压实等工艺。

(14)成品板检测工位及轨道板"翻转一封锚一检测"集成线

轨道板检测采用中国铁道科学研究院集团有限公司研发的"轨道板道板外形尺寸快速检测系统",通过先进的激光图像扫描检测技术获取轨道板表面点云坐标,通过点云构建技术实现轨道板三维尺寸的快速建模,通过与标准尺寸的比对分析实现外形尺寸、棱角掉块等的自动检测及评判,并上传生产管理平台,成品板检测工位如图 3-49 所示。同时首创性的构建了"翻转—封锚—检测"集成线将轨道板翻转、封锚及成品板检测通过脱模工位与生产主线相连,使其纳入到了生产主线的 10 min 流水节拍,进一步提升了轨道板生产工艺的在线化、节拍化水平,更好地建立了在线反馈机制。

图 3-49　成品板检测工位

3.4.2　集成数字化生产控制

1. 工艺设计数字化

生产线总体设计、工艺流程及布局均采用 BIM 技术建模,通过数字化仿真模拟,实现工艺流程、生产设备及管理等工艺设计的数字化、可视化,如图 3-50 所示。

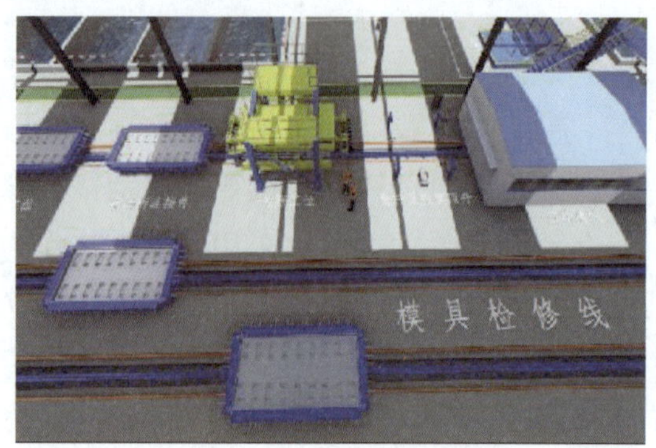

(a) 产线布局BIM模拟

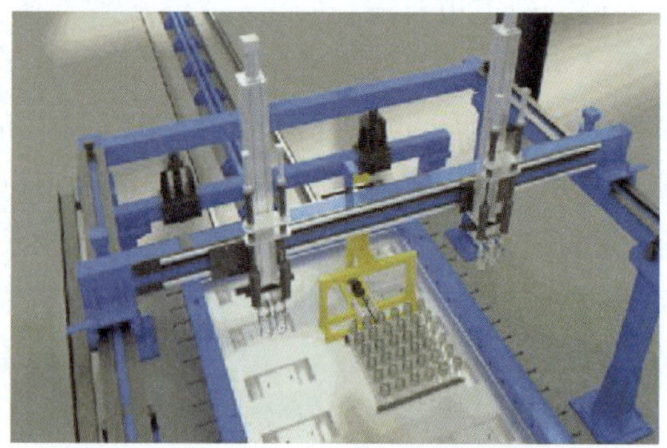
(b) 工艺流程BIM模拟

图 3-50　工艺设计数字化

2. 中央集成控制数字化

轨道板生产由中央控制系统控制，包含工位控制、流转控制、RFID 电子标签智能扫码、设备在线监测及故障报警等系统。中央控制系统（图 3-51）作为板厂智能制造中枢，负责整条生产线的协调运行和控制管理，调度全线设备的启动和停止，控制生产线流转，进行数据采集及存储、故障报警、系统备份与恢复、工位状态监控。从根本上保证了生产线的平稳、高效运行。

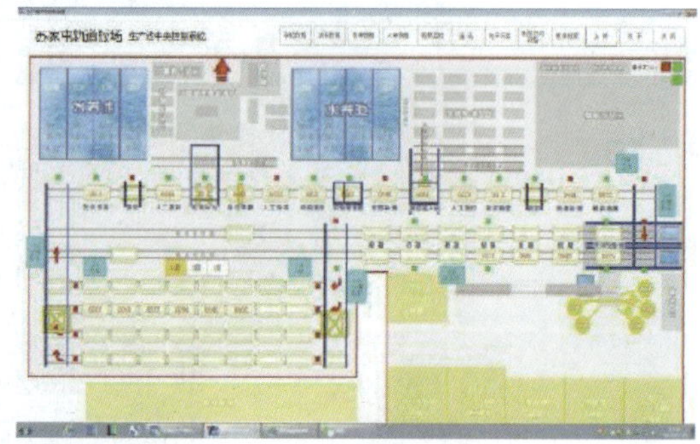

图 3-51　中央控制系统

（1）工位控制

工位控制系统按照工艺要求采用 PLC 程序全自动控制，通过中央控制系统上位机操作处理，依靠推进系统和各个工位的密切配合，确保整条生产线自动化运行，全过程视频监控，系统界面如图 3-52 所示。

（2）流转控制

流转控制系统是由中央控制室与底部具体执行机构进行数据交互与控制的指挥系统，具有精密的生产工艺节奏和高效的生产效率，按照规定的工艺要求，对生产线流转、养护线流转实现智能调度与控制，如图 3-53 所示。

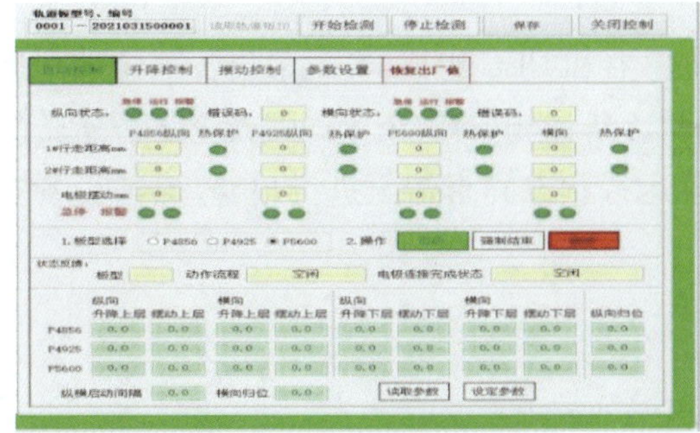

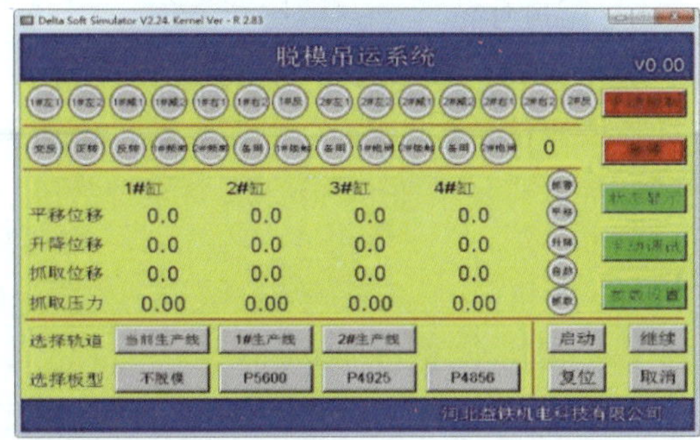

图 3-52　工位控制界面

图 3-53　流转控制系统

(3)RFID 电子标签智能扫码

芯片扫描系统采用 RFID 技术，可自动识别模具编码及轨道板钢筋骨架编码，并将编码内容纳入生产数据库管理。在生产线设置扫卡器，通过对模具及轨道板的 RFID 芯片进行扫描，对轨道板生产各个环节的标签自动识别和数据采集。RFID 电子标签智能扫码如图 3-54 所示。

(a) RFID 智能扫码

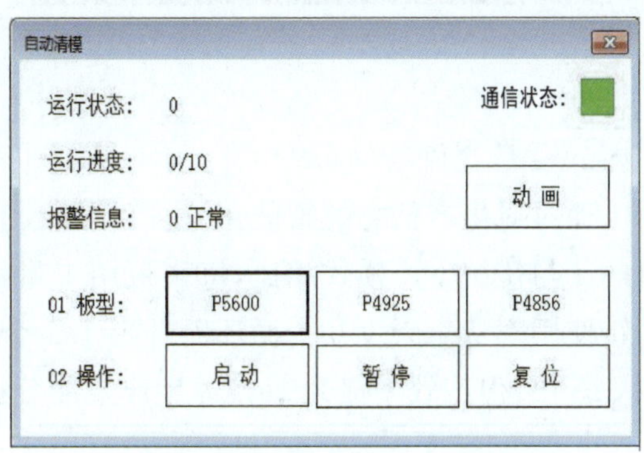

(b) 设备在线监测及故障报警系统

图 3-54　RFID 电子标签智能扫码

(4)设备在线监测及故障报警

设备在线状态监测及故障报警系统由多种传感器和 PLC 组成,实时采集各工位的状态信息和报警信息,实现多功能多参数的综合监测和诊断,能够对整个生产线及全工位运转的电气设备进行集中监测和诊断,对系统故障、设备运行状态异常情况进行报警,保证设备安全生产。

3.4.3 智能化数字化成效

1. 产品质量提升

轨道板智能制造技术的应用有效提高轨道板产品质量,独创的张拉螺母机械锁紧技术,实现"有效张拉力"均匀性控制在 2.38%以内,有效控制了轨道板翘曲;独创的"角度控制同步放张技术",实现放张同步率控制在 3.6°以内,显著减少轨道板裂纹;通过"模具清理""脱模剂喷涂""高频低噪振捣"等新技术应用,大幅减少轨道板气泡、掉块等外观质量缺陷,有效提高了混凝土密实度、表面光洁度及背部粗糙度;通过"绝缘检测""三维扫描检测"等智能装备应用,建立产品质量在线反馈机制,产品质量始终处于可控状态,合格率达 100%。成品轨道板如图 3-55 所示。

图 3-55 成品轨道板

2. 生产效率提高

通过对生产信息的智能化分析和跟踪,不断挖掘生产线作业潜能,达到提高生产效率的目的。与传统生产模式相比,每块板用工量由 2.1 个降低到 0.9 个,降幅达 57.1%。模具周转使用率从每天 1.0 个循环提升到 1.2 个循环,增幅达 20%。单线日产量从 96 块提升到 120 块,生产效率提升 25%。生产效能分析如图 3-56 所示。

3. 作业环境环保

创新研发的"立体通道式养护技术",采用两台立体式提升机及横移平车与生产主线实现无缝接驳,相比平面式蒸汽养护车间节省占地面积 1/3;通过温度、湿度传感器、气路、水

智能化制造提升效果分析

与传统矩阵台座法相比，研究成果的生产自动化程度明显提高，**人工成本比台座法降低48%**，同样模具配置条件下，**生产效率提高20%以上。**

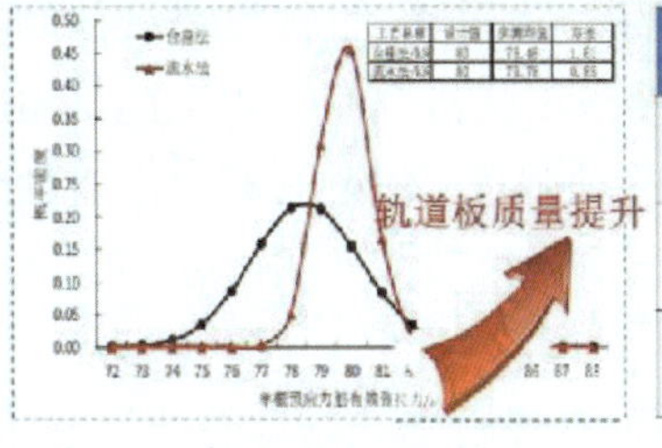

序号	关键工艺指标	创新技术	原工艺
1	有效张拉力	79.48 KN	78.48KN
2	放张同步性	3.6°	180°
3	翘曲平均值	1.2 mm	1.8 mm

序号	工序	作业人员（单班）			生产效率（96套模具）			备注
		台座法	升级前流水法	升级后流水法	台座法	流水法	提升比	
1	钢筋骨架绑扎	19	19	10				辅助智能装备钢筋绑扎10人
2	模具清理	42	2	1	96块	115块	20%	辅助清理杂物和死角1人
3	脱模剂喷涂		1	0				
4	预埋套管安装		1	1				1人用于人工复查
5	钢筋骨架入模及张拉杆旋拧		3	2				吊装钢筋骨架2人
6	预应力张拉		2	1				安全防护1人
7	钢筋骨架绝缘检测		2	1				处理漏点1人
8	预应力放张		3	1				安全防护1人
9	轨道板脱模		8	2				起吊人员2人
10	轨道板翻转		3	1				安全防护1人
11	混凝土浇筑	16	2	6				包含搅拌、运输
12	轨道板蒸汽养护		2	2				入库、出库安全防护各1人
13	轨道板封锚	6	6	2				封锚砂浆拌和及乘吉各1人
14	轨道板检测	4	2	0				
15	水养运输	8	8	8				同台座法
16	中控室	2	2	10				中央控制及数据处理人员工8人
17	车间辅助人员	8	6	4				车间调度、机修等工4人
小计		105	72	54				

生产效率提高

用工量减少

图 3-56　生产效能分析

路、风道在密闭立体通道内的合理布置，结合 PLC 控制智能养护系统、补水系统、风冷降温系统的综合性应用，实现了蒸汽养护资源的高效利用，对比平面式蒸汽养护车间节约能源15%以上。采用模具清理机器人、脱模剂喷涂机器人，并设置隔离房，提高清模效果和作业效率，消除了粉尘污染；采用钢筋骨架入模及张拉杆连接机器人，实现钢筋骨架精确自动入模和张拉杆自动对位旋拧作业，降低了劳动强度；采用自动张拉及放张系统杜绝了人工作业时的安全风险；混凝土振捣工位加装了隔声措施，噪声控制在 70 分贝以内，有效保障作业环境。作业环境对比如图 3-57 所示。

(a) 传统生产方式

(b) 智能化生产线

图 3-57　作业环境

4. 综合成本降低

采用智能制造技术工装设备摊销增加 32.4%，人工费用降低 57.1%，征地费用降低36.1%，建厂费用摊销降低 57.9%，生产管理费用降低 16.6%，能源消耗费用降低 24.3%，当产能达到 4 万块时，可实现与传统生产方式的投入产出平衡。

3.5 智能化轨枕预制厂

双块式轨枕生产线主要基于智能工业机器人技术实现工序的机械化自动化，创新基于无人驾驶、自动搬运的轨枕场内运输技术，基于超声波雾化和水膜养护的轨枕裂纹控制技术，研发了模块化的成套设备和工装，实现了生产自动化和设备工装再利用。以上施工组织工艺创新，合理有效地减少了人员投入，降低了施工人员的劳动强度，消除了人为作业的错误，利用设备自动化作业实现减员增效，周转利用率高，环境影响小，提高材料利用率，减小材料浪费，减少环境污染，社会经济及技能环保效益显著。

以京张京雄双块式轨枕预制厂为例，具体介绍轨枕预制生产线自动化智能化生产技术，利用物联网、自动化、激光图像识别等先进的技术手段，通过全工序自动化，集成双块式轨枕制造全过程的生产数据，实现生产制造自动化、关键控制智能化、管理信息化可视化，引领轨道预制部件向“机械化换人，信息化减人”方向发展。

3.5.1 自动化智能化生产组织

轨枕自动化智能化生产流程架构如图 3-58 所示。

1. 模具自动清理

通过辊道运输，将模具以“扣”的形式运输至智能清模工位，采用高压喷砂新工艺对模具内腔进行全方位清理，喷砂后采用风刀对模具腔内的混凝土残渣、粘皮等进行清理，金刚砂通过特制振动筛过筛后重复利用，混凝土残渣遗留在振动筛上，待交接班时清理。喷砂法模具清理设备如图 3-59 所示。

2. 脱模剂自动喷涂

模具脱模剂自动喷涂由门式支架、往复机、存储罐、雾化喷头和抽排系统组成，利用 PLC 系统、雾化喷头、往复机、抽排系统实现脱模剂自动喷涂作业，满足脱模剂喷涂要求，如图 3-60 所示。该技术保证了脱模剂的喷涂质量和喷涂稳定性，提高了脱模剂喷涂效率，减少了脱模剂浪费，降低了施工成本；减少人员投入，消除了脱模剂中有毒有害物质对人体的危害。

3. 预埋套管及螺旋筋自动安装

采用抓取机器人、振动筛分机、自动卷簧机、专用工装等设备实现预埋套管及螺旋筋自动拼装作业。预埋套管及螺旋筋安装由限位挡板、门式支架、往复机、气动抓手和安装程序组成，通过建立三维坐标系对预埋套管及螺旋筋和定位轴进行定位，自动抓取安装，采用多条件相互约束，保证预埋套管及螺旋筋安装质量。利用自动化设备完全代替人工作业方式，整个过程无须人员参与，避免对施工人员手掌的损伤；自动化设备严格遵循相关技术要求并进行复测，保证预埋套管安装精度和安装质量。预埋套管自动安装及拼装如图 3-61 所示。

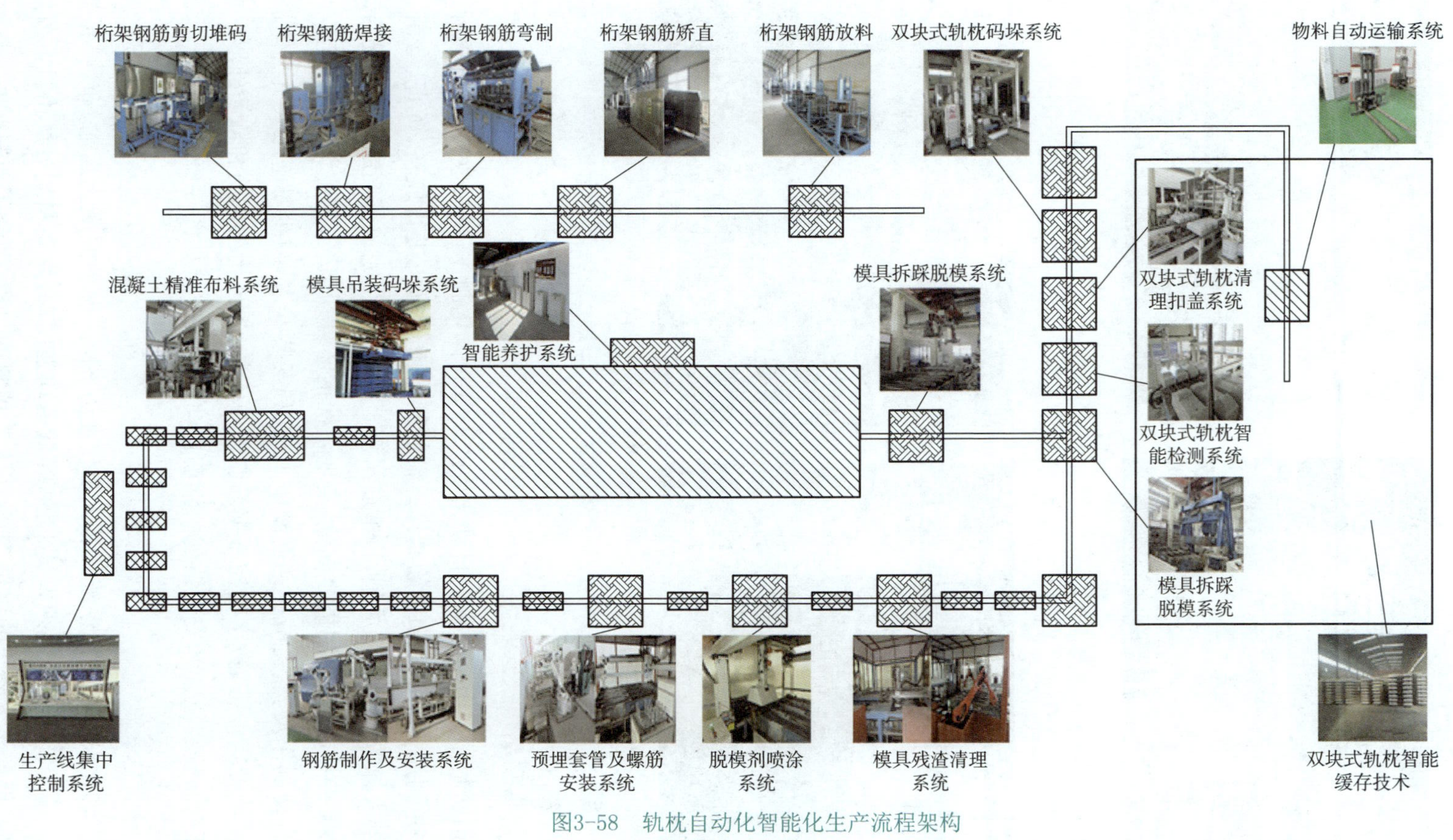

图3-58　轨枕自动化智能化生产流程架构

图 3-59　喷砂法模具清理设备

图 3-60　自动脱模剂喷涂

(a) 安装

(b) 预埋套管自动拼装

图 3-61　预埋套管自动安装及拼装

4. 钢筋自动制作及安装

桁架钢筋制作采用桁架钢筋自动化生产设备一体化制作，通过放料矫直、弯折、焊接、剪切、码垛一系列流程完成桁架钢筋制作。箍筋制作由弯箍机进行放料、矫直、弯制、剪切，后由工业机器人抓取放置焊接成型，将箍筋滑落至传送带上，完成箍筋制作。钢筋自动安装采用门式支架、夹具、挂钩弯制机等设备，实现轨枕钢筋自动组装、定位、安装、固定。

钢筋自动制作及安装，减少钢筋制作 15 人和安装 6 人，减少对施工人员身体损伤，消除该工序人员职业病危害；数字化控制钢筋制作及安装，保证桁架钢筋和箍筋外形尺寸和焊接质量，保证钢筋安装位置和安装精度。钢筋自动制作及安装如图 3-62 所示。

5. 混凝土精准布料

利用自动化设备和智能系统代替人工作业方式，实现了混凝土运输、布料、振捣一系列作业流程。整个浇筑过程无须人员干预，降低劳动强度；分层布料划分严格且混凝土用量计算控制准确，保证了混凝土的用量，消除了人工填料的过程，节省了布料时间，减少了材料浪费，保证了双块式轨枕布料质量。混凝土精准布料如图 3-63 所示。

(a) 钢筋拼装

(b) 钢筋入模

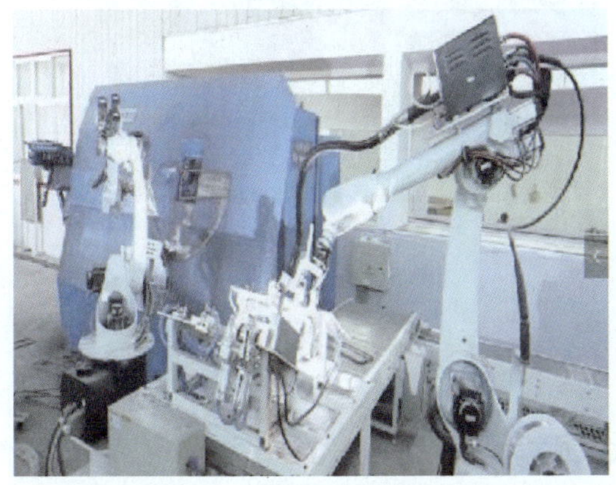
(c) 箍筋自动焊接

(d) 桁架钢筋自动生产

图 3-62　钢筋自动制作及安装

(a) 布料

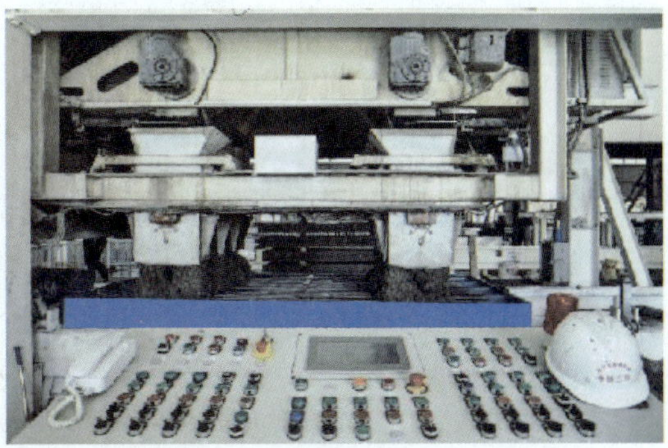
(b) 称重

图 3-63　混凝土精准布料

6. 模具自动出入窑

采用门式支架、卷扬机、夹具、气缸、传感器、特定程序等，实现双块式轨枕模具旋转和翻转进出养护窑。与传统作业方式相比，具有安全、稳定、高效、降噪、减员等优点。保证了模具摆放位置的整齐性和准确性，提升养护质量；减少大型设备和人员的投入，消除了安全隐患和人为误差，提高轨枕的脱模质量；大幅度提高施工效率，模具出入窑及脱模耗时缩短约50%。模具自动出入窑如图 3-64 所示。

(a) 模具出窑

(b) 模具入窑

图 3-64　模具自动出入窑

7. 预埋套管自动清理注油扣盖

双块式轨枕检测完成后进入清理注油扣盖工位，通过示教器先对工业机器人程序和流程进行设定，到位后传感器自动启动，以工业机器人为原点建立三维坐标系，采用 3D 相机对双块式轨枕进行定位识别检测，确定各根双块式轨枕预埋套管位置。工业机器人安装清理工装对预埋套管内进行吹气清理，预埋套管清理干净后按照设定要求向预埋套管内注油，注油完成后工业机器人采用吸盘吸住扣盖，将扣盖扣在预埋套管口。双块式轨枕预埋套管自动清理注油扣盖系统如图 3-65 所示。

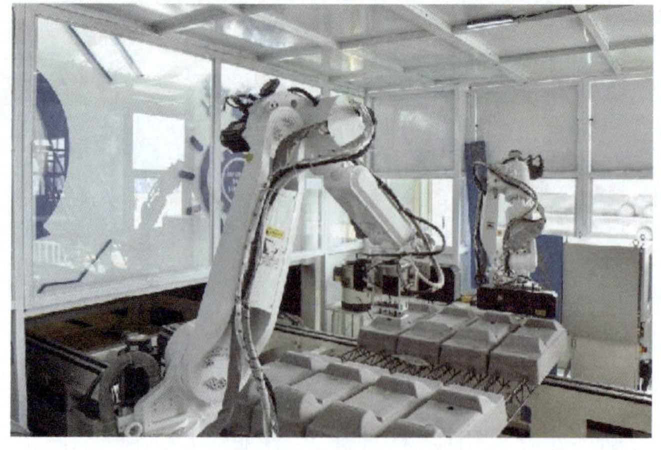

图 3-65　双块式轨枕预埋套管自动清理注油扣盖系统

3.5.2　智能检测、运输及养护技术

1. 智能检测技术

研发基于激光测量、机器视觉深度学习等原理的双块式轨枕智能检测技术，可实现自动化、智能化、无人化作业及检测数据信息化管理，覆盖了双块式轨枕出厂检验要求的 20 余项检测参数，实现了双块式轨枕逐根检验，构建了每根轨枕的唯一性、可追溯性编号，并自动喷印在轨枕表面便于轨枕在铺设周期内的数据管理，实现按批抽检向逐根全检的转变，检测精度提高 5 倍，检测效率提升 15 倍。双块式轨枕外形质量快速检测系统如图 3-66 所示。

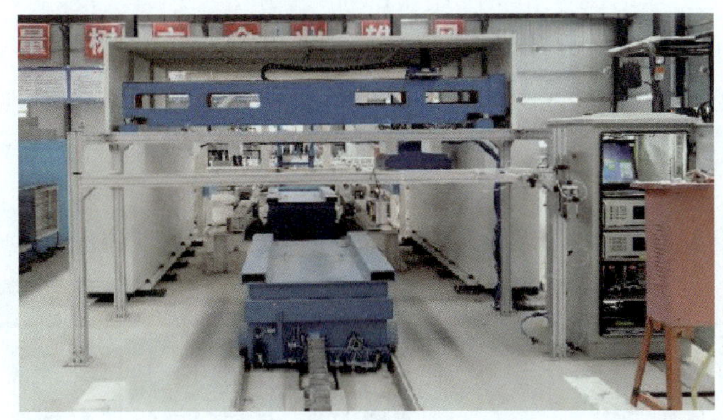

图 3-66　双块式轨枕外形质量快速检测系统

2. 智能运输技术

通过采用 AGV 小车(图 3-67)和定位检测系统实现小车的实时定位和自动搬送运输，物料自动运输技术对车间不同位置进行建网定位识别，实现自动无人运输的目标。

图 3-67　AGV 小车

3. 智能养护技术

与传统人工控制蒸养相比，智能养护技术减少了用水量及养护过程人工投入，消除了人

为因素产生的漏养和养护不到位造成的质量缺陷，减少了水电资源的浪费；能避免人工控制及外界温度的干扰，提高温度变化的精度，从传统 4 ℃降低至 1 ℃之内；养护各阶段划分清楚，保证养护各阶段养护质量，合理提升双块式轨枕强度，从而保证了双块式轨枕养护质量。

3.5.3 生产管理信息化

通过传感器和相应电子元件收集各部位数据，并系统设定参数或通过特定程序进行监控、计算、分析、反馈、留存，实现对设备和双块式轨枕的预警和追溯，系统对轨枕生产过程中原材料的生产信息进行统一管理，通过与现有物资管理系统实现无缝对接，从进场统计、消耗及库存三方面，建立理论梳理和实际用量的统计、分析及预警功能。以生产计划管理和实际进度对比分析为主线，建立试生产阶段和批量生产阶段的月生产计划，并通过工序管理RFID 技术，实现实际进度自动采集和对比分析，确保月制枕计划的实现，合理进行生产调度管理。双块式轨枕生产管理系统功能架构如图 3-68 所示。

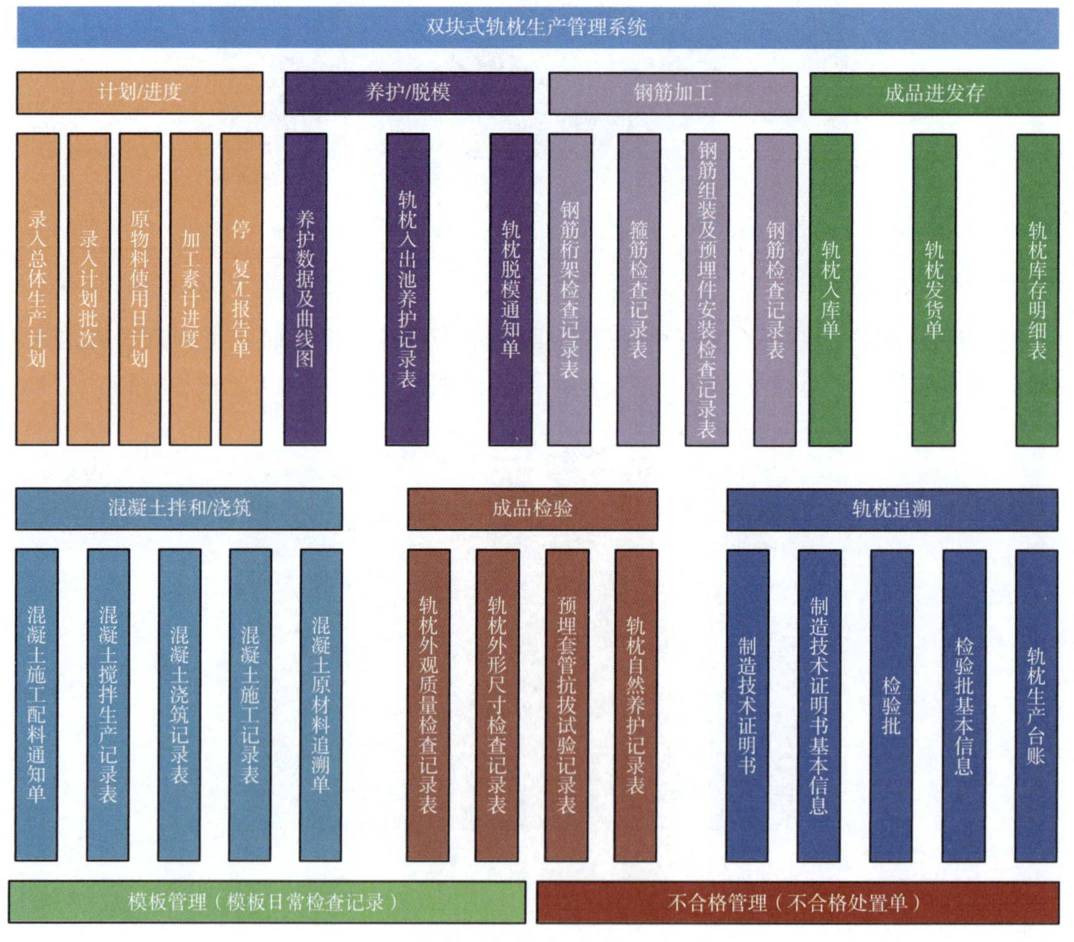

图 3-68　双块式轨枕生产管理系统功能架构

1. 统计分析

通过信息集成，将系统海量数据中工作层所关注的零散信息进行遴选，整合出建设管理层最为关注的“产量、计划、质量”等关键性栏目及其数据信息。使用户可以通过首页了解项目的重点动态信息，便于管理者可以及时获取关键信息，节省时间，提高效率。主要包括计划产量与实际进度、每日产量推移图、工作提醒(待办事项及数量)、不合格管理等信息数据。

2. 计划及进度

通过对进度计划的电子化管理，及时了解生产信息及生产状况，为管理者把控生产进度提供决策辅助。主要包括录入总体生产计划、录入计划批次、原物料使用日计划、开工累计进度滞后报告单、停/复工报告单等。

3. 模板管理

模板管理主要进行模板的日常检查记录，包括前置信息、历史信息及作废信息，可对信息进行筛选查询。通过对轨枕模板的管理，对把控轨枕生产质量提供辅助作用。

4. 钢筋加工

包括钢筋桁架检查记录表、箍筋检查记录表、钢筋组装及预埋件安装检查记录表、钢筋原材料追溯单等。通过对钢筋加工报表的电子化管理，便于实时化查询钢筋加工信息，实现对钢筋加工数据的质量追溯。

5. 混凝土拌和及浇筑

包括混凝土施工配料通知单、混凝土搅拌生产记录表、混凝土浇筑记录表、混凝土施工记录表、混凝土原材料追溯单等。通过对混凝土拌和/浇筑信息记录表的电子化管理，对轨枕生产的过程质量数据进行相对把控，对促进质量控制有良好的推进作用，也便于对过程质量数据的实时化追溯与查询。

6. 养护及脱模

通过对轨枕养护及脱模的图形化管理，可以实时了解养护及脱模数据记录，便于用户进行轨枕生产过程的质量管控。主要包括养护数据及曲线图、轨枕入出池养护记录表、轨枕脱模通知单等。

7. 成品检验

成品检验信息主要包括轨枕外观质量检查记录表、轨枕外形尺寸检查记录表、预埋套管抗拔试验记录表、轨枕自然养护记录表等。通过对成品检验信息报表的电子化管理，可实现对前置信息、历史信息和作废信息等成品检验信息的实时化追溯及查询。

8. 成品进发存

对轨枕生产的入库、发货、库存等信息进行统一管理，实现轨枕生产全过程信息的追踪和集成管控。主要包括轨枕入库单、轨枕发货单及轨枕库存明细表等。

9. 轨枕追溯

轨枕追溯实现与基础数据的互通，通过对轨枕生产的技术证明和检验批信息的统一管理，实现对轨枕相关信息的实时化追溯与查询。主要包括制造技术证明书、制造技术证明书基本信息、检验批、检验批基本信息、轨枕生产台账等。

10. 不合格管理

对轨枕生产过程中的不合格产品进行统一管理，提醒用户对不合格产品进行及时处置，通过对不合格处置单中的前置信息和已审核信息的电子化管理，便于提高轨枕生产质量。主要包括生产批号、发生日期、工序名称、不合格项目、不合格数量、存放仓库、标准值、实际值等。

第4章 复杂桥梁工程施工组织创新与实践

复杂桥梁工程大多为高速铁路施工组织中的控制性工程，施工组织难度大，施工技术方案复杂，施工过程的安全、质量和工期进度管控要求更为严格。本章梳理复杂桥梁工程施工组织与创新技术，并结合当前高速铁路建设项目中典型工程实例，对代表性复杂桥梁工程施工组织管理和先进性技术方面进行总结论述。

4.1 复杂桥梁工程施工组织要点

我国幅员辽阔，地貌地形复杂，自然和地理环境种类众多，复杂结构形式桥梁能够适应不同地区自然环境差异并具有多类型孔跨调整的特点，在高速铁路建设中被大量采用。复杂桥梁工程通常指的是除常用跨度简支梁(24 m、32 m和40 m)和连续梁桥以外的其他结构形式的桥梁，其设计方案具有独特性和创新性较高，施工复杂程度较高，施工组织难度更大，安全、质量和工期控制风险性更高等特点。基本特点如下：具备足够的强度和刚度；具有可靠的稳定性并为轨道结构提供高平稳状态；具有良好的动力学性能，能够承受较大地动力作用；考虑视觉效果以及与周围环境景观协调，结构形式个性化和多样化。一般形式主要包括拱桥、连续刚构、V形钢构、斜拉桥、组合结构桥(如连续梁与拱组合桥、斜拉钢构组合桥、连续钢桁梁柔性拱组合桥)和悬索桥等。复杂桥梁工程在使用功能、美观艺术以及与景观协调等方面特点鲜明，是高铁线路的代表性工程，如沪苏通长江公铁大桥、五峰山长江大桥(图4-1)、平潭海峡公铁大桥等一批具有世界领先水平的桥梁相继建成，标志着我国高速铁路桥梁建造掌握了千米级超大跨度桥梁建造技术，实现重大跨越。

复杂桥梁工程大多为高速铁路的控制性工程，科学合理、运转高效的施工组织是实现复杂桥梁工程以至整个项目建设目标的先决条件。跨江河湖海桥梁跨度越来越大，水中基础越来越深，山区墩塔越来越高，复杂桥梁工程施工组织面临艰险地形地貌、复杂建设环境、新颖结构形式、高难施工技术等方面的挑战，同时采用新型机械设备、新型材料、信息化管理、BIM辅助技术等先进手段，创新机遇与建造困难并存。在技术方面，高铁桥梁延伸到更多崇山峻岭、江河湖海之上以及极端复杂环境的“建桥禁区”，一批新结构、新材料、新工艺纷纷出现，各种新型结构、大跨度特殊桥梁越来越多；在工装设备方面，大型桥梁施工机械化配套

图 4-1 连镇铁路五峰山长江大桥(主跨 1 092 m)效果图

设施等相继投入应用，40 m 跨度简支箱梁制运架成套设备，铁路 64 m 双孔连做节段拼装造桥机(图 4-2)，海域施工打桩船及海上浮吊等先进成套工业设备不断创新应用；在管理手段方面，信息化技术、移动互联网技术、铁路工程管理平台、BIM 辅助技术以及基于 BIM+GIS 技术的数字铁路管理系统(图 4-3)等智能建造技术全面应用，铁路智慧工地建设蓬勃发展。

图 4-2 海域高铁双孔连做节段拼装造桥机

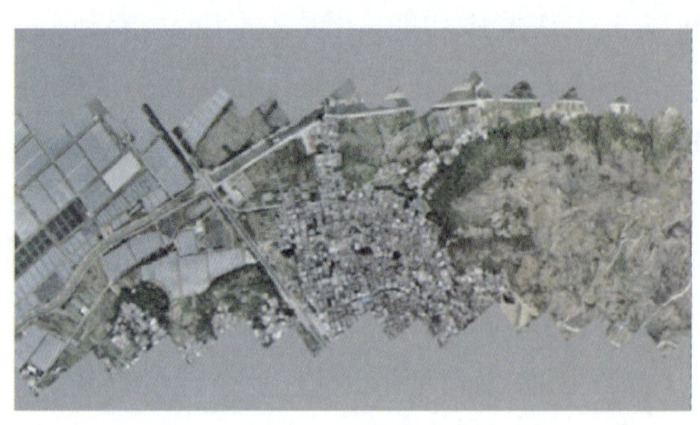

图 4-3 基于 BIM+GIS 技术的数字铁路管理系统

复杂桥梁工程施工组织应该紧紧围绕工程的特点和难点，以突破重难点施工技术方案为重点，牢牢抓住工期主线，以安全、质量、环保、文明施工等为目标，合理进行资源配置，找准均衡生产组织和效益最大化的最佳平衡点。在复杂桥梁工程施工组织中，以下要点应当重点把握。

4.1.1　充分认识建设环境和工程特点

一般而言，艰险山区的地形地貌，复杂海域、大江大河的特殊建设环境决定了桥梁工程施工的难度和施工技术的复杂性。在制定施工组织方案前，对复杂桥梁桥址所在区域的地形地貌、水文特征、地质情况、气象情况、道路或航道运输状况以及既有水、电、通信、地材等可利用资源进行充分的现场调研，掌握第一手资料。同时，根据设计情况，认真分析复杂桥梁工程的特点、重难点，科学编制施工组织设计，确定总体施组安排和工期目标，制定针对性施工方案和施工方法，做到因地制宜、有的放矢。

玉磨铁路沅江特大桥桥位地处云贵高原中部，横跨红河深切峡谷区，区内群山连绵，山间沟渠纵横，属构造侵蚀峡谷地貌，如图 4-4 所示。桥址两岸与深切河谷构成明显的“V”字形地貌，两岸边坡陡峻，地面高程介于 390～765 m 之间，最低点为红河谷底，自然横坡 15°～60°，局部陡峻。根据地形地貌条件，采用(38.6＋108＋151.5＋249＋151.5＋108＋25.6)m 变桁高上承式连续钢桁梁结构(图 4-5)，特殊的地形地貌和桥梁结构形式决定了其施工组织有以下重难点：

图 4-4　玉磨铁路沅江特大桥桥位现场地形地貌图

(1)桥梁跨越红河深切河谷，山高坡陡沟深，现场地形地貌复杂，地势高差较大，道路狭窄且急弯较多，施工部署及临建工程是该工程重难点。

(2)钢梁合龙工况悬臂长度达 124.5 m，合龙口变形大，合龙杆件多，合龙精度要求高，钢梁合龙是本工程重难点，合龙工况如图 4-6 所示。

(3)变桁高处钢桁梁结构复杂，杆件种类多，节点构造复杂，杆件空中精确对位和线形调整难度大，杆件精度要求高，钢梁加工制造及现场架设是该工程的重难点。

(4)受地形条件限制，辅助工程及场地设置难度大，次边跨超高临时墩高度达 130 m，承受荷载大，地质条件复杂，安全风险高，临时工程设计、施工是该工程难点，临时墩位如图 4-7 所示。

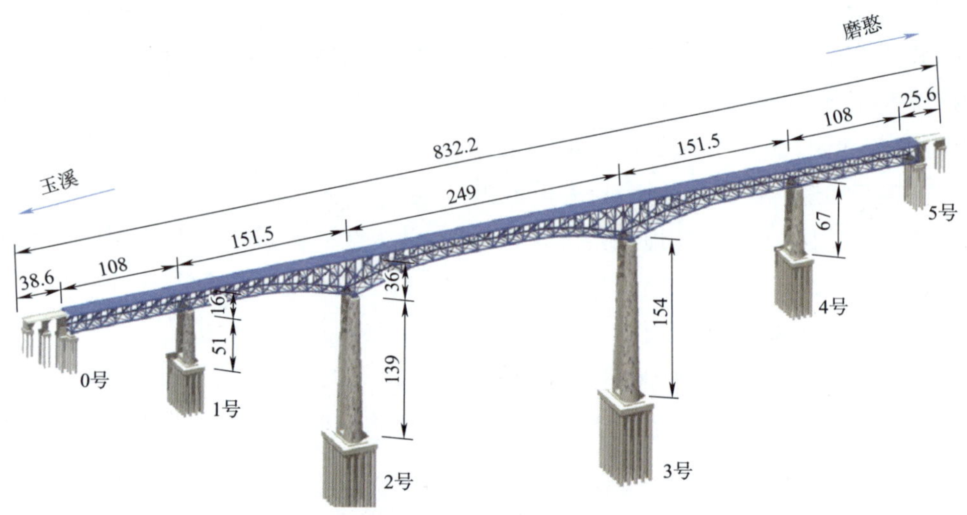

图 4-5　玉磨铁路沅江特大桥结构模型图(单位:m)

图 4-6　玉磨铁路沅江特大桥合龙工况示意图

跨海大桥建设受气象、水文、地质等建设环境影响大。气象条件差，导致建设可连续作业时间短，施工工效低；水深、浪高、流急、潮汐明显，海况恶劣导致强涌、强波浪力、大潮差等对修建桥梁的影响更为显著，桥梁基础施工受波浪力作用大，主体结构及临时设施结构受力

图4-7　次边跨超高临时墩位置图

较内河条件高出数倍；海峡地质条件复杂，对海底地形、地貌、地质情况很难准确了解，施工方案选择和施工机具设备选型较陆地条件更苛刻。特殊的气象、水文、地质及物流组织等造成海域复杂桥梁工程技术方案难、资源配置特殊、安全管控难、工期保证难。需充分认识环境条件，分析环境条件对跨海桥梁施工的影响，采取创新技术支撑施工组织。

福厦高铁安海湾特大桥跨海区段桥梁长度1.56 km，主桥采用(40＋135＋300＋135＋40)m双塔双索面叠合梁斜拉桥，半漂浮体系，主桥全长650 m，为世界首座跨海高速铁路箱形结合梁斜拉桥，如图4-8所示。针对项目特点，在施工组织方面要以施工装备现代化、施工监控智能化、施工指导数字化、管理手段信息化为主要抓手，创新铁路建设管理模式，重点围绕技术创新、施工装备、新工艺工法、BIM技术、信息化管理等方面进行施工组织规划。

图4-8　安海湾跨海双塔双索面叠合梁斜拉桥

4.1.2 组建专业化管理团队

项目经理及管理团队是项目组织建设的决定性因素。复杂桥梁工程施工组织是高度集成化和体系化的组织形式，与一般的桥梁工程相比，专业性更强，因此优选管理团队，精派专业队伍，发挥专业优势，激发团队力量是成功实现建设目标的前提。在施工组织管理中，要充分体现“专业的人做专业的事”专业化实施理念。

在平潭海峡公铁大桥施工中，全桥施工条件最恶劣、建设难度最大、施工水平最高的区段含三座大跨度斜拉桥建设，为了安全、高效、顺利完成大桥建设，施工单位采用“1+3+6”管理模式。“1”是设立局指项目部统筹管控；局指项目部采取“七部二室一中心”的管理方式，即设立工程部、安全质量环保部、工经部、财务部、物资管理部、机械设备部、海工定额部、综合办公室、中心试验室和测量中心共同协调管理。“3”是施工单位集团公司组织下属 3 个综合子公司进行土建工程分段施工。“6”是同时组织物资公司、船舶分公司、基础分公司、租赁分公司、设计分公司和中铁大桥科学研究院有限公司 6 个专业子分公司参与大桥建设，钢梁制造专业分包给中铁山桥集团公司制造，并且成立了钢梁制造驻厂代表小组。这种管理机构设置及施工工区划分，充分体现了复杂桥梁工程施工的专业化管理。平潭海峡公铁大桥施工组织管理机构如图 4-9 所示。

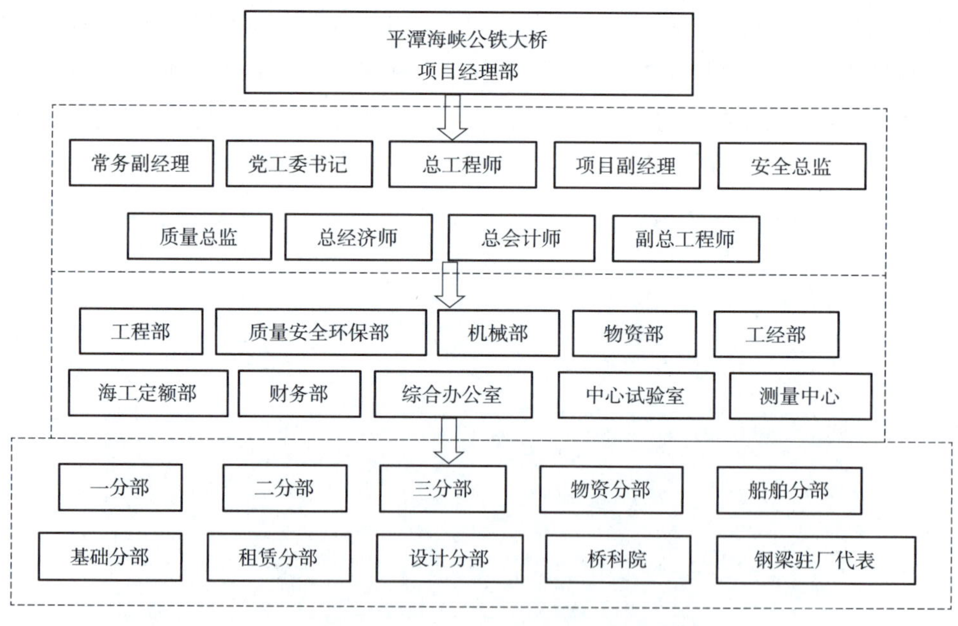

图 4-9 施工组织管理机构图

4.1.3 科学布局临时工程

临时工程是复杂桥梁工程有序建设的基础，其规划方案的优劣直接关系大桥建设的成本、工期、安全、质量和环保等各方面。复杂桥梁工程临时工程布局应根据桥梁主体结构形式和施工方法进行科学安排，要充分考虑桥梁平面布置，桥位处的自然资源、交通物流、地形地貌等条件，因势因时布置，一般按照就近布置、保护生态和安全稳定的原则合理布设。采用“因地制宜，规模适度，标准合理，一次到位”的原则，临时工程设计和主体设计、施工方案相互呼应、相互结合。按照“大型化、工厂化、标准化及装配化”要求进行施工组织，规划施工场地，主要考虑以下原则：

（1）经济性原则。充分利用工程所在区域现有道路、场地设施，加以利用拓宽改造，以节约土地，尽量减少临时工程的投入。

（2）实用性原则。现场布置规划设计尽量靠近施工工点，实用方便，不重复建设，确保各项设施的高效使用。

（3）方便管理原则。便于施工管理，便于劳动力、机具设备和材料等调配，有利于减少施工干扰，有利于文明工地建设。

（4）安全性原则。场地布置符合有关安全生产、劳动保护、防火、防洪等法律、法规要求，方便安全措施的有效实行，有利于安全救助。

（5）环保性原则。根据现场调查获得的当地有关施工环境资料，结合当地环保部门要求，有利于环保和水土保持，尽可能减少对环境产生的不利影响。

安九铁路鳊鱼洲长江大桥施工场地和临时工程的布置，就是根据地形、地貌、道路交通、工程分布及架子队划分，在满足生产的前提下最大限度地减少生产、生活等临时工程数量，满足生产生活的基本需要，尽量租用当地闲置房屋，少占用农田，具体布置如图4-10所示。同时，临时工程布置充分考虑环境保护的要求，注重卫生福利条件，满足职工的生活需求和准备必要的急救设施。由于大桥钢结构采用委外加工、运输至施工现场，在施工组织中尽量采用原有交通道路，做好道路交通施工防护工作，缩短了运输距离，减少了装卸时间与运输费用。

此外，针对特殊区域和复杂地貌下的复杂桥梁工程，比如跨海桥梁工程，要尤其认真对待临时工程和施工辅助措施，需进行专项规划设计，不仅需要满足运输、荷载、稳定性等工程施工用途，还需抵抗台风、波流力等特殊荷载。

平潭海峡公铁大桥临时工程根据平潭海峡复杂海况，采用栈桥＋平台方案进行施工组织，以陆地、岛屿、海上生产平台为中心规划施工场地。根据桥梁主体结构形式、施工方法和项目沿线场地情况，在长乐岸设生产区，包括钢筋、钢结构的集中加工区及混凝土工厂（图4-11）。人屿岛、海上生产平台、长屿岛、小练岛、大练岛上设置混凝土工厂、钢结构及钢筋加工车间。公路混凝土桥面板及铁路道砟槽板预制场设置在场外大型码头。主航道桥斜拉桥钢梁和80 m、88 m钢桁结合梁在制造厂采用节段或整孔制造，海运至桥址区域，现场设置存放场地；钢梁加工场地包括在河北秦皇岛山海关加工钢桥面板，在江苏如皋加工并组拼斜拉桥钢桁梁，在中山基地加工简支钢桁梁等三处；用运输船舶从制造厂运至待架桥位，现场设置一处临时存放钢梁场地，供恶劣海况下桥位处无法直接架设时临时存放。

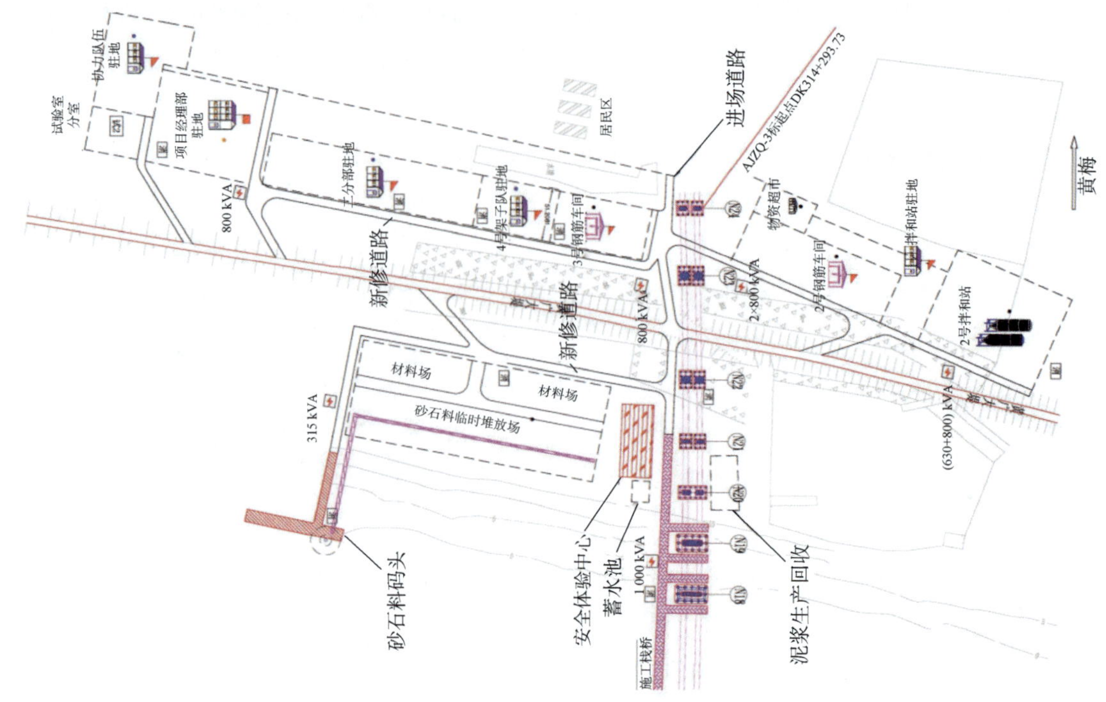

图 4-10　鳊鱼洲长江大桥黄梅侧临时工程布置图

图 4-11　海上固定平台式混凝土工厂

4.1.4　高标准配备工装设备

对于复杂桥梁工程尤其是高山峡谷、复杂海域等特殊工况下，稳定可靠的机械设备是高效施工的关键，是保证施工工效、确保工期的根基。施工机械设备选择和配备应根据桥梁施工方案、施工方法、整体施工顺序等综合考虑，在保证工期、质量、安全的同时，还需考虑经济性，综合测算，配备对应型号和数量。

丽香铁路金沙江特大桥采用三跨连续单跨悬吊上承式钢桁梁悬索桥，加劲梁三跨布置为(110＋660＋98)m，主缆三跨布置为(132＋660＋132)m，桥梁全长 882.5 m。缆索吊装系统采用双塔单跨方案，缆索吊为双塔单跨布置，吊重按 750 t 计算，最大吊重在跨中时垂跨比 $f/L=1/11$；单根主索最大索力 78 t。由索塔、锚碇、承重索、起重索、牵引索、索鞍、行走天车、吊具、起重及牵引卷扬机、自动化控制系统等主要系统组成，如图 4-12 所示。

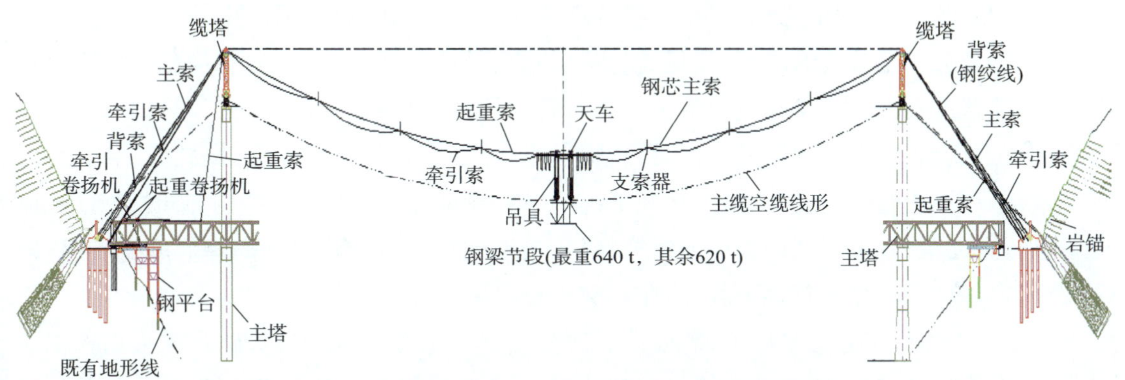

图 4-12　丽香铁路金沙江特大桥重载缆索吊系统

跨复杂海域桥梁工程，为减少风、浪天气对施工的影响，确保施工装备的稳定性及工效，一般采用“高配低用”高标准配置，满足现场超规范作业(8 级风工作状态下正常施工)。在起重吊装设备选址方面，现场起重吊装设备的选型根据不同吊重的大小及海域条件进行选择，特别认真考虑现场浮吊、履带吊及塔吊的配置(图 4-13)。在海上船舶设备配备方面，针对海上恶劣施工环境条件，地质勘察船、搅拌船、驳船、拖轮、浮吊、打桩船等船舶设备需提高其抗风浪能力，增加稳定性。在大型工装设备结构设计方面，造桥机、步履式吊机、移动模架、挂篮等大型工装设备结构均需进行专项抗台风设计。

图 4-13　恶劣海域环境大型浮吊钢吊箱整体吊装

4.1.5 把控总体施工方案和关键线路

复杂桥梁工程建设环境艰难、设计方案复杂、施工难度大。通过认真研究桥梁所处位置自然环境、工程特点及重难点关键部位等，结合设计要求，制定施工方案，着重把握方案可行、技术先进、经济合理、施工安全等方面。方案可行要从实际出发，符合当前实际情况，必须要有实现的可能性；技术先进要能有效地采用新技术、新方法、新工艺、新材料，从而提高工效，尽量缩短工期，保证工程质量；经济合理要能尽量采用降低施工费用的科学、正当、有效的措施，充分挖掘节约的潜力，使得施工费用降至最低限度；施工安全要符合各项安全规定，有能够保证安全的技术和组织措施。同时要关注两个重点，一是确保工期目标，结合项目总体工期要求，制定关键节点目标，针对技术难点，制定有效技术措施，提高施工工效，保证流水作业，加快施工进度；二是优化施工组织，结合项目特点，对大临结构、临时设施、主体工程进行全面策划，主要从调整场地运输、强化资源配置、优化施工步骤、降低施工难度、减小安全风险等方面，采取有效手段，确保有利于总体施工组织。

在确定总体施工方案基础上，需要认真研究确定施工方法，比如，基础开挖采用人工还是机械，采取何种支护措施；钻孔桩采用哪种成孔方式，水上施工是采用栈桥、平台还是船舶等。确定施工方法要突出重点，充分考虑到采用新技术、新工艺和对工程质量起关键作用的项目，以及施工人员操作的熟练程度等因素；施工方法应详细而具体，不仅要制定进行这一项目的操作过程和方法，还应提出质量、安全等相关要求，以及到达这些要求的技术措施；要对可能预见的、具有较高风险的关键问题，提出预防和解决办法。在确定施工方法时，要充分落实设计要求，结合结构设计计算过程，考虑桥梁结构本身特点，以及现场自然条件和施工企业施工经验、拥有设备，吸收同类工程成功的施工方法和先进技术，以能够实现快速、经济、优质施工的目的。

此外，做好施工顺序安排也是同等重要的，比如桥梁施工时从一岸向另一岸推进，还是从两岸向中间推进，是先施工水中基础还是先施工岸边基础或是同时进行，上部主梁现浇或架设与塔柱施工同步还是异步等，需要结合现有的技术经济条件、组织管理水平、水文气象资料、施工质量及安全、工期进度等要求及其他影响因素进行综合考虑，按照最优顺序进行安排。其中，要把握的原则：一是尽量安排流水或部分流水作业，以充分发挥资源配置效率；二是尽量减少施工人员和机械窝工，加快施工进度；三是尽量减少或避免各工序作业间相互干扰，保证施工作业顺利进行；四是尽量防范自然环境对施工的不利影响，保证工程质量和施工安全。

丽香铁路金沙江特大桥（图 4-14）以两岸主塔墩施工为工期控制点，优先配置资源展开施工。根据项目施工任务及施工特点，按以下顺序进行施工：

（1）进行施工便道、道路防护、项目部驻地、混凝土工厂及工地试验室的建设以及水电设施架设施工，而后进行边坡防护开挖及加固。

(2)主塔嵌固式基础及塔柱施工，同时进行两岸隧道锚的开挖及浇筑，两岸桥台及支墩施工。

(3)依次进行索鞍吊装、导索架设、猫道施工、主缆索股牵引架设及紧缆、索夹及吊索安装、主跨钢桁梁拼装及架设、桥面系施工。同时，猫道架设完成后进行缆索吊的架设，主缆架设过程中将边跨钢桁梁架设完成。

(4)进行主缆防护、检修道及除湿系统安装、猫道拆除及其他附属设施施工。

在以上基础上，详细分析主要工序工期指标和作业时间，对关键工序节点作出具体安排，确定整个工程关键线路，确定各阶段工期安排和总体施工安排。

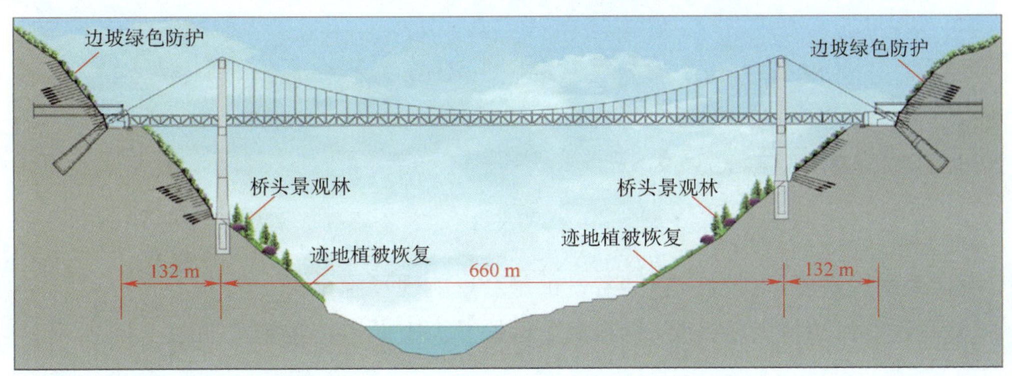

图 4-14　丽香铁路金沙江特大桥效果图

4.1.6　系统考虑物流运输组织

山区复杂桥梁工程大多处于交通不便区域，物流组织对于施工组织非常重要，是确保施工有序实施的重要后勤保障，需要充分结合交通、水文、地形地貌等建设环境，进行系统考虑。

玉磨铁路元江特大桥钢梁构件在合肥工厂加工完成后，由汽车运输至元江施工现场，主要依靠联络线、G323 国道、G213 国道、县乡公路组成公路交通网。施工过程中通过新建施工便道、改建便道等措施完善道路运输系统。地理位置及构件运输路线如图 4-15 所示。玉溪侧运输路线：联络线→既有乡道→新建施工便道→0 号台附近；磨憨侧运输路线：联络线→既有乡道→新建钢栈桥→新建施工便道→5 号台附近。

福厦高铁安海湾特大桥施工组织实践表明：

(1)码头对跨海大桥建设必不可少，修建单一功能性码头还是修建具有起重吊装、混凝土原材料装卸、人员交通等功能的综合性码头需要认真考虑。若在条件允许的情况下，修建综合性码头有利于管理和施工生产。

(2)应对恶劣海况，尽量变海上为陆上施工，降低海上人员、物资转运安全风险，减少浪涌对施工的影响。

(3)现场物资储备能力一定留有富余量，大量施工材料、预制构件需海运，海上自然条件

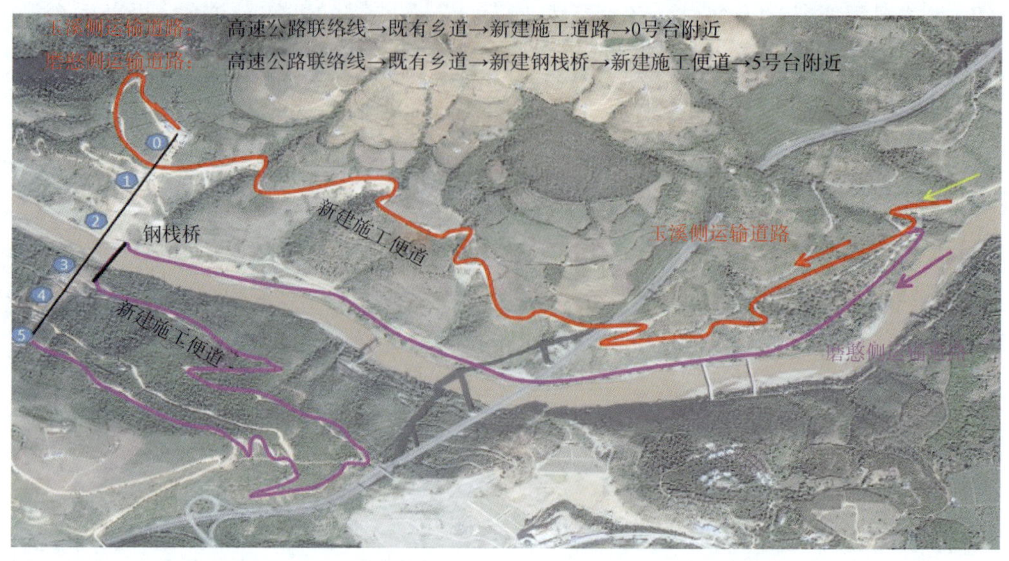

图 4-15　玉磨铁路沅江特大桥钢结构物流组织示意图

恶劣,海运受制因素多,可控性差,储备量不足会影响现场施工。

福厦高铁安海湾特大桥人员、材料海上运输及海上航道疏浚施工如图 4-16 所示。

图 4-16　人员、材料海上运输及海上航道疏浚施工

4.1.7　利用信息化管理手段

复杂桥梁工程施工组织复杂度、精细度的要求不断提高,应通过信息化等手段来实现管理的精准化和高效率,充分减少冗余时间,提高管理效率和施组执行率。

玉磨铁路元江特大桥钢梁架设方案对施工总体部署影响非常大,根据现场地形情况及桥梁结构特点,拟定两种钢梁架设方案,如图 4-17、图 4-18 所示。通过三维可视化建模辅助分析对方案综合比选,确定钢梁架设方案后,再进行施工总体部署。钢平台结构模型如图 4-19 所示。

图4-17　有缆索吊和吊索塔架辅助的架梁方案(方案一)

图4-18　无缆索吊和吊索塔架辅助的架梁方案(方案二)

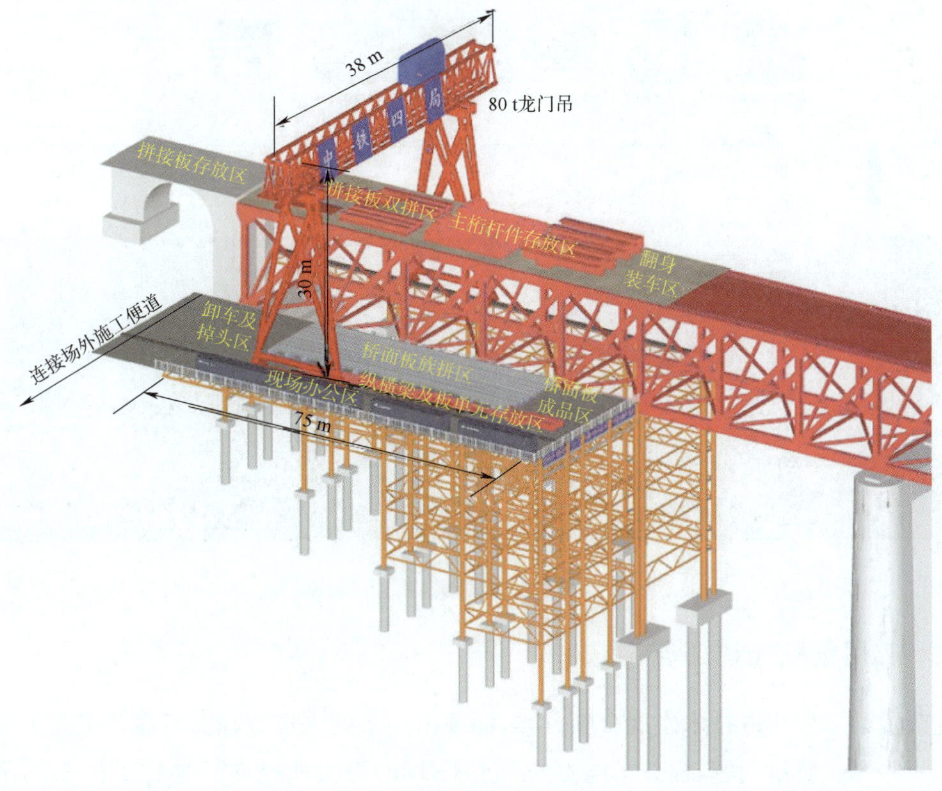

图4-19　钢平台结构模型图

福厦高铁安海湾特大桥采用信息化手段使得施组管理更加高效。建设各级智控中心，利用平台的数据采集功能实现关联，实现现场监控同平台的集中展示，实现信息化管理全过程、全方位、全员化覆盖，信息化施组管理集成系统如图 4-20 所示。通过对重难点、特殊结构工程等开展 BIM 技术应用，实现施工模拟、碰撞分析等智能建造，主桥建模和施工模拟如图 4-21 所示。

图 4-20　信息化施组管理集成系统

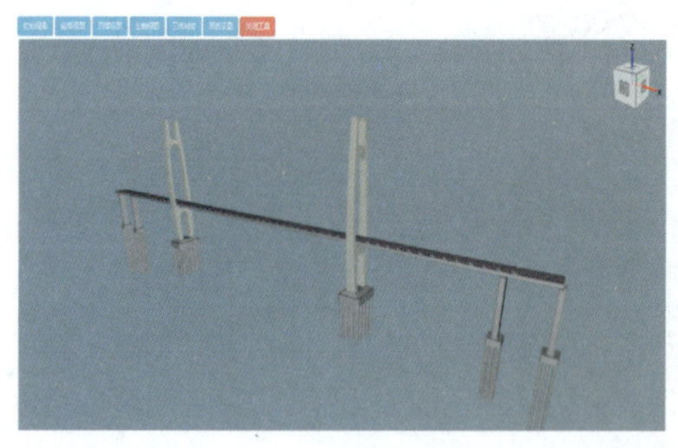

图 4-21　主桥建模和施工模拟

4.1.8　应用创新先进工艺工法

复杂桥梁工程建造技术发展日新月异，涌现出一系列先进、成熟、可靠的工艺工法，不仅解决了一些惯性质量问题，提升了施工安全水平，同时极大地提高了施工效率，节约了工期，有力促进了复杂桥梁工程施工组织水平的提高。

悬臂浇筑连续梁 0 号梁段多孔振捣施工工艺(图 4-22),现浇梁、预应力管道及锚垫板精准定位施工工艺(图 4-23～图 4-25),有效解决了连续梁支座部位振捣不密实和预应力定位不准确的共性质量问题。

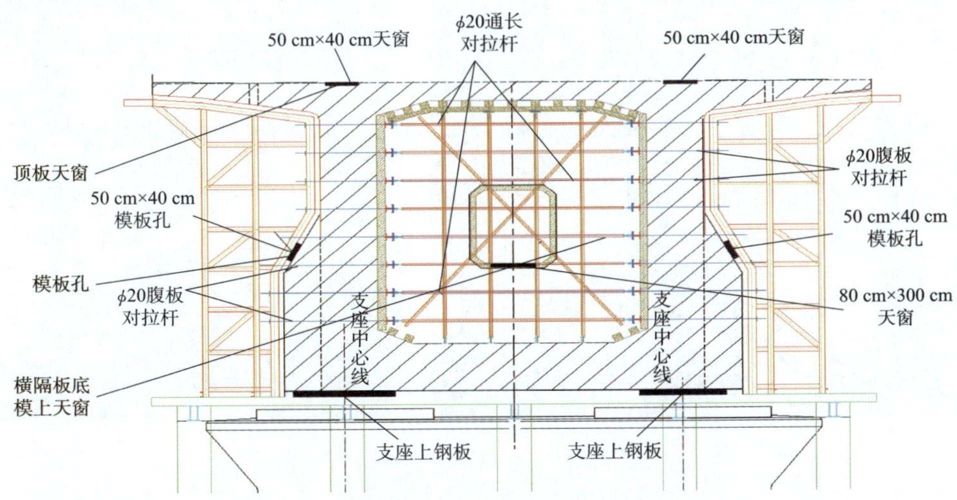

图 4-22 连续梁 0 号梁段多孔振捣施工工艺图

图 4-23 预应力管道全截面整体井字架

图 4-24 钢锚盒和锚垫板

图 4-25　横向及竖向结构钢筋角钢卡具定位

大跨度拱桥钢筋混凝土拱圈斜拉扣挂加分段组合施工工法、大跨刚性梁柔性拱桥拱肋拼装及竖转施工工法推动了大跨度桥梁节段悬臂施工、转体施工技术的进步和革新，部分案例如图 4-26～图 4-30 所示。

图 4-26　大跨度拱桥钢筋混凝土斜拉扣挂加分段组合施工总布置图

图 4-27　大跨度拱桥钢筋混凝土拱圈斜拉扣索布置图

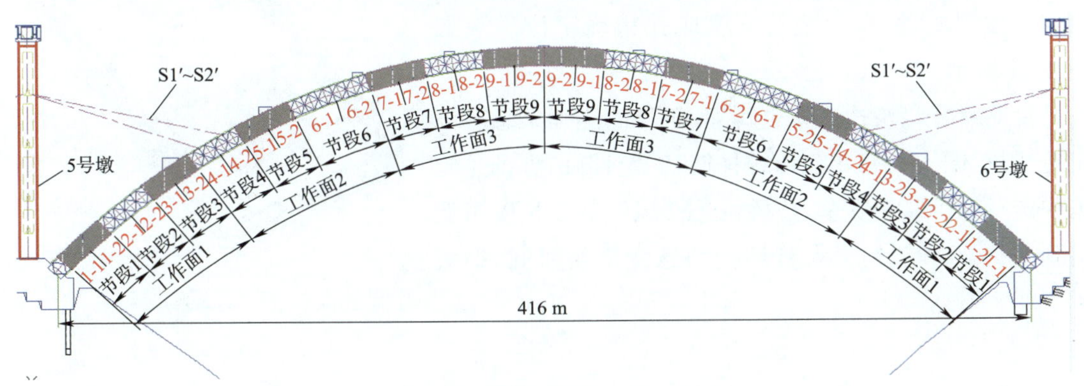

图 4-28　大跨度拱桥钢筋混凝土拱圈分段示意图

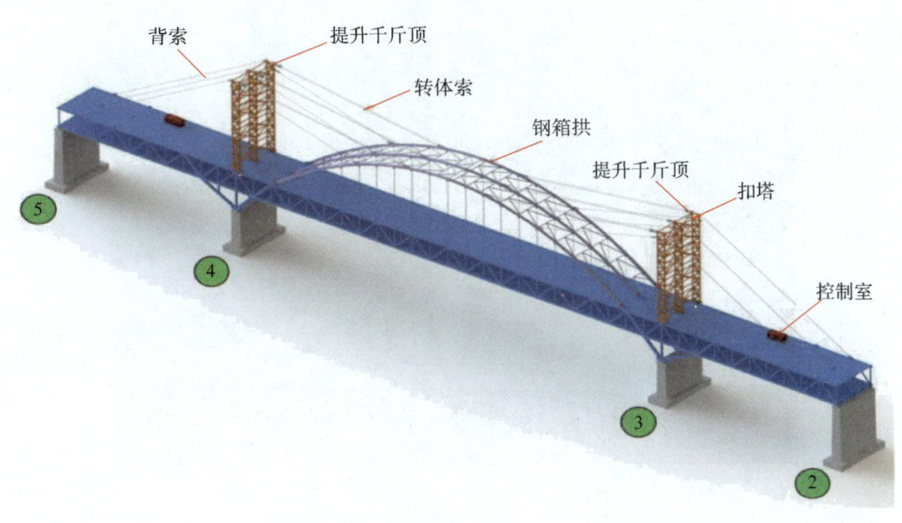

图 4-29　大跨刚性梁柔性拱桥拱肋竖转总体布置图

图 4-30　大跨刚性梁柔性拱桥拱肋竖转就位图

铁路桥梁墩台垫石支座成孔精确定位施工工艺，解决了普遍性的支座安装定位问题，大幅度提高了支座螺栓定位控制质量，墩台垫石支座成孔精确定位工装如图 4-31 所示。

图 4-31　墩台垫石支座成孔精确定位工装

针对悬臂浇筑挂篮安全管理，研发的连续梁悬臂浇筑造桥机（图 4-32），相比传统挂篮，稳定性好，保证了施工中走行和拆装的安全，造桥机悬臂浇筑节段长度可调整到最长 8 m，节约了大跨结构的悬臂浇筑时间，缩短了工期。

图 4-32　连续梁悬臂浇筑造桥机

此外，以沪苏通长江公铁大桥、平潭海峡公铁大桥为代表的千米级大跨桥梁施工组织，在新型结构体系、新型材料、基础工程、主塔结构、上部结构、智能建造等技术创新方面取得重大突破；以大瑞铁路怒江特大桥为代表的悬臂架设施工，在山区大跨度钢桁拱桥施工组织方面取得重大进步；以郑济长清黄河大桥为代表的大跨混凝土矮塔斜拉桥施工组织，在大节段悬臂浇筑造桥机的应用方面取得显著成效，提高了施工工效，保证了施工安全。

4.2　超千米跨度公铁斜拉桥施工组织

沪苏通长江公铁大桥是世界上首座超过千米跨度的钢桁梁斜拉桥结构公铁两用桥梁，主跨长度1 092 m，其建造技术和施工组织代表着当前大跨度桥梁建造的最先进技术和管理水平。

4.2.1　工程简况

沪苏通长江公铁大桥是沪通铁路南通至安亭段的控制性工程，桥位位于长江澄通河段，在江阴长江公路大桥下游约 45 km，苏通长江公路大桥上游约 40 km。沪苏通长江大桥与通苏嘉城际铁路、锡通高速公路共通道建设。北岸为南通市，南岸为张家港及无锡市，桥梁如图 4-33 所示。

图 4-33　桥梁地理位置图

全桥桥式如图 4-34 所示。其中，主航道桥为(142＋462＋1 092＋462＋142)m 两塔五跨公铁两用斜拉桥，跨度世界之最。大桥为四线铁路、六车道高速公路，桥位处水面宽广，主河槽水深流急，处于长江下游重要港区，作业环境条件复杂，集多项新技术于一身，是我国桥梁建造技术新水平的标志性工程。

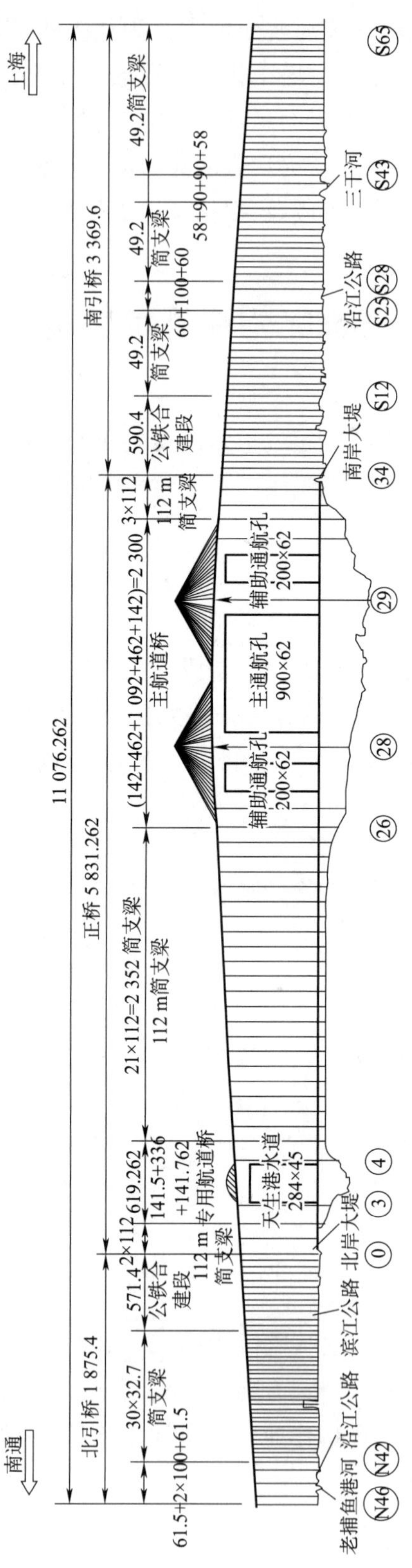

图 4-34 全桥桥式示意图(单位：m)

4.2.2　主航道桥总体施工工序

主航道桥为全桥控制性工程，布置形式如图 4-35 所示，结构为塔、梁竖向采用支承体系，纵向采取阻尼器方案。施工先行安排主塔墩钢沉井制造，同时进行现场准备工作，进行 28 号墩沉井基础施工，然后将锚碇系统倒用到 29 号墩，进行 29 号墩沉井基础施工，再分别进行 31 号、26 号边墩及 30 号、27 号辅助墩施工。总体施工顺序如图 4-36 所示。

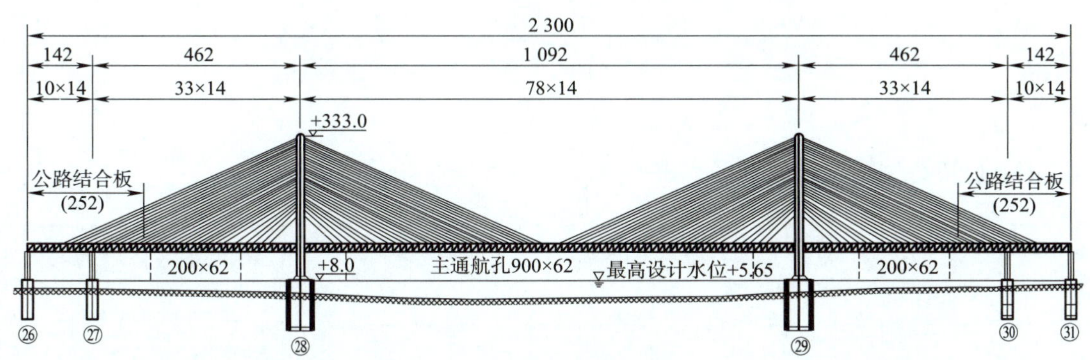

图 4-35　主航道桥布置形式(单位:m)

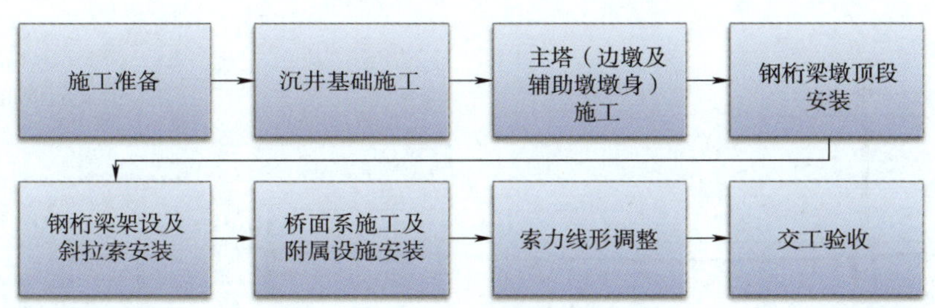

图 4-36　总体施工顺序

主塔墩施工顺序如图 4-37 所示。

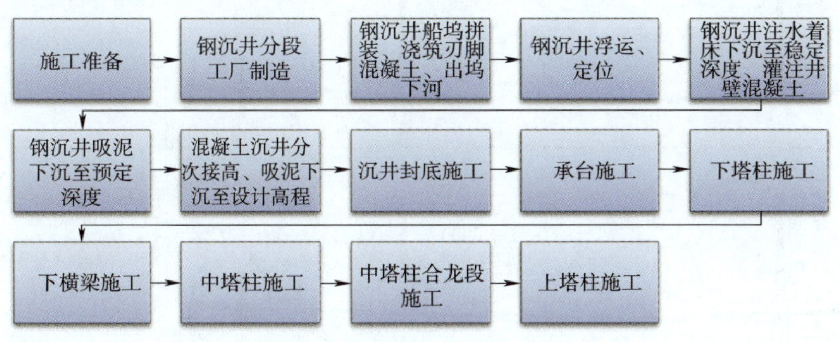

图 4-37　主塔墩施工顺序

辅助墩及边墩施工顺序如图 4-38 所示。

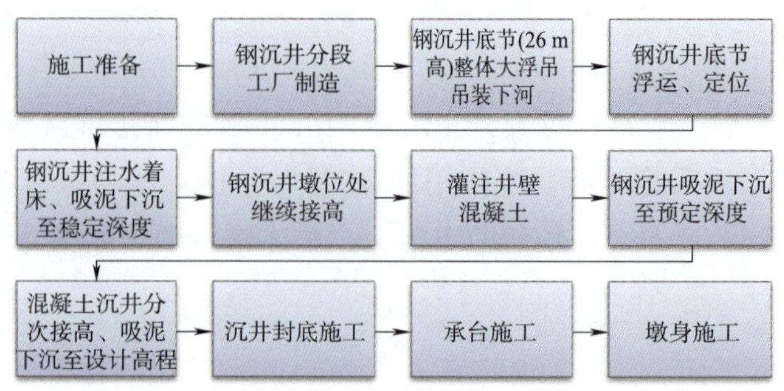

图 4-38　辅助墩及边墩施工顺序

主航道桥总体施工步骤如图 4-39 所示。

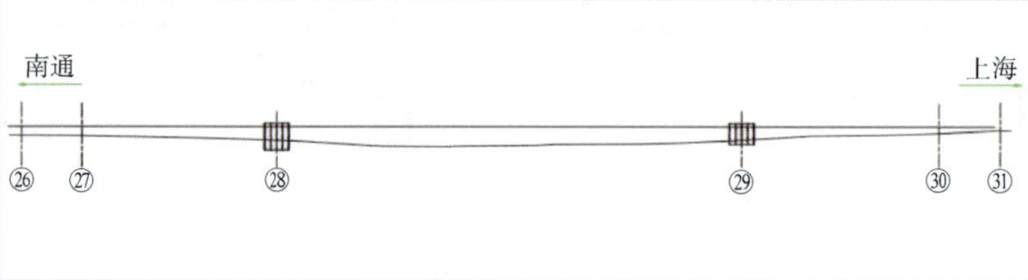

南通　上海　㉖ ㉗ ㉘ ㉙ ㉚ ㉛

步骤一：
1. 主塔墩钢沉井在船厂分节分块制造，每节分为35个块段，块段在船架上分为2大分段组拼，再用1 600 t 门式吊机吊装至船坞内整拼合座上组拼
2. 主塔墩钢沉井在船坞内整拼为44 m高，灌注刃脚混凝土，在船坞内注水钢沉井整体浮拖出坞后浮运至墩处，采用“锚墩 + 重力锚”的锚啶系统定位，注水下趁着床至稳定深度
3. 29号墩主塔墩钢沉井其余阶段采用驳船分节整体运输至墩位处，大型浮吊接高
4. 分舱对称灌注井壁混凝土，吸泥下沉至沉井顶口高程+8.5 m

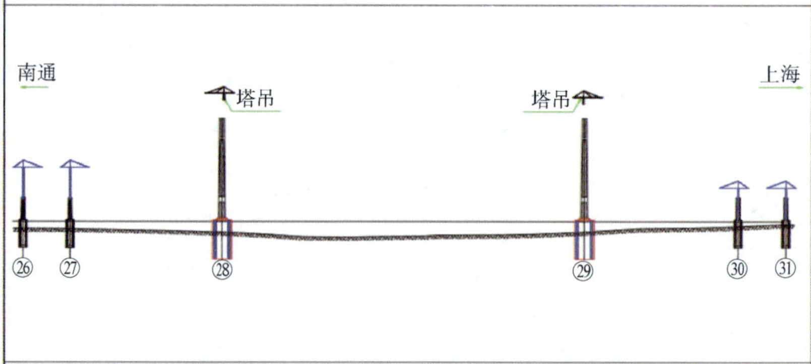

南通　上海　塔吊　塔吊　㉖ ㉗ ㉘ ㉙ ㉚ ㉛

步骤二：
1. 采用翻模法分节段施工主塔墩混凝土沉井，施工一定高度后吸泥下沉，重复以上步骤完成混凝沉井施工
2. 主塔墩沉井下沉至设计标高后，分区水下封底，分层施工承台
3. 采用液压爬模施工下塔柱，采用支架施工下横梁，施工塔柱
4. 辅助墩及边墩钢沉井在船厂分节分块制造，在码头处整拼至14 m高，利用大型浮吊整体吊装后下水后，并在码头处临时锚定后整节段接高至26 m(26号墩)/32 m(27号, 30号、31号墩)后再浮运至墩位处,26号、27号墩钢沉井采用重力锚定位, 30号、31号墩钢沉井采用“锚墩+重力锚”系统定位后注水着床并下沉至稳定深度 。其余节段钢沉井采用大型浮吊整体接高，接高后施工参考主塔墩沉井，依次完成辅助墩，边墩沉井施工
5. 采用翻模法进行辅助墩及边墩墩身施工

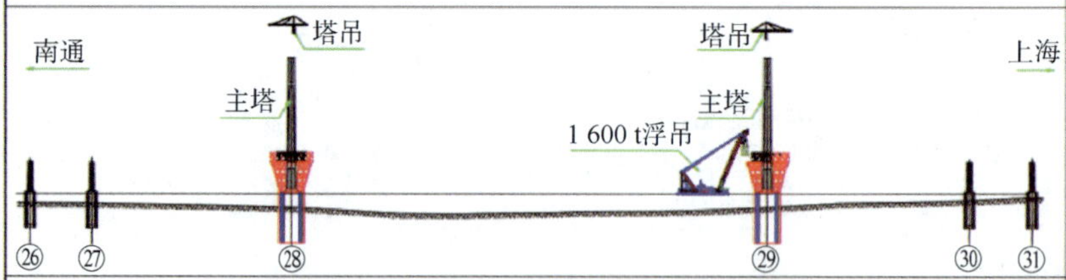

南通　上海　塔吊　塔吊　主塔　主塔　1 600 t浮吊　㉖ ㉗ ㉘ ㉙ ㉚ ㉛

步骤三：
1. 完成26号~31号 沉井基础、墩身施工。塔柱完成中塔柱施工
2. 用浮吊安装28号、29号墩墩旁托架
3. 用1 600 t浮吊吊装墩顶7个节间钢梁

南通　上海　塔吊　塔吊　2×1 000 t架梁吊机　1 600 t浮吊　㉖ ㉗ ㉘ ㉙ ㉚ ㉛

步骤四：
1. 用墩旁塔吊或浮吊拼装28号，29号墩4台2 × 1 000 t架梁吊机
2. 用浮吊安装27号(30号)墩墩旁托架
3. 用1 600 t浮吊整节段吊装27号(30号)墩墩顶三个节间
4. 继续施工上塔柱

图　4-39

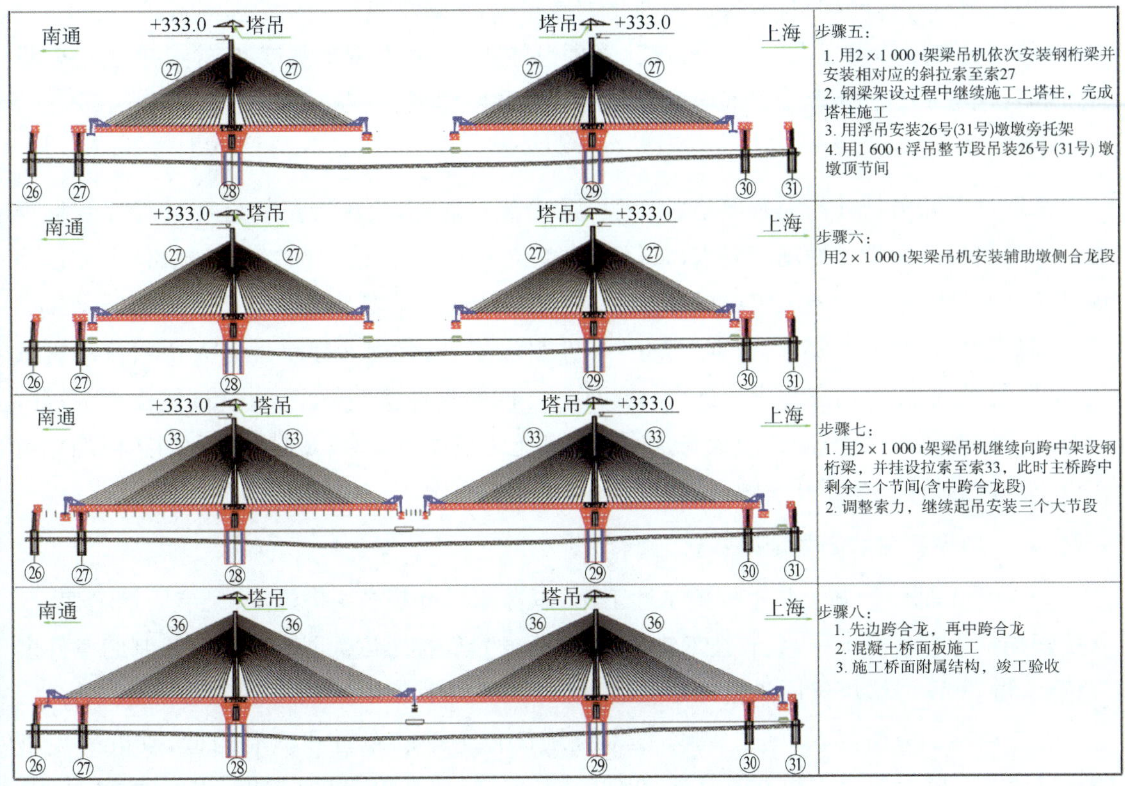

图 4-39　主航道桥施工步骤图

4.2.3　过程管理重点

4.2.3.1　着重制度化管理

1. 明确管理规划

根据项目特点和实际情况，建设单位制定出一系列管理制度，并辅之以工作责任矩阵和项目管理清单，进行严格的过程控制和考核，严格实行制度化管理。

(1)以项目为载体进行标准化管理体系建设，构建"严谨、规范、创新、精品"的项目管理文化，全面形成建设单位管理、勘察设计单位现场配合、施工单位现场管理、监理单位监督管理及相关单位参与的建设项目标准化管理体系。确立建设精品工程、平安工程、创新工程、绿色工程的目标。

(2)做好首件评估规划。对每一个分项工程首次施工进行首件评估，开展典型示范活动，分层级将首件成果在全桥推广执行并制定作业标准，实现管理制度标准化、作业人员专业化、施工工序流程化、现场布置规范化、工装设备强制化。

2. 完善管理制度

(1)建成标准化指挥部、标准化项目部、标准化作业队、标准化监理站、标准化设计配合组、标准化第三方检测项目部，推进标准化工地建设，形成项目标准化管理网络。

（2）完善制度体系建设。形成标准化管理总体规划、基本管理制度、安全文明工地建设标准和管理考评办法等四个方面内容构成的管理制度体系。

3. 加强目标落实管理

采取过程监督、整改、完善等措施手段，强化落实管理，实现现场管理和过程控制标准化。一是严格落实指导性施组要求，督促参建单位主要设备、仪器配置数量规格、大临设施规模功能不低于指导性施工组织设计要求。二是严格落实《安全文明工地建设标准》要求。三是强化过程控制标准要求，依据“四化”支撑手段规划，督促参建单位对大桥项目的机械化、工厂化、专业化及信息化应用进行科学规划。四是保证实施效果，通过过程检查、考评，及时进行督促整改完善；固化质量安全专题会和施工进度专题会，及时发现和纠正标准化施作得不到位的情况，并召开专题会议进行整改落实。

4.2.3.2 加强施组动态管理并优化关键工序

29 号墩上部结构施工是工程控制性工序，包含 330 m 超高主塔施工、大节段钢梁架设、斜拉索挂索等重难点工序，具有技术难度大、安全质量管控难度大、施工工期长、制约条件多等特点，做好 29 号墩塔梁同步施工是关键。

在主塔施工方面，大桥通过 BIM 技术应用优化了钢筋布置和箍筋构造，改进了主塔 C60 自密实混凝土配合比和养护措施，在保证抗裂性能及泵送性能的同时，强度发展时间充分匹配塔肢分节施工周期。在中塔柱设置 2 700 t·m 附壁塔吊，实现了近 100 t 重型钢锚梁与钢牛腿的整体吊装施工。为保障高空交叉作业安全，设置塔梁同步安全防护平台，针对塔偏和混凝土强度确定了塔梁同步启动条件，通过四项人工测量方法以及基于图像识别的塔柱变形实时监控，实现了在上塔柱纵向偏位、横向扭转的非垂直状态下的主塔变形监测和测量放样。

在钢梁架设和斜拉索施工方面，针对三主桁大节段钢梁双悬臂施工特点，在 1 800 t 架梁吊机的设计中，通过设置前支点自动翻转装置在吊机走行过程中避让锚箱，通过边桁后锚固侧转装置和中桁后锚固横移设计实现吊机悬臂站位节段斜拉索可挂设，通过受力检算，优化了冲钉、高栓施工、焊接施工与架梁吊机松钩、走行的制约关系。大桥研发了精准联动 12 台千斤顶的塔内斜拉索同步张拉装置，满足两层斜拉索同步挂设。

在依托科研、技术攻关形成塔梁同步整体规划后，大桥根据塔、索、梁循环周期，进一步整合关键线路，加强海事协调、物资设备进场、作业班组等方面管控力度。29 号墩自塔座起始，上部结构施工相较于 28 号墩常规施工累计节省工期达 143 d，塔梁同步施工累计节省工期 44 d。

4.2.3.3 充实信息化技术应用管理手段

积极推行项目信息化技术应用，全面策划、深度服务于管理及技术手段升级，形成以

BIM 技术为主导，专项信息化应用作补充的技术管理体系。

1. BIM 技术应用

（1）总体布局。提出“业主主导、一个模型、一个平台”的总体思路（图 4-40），制定项目级 BIM 标准和钢桁梁建造信息模型交付标准。

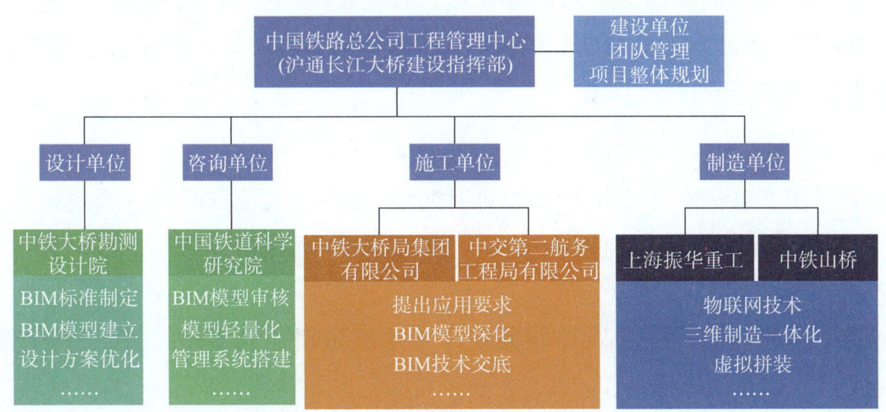

图 4-40　BIM 技术应用组织架构图

（2）开展基于模型的应用。完成全桥的 BIM 建模工作和全桥模型检查工作，模型通过导入有限元分析软件、碰撞检查、方案比选，缩短计算周期、优化修正原设计，同时利用正确模型直接出图，为正向设计积累了经验。通过套料软件与 Tekla 三维模型的无缝对接，实现钢桁梁制造过程中自动套料、数控切割等设计、制造一体化。

（3）开展基于平台的应用。研发推出了包含五大通用模块（基础信息、可视化交底、进度管理、安全质量、系统集成）和三大专业模块（钢桁梁建造、施工监控、健康监测）的大桥 BIM 管理平台，如图 4-41 所示。

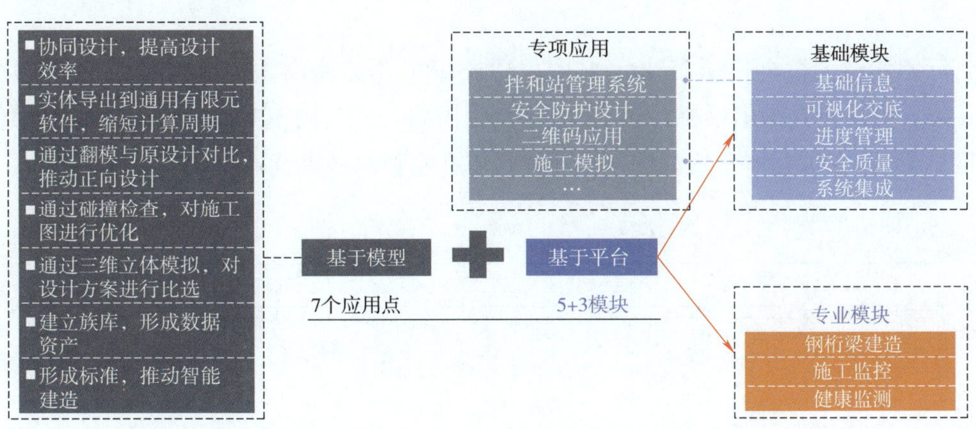

图 4-41　大桥 BIM 管理平台

通用模块中，可视化交底具备对复杂工序施工过程和工艺进行模拟的功能，方案、图纸、模型等资料互相映射，便于作业人员学习和理解，提高沟通效率；进度管理模块，可将施工进度及计划节点与模型进行关联，并附加施工人员、材料、设备等动态信息，实现直观、全面的施组管理。

专业模块中，通过焊缝管理功能，可将钢结构焊接过程中焊机的电流、电压等数据导入平台并分析，实现异地信息的无缝对接和焊接过程质量控制中的源头追溯能力；虚拟拼装功能可通过采集测量数据参数化分析，预先对后续钢梁整节段实体匹配质量进行验证，并探索误差形成规律，进而修正工艺工法。

2. 专项信息化应用

(1)建立了超 2 300 m 专用光纤无线对射网络，实现水上工点联网。通过接入架梁吊机关键监控数据集成系统和视频监控系统，满足多地联动、远程指挥的整节段钢梁吊装施工管理等要求。

(2)研发了拱肋竖向同步转体控制系统。专用航道桥主跨 336 m，拱肋竖转重量达到 1 400 t。通过多点同步液压提升控制软件平台系统和竖向转体实时监控平台，实现转体进度、拱肋姿态、关键部位受力情况等数据实时自动分析，确保三主桁转体施工的同步性、精准性。

(3)全面推广电子施工日志、监理日志，广泛采用二维码进行流程控制。

(4)推广运用拌和站、试验室信息化系统，对拌和站计量系统进行了精计量改进和工控系统软件的完善，提高了计量精度，保证了混凝土拌和质量。

(5)确定了具备海量数据处理、自动预警等功能的健康监测方案，为运营维护提供技术储备。

4.3 跨水库多孔简支钢桁桥梁施工组织

官厅水库特大桥全长 9.08 km，其中主桥长 880 m，京张高铁官厅水库特大桥采用 8 孔 110 m 跨下承式简支钢桁梁桥跨越官厅水库，是国内首例适用于时速 350 km 无砟轨道多孔简支钢桁梁桥，主桥总体布置如图 4-42 所示，单孔主桥纵横断面布置如图 4-43 所示。

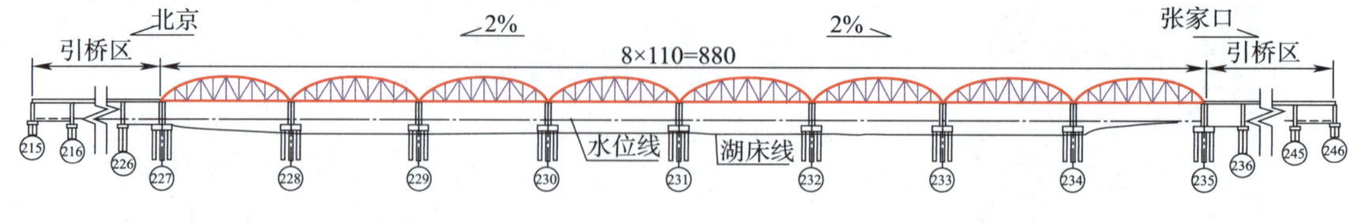

图 4-42　官厅水库特大桥主桥总体布置(单位:m)

在建设过程中，经过精心组织，科学施工，提前 6 个月完成钢梁架设施工，将控制性工程变成了非控制性工程，为全线顺利开通打下坚实基础。

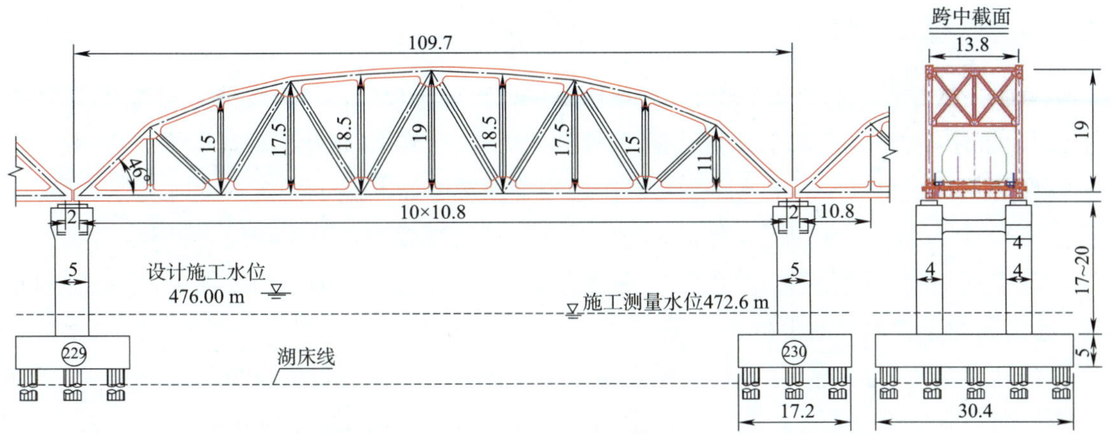

图 4-43　单孔主桥纵、横断面布置(单位:m)

4.3.1　施工总体安排

根据施组安排,施工计划的关键线路如图 4-44 所示。施工部署采用从两岸往中间方向施工。

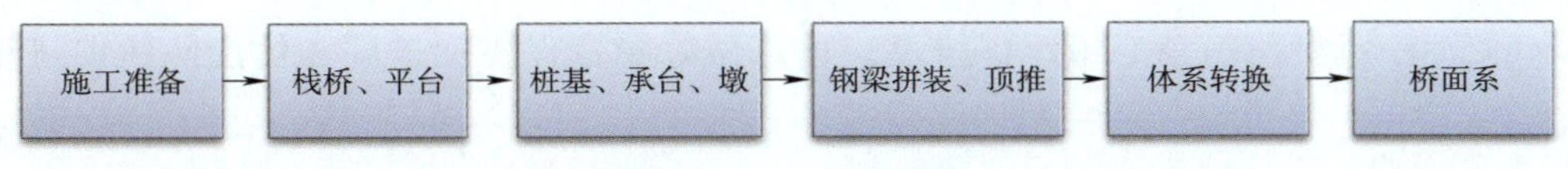

图 4-44　施工关键线路

梁部施工顺序:两岸紧邻主桥的 10 孔引桥下部结构作为钢梁拼装区,布置拼装支架,与主桥同步施工。栈桥、平台、主桥下部结构施工从两岸向湖心方向施工。

实际施工中,通过各分部工程的施工方案协调比选、综合优化,对施组不断进行优化。2016 年 3 月 29 日栈桥开始施工,5 月 17 日完成。主桥桩基、承台和墩身等下部结构 2016 年 5 月 31 日开始施工,11 月 18 日完成,共 172 d。主桥上部结构钢梁 2017 年 3 月 8 日开始施工,11 月 18 日完成,共 245 d,详见表 4-1。

表 4-1　主桥工期计划表

内　　容	工 程 量	开工时间	结束时间	工期/d
栈桥	长 1 302 m,宽 8 m	2016/3/29	2016/5/17	49
主桥桩基	129 根,ϕ2.5 m,最大孔深 104 m	2016/5/31	2016/8/15	76
水中围堰承台	8 个水中墩承台,最大 30.4 m×17.2 m×5 m	2016/8/4	2016/10/19	77
主墩墩身	9 个墩,高度 16.4～20 m	2016/8/29	2016/11/18	81
主桥下部结构合计	9 个主桥墩	2016/5/31	2016/11/18	172
主桥上部结构(钢梁)	8 孔 1.58 万 t	2017/3/8	2017/11/8	245

4.3.2 过程管控措施

京张高铁建设具有重大历史意义，参建单位在建设过程中，以“建设精品工程，打造智能京张”为目标，以快速施工理念组织施工，科学分析、精准施策，强化工程过程管控，有效实现了管理的高效率和施工的快速度。主要在过程管控措施如下：

(1)践行标准化管理理念，全面落实“六位一体”管理要求。开工伊始，按照项目层面主要管理责任矩阵，从管理策划、组织管理等方面制定管理标准，健全管理体系，提高管理水平，确保标准化管理落地生根。

(2)以“四化”为支撑，促进管理全面提升。主要是做好全桥机械设备的配套规划，抓好专业化架子队建设及专业化公司的组建，全面采用工厂化加工，应用信息化管理系统。

(3)制定内控目标，确保施组工期兑现。施工中采取确保兑现施组的措施，制定科学的节点目标控制体系，保证施组的按期兑现，过程中充足的资源投入确保了施组的提前兑现。

(4)集中优势力量，实现快速破局。一是共享片区资源，实现快速开局；二是利用专业优势，实现快速推进。

(5)紧盯控制性工程，优化方案促进度。一是超前谋划，为快速施工奠定基础；二是优化方案，为快速施工创造条件。

(6)优化资源配置，精心组织保进度。重点做好物资保供促进度和优选队伍促进度等工作。

(7)抓好质量控制，打造“精品工程”。一是建立质量管理网络，健全管理体系；二是强化责任落实；三是落实首件制，加强进场人员技术质量交底和培训；四是强化自检、互检、专检流程；五是做好工程质量源头把控；六是应用先进技术；七是利用专家优势，指导高栓源头质量控制。

(8)抓好安全管控，打造“平安工地”。一是建立健全了安全保证和应急救援体系，形成垂直管理、分级管控的管理机制；二是实现危险源动态管控，关键工序或重要环节做到靠前指挥；三是加强安全隐患排查；四是深入推进全员安全教育培训，加强安全技术交底；五是充分发挥群安队伍在生产一线的安全屏障作用；六是强化班组建设，有效杜绝了安全事故；七是实行机长负责制，保障大量的大型设备的使用安全；八是利用信息化手段，辅助安全管控；九是确保安全防护设施的有效投入，实现本质安全。

(9)践行环保理念，打造“绿色工地”。为满足环保要求，在库区两岸陆地上设置泥浆拌制池和储存池，通过长距离管道泥浆循环系统将泥浆输送至墩位桩孔内，钻孔平台上满铺钢板再铺盖防水布、孔位处设置存渣箱等一系列措施来进行桩基施工，可有效防止泥浆污染湖水。钻孔产生的钻渣全部卸放至旁边的钻渣箱内，然后通过挖机将钻渣装车运至弃渣场处理，避免钻渣携泥浆污染湖水。固体垃圾采用垃圾箱收集，集中运至垃圾填埋场处理。承台施工采用的钢板桩后期可全部拆除，不会对水体产生污染。钢梁采用顶推法架设施工，可避免在库区水域搭设大量临时支架。钢梁拼装、面漆涂装均在岸上完成，避免污染水源。聘任第三方对水质进行监测，数据显示，工程施工期间未对水库造成污染。

(10)运用信息化手段，打造“智慧工地”。加强施工监控，确保临时结构、主体结构施工安全。深化应用 BIM 技术，模拟钢梁拼装过程，提前发现杆件之间的冲突，确保现场拼装顺利无干涉。利用计算机对顶推过程进行分析计算，实现了施工过程的提前预演，确保结构理论安全。搭建自动化监测平台，监测桥梁沉降变形参数，为无砟轨道板的施工提供数据支撑，为后续轨道平顺和精度控制提供决策依据。

4.4　高原山区拱桥施工组织

藏木雅鲁藏布江特大桥(简称藏木特大桥)为建设期同类型铁路拱桥中跨度最大、地处海拔最高的复杂结构桥梁，地处西藏高原雅鲁藏布江桑加峡谷内，施工环境极其恶劣，施工重难点多，总体施工难度极大。大桥建设过程中始终坚持技术先行，通过科技创新不断优化施工技术方案，通过各类试验确定相关技术参数，取得了一系列关键技术成果，保证了大桥施工的顺利进行。

4.4.1　工程概况

藏木特大桥桥址位于西藏加查县峡谷内，距藏木水电站大坝上游约 1.2 km，地理位置如图 4-45 所示。全桥全长 525.1 m，主桥采用中承式提篮式钢管混凝土拱，主拱计算跨径 430 m。矢高 112 m，矢跨比为 1∶3.84，采用悬链线拱轴线，拱轴系数 2.1；采用内倾角为 4.609 1°的提篮拱结构，拱肋拱顶处中心距为 7 m，拱脚中心距为 25 m，整体效果如图 4-46 所示。拱肋钢管采用耐候钢，钢管直径 1.6～1.8 m，壁厚 28～52 mm。

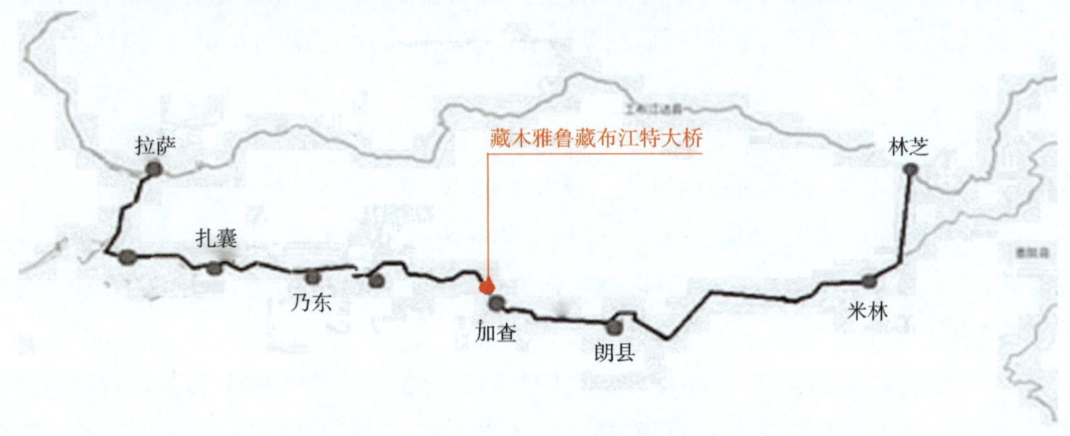

图 4-45　藏木特大桥所在地理位置图

图 4-46　藏木特大桥整体效果图

4.4.2　主要特点和施工重难点

1. 主要特点

(1)技术难度大,施工要求高。桥梁拱座基础大部分浸入水下,根据不同地形分别采用整体嵌固式基础、组合式基础等结构形式;首次采用免涂装耐候钢;钢管最大壁厚 52 mm,加工精度要求高;节段最大吊重达 250 t;钢管管径最大 1.8 m,钢管混凝土采用自密实、易流动、无收缩高强混凝土,顶升方量 1 022 m^3,顶升方量和顶升管径均为建设期世界之最。

(2)高原高寒大温差气候。大桥所处位置海拔均在 3 000 m 以上,属于高原气候,昼夜温差大,最大温差达 30 ℃,紫外线强,高寒缺氧。有效作业时间短,每年可施工时间仅 8～9 个月。

(3)峡谷地形大风天气影响巨大。桥区所处位置风向多与河谷走向一致,10 月下旬至次年 5 月为干风季节,大风时段的风速一般为 8～9 级,最大可达 11～12 级。

(4)地质条件差,施工场地狭小。桥址位于峡谷区内,山高谷深,水深达 66 m,两岸自然坡度为 55°～85°,地形陡峻,两岸山体破碎,强风化呈碎块状,裂隙发育,基础施工困难,两岸施工场地极其狭小。

(5)交通不便,物资匮乏,设备降效。大桥两侧所处施工位置比较偏僻,各仅有一条公路通过,加上高原地区施工、生活物资相对匮乏,导致采购、运输周期较长,对施工生产产生不利影响,施工效率低,设备降效高。

2. 施工重难点

(1)拱座施工

由于拱座基础大部分浸入水下，回填区域内为碎石土层和强风化花岗岩，节理裂隙发育，破碎度高，土体缝隙大，导水性极强，基坑底开挖后与常水位高差有 10 m，无法采用传统施工方法，拱座施工组织难度大。其中，拉萨岸左侧拱座基础位于水中陡峭边坡上，无法自然筑岛，拉萨岸右侧为整体嵌固式基础，斜向 55°深入山体，开挖截面尺寸达 20.2 m×8 m。

(2)钢管拱安装

桥位两岸山体地形复杂，岩石破碎，常年下午有大风天气，最大阵风高达 12 级。钢管拱采用缆索吊机进行节段斜拉扣挂架设，由于桥址处于水电站弃渣场和深水基础中，且下方为重要水电站，无法在桥位搭设钢结构预拼场，创新性地选择在桥位上游爆破设置钢管拱预拼场，节段在林芝加工厂加工成哑铃形后，运输至预拼场后进行预拼，通过下河吊机翻身下河装船，通过 300 t 运输驳船和拖轮运至桥址，定位后采用缆索吊机四钩起吊架设，大桥实景如图 4-47 所示。拱肋节段吊重大，节段尺寸大空间结构异型，拱肋运输风险高，安装困难。

图 4-47　藏木特大桥实景图

(3)管内混凝土顶升

大桥地处青藏高原，昼夜温差大，材料性能不稳定，钢管拱混凝土顶升方量大，顶升过程需连续不间断进行，施工难度极大，如图 4-48 所示。

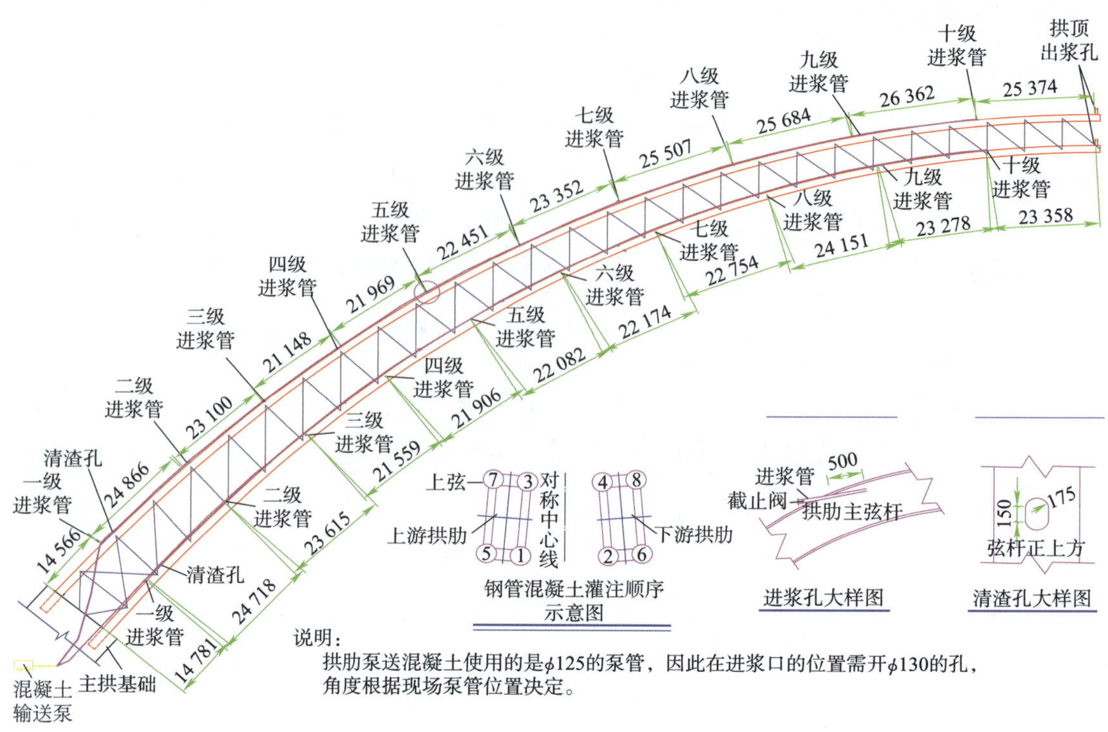

图 4-48　钢管混凝土顶升灌注示意图(单位:mm)

4.4.3 施工组织管理对策

1. 高原机械化施工

高原低工效下,尽可能采用机械代替人工。大桥两岸山体地形陡峭,岩体破碎,缆索吊机基础施工时,采用挖机开挖便道上山(图 4-49),短期费用虽高,但节省了工期。

图 4-49　挖机机械开挖上山便道

2. 编制应急预案

实地调查水文和气候情况，结合钢管拱节段重量，尺寸异形实际，计算分析运输各工况受力情况，采取对应加固措施。施组安排在上午无风时段进行运输，沿河道设置临时停靠码头，以防突发大风情况。水上运输钢管拱节段如图 4-50 所示。

图 4-50　水上运输钢管拱节段

3. 工厂化制造

充分考虑高原大温差环境，采用先进设备和先进工艺替代原有的手工设备，实行工厂化制造，以确保下料精度、拼装精度和焊接质量，推行施工专业分包。钢管拱构件加工如图 4-51 所示。

图 4-51　钢管拱构件加工

4. 应用 BIM 技术

建立独立的 BIM 系统，利用其对施工组织进行模拟分析（图 4-52），各专业碰撞分析，进行可视化三维技术交底，优化施工设计，提高管理效率，细化成本投资管理。

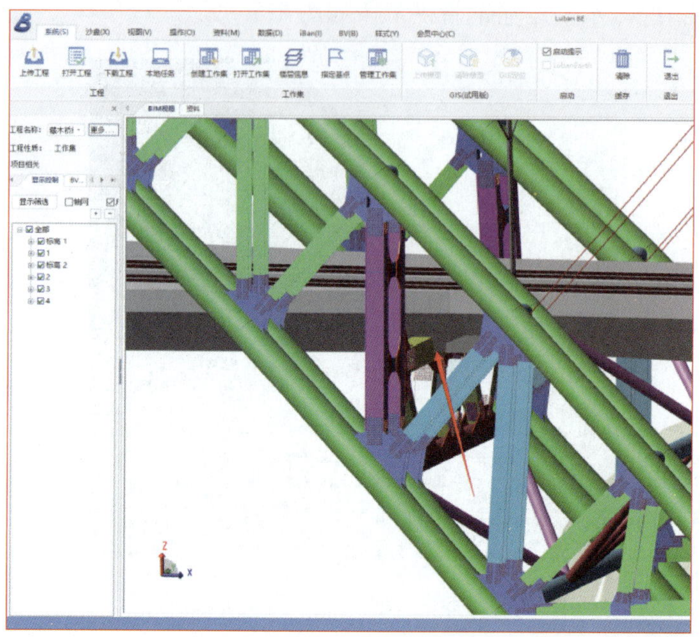

图 4-52　BIM 可视化分析

第5章　隧道机械化施工组织创新与实践

经过近些年的发展积累，复杂隧道施工组织管理进行了管理和技术创新。开工前，严格执行开工标准化管理，实现高质量高起点高标准开工。实施中，以施工组织设计为龙头，建立施工组织设计分级编制及审批制度，组织动态调整。在技术支撑上，加强对施工组织设计、重难点施工方案进行论证和优化，积极推进信息化、智能化管理，研究采用基于 BIM 技术的项目管理、智能化大型机械配套施工、全自动结构件加工等新技术，提高施工效率，降低人工作业量，推进智能化建造水平不断提高。在 TBM 施工中，对 TBM 的适用条件、选型进行了合理的界定和分析，明确了 TBM 施工的各项前置要件，形成了标准化、模块化的施工指南。在盾构施工中，对盾构的施工条件、选型进行了界定和分析，积极推进基于 BIM 技术、可视化技术、云监控技术等施工组织信息化管理。

5.1　钻爆法机械化配套施工组织

5.1.1　机械化配套施工组织管理

5.1.1.1　机械化配套施工组织重点

1. 重要条件

机械化配套施工的关键在于四个配套："设备与设备配套、方案与设备配套、人员与设备配套、管理与设备配套"。隧道大断面机械化配套施工，设备种类广、数量多、型号杂、管理难度大，依照"管、用、养、修、算"原则，制定设备维修保养机制，建立班组长责任制，对施工人员进行培训和考核。

2. 关注要点

在软弱围岩地段隧道施工采用全断面法、大断面法和(微)台阶法施工，改变了传统的分部多次开挖方式，施工组织管理中关注两个要点：

(1)如何保证掌子面的稳定、开挖爆破后到初期支护到位期间围岩的稳定，因此，掌子面的稳定性辨识、超前加固及超前支护措施是否到位、初期支护施工是否及时到位是关注的要点。

(2)保证设备的良好运转必须加强设备的维护保养,这是关注的另一要点。

5.1.1.2 机械化配套施工组织工作流程

机械化配套施工组织的前提是大断面开挖提供足够的空间,核心是要保证开挖掌子面的稳定,因此要加强地质超前预报,增强对围岩稳定性的判识,采取必要的加固措施。郑万高铁在施工中形成了以超前加固为核心的机械化配套施工组织工作流程(图 5-1),并制定了围岩稳定性判定和加固原则。

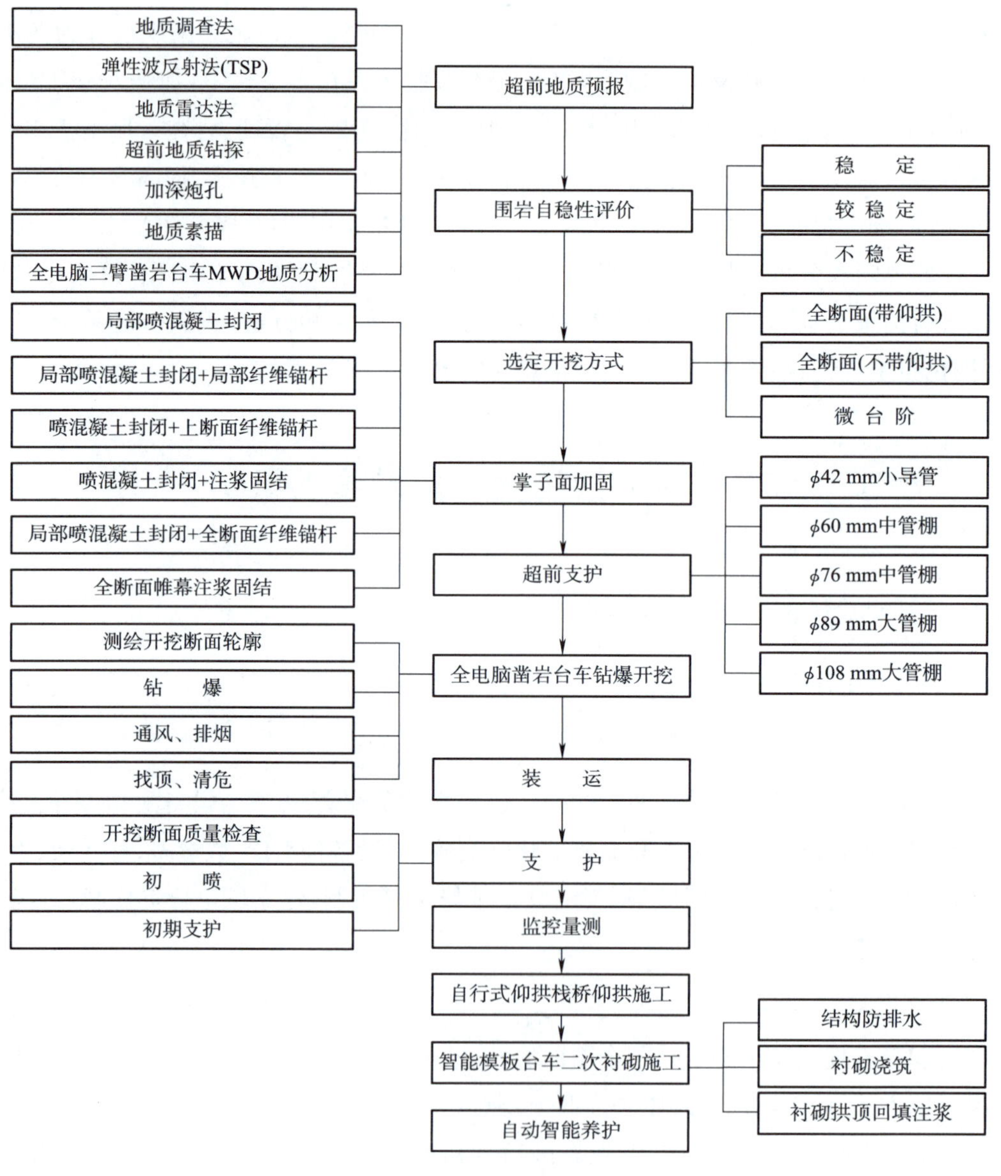

图 5-1 隧道机械化施工工作流程

5.1.2 "一洞十线"机械化配套施工组织

通过采用智能化机械装备广泛代替传统人工作业，以大型机械化配套为主构建隧道施工管理作业线，结合工序作业顺序，形成以"超前地质预报、超前支护、开挖、出渣、初期支护、监控量测、仰拱、防排水、混凝土衬砌"等九条主作业线及一条辅助作业线（通风除尘、实体检测作业）等为作业线的隧道施工管理技术。铁路隧道"一洞十线"作业线如图 5-2 所示。

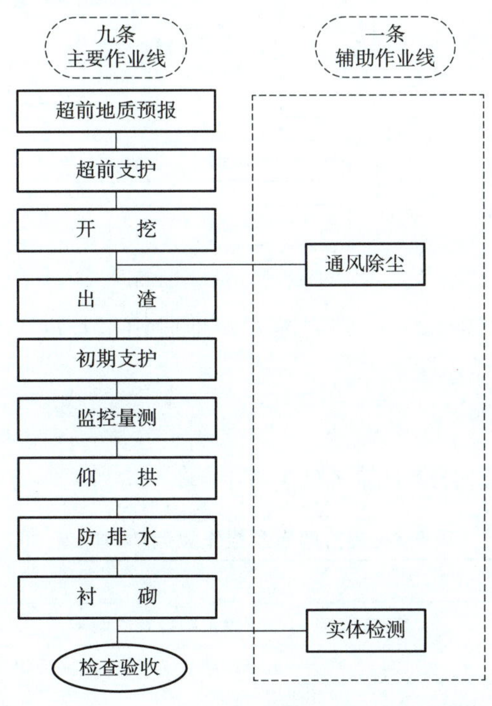

图 5-2　"一洞十线"作业线示意图

5.1.2.1　超前地质预报作业线

1. 工作内容

以配置地质勘探班组和物探仪器、钻探设备相结合形成超前地质预报作业线。主要工作内容包括地层岩性预报、地质构造预报、不良地质预报、地下水预报，对掌子面稳定性进行判识。

2. 工序作业流程

超前地质预报作业流程如图 5-3 所示。

3. 关注要点

每循环开挖前现场核对掌子面地质情况，超前水平钻探每循环钻孔长度应不低于 30 m，连续预报时前后两循环孔应重叠 5～8 m；加深炮孔视现场情况确定；地震波反射法每次预报距离宜为 100～150 m，连续预报时前后两次应重叠 10m 以上；电磁波反射法在岩溶不发

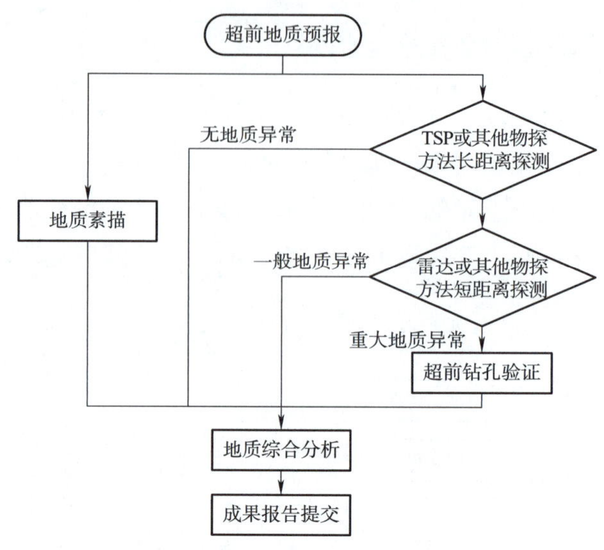

图 5-3 超前地质预报作业流程图

育地段每次预报距离宜为 10～20 m，在岩溶发育地段预报长度可根据电磁波波形确定，连续预报时前后两次重叠不应小于 5 m。

4. 劳动力组织

超前地质预报作业班组劳动力配备见表 5-1。

表 5-1 超前地质预报作业劳动力配备

序 号	工 种	人 数	备 注
1	预报组长	1	负责预报组织及协调
2	地质、物探技术人员	3～5	负责地质素描、物探数据采集分析、超前钻探资料整理及综合地质分析
3	爆破工	1	负责 TSP 探测爆破
4	钻工	5～10	负责超前地质钻探实施(与开挖共用)

注：超前地质预报人员配备以标段项目为单位，人员结构及数量可根据预报工作量大小进行调整。

5. 设备配置

大型机械配套设备配置见表 5-2。

表 5-2 超前地质预报作业大型机械配套设备配置

序 号	设备名称	规格	单位	数量	备 注	示 例 图
1	多臂凿岩台车	—	台	1	与开挖共用	

续上表

序　号	设备名称	规格	单位	数量	备　注	示 例 图
2	多功能钻机	—	台	1	—	
3	物探设备	—	套	1	选配（监测需要应确保来源）	根据预报方案配置，如 TSP 等

5.1.2.2　超前支护作业线

1. 工作内容

以配置超前支护班组和管棚钻机（或凿岩台车）、注浆机对掌子面地质进行加固的作业线。主要工作内容包括超前注浆、超前小导管、超前管棚等作业。

2. 工序作业流程

超前支护工序流程如图 5-4 所示。

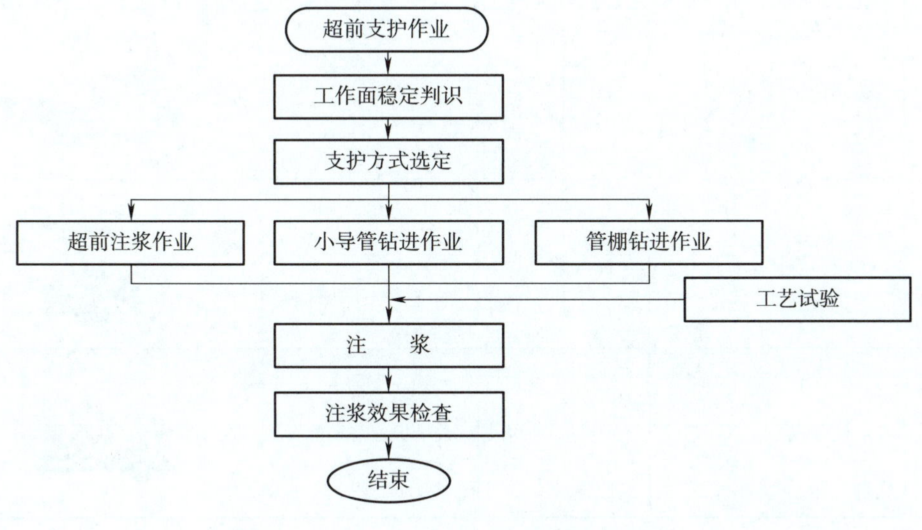

图 5-4　超前支护工序流程

3. 关注要点

超前支护作业前应进行工作面稳定性评估，必要时喷射混凝土封闭掌子面。注浆作业应根据工艺性试验参数实施，止浆墙施作位置及结构形式根据现场情况和堵水方式确定，厚度不小于 1 m。超前小导管、管棚安设可采用引孔顶入法，必要时可采用跟管钻进工艺。

4. 劳动力组织

超前支护作业班组劳动力配备见表 5-3。

表 5-3　超前支护作业班组劳动力配备

序　号	工　种	人　数	备　注
1	工班长	1	负责现场协调工作和工序安排
2	技术员	1	负责现场技术工作和实施过程记录
3	司钻工	4	负责钻孔作业(含钻机手),结合钻孔断面可调整
4	混凝土工	4	负责制浆、注浆作业及设备维保
5	电焊工	2	负责焊接作业
6	电工	1	作业队统一调配
7	测量工	3	作业队统一调配
8	隧道工	4	负责辅助作业

5. 设备配置

大型机械配套设备配置见表 5-4。

表 5-4　超前支护作业大型机械配套设备配置

序　号	设备名称	规格	单位	数量	备　注	示 例 图
1	多功能钻机	—	台	1	—	
2	工程钻机	—	台	1	—	
3	注浆机	—	台	1	数量根据需要配置	

5.1.2.3　开挖作业线

1. 工作内容

主要工作内容包括施工准备、凿岩台车或多功能台架就位、施工测量、钻孔、装药、起爆、通风、找顶、初喷、断面检查。

2. 工序作业流程

工序作业流程如图 5-5 所示。

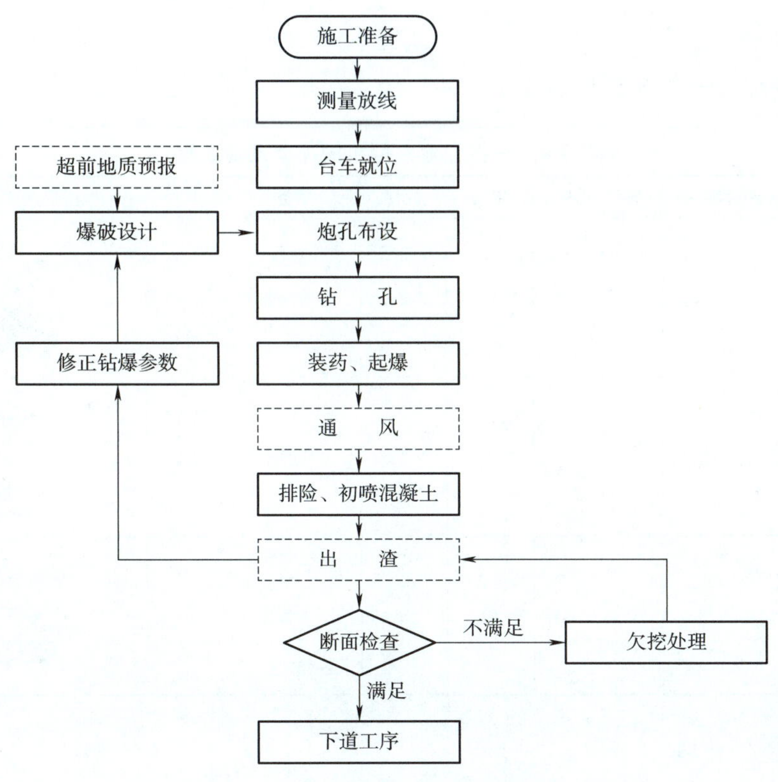

图 5-5　开挖工序作业流程图

3. 关注要点

炮孔保存率:硬岩不得小于 80%,中硬岩不得小于 60%。爆破出的洞渣最大块径不应大于 80 cm。响炮后,通风时间应大于 15 min,空气质量检测达标方可进入。排险时掌子面应无尘,照明良好,并有专职安全员监视。

4. 劳动力组织

开挖作业班组人员配备见表 5-5。

表 5-5　开挖作业班组劳动力配备

序　号	工种名称	人员数量	备　注
1	作业班长	1	负责现场协调工作和工序安排
2	专职安全员	1	负责现场安全监督
3	测量工	3	作业队统一配置
4	司钻工	6	多臂台车按 2 台配置,包括设备维保人员
5	维保工	2	凿岩台车日常维保
6	电工	1	作业队统一配置
7	爆破工	8	负责爆破装药
8	隧道工	2	包括找顶 1 人

5. 设备配置

大型机械配套设备配置见表 5-6。

表 5-6　开挖作业大型机械配套设备配置

序　号	设备名称	规　　格	单位	数量	备　　注	示 例 图
1	多臂凿岩台车	—	台	2	兼顾锚杆作业	
2	3D 全断面扫描仪	—	台	1	断面测量用	
3	电动空压机	20 m^3/min	台	5	备用 1 台	

5.1.2.4　出渣作业线

1. 工作内容

以配置出渣班组和自卸汽车、装载机、反铲配合等组成的出渣作业线。主要工作内容：装渣、运渣、卸渣和道路养护。

2. 工序作业流程

隧道无轨运输装运作业工艺流程如图 5-6 所示，作业示意图如图 5-7 所示。

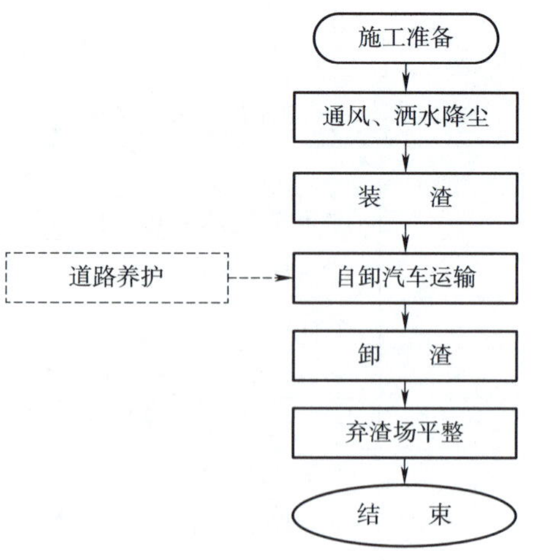

图 5-6　隧道无轨运输装运作业工艺流程图

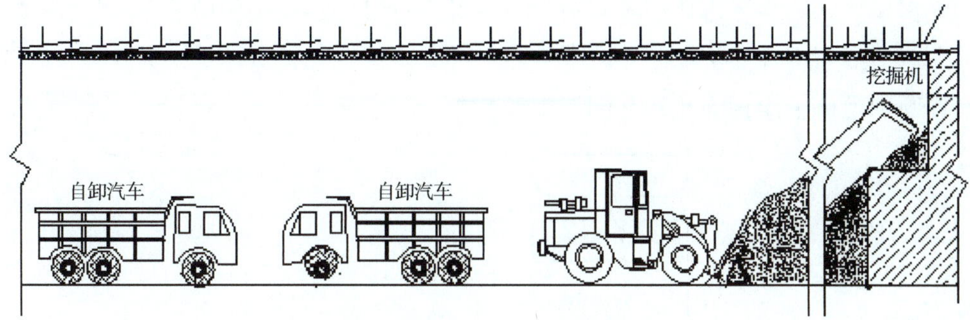

图 5-7　隧道无轨运输装运作业示意图

3. 关注要点

隧道装渣能力应与每次开挖土石方量及运输车辆的容量相适应。斜井内长距离坡道运输系统，应在适当位置设置应急避险设施。施工作业地段的行车速度不得大于 15 km/h，成洞地段不得大于 25 km/h。

4. 劳动力组织

无轨运输装运作业班组劳动力配备见表 5-7。

表 5-7　无轨运输装运作业班组劳动力配备

序　号	工　　种	数　　量	备　　注
1	装载机或挖掘机司机	1 人/台车	根据装渣设备的配备情况确定人员数量
2	自卸汽车司机	1 人/台车	根据运输设备的配备情况确定人员数量
3	信号员	1 人	
4	线路工	3	洒水降尘 1 人，线路养护 2 人

5. 设备配置

无轨运输装运作业大型机械配套设备配置见表 5-8。

表 5-8　大型机械配套设备配置

序号	机具名称	规　　格	数　　量	备　　注
1	装载机	≥3 m^3	2	
2	自卸汽车	≥15 t	≥6	结合掘进长度调整增加
3	挖掘机	1 m^3	1	

5.1.2.5　初期支护作业线

1. 工作内容

以配置初期支护班组、湿喷机械手、拱架安装台车、锚杆台车配合混凝土运输设备等组成初期支护作业线。主要工作内容包括喷射混凝土、锚杆安装、钢筋网安装、拱架安装。

2. 工序作业流程

初期支护整体工序作业流程如图 5-8 所示。

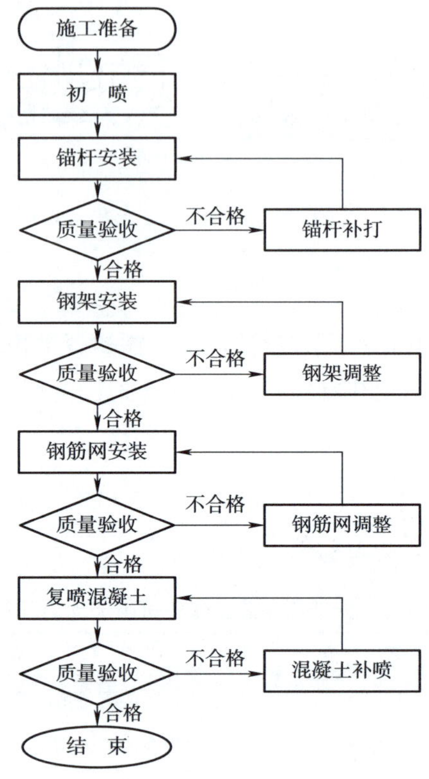

图 5-8 初期支护工序作业艺流程图

3. 关注要点

锚杆施工可采用多功能钻机或凿岩台车施作，钻孔完成后利用台车机械臂上的作业框人工安装锚杆；锚杆注浆应采用注浆单元，统一灌注填满锚杆孔。架立钢架可采用钢架安装台车作业，边墙脚各设置不少于 2 根锁脚锚杆或锁脚锚管。钢架纵向连接一般采用焊接形式，也可采用套筒连接形式。喷射混凝土可采用 1～2 台双臂或单臂混凝土湿喷台车施工，在处理好受喷基面后，设置喷混凝土厚度控制标志。

4. 劳动力组织

初期支护作业班组劳动力配备见表 5-9。

表 5-9 初期支护作业班组劳动力配备

序 号	工种名称	人员数量	备 注
1	作业班长	1	负责现场协调工作和工序安排
2	测量工	4	作业队统一配备

续上表

序　号	工种名称	人员数量	备　　注
3	操作手	4	包括锚杆钻机人员
4	维保员	2	机械手维保
5	电工	1	作业队统一配备
6	电焊工	2	
7	钢筋工	2	
8	注浆工	4	
9	隧道工	8	

5. 设备配置

大型机械配套设备配置参考表见表 5-10。

表 5-10　初期支护作业大型机械配套设备配置

序　号	设备名称	规　　格	单位	数量	备　　注	示 例 图
1	混凝土湿喷机组	≥20 m^3/h	台	1	喷射混凝土	
2	锚杆钻机	—	台	1	锚杆钻注一体机	
3	混凝土搅拌输送车	≥8 m^3	台	2	与衬砌作业线共用	
4	混凝土拌和站	≥90 m^3/h	套	1	与衬砌作业线共用	
5	拱架安装设备	门架式或多臂抓举式	套	1		
6	注浆机	—	台	1	数量根据需要配置	

5.1.2.6 监控量测作业线

1. 工作内容

以配置监控量测班组和监控量测系统组成监控量测作业线。主要工作内容包括现场情况的初始调查、编制实施细则、测点埋设及初始数据的采集、现场监控量测及分析、提交监控量测成果。

2. 工序作业流程

监控量测工序流程如图 5-9 所示。

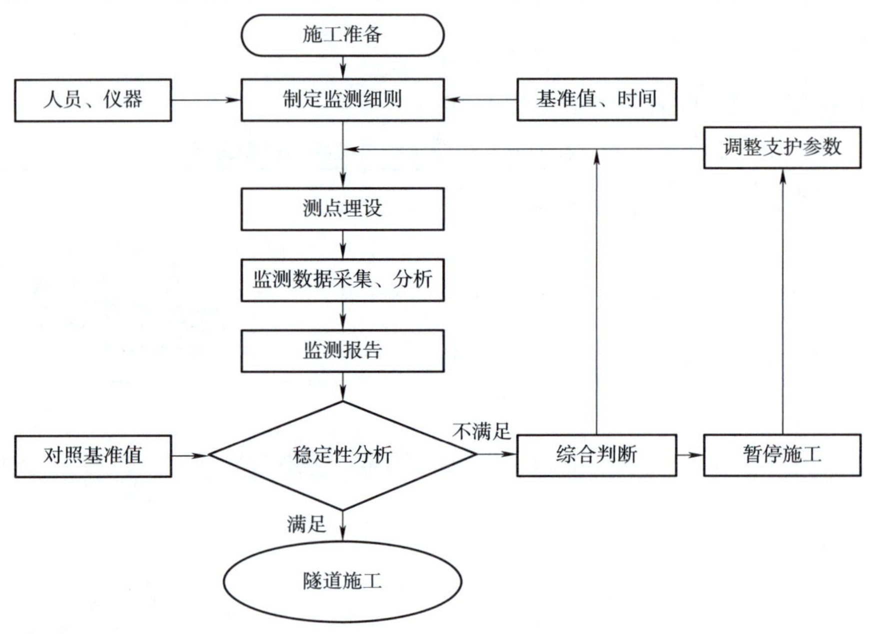

图 5-9 监控量测工序流程图

3. 关注要点

必须按设计要求开展监控量测工作，监控量测点位必须结合地层情况，在支护完成后 2 h 内测量初始值，监测布点、频率应符合现行行业标准的要求，监测作业应在结构趋于稳定 14 d 后结束。

4. 劳动力组织

监控量测作业班组劳动力配备见表 5-11。

表 5-11 监控量测作业班组劳动力配备

序 号	工 种	数 量	备 注
1	测工	2	量测
2	隧道工	2	

5. 设备配置

监控量测必测项目及使用仪器表见表 5-12，监控量测选测项目及使用仪器表见表 5-13。

表 5-12　监控量测必测项目及使用仪器

序　号	监控量测项目	常用量测仪器	备　　注
1	洞内、外观察	数码相机、罗盘仪	
2	拱顶下沉	全站仪	采用无尺量测
3	净空变化	全站仪	采用无尺量测
4	地表沉降	水准仪、铟钢尺或全站仪	隧道浅埋段及洞口段

表 5-13　监控量测选测项目及使用仪器

序　号	监控量测项目	常用量测仪器
1	围岩压力	压力盒
2	钢架内力	钢筋计、应变计
3	喷混凝土内力	混凝土应变计
4	锚杆轴力	钢筋计
5	二次衬砌内力	混凝土应变计、钢筋计
6	初期支护与二次衬砌间接触压力	压力盒
7	围岩内部位移	多点位移计
8	隧底隆起	水准仪、铟钢尺或全站仪
9	爆破振动	振动传感器、记录仪
10	孔隙水压力	水压计
11	水量	三角堰、流量计
12	纵向位移	多点位移计、全站仪

5.1.2.7　仰拱作业线

1. 工作内容

以配置仰拱作业班组和自行式仰拱栈桥、附带全幅模板工艺工装实现仰拱钢筋施工、仰拱施工、填充施工平行施工的作业线。主要作业内容包括仰拱栈桥移位、清底、仰拱防水层、仰拱钢筋绑扎、仰拱混凝土浇筑、填充层混凝土浇筑等。

2. 工序作业流程

仰拱作业线工序作业流程如图 5-10 所示，自行式仰拱栈桥分区示意图如图 5-11 所示。

3. 关注要点

仰拱施工应选用自行式仰拱栈桥配备全断面弧形模板，确保仰拱曲率、厚度、钢筋保护层、仰拱预留边墙混凝土顶面高度的准确性。仰拱基面应清除干净，混凝土每循环浇筑的长度宜与拱墙衬砌浇筑长度相匹配。底板及填充层混凝土完成后，行人及车辆通行条件应通

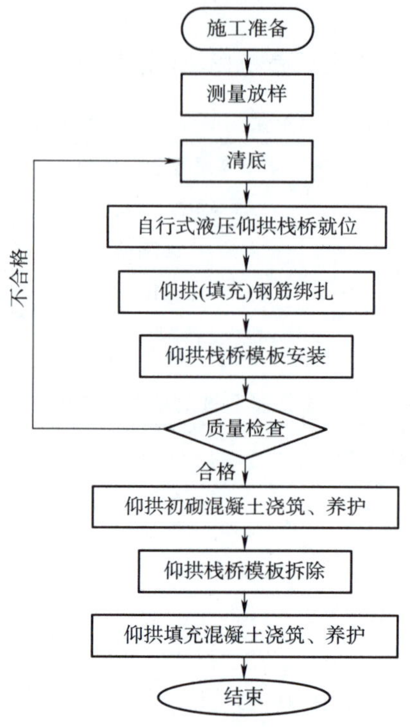

图 5-10 仰拱工序作业流程图

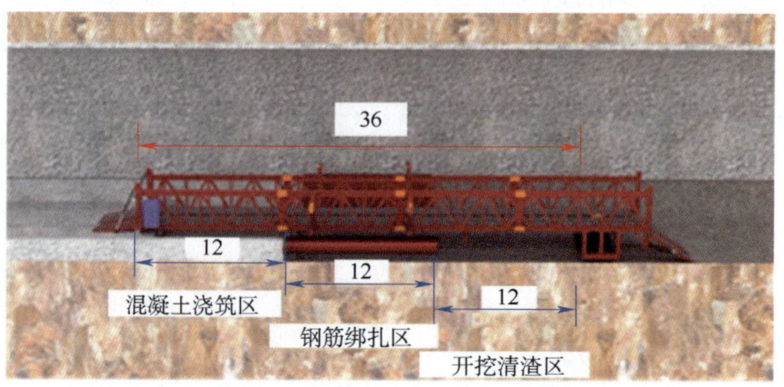

图 5-11 自行式仰拱栈桥分区示意图(单位:m)

过计算、现场试验确定,一般条件下,填充混凝土强度达到 1 MPa 后可行人通行,达到 5 MPa 且无冲击破坏时可允许一般车辆通行。

4. 劳动力组织

仰拱作业班组劳动力配备见表 5-14。

表 5-14 仰拱作业班组劳动力配置

序 号	工种名称	人 数	备 注
1	测量工	3	作业队统一配置

续上表

序　号	工种名称	人　　数	备　　注
2	隧道工	3	作业队统一配置
3	钢筋工	3	现场
4	电焊工	1	
5	隧道工	3	
6	模板工	2	作业队统一配置

5. 设备配置

大型机械配套设备配置见表 5-15。

表 5-15　仰拱作业大型机械配套设备配置

序　号	设备名称	规　　格	单位	数量	备　　注	示 例 图
1	自行式仰拱栈桥	24～36 m	台	1	满足两模衬砌长度作业空间要求	
2	混凝土搅拌输送车	≥8 m^3	台	2	与衬砌作业线共用	

5.1.2.8　防排水作业线

1. 工作内容

以配置防排水作业班组和防水板铺挂台车实现防水板定位、防水材料安装的作业线。主要工作内容包括排水盲管安装、土工布铺挂、防水板铺设、施工缝与变形缝防水设施安装。

2. 工序作业流程

防排水工序作业流程如图 5-12 所示。

3. 关注要点

采用防水板及钢筋作业台车施工，施工前采用割除、抹平等方法清理初期支护基面，满足平整度要求后进行断面净空检查。防水层宜采用宽幅与窄幅相结合的方式，尽量减少拼接缝，仰拱和拱墙的防水板环向接缝应错开衬砌施工缝的距离≥1 m。初支表面集中出水点采取引排措施，渗水处应根据渗水量增加环向盲管，确保排水效果。纵向橡胶止水带安装时应确保位置居中、线型顺直。环向止水带应确保线型圆顺。

4. 劳动力组织

排水盲管、土工布防水板、施工缝、变形缝作业人员配备见表 5-16。

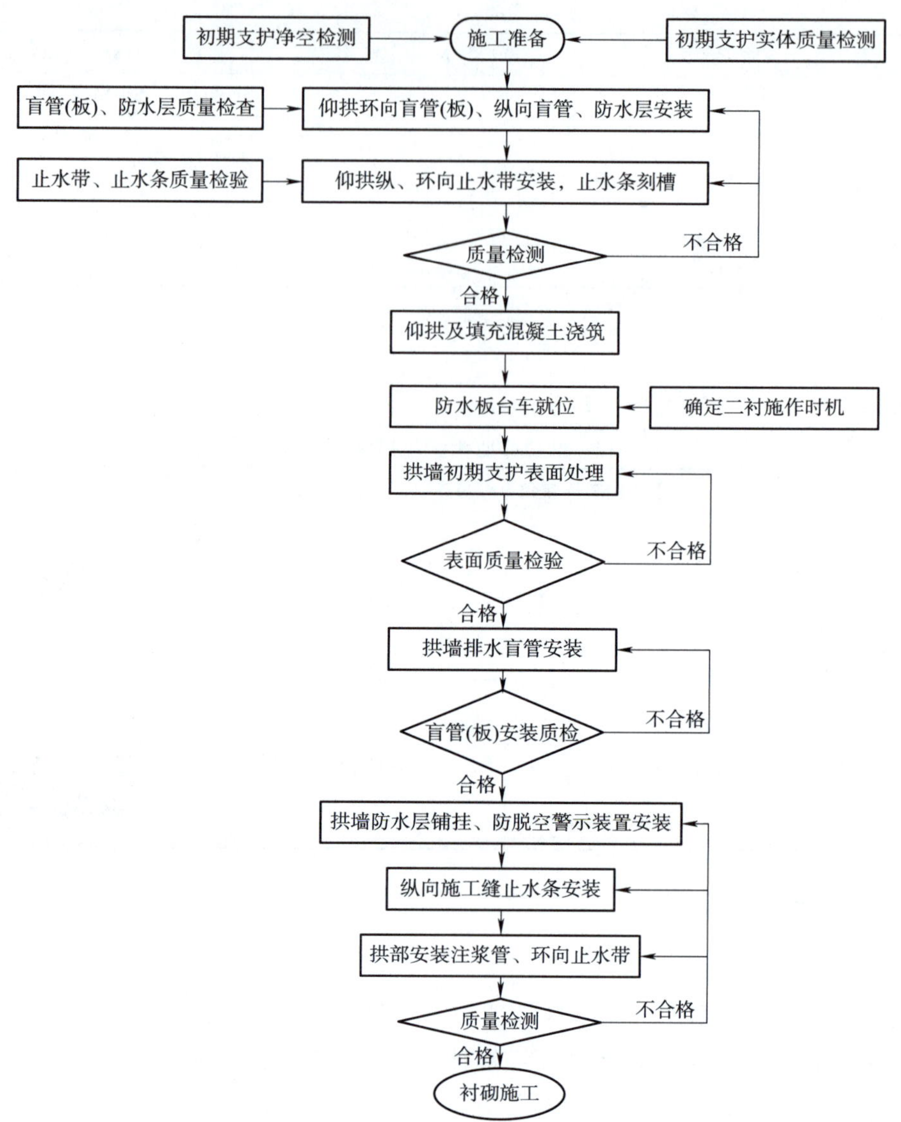

图 5-12　防排水工序作业流程图

表 5-16　结构防排水作业班组劳动力配备

序　号	工　种	人　数	备　注
1	电工	1	作业队统一配置
2	测量工	3	作业队统一配置
3	隧道工	8	

5. 设备配置

大型机械配套设备配置见表 5-17。

表 5-17　防排水作业大型机械配套设备配置

设备名称	规　格	单位	数量	备　注	示 例 图
防水板铺设台车	9～12 m	台	1	数量根据需要配置	

5.1.2.9　衬砌作业线

1. 工作内容

主要工作内容包括钢筋制安、预埋件安装，衬砌台车定位与加固，安装挡头板，监测设施安装，混凝土浇筑、振捣，拆模，衬砌外观检查/修复，养护，衬砌背后回填注浆。

2. 工序作业流程

(1)拱墙衬砌工序作业流程如图 5-13 所示。

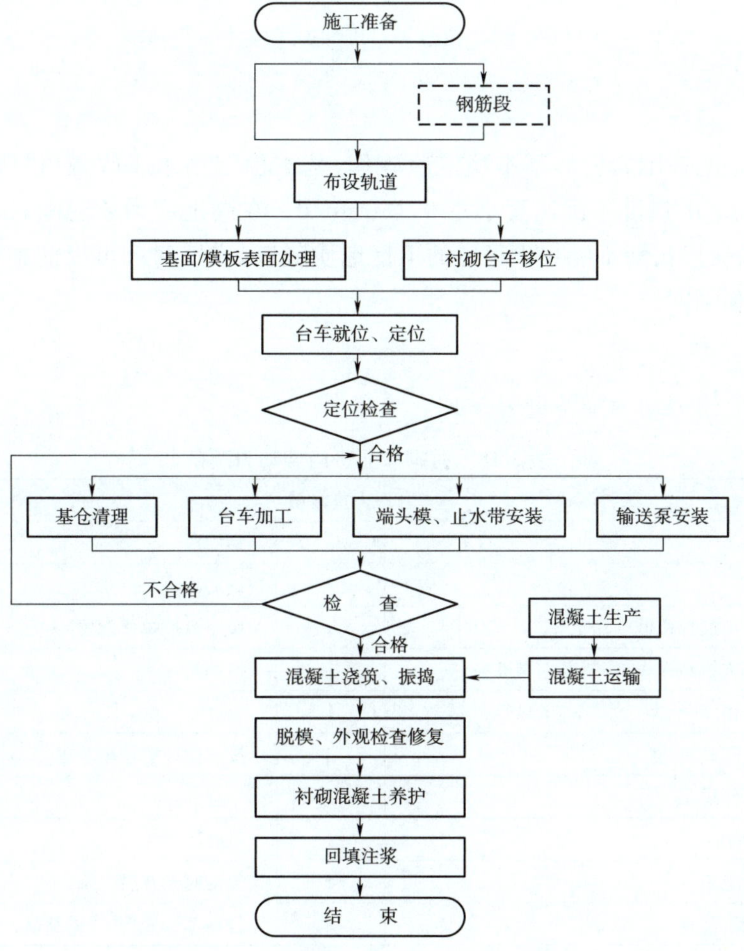

图 5-13　拱墙衬砌工序作业流程图

（2）隧道拱墙衬砌钢筋段工序作业流程如图 5-14 所示。

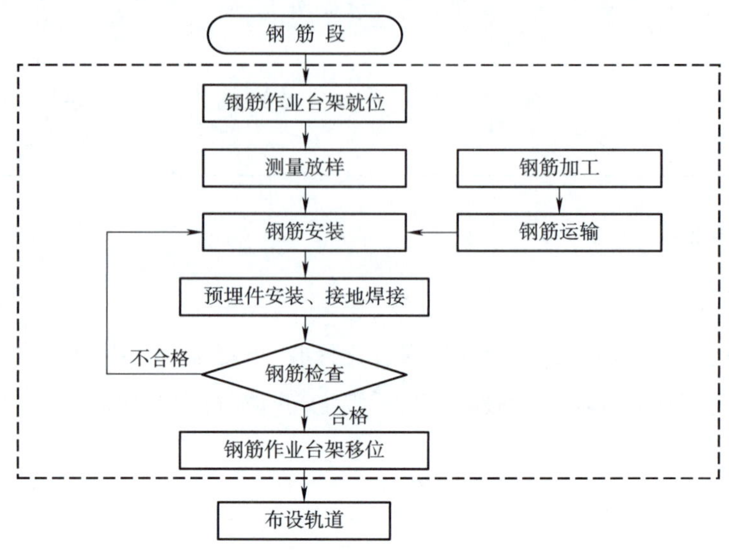

图 5-14　隧道拱墙衬砌钢筋段工序作业流程图

3. 关注要点

拱墙衬砌一般在围岩变形基本稳定后施作，基本稳定指水平收敛（拱脚附近 7 d 平均值）小于 0.2 mm/d、拱部下沉速度小于 0.15 mm/d。在高地应力软弱围岩、膨胀岩等可能产生大变形，且变形长期不能趋于稳定的不良地质隧道，拱墙衬砌可提前施作，衬砌结构应有足够的强度和刚度。

4. 劳动力组织

衬砌作业班组劳动力配备见表 5-18。

表 5-18　衬砌作业班组劳动力配备

序　号	工种名称	人员数量	备　　注
1	钢筋工	8	钢筋段
2	焊工	2	钢筋段
3	混凝土搅拌机械操作工	1	按一台搅拌机配置
4	土石方机械操作工（装载机司机）	1	搅拌站
5	机修钳工	1	
6	汽车驾驶员	3	按三辆砼运输车考虑
7	汽车修理工	1	
8	机械木工	4	每循环
9	混凝土工	6	包括衬砌背后注浆
10	隧道工	6	包括基面处理、养护及修补等

5. 设备配置

大型机械配套设备配置见表5-19。

表5-19 初砌作业大型机械配套设备配置

序号	作业工序	设备名称	规 格	单位	数量	备 注	示例图
1	混凝土衬砌灌注作业	模板台车	12 m	台	1	数量根据需要配置	
2		混凝土输送泵	60 m^3/h	台	2	满足连续浇筑要求（1台备用）	
3		混凝土搅拌输送车	≥8 m^3	台	4	随运距增加	
4		混凝土拌和站	≥90 m^3/h	套	2	满足连续浇筑要求	
5		发电机	≥250 kW	台	2	混凝土拌和站备用、衬砌作业面备用	
6	养护作业	养护作业台车	自动喷淋	台	1	—	

5.1.2.10 辅助作业线

辅助作业线包括通风除尘和实体检测作业线。

1. 工作内容

(1)通风作业：主要包括通风方式的确定、通风系统的设计，风机、风管选型，风机、风管安装，通风系统调试，通风排烟，通风系统维护，工程结束拆除通风系统。

(2)实体检测作业：主要包括混凝土裂缝、渗漏水、仰拱及填充或底板裂损排查，地质雷达对衬砌背后脱空、衬砌厚度排查，人工敲击排查衬砌背后脱空及施工缝压溃，混凝土强度缺陷排查等。

2. 工序作业流程

(1)通风工序作业流程如图 5-15 所示。

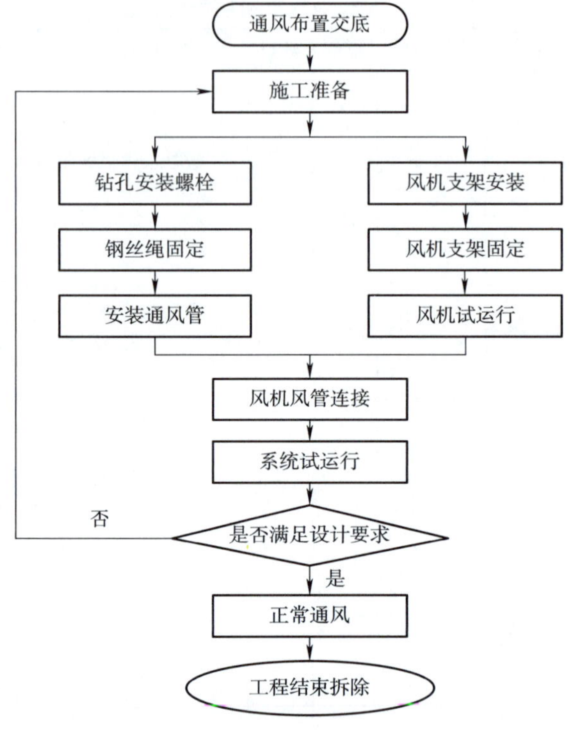

图 5-15　通风工序作业流程图

(2)混凝土裂缝、渗漏水、仰拱及填充或底板裂损排查工序作业流程如图 5-16 所示。

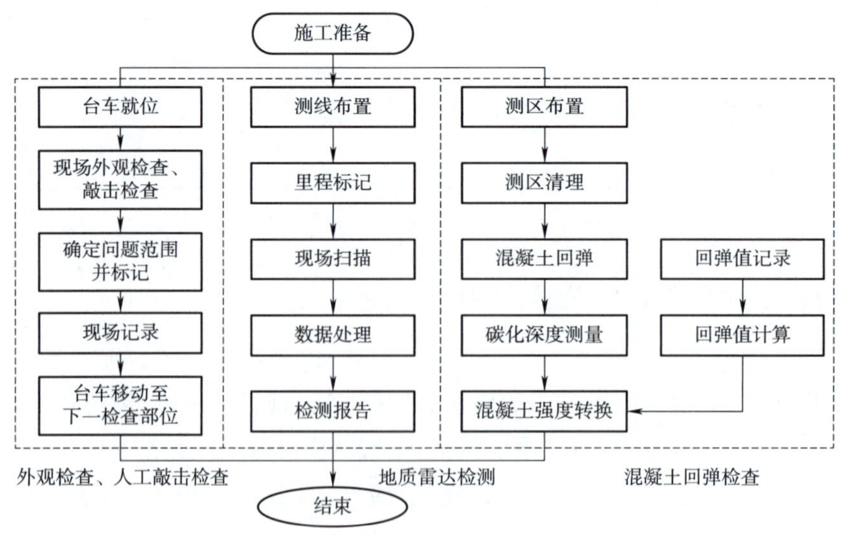

图 5-16　裂缝、漏水、混凝土破损等排查工序作业流程图

3. 关注要点

(1)通风风机选择多极变速变频风机,风机安装位置距离洞口不小于 50 m,风管挂设位置及通过各种台架位置应满足作业空间和设备运行要求。通风设备安装必须牢固,周围 5 m 内不得堆放杂物。通风设备应配有保险装置,发生故障时,能自动停机。施工通风质量控制标准见表 5-20。

表 5-20　施工通风质量控制标准

序　号	控制项目	质量控制标准	备　　注
1	氧气含量	≥20%	体积百分含量
2	粉尘浓度	≤2 mg/m³	10%以上游离二氧化硅含量
3	一氧化碳浓度	≤30 mg/m³	
4	二氧化碳浓度	≤0.5%	体积百分含量
5	氮氧化物浓度	≤5 mg/m³	
6	瓦斯浓度	≤0.5%	体积百分含量
7	温度	≤28 ℃	
8	风管百米漏风率	≤0.02	
9	风速	≥0.15 m/s	全断面开挖隧道
		≥0.25 m/s	瓦斯隧道和导洞开挖时

注:高海拔寒冷地区施工的隧道需要另行规定,其界定值还有待进一步研究。

(2)主要采用观察、地质雷达、人工敲击、回弹等方法进行实体质量检测,检测项目主要包括混凝土裂缝、渗漏水、仰拱及填充或底板裂损;衬砌背后脱空、衬砌厚度;混凝土强度等。敲击时要分区作业,定人定区,不能随意更换人员位置和作业区域。回弹前要复核检测部位混凝土的设计强度和混凝土施工时间,当对回弹结果有疑问时,可采用对衬砌混凝土取芯的方法来验证。

4. 劳动力组织

通风作业和实体检测作业班组劳动力配备见表 5-21、表 5-22。

表 5-21　通风班组劳动力配备

序　号	人　　员	数　　量	作业内容
1	技术人员	3	负责通风技术工作,指导通风设备的安装和通风方案的调整,组织有关通风质量和劳动卫生状况的检测、记录和整理
2	班长	3	领导组织通风班成员的工作,三班作业
3	风机司机	3	操作、维护风机和配电柜,三班作业
4	通风工	15	维护通风管路,三班作业

表 5-22　实体检测作业班组劳动力配备

序　号	人　　员	数　　量	作业内容
1	技术人员	1	负责实体检测技术工作，指导检测方案交底和调整、记录和整理
2	班长	1	领导组织检测组工作
3	检测工	2	操作检测设备
4	敲击工	2	敲击检测
5	隧道工	3	负责辅助工作

5. 设备配置

大型机械配套设备配置见表 5-23。

表 5-23　辅助作业大型机械配套设备配置

序号	作业工序	设备名称	规　　格	单位	数量	备　　注	示 例 图
1	除尘作业线	轴流变频通风机	75 kW	台	1	根据通风距离确定数量	
2	实体检测作业线	回弹仪					
3		地质雷达	≥900 MHz				

5.1.3　适应机械化施工的隧道开挖施工方案

隧道开挖的基本原理就是把隧道周边围岩的松弛降低到最小限度，充分利用围岩开挖后的自稳能力及时空效应，确立快挖快支快封闭成环的施工原则，强化初期支护结构实体质量，推行初期支护仰拱及时封闭成环紧跟下台阶的措施，优化超前预报，把监控量测纳入工序管理，要求快速施工避免坍塌，确保施工安全。采用大断面或全断面开挖，是缩短开挖断面闭合时间（闭合距离）、减少围岩松弛的主要技术思路；机械化施工是实现大断面或全断面开挖的主要措施。

5.1.3.1　全断面法（含仰拱）施工方案

1. 施工方案与工艺流程

全断面（含仰拱）开挖法是在隧道轨面以上部分与仰拱同时开挖，仰拱初期支护与拱墙初期支护一并施作；仰拱初期支护施工完成后再用洞渣回填，进行掌子面凿岩台车钻眼，后期将虚渣运走再施工仰拱及填充。全断面（含仰拱）施工工序如图 5-17 所示，施工流程如图 5-18 所示。

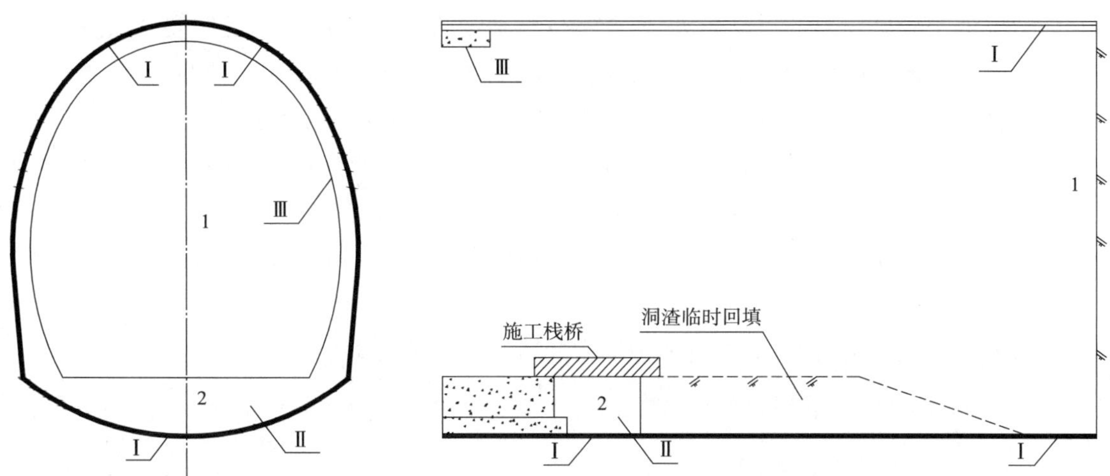

图 5-17　全断面（含仰拱）开挖法施工工序示意图

1—开挖；Ⅰ—初期支护；2—仰拱虚渣开挖清理；Ⅱ—仰拱填充混凝土；Ⅲ—拱墙混凝土

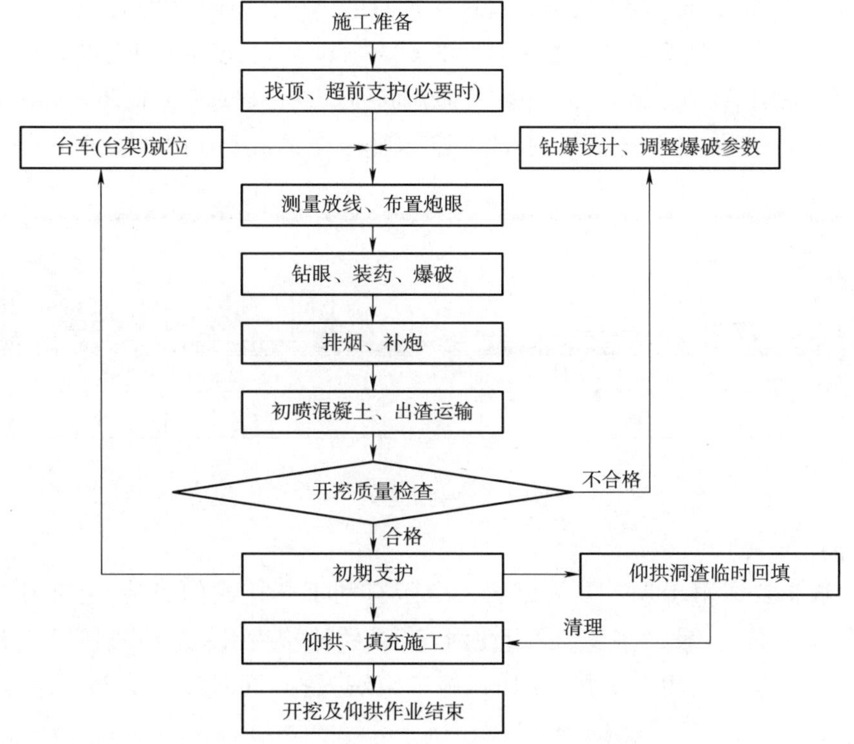

图 5-18　全断面（含仰拱）开挖法施工流程

2. 施工方案适应范围

全断面法主要适用于Ⅰ～Ⅲ级围岩，Ⅳ级围岩地层采用时，在采取超前加固辅助措施后，也可采用。全断面法有利于采用大型配套机械化作业，施工速度快，工序少，便于施工组织和管理；但是爆破引起的振动较大，要严格按照确定的爆破方案实施，控制安全风险。

(1)减少多次爆破作业对围岩的频繁扰动，后期围岩整体自稳性相对较好。

(2)仰拱初支及时施工，可提前 6～9 d 封闭，有利于隧道安全步距的控制。

(3)施工空间大，工序少，各道工序尽可能平行交叉作业，缩短循环时间。如湿喷机械手进行初期支护，长栈桥施工仰拱，以保证通行能力，液压衬砌台车施工二衬。

(4)开挖后拱墙周边更加圆顺，产生应力集中的概率更小；初支钢拱架的安装整体质量更易于控制。

(5)仰拱施工无须再次爆破，对通过上方的通风管线等损害较少。

5.1.3.2 两台阶法(含仰拱)施工方案

1. 施工方案与工艺流程

开挖采用下台阶与仰拱一次开挖法施工，仰拱初期支护紧跟下台阶，及时封闭成环。主要施工要点：

(1)爆破采用接力连接起爆网络，下台阶(含仰拱)与上台阶一次性爆破；

(2)上台阶高度一般为隧道开挖总高度的 50%～60%，长度一般小于 6 m；

(3)监控量测：Ⅳ级围岩每 10 m 布设一个量测断面，Ⅴ级围岩每 5 m 布设一个量测断面。

两台阶法(含仰拱)施工方案如图 5-19 所示，施工工艺流程如图 5-20 所示。

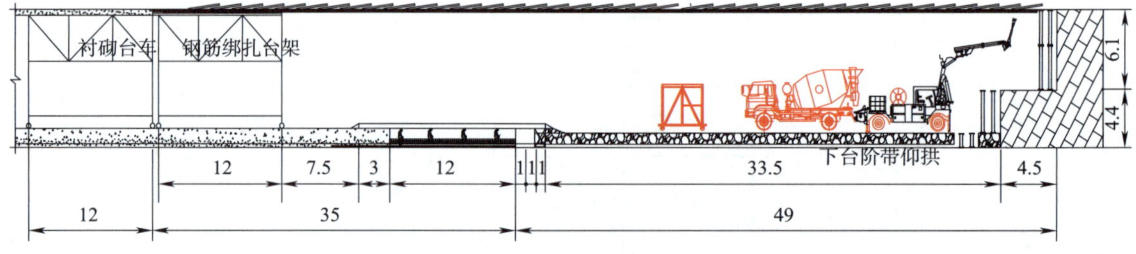

图 5-19 两台阶法(含仰拱)施工方案示意图(单位：m)

2. 施工方案适应范围

两台阶法主要适用于Ⅳ～Ⅴ级围岩。台阶有利于开挖面的稳定，上部开挖支护后，下部作业则较为安全；灵活多变、适用性强，当遇到地层变化，能及时转换成其他方法。施工中上下部作业可能相互干扰，要加强施工组织安排，同时注意下部作业时对上部稳定性的影响。

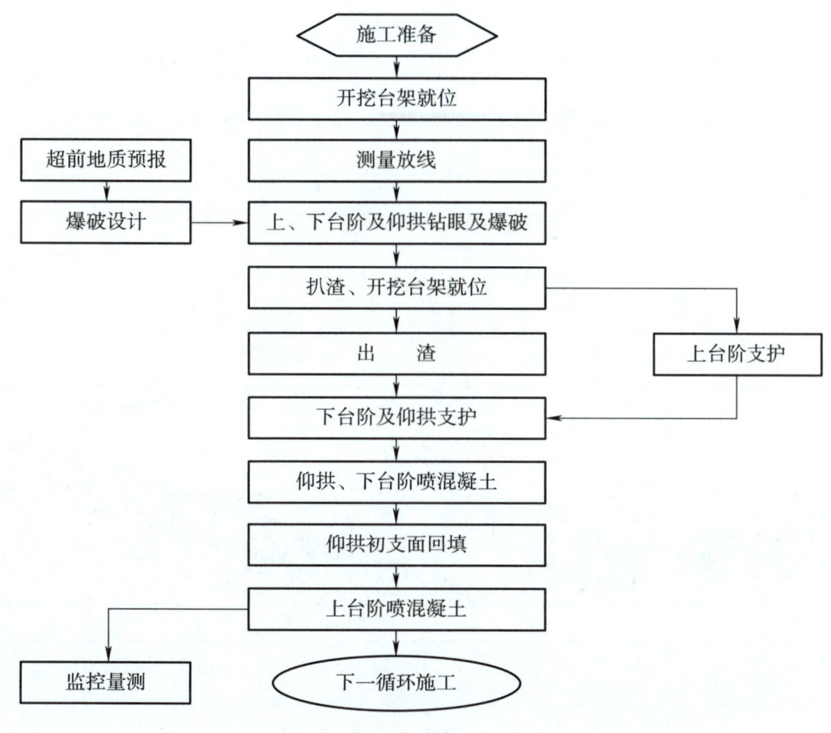

图 5-20　两台阶法(含仰拱)施工工艺流程

5.1.3.3　三台阶法(含仰拱)施工方案

1. 施工方案与工艺流程

隧道三台阶开挖时,台阶划分高度按照Ⅴ级围岩断面,一般为上台阶 5.5 m,中台阶 2.6 m,下台阶及仰拱为 3.9 m(根据仰拱断面)。三台阶法(含仰拱)施工开挖断面及施工方案如图 5-21 所示,施工工艺流程如图 5-22 所示。

2. 施工方案适应范围

三台阶(含仰拱)适用于Ⅴ、Ⅵ级破碎围岩。方案灵活多变、适用性强,当遇到地层变化,能及时转换成其他方法。施工中上中下部作业可能相互干扰,要加强施工组织安排,同时注意下、中部作业时对上部稳定性的影响。

5.1.3.4　大半断面法施工方案

上半断面施工方案适合于大断面软岩隧道开挖。台阶高度一般为 7.6～8.4 m,长度一般为23～26 m,满足机械喷浆手、ZL-50 装载机、侧翻铲斗、出渣大车等机械设备作业空间需要及仰拱施工安全步距的要求。下台阶高度为 1.2～2 m,长度 3～4 m;仰拱长 6 m,Ⅳ、Ⅴ级围岩仰拱距掌子面安全开挖步距均为 35 m。

下台阶与仰拱一次开挖进尺均为 3 m,开挖洞渣方量小,施工时间短、速度快,与掌子面

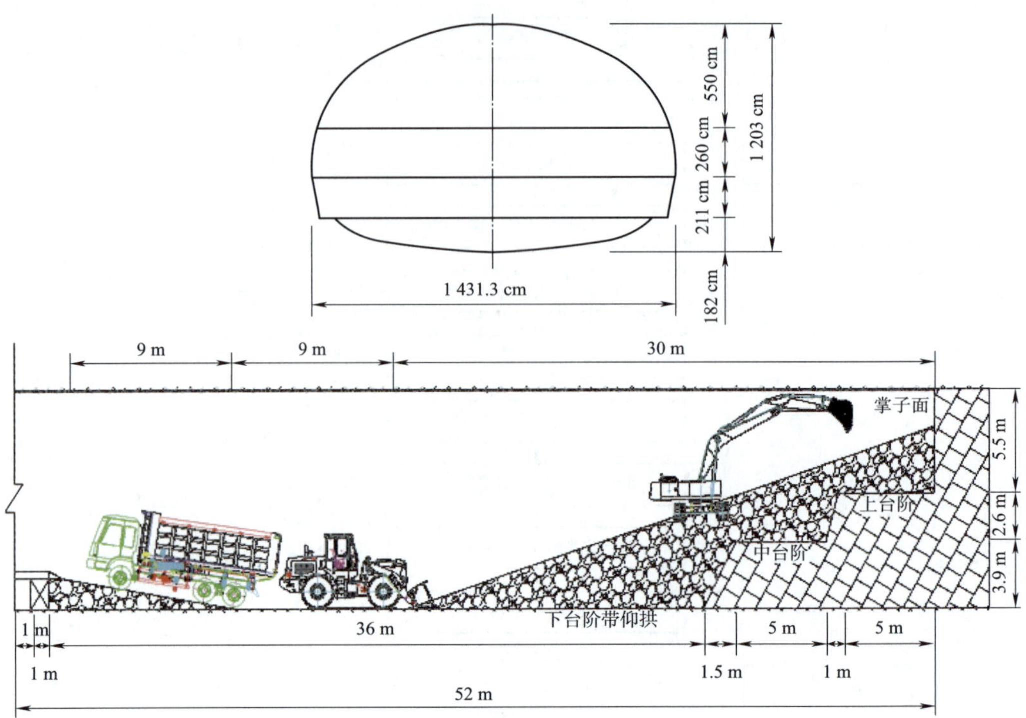

图 5-21 三台阶法(含仰拱)施工开挖断面及施工方案示意图

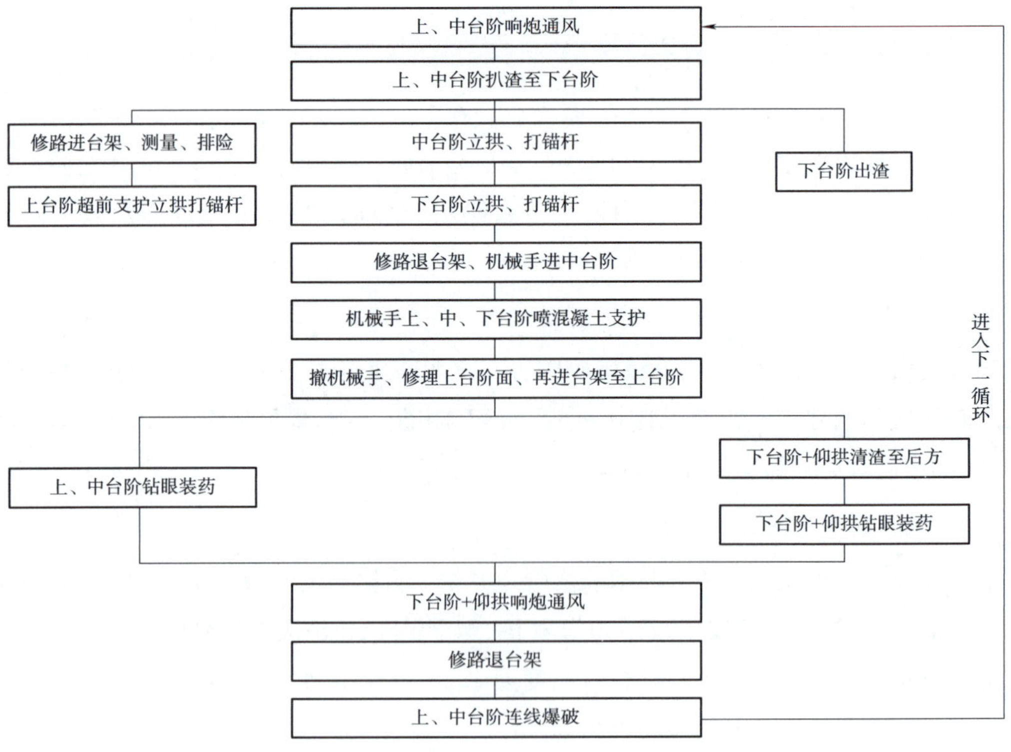

图 5-22 三台阶法(含仰拱)施工工艺流程

工序作业相互交错，上台阶开挖则下台阶出渣或支护作业。下台阶拱架接腿每次 2 榀长度，左右两侧错开距离 3～6 m。由于爆破后的飞石距离一般为 40 m，所以响炮前，作业台架通过仰拱栈桥退到距掌子面 40 m 范围外的距离。

上半断面施工组织主要考虑各工序作业人员组织、机械设备配置及上下台阶、仰拱平行作业之间的协调关系，避免相互影响。上半断面法施工断面布置及方案如图 5-23 所示，施工工艺流程如图 5-24 所示。

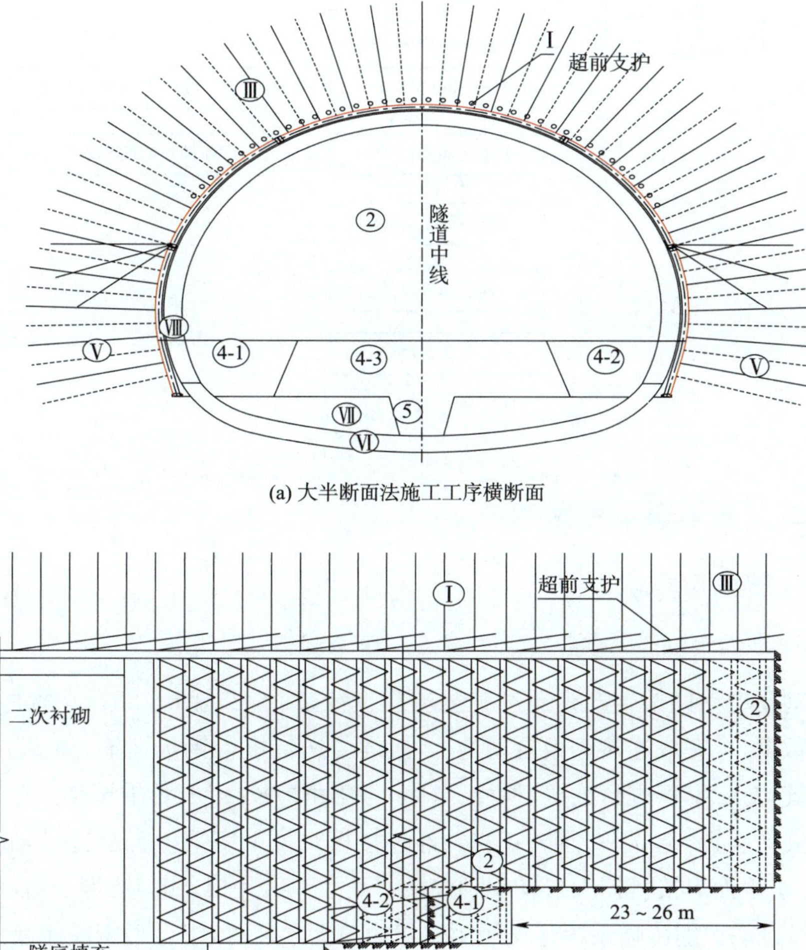

(a) 大半断面法施工工序横断面

(b) 大半断面法施工纵断面布置

图 5-23　大半断面法施工方案

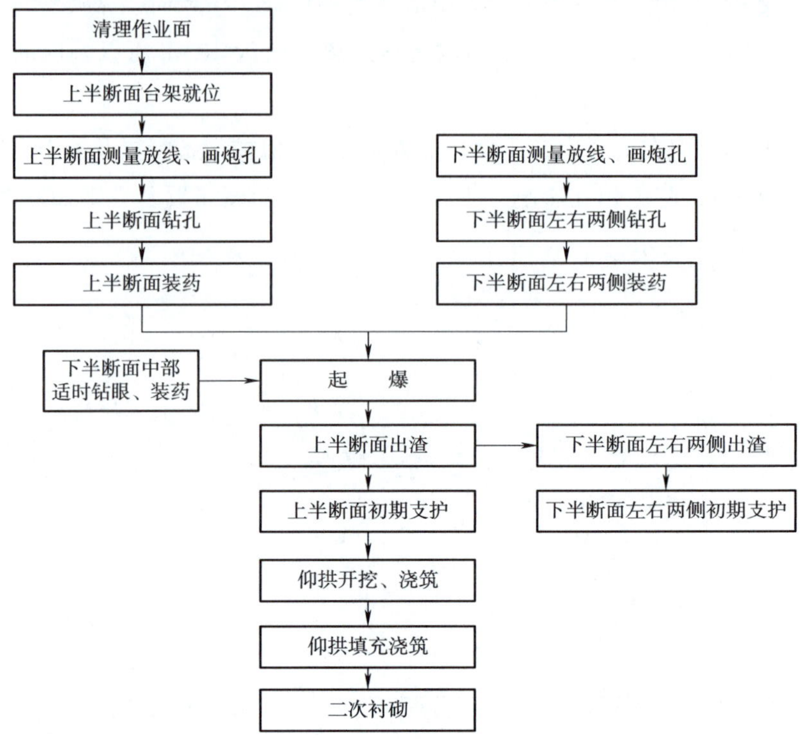

图 5-24　大半断面法施工工艺流程

5.1.4　智能化施工组织与技术

5.1.4.1　全自动钢构件加工

1. 自动化型钢拱架生产线

智能自动化型钢拱架生产线通过工艺流程设计(图 5-25、图 5-26),在智能型激光切割机输入图纸数据,可完成连接钢板自动割孔,接续传送带进行钢板运输,同步工字钢传输与自动上料系统,对工字钢进行连接、检校、弯曲、方位角检校锯切,传输至半品送料平台,接入第一组钳口夹紧装置,起立 90°翻转正立。经连接板对位工字钢组合装置,形成型钢拱架标准大样,通过正手面焊接机器人自动识别焊接。而后焊接完成,钳口夹紧装置随即向后翻转 90°卧平,再经自动识别传输系统递送至第二组钳口夹紧装置,组合型钢模体起立 90°翻转正立至反手面,再经反手面焊接机器人自动识别焊接直至焊接完成。焊接工艺由标准焊接起弧、焊接、落弧完成整体工艺试焊,焊接精度高,焊缝饱满。成品经由传输起落装置递送成品工艺台。通过多工艺同步流水施工作业,单节成品可实现 8 min/节,显著提高了焊接工艺标准,降低了人员作业的不稳定因素,加快了施工效率。自动化型钢拱架设备结构如图 5-27 所示。

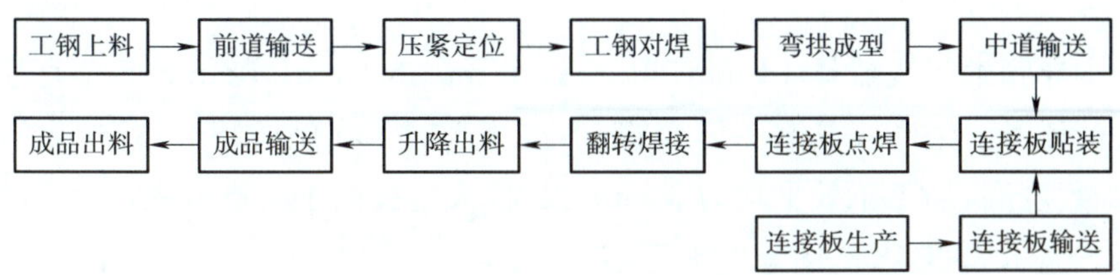

图 5-25　自动化型钢拱架生产流程图

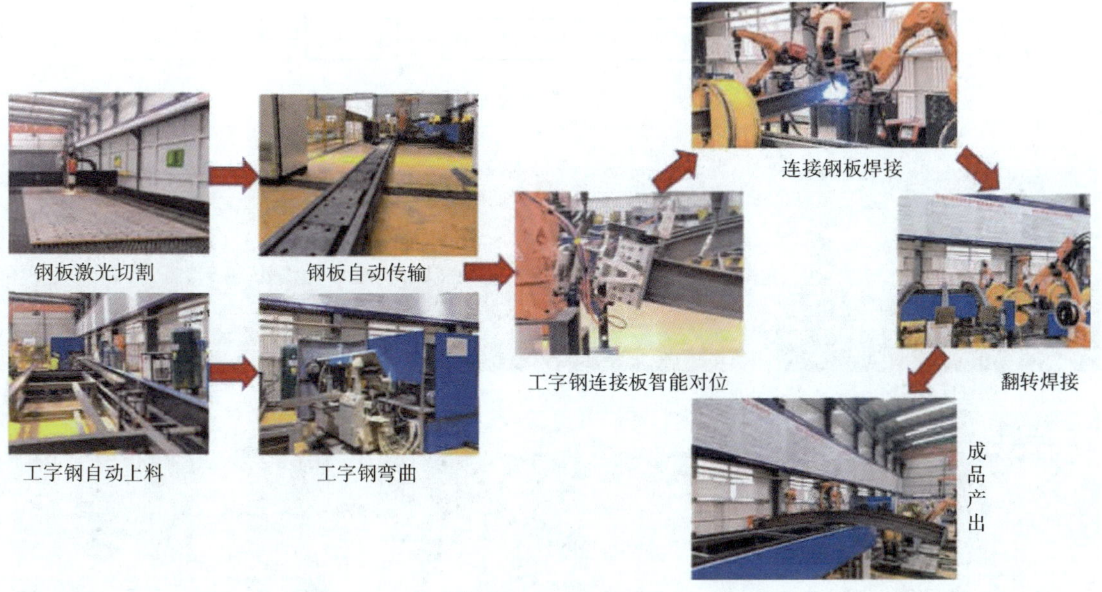

图 5-26　自动化型钢拱架生产工艺流程演示

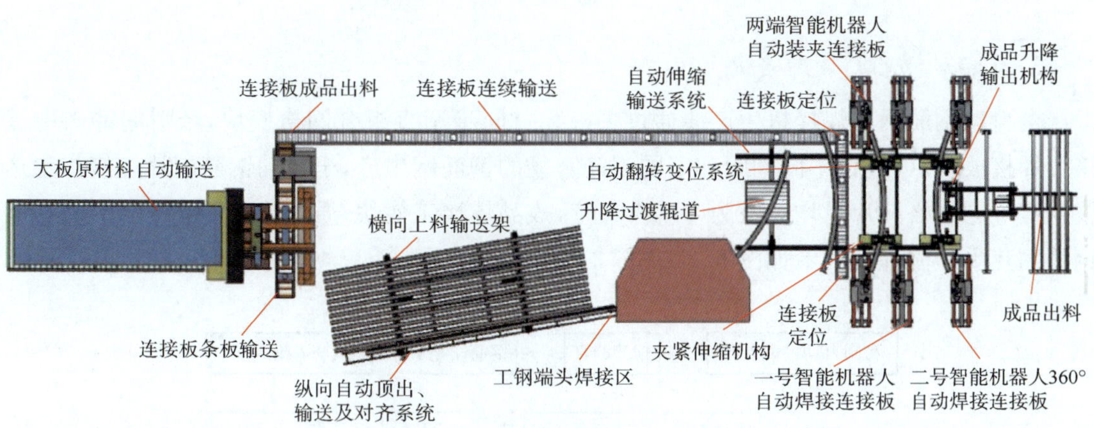

图 5-27　自动化型钢拱架设备结构图

2. 全自动小导管生产线

全自动小导管生产线兼具 42 mm、60 mm、76 mm、89 mm、108 mm 5 个直径种类无缝钢管产能生产任务。生产线具有一体兼容，多位流水同步实施的特点，智能化施工高度集成，机械精细程度高，加工工效平均为 3 min/根，极大地提高了生产效率。全自动小导管生产流程及工艺演示如图 5-28、图 5-29 所示。

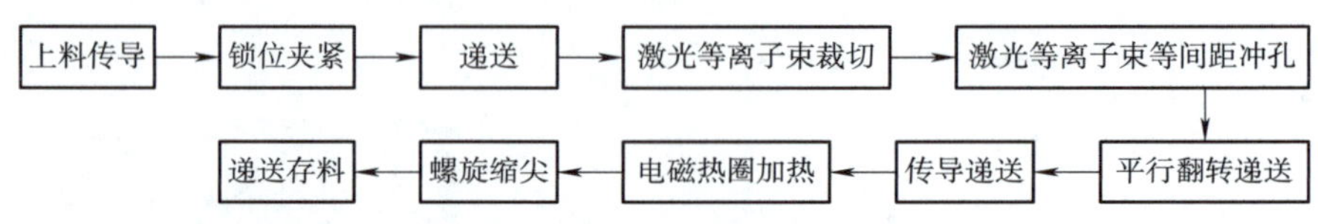

图 5-28 全自动小导管生产流程图

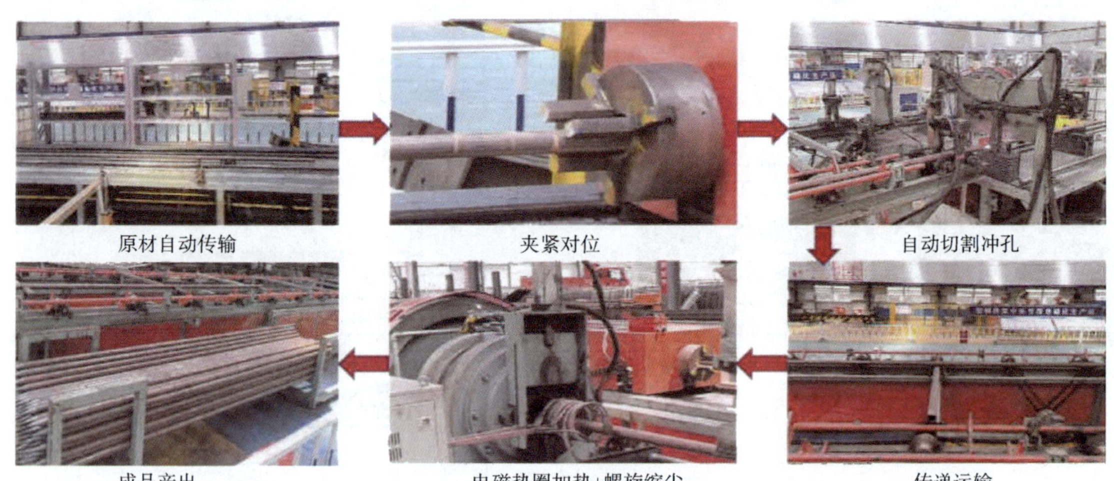

图 5-29 全自动小导管生产工艺演示

3. 全自动钢筋网片焊接机生产线

全自动钢筋网片焊接机生产线通过多根线材同步调直组合网格模块，经瞬间冲击电流挤压焊接成网，可进行不同间距和不同钢筋直径的钢筋网生产，全自动钢筋网片焊接机生产线生产不同规格网片平均工效为 8～20 s/片，成品焊接工效快，质量高，整体使用效果较好。钢筋网片生产流程及演示如图 5-30、图 5-31 所示。

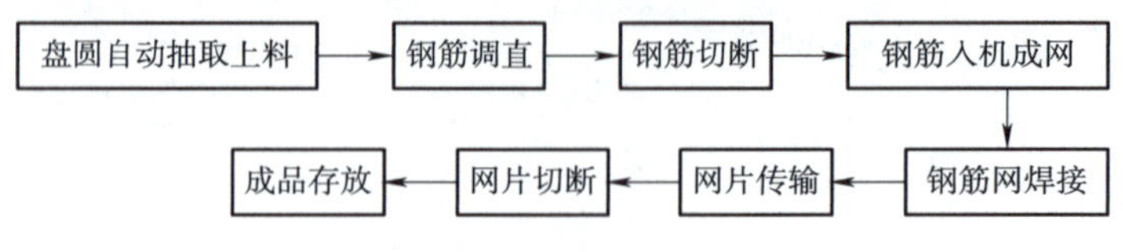

图 5-30 钢筋网片生产流程图

图 5-31　钢筋网片生产工艺流程演示

5.1.4.2　隧道智能化施工

1. 智能化凿岩钻孔

采用智能型凿岩台车钻孔，将数字化爆破设计图导入台车控制系统，通过移动式远程指挥控制中心操控台车精准定位、自动钻孔（图 5-32），减少风险地段作业人数，实现少人化作业，保障人员安全。

图 5-32　远程指挥控制中心遥控作业

通过车载 3D 扫描仪，实现隧道轮廓三维扫描重建，同时通过系统自动记录的钻孔日志，综合分析形成地质云图，二者结合，综合研判爆破效果，不断优化爆破设计，探寻最优参数，提高爆破质量。在复杂爆破作业环境下，创新性的在推进机构上安装“诱导控超装置”，可将周边眼孔底内收 5～10 cm，有效解决了大型机械化钻孔施工时的超挖问题。智能型凿岩台车主要功能如图 5-33 所示。

可实现管棚、超前钻探、爆破、锚杆孔等多类钻孔作业。且搭配其他作业单元还可实现掌子面精细化识别、机械化装药、管棚辅助施工等。

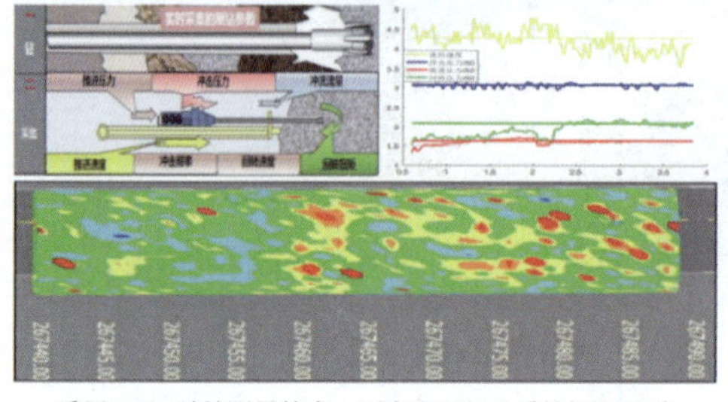

采用MWD随钻测量技术，可实现50 m地质钻探和地质分析功能，为施工安全保驾护航。

全电脑控制保证钻孔角度、深度、速度，钻孔速度达3~5 m/min，辅以诱导控超装置，有效控制超欠挖。

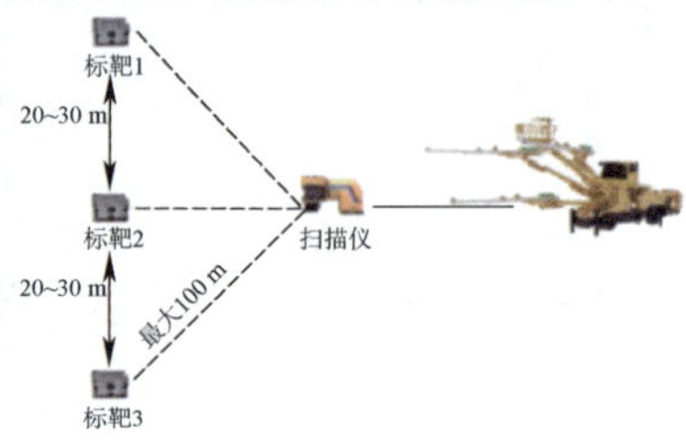

配备全自动3D扫描仪，可实现台车快速定位、轮廓扫描功能，平均定位时长不超过5 min。

图 5-33　智能型凿岩台车主要功能

2. 锚杆“钻、锚、注”一体化施工

锚杆作业采用智能型锚杆台车（图 5-34），通过远程智能操控方式施工，在完成台车定位后，系统依据导入的数字化锚杆设计信息自动施作锚杆，台车配置有锚杆库，最多可存放 9 根锚杆，该锚杆台车具备锚孔自动精准定位、自动定深定向钻孔、锚杆自动抓取、锚杆自动推进、螺母自动预紧、自动注浆等功能，大大缩短了锚杆作业时间、降低了作业难度，便于快速形成隧道主动支护体系，确保了隧道施工安全。施工过程中自动记录、存储形成锚杆施工日志，使得隐蔽工程有据可查，有效保障了初期支护质量。

图 5-34　智能型锚杆台车作业

3. 喷射混凝土数字化控制

喷混作业采用数字化湿喷台车进行作业(图5-35),在传统湿喷台车基础上进行数字化升级改造,新增3D扫描仪、工控电脑,可实现隧道设计数据导入、空间补偿定位、三维轮廓扫描、超欠挖识别、高速喷射、喷射方量统计、自动生成喷射日志等七大功能于一体,通过断面分析,调整风压、受喷面距离,有效控制混凝土厚度及表面平整度。

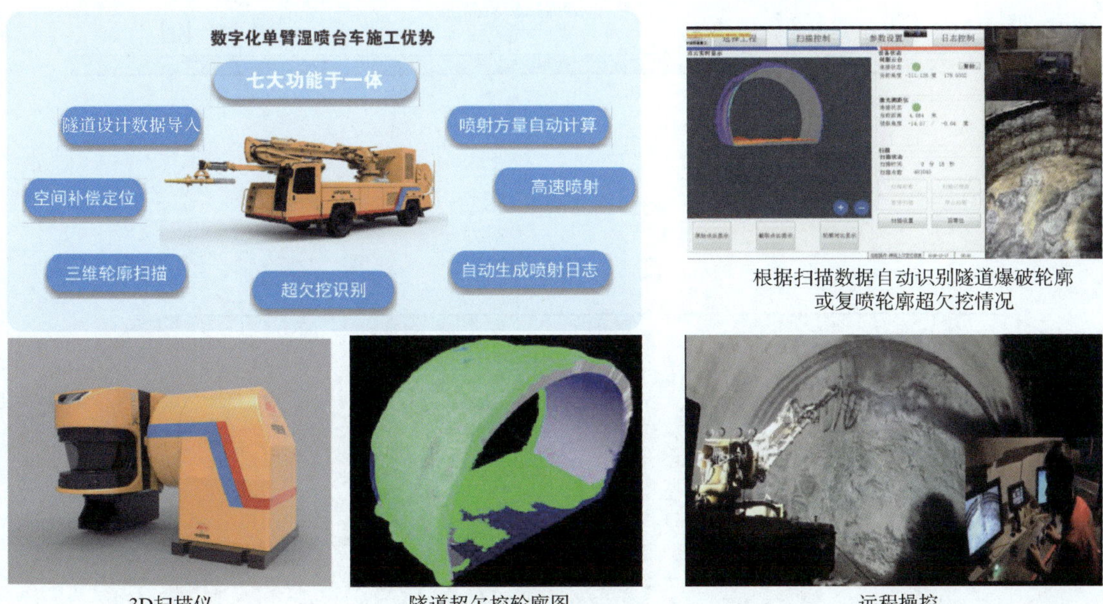

图5-35　单臂数字化湿喷台车

5.1.4.3　隧道智能化监测技术

1. 隧道围岩变形自动监测技术

隧道围岩变形自动监测系统,通过将隧道断面监测终端安装在初期支护结构侧壁上,在隧道初支断面形成多条完整的监测光带,对初期支护结构断面进行监测,并在二衬稳定区域侧壁安装参考监测终端,形成稳定的参考点线基准;通过在仰拱闭合区或二衬区安装的分析控制主站,同时对监测光带和参考光带进行非接触式的智能分析和测量,实现隧道围岩变形的实时不间断监测,如图5-36所示。

2. 隧道衬砌防脱空监测技术

在拱顶纵向布设传感器,监测隧道拱部混凝土的密实程度,避免拱顶脱空;通过在拱圈环向布设传感器,监测衬砌混凝土浇筑进度,避免左右两侧、前后端高差过大,以及避免浇筑中断,传感器布设如图5-37所示,传感器现场布设如图5-38所示。该传感器利用混凝土的挤压作用,使传感器的弹性垫层产生压缩变形,弹性垫层两侧的导电膜片接触连通,从而导

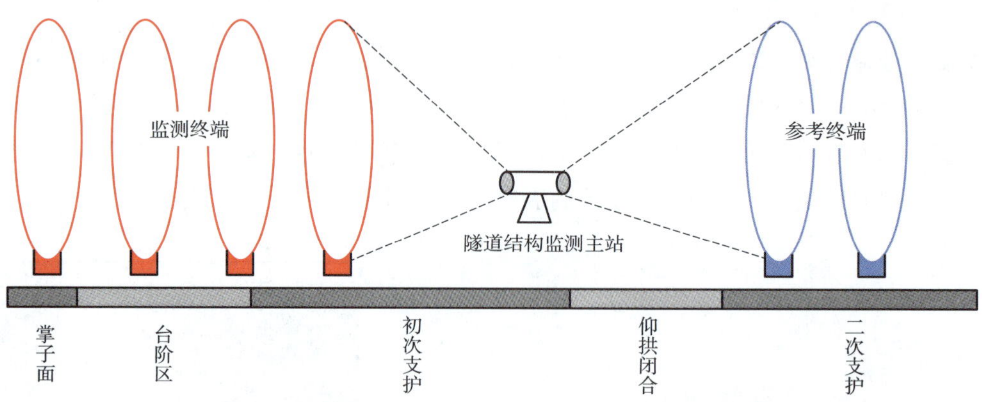

图 5-36 隧道围岩变形自动监测示意图

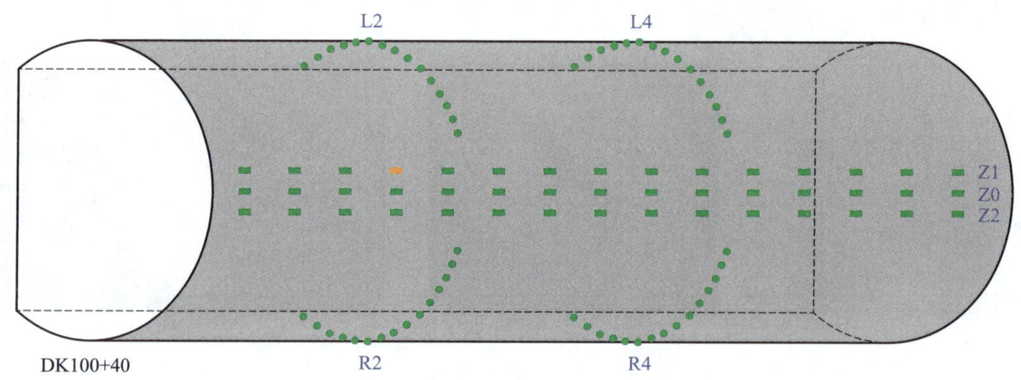

图 5-37 传感器布设示意图

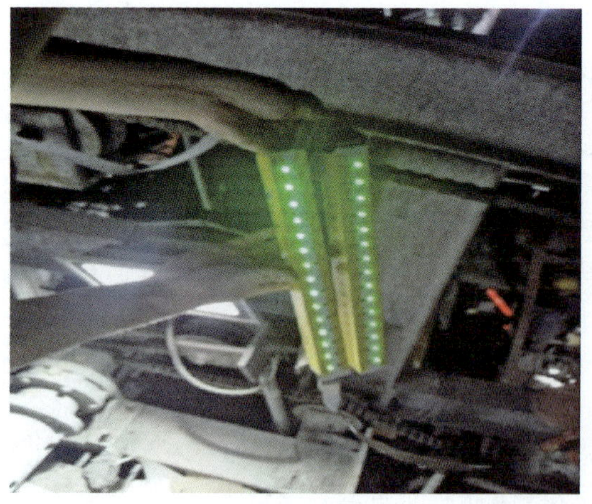

图 5-38 传感器现场布设

通电路。通过在一套传感器上布设一系列的测点，构成分布式传感器，由此实现对混凝土浇筑过程的监控。在工程应用中，将分布式压密传感器环向或纵向布设在防水板与土工布之间，随着混凝土浇筑的不断推进，已浇筑的混凝土会对防水板产生挤压，进而挤压防水板与土工布之间的分布式压密传感器，由此识别混凝土浇筑的位置，以及混凝土是否充分挤压防水板，形成密实的混凝土。通过纵环向布设的传感器，可以掌握整个混凝土浇筑的过程，据此分析和评价衬砌浇筑的对称性、平衡性、连续性和密实度，从而指导工艺管控。

隧道二次衬砌浇筑质量监控的工艺流程为：初期支护检查→铺挂土工布→粘贴传感器→铺挂防水板→绑扎钢筋，台车就位→连接显传终端→混凝土浇筑（带模注浆）→全部红灯变绿→浇筑结束。

3. 衬砌质量智能化检测

智能雷达检测机器人（图 5-39）采用无线遥控，一个人就可以操作整部二衬雷达检测车，无线遥控可以让人跟检测车保持安全距离，让操作者能够更好地观察路况，防止出现安全事故。雷达天线无人托举，避免人员高空作业风险，减轻人员工作强度；雷达天线贴壁探测，最大限度发挥现役雷达功效，提高探测效率；遥控行走自动探测，减少工序用人量，极限状况可一人工作；边壁行走，减少影响其他工序；自带动力，无须洞内其他设施设备配合，独立工作；全地面机械化作业，减除划线、喊点工序；结构紧凑转场方便，可临近区域多场共用；选配养护工装后，可及时高效高质量完成二衬洞壁混凝土养护工作；选配清洗工装后，可及时高效高质量完成二衬洞壁清洗清理工作；选配人员登高作业工装后，可机动灵活的处理部分需要的高空作业。智能化检测可显著降低人员登高作业的风险，增强二衬检测线的一致性，提高隧道二衬检测的效率，可由原来 4 人每台班检测 2 km，提高到 1 人每台班极限检测 8 km。

图 5-39　智能雷达检测机器人

5.2 敞开式 TBM 掘进施工组织

TBM 隧道掘进机采用机械式破岩，集隧道开挖、出渣、初期支护、通风除尘、铺设轨线及水电管线延伸于一体，各工序可实现同步作业，具有快速、优质、安全、环保等施工优点，实现了长大隧道施工的工厂化作业。掘进机包括主机和后配套两大部分，后配套和洞内辅助设施必须与主机协调匹配工作，方能顺利完成掘进施工各项工艺。TBM 全断面岩石掘进机特别适用于山区隧道的开挖。

5.2.1 施工组织安排

1. 适用条件

敞开式 TBM 主要适应于硬岩，能利用水平支撑靴提供反力掘进，刀盘旋转，推进液压缸推压刀盘，盘形滚刀切入岩石，在岩面上作同心圆轨迹滚动破岩，岩渣靠自重掉入洞底，由铲斗铲起，岩渣靠自重经溜槽落入皮带机出渣，这样连续掘进成洞。在施工有一定完整性、稳定性围岩时发挥出色，特别是针对硬岩、中硬岩，支撑系统为其提供足够的推力。洞壁软弱时需对洞壁加固处理后掘进。

敞开式 TBM 一次支护采取锚喷支护，包括钢拱架、锚杆、喷射混凝土、网片、钢筋排等，后期二次支护可进行模筑现浇混凝土衬砌；配置的支护设备主要为锚杆钻机、拱架安装器、混凝土喷射系统。衬砌模式一般不采取同步衬砌，待掘进施工完成后再进行永久衬砌。

2. 设备选型

TBM 选型主要依据工程勘察报告、隧道设计、施工规范及相关标准，对 TBM 类型、驱动方式、主要技术参数、辅助设备的配置进行研究对比。选型时，主要根据 TBM 隧道外径、长度、埋深、地质条件、围土岩性、土体的颗粒级配、地层硬稠度系数、土层渗透率及弃土容重等特征及线路的曲率半径、沿线地形、地面及地下建筑物等环境条件，以及周围环境对地面变形的控制要求，结合掘进和衬砌等因素。

TBM 选用需规避重大风险——极端不良地质占比大，易长期被困、重大安全事故的情况[如长段落软岩大变形、强岩爆、软弱破碎、岩溶地段、长段落完整极硬岩(抗压强度大于 180 MPa)]；对于岩石较完整，有一定自稳性的较硬岩～硬岩地层，断裂、褶皱等地质构造不发育的隧道，重点研究 TBM 方案。

3. 不同地质、围岩段落掘进指标参考(表 5-24)

表 5-24　TBM 掘进隧道施工指标(m/月)

地温类型	TBM 正洞				
	段　落	Ⅱ级	Ⅲ级	Ⅳ级	Ⅴ级
非高温	一般段	360	400	300	150
	中等岩爆	290	320	240	—
	中等为主,局部强烈	180	185	—	—
	强烈岩爆	100	100	—	—
高温	一般段	325	360	270	135
	中等岩爆	260	290	220	—
	中等为主,局部强烈	160	170	—	—
	强烈岩爆	90	90	—	—

4. 前置条件

TBM 掘进前需完成运输、组装、步进及系统的联调联试。

(1)运输

TBM 从结构上分为主机、连接桥和后配套三个部分,主机包括刀盘、护盾、主轴承、驱动系统、主梁、水平支撑、后支撑等组成,后配套系统包括 8 节轨行式台车,后配套台车上布置变压器、配电柜、电缆水管卷筒、除尘通风设备等。通过对 TBM 设备主要部件重量和大件尺寸进行分析统计,一般以刀盘中间块重量(最大吨位)和主驱动变速箱(最大长×宽×高)作为考察运输道路运输能力的必要条件。

(2)组装

现场准备:TBM 组装场地硬化完毕。对吊装所用的绳索器具仔细检查,合格后方能投入使用,避免造成不必要的事故或对设备结构造成的破坏。吊装过程中龙门吊厂家派专人到现场进行指导和确认,所有吊装作业人员必须持证上岗,保证设备能准确就位,避免龙门吊重复起吊,造成不必要的损失。设备吊装作业区设警戒线。完成 TBM 步进导向槽的施工。完成运输准备工作,确保运输能够按照 TBM 吊装需求按时、按顺序到达吊装场地。

技术准备:TBM 组装前对所有参加 TBM 组装的作业人员进行相关技术培训和安全培训。技术人员必须熟悉 TBM 组装各项工序,掌握施工重点和难点。所有 TBM 吊装人员必须接受详细的安全技术交底。作业人员熟悉组装相关施工规范。设备吊装方案编制完成并经过相关部门的审核、批准。施工所用的龙门车必须经过检查并验收合格。钢丝绳使用前应做检测。

组装流程如图 5-40 所示。

组装人员:组装人员分为 3 班,具体人员配置见表 5-25。

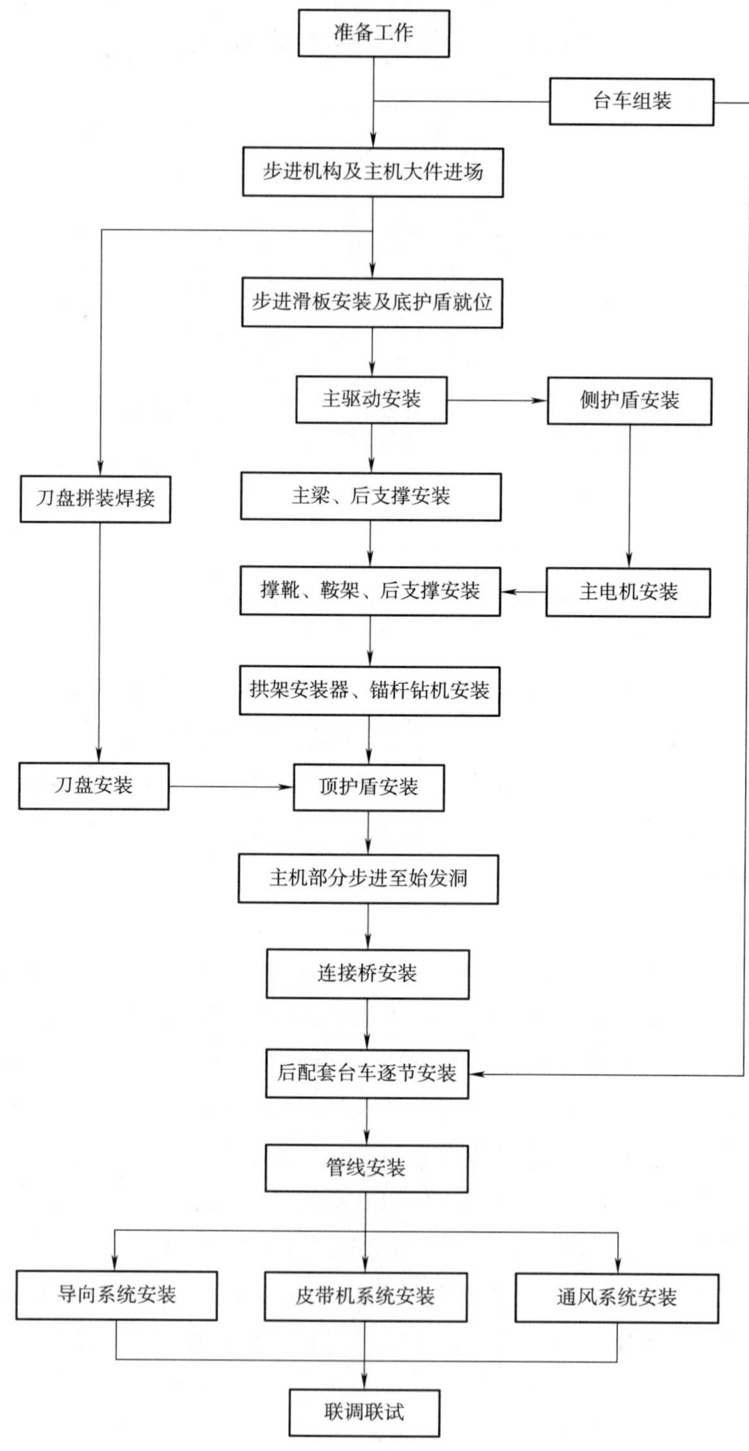

图 5-40 TBM 组装流程图

表 5-25　TBM 组装人员计划表(单班)

序　号	工　种	人　数	备　注
1	现场指挥	1	TBM 组装工作总体组织协调管理
2	司机	2	龙门吊操作手
3	信号工	2	指挥吊装
4	司索工	4	设备吊装挂钩
5	吊装管理人员	2	技术、施工及现场协调管理
6	电焊工	6	进行主机部件焊接等
7	电气工程师	2	管理人员，组织电气部件、管线安装
8	电工	4	电气部件、管线安装
9	机液工程师	2	管理人员，组织机械、液压部件、管线安装
10	机械工	4	机械部件安装等
11	液压工	4	液压管线安装
12	普工	4	辅助 TBM 安装工作
13	保障人员	6	调度 1 人、机车司机 2 人、普工 3 人
14	设备物资	2	库管
15	安全员	2	专职安全管控

(3)步进

步进机构安装：TBM 步进机构为滑板式。

步进机构由滑行机构(滑板和底支撑托架)、步进油缸、提升机构及提升油缸、撑靴单元及支撑机构组成。先测量定位安装步进机构滑板，在滑板设计位置安装底护盾托靴、步进油缸、提升机构及提升油缸。撑靴单元支撑机构可放在一旁，待安装撑靴架时提前安放。

步进步骤：步进过程分五步，步进工序如下：

①推进缸、步进油缸、顶升油缸收回状态下，将后支撑向上收起，如图 5-41 所示。

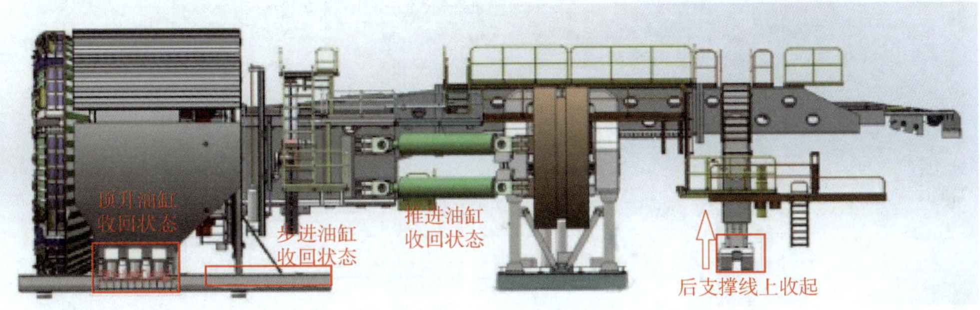

图 5-41　步进第一步

②伸出步进油缸，同时推进油缸会伸出，TBM 主机向前移动，如图 5-42 所示。

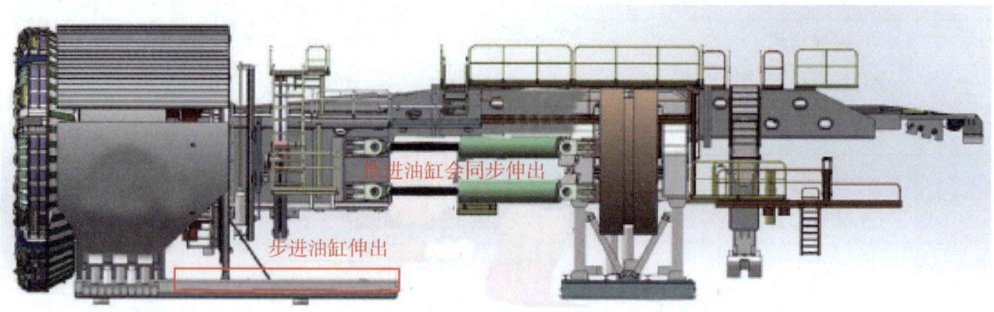

图 5-42 步进第二步

③顶升油缸伸出，然后伸出后支撑，将主机、撑靴支架抬起，如图 5-43 所示。

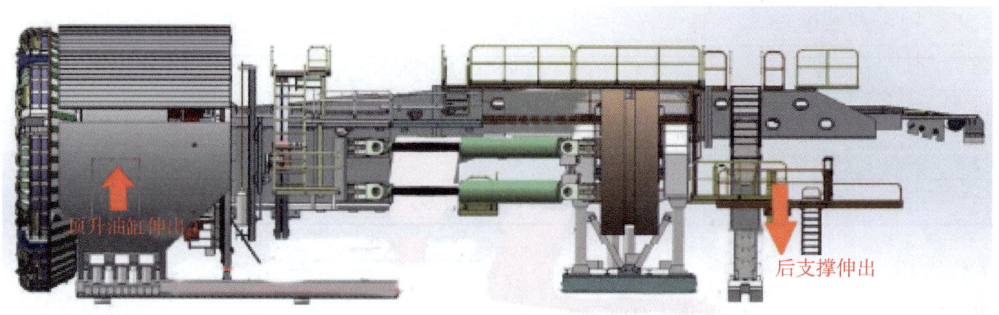

图 5-43 步进第三步

④收回推进油缸，撑靴、撑靴支架向前移动。收回步进油缸，大滑板会向前移动，如图 5-44 所示。

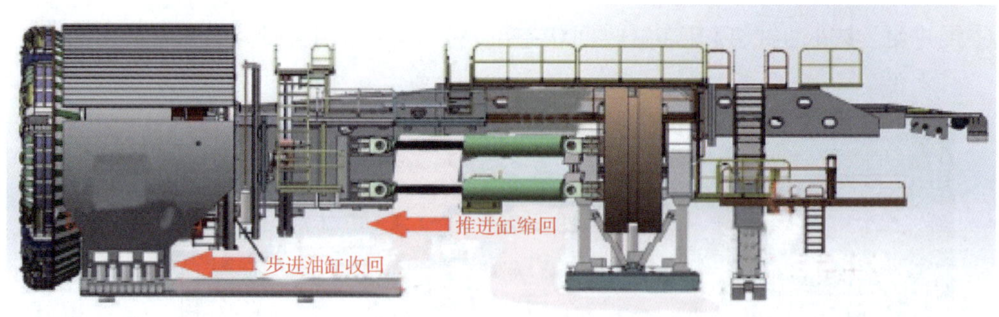

图 5-44 步进第四步

⑤顶升油缸收回，后支撑收回，进入下个循环，如图 5-45 所示。

按上述步骤即完成一个步进循环，继续步进至始发洞就位后，拆下步进装置。

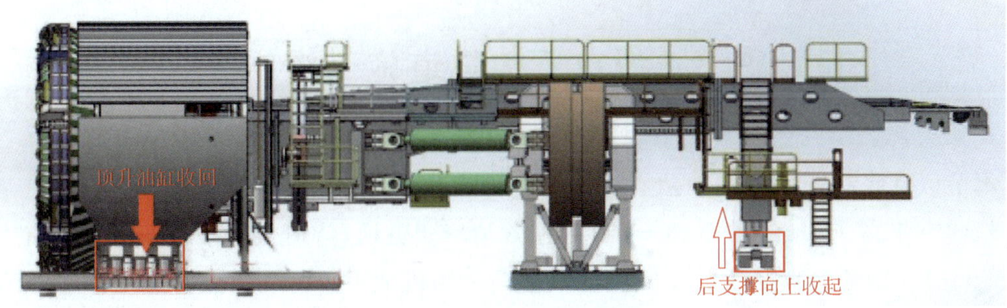

图 5-45　步进第五步

5.2.2　不良地质地段掘进施工

TBM 施工过程中，可能遇见的不良地质主要有破碎带、富水、软岩、岩爆、岩溶、高地温等，导致卡机、淹机等问题。掘进过程中要针对不同地质类型及时采取调整掘进参数、加强超前支护及初期支护、超前阻水注浆和排水、加强人机防护设施、加强通风和局部降温等措施。同时，积极对设备进行适应性创新，例如创新研究钢筋排施工系统、TBM 搭载“实时超前地质预报系统”、超前水平钻探及超前支护施作装置，提高 TBM 应对不良地质的性能。

5.2.3　施工组织信息化管理

(1)可视化运维监控

TBM 掘进过程中，掘进参数、导向数据、设备各部位运行情况等可通过网络实时传输至 TBM 大数据平台。可实时查看 TBM 运行状况、现场地质围岩情况以及设备故障及报警等情况，大数据平台还配备有与现场对讲的功能，从而实现远程监控、远程对讲、远程协助，让 TBM 施工可视化，让现场“看得见”“摸得着”。

(2)规范化数据处理

TBM 大数据平台作为一个服务于现场的重要工具，可以实现标准化的数据采集，专业化数据分析、自动化的数据推送，用来反馈和指导施工，实现数据的价值。

(3)体系化施工管控

TBM 施工大数据平台涵盖风险、质量、进度、设备等各方面，在所有在建 TBM 项目采用施工大数据平台，实现实时、准确、全面的体系化施工管控。

(4)智能化预警

刀具预警、设备预警、物料预警。

(5)强制性维护保养

TBM 大数据平台采用“大数据平台＋手机 App”的方式，在平台中录入维修保养事项及周期，同时绑定手机 App，相关维保及注意事项每天定时发送至手机，现场人员逐项落实，并填写维保记录，实现“强制性维保”，有效避免维护不到位情况发生。

5.3 城市盾构隧道施工组织

本节以京张高速铁路清华园隧道为例介绍城市盾构隧道施工组织。

新建京张高速铁路在 DK13＋400 处进入清华园隧道，隧道全长 6 020 m，其中盾构隧道 4 448.5 m，采用两台直径 12.64 m 的泥水平衡盾构机施工。该隧道位于北京西北方向二环与五环之间，依次下穿学院南路、北三环、知春路、北四环、成府路、清华东路等城市主干道，自 DK19＋420 出地面。盾构段为单洞双线隧道，采用全预制结构拼装。管片设计强度 C50、抗渗等级 P12，管片外径 12.2 m，内径 11.1 m，环宽 2 m，壁厚 0.55 m，采用 6＋2＋1 的模式拼装。轨下结构设计强度 C40，每块单元长 1.98 m，由一块中箱涵、两块边箱涵 3 个部分组成，如图 5-46 所示。隧道最大纵坡 30‰，最小曲线半径 995 m，设计时速 120 km。两台盾构机分别自 2A（深 37 m）、3 号（深 22.6 m）盾构竖井始发，1 号（深 20.8 m）、2B（深 35 m）盾构竖井接收。

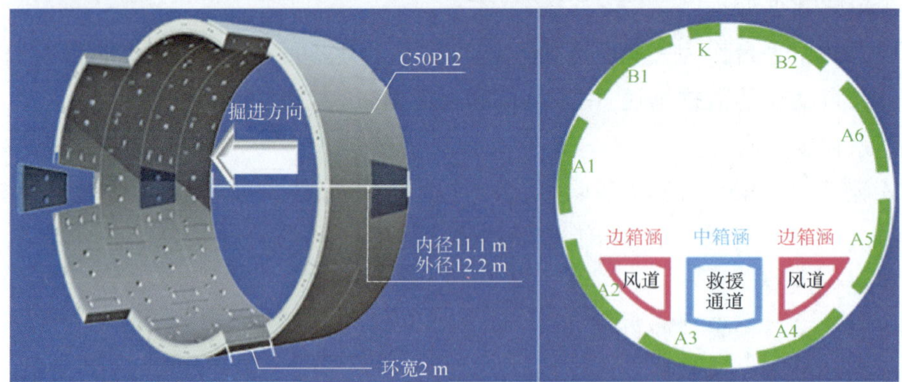

图 5-46 清华园隧道平面位置及隧道结构示意图

该工程主要具有首都城市核心密集区施工组织极为复杂和施工风险控制技术极为复杂两大特征。以居民区和闹市区为主的周边环境以及狭窄的施工场地，对竖井选址、出渣运输组织等提出极高的要求；平行紧邻 13 号地铁线、下穿多条主要市政道路及管线、井口埋深浅（5～7 m）、“上软下硬”特征的复杂底层等，给施工组织提出了极高要求。

5.3.1　总体施工安排

盾构工程施工一般以始发井、盾构机组装调试、掘进、盾构机拆解、隧道内部结构施工为主线条，辅以施工条件准备、盾构机采购制造运输、管片生产等平行组织施工，总体施工顺序如图 5-47 所示。

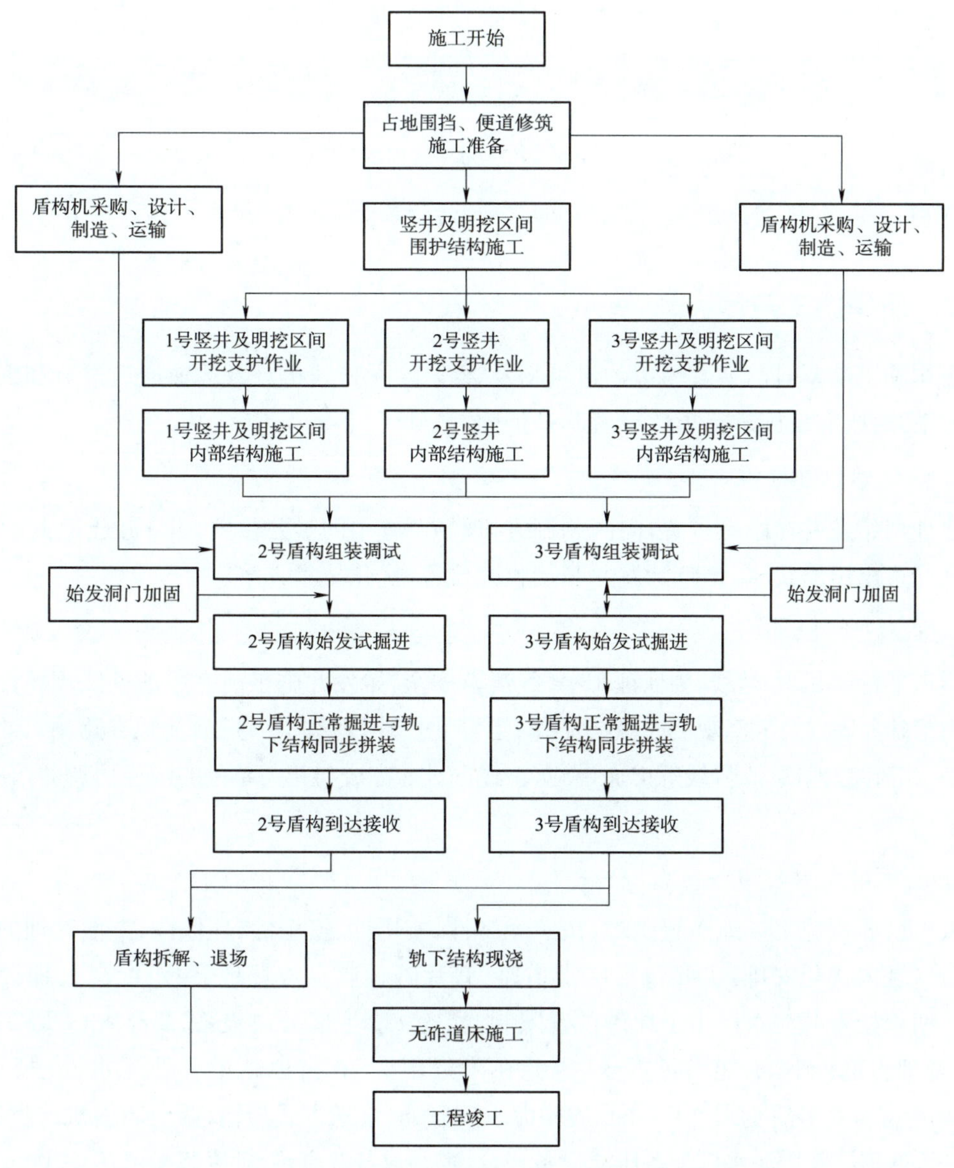

图 5-47　清华园隧道总体施工顺序图

清华园隧道分三个阶段开展施工：第一阶段施工 2 号、3 号竖井和明挖区间，同时完成盾构机采购设计制造、大临设施及端头加固；第二阶段进行隧道掘进施工并同步进行轨下结构拼装施工，同时完成剩余明挖施工；第三阶段在隧道洞通后，完成隧道内附属结构施工，同时完成竖井结构封堵施工。清华园隧道施工平面如图 5-48 所示。

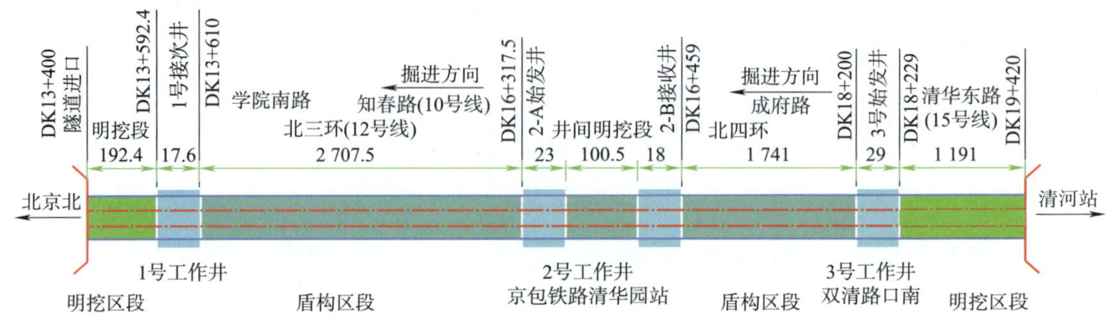

图 5-48　清华园隧道施工平面示意图(单位:m)

5.3.2　盾构施工条件

盾构施工前要对前方及周边的建筑物及管线、竖井位置拆迁及运输通道进行详细调查，落实方案，对既有设施进行拆改或者防护加固。

1. 优化始发井位置

原计划始发井在中间位置，向两侧掘进，现场调查中间竖井位置(2B)拆迁量大、2B 至 3 号井之间进出道路狭窄，调整始发井和接收井位置，优化技术方案。

2. 调查临近结构物

隧道平行紧邻 13 号线，为保证 13 号线运营安全，始发井施工前完成地铁线现状评估、桥梁结构基础加固以及沉降观测布点等工作；下穿北三环、地铁 10 号线(及知春路站)、北四环、成府路、双清路、地铁 15 号线等交通设施，正式掘进前完成与相关单位的沟通协调并落实实施方案。

3. 施工场地筹划布置

城市区盾构施工场地布置困难，按照经济性、实用性、安全性、环保性、方便管理的原则，在狭长区域内优化安排，主要包括施工道路、管片等预制存放场地、泥水配套处理设施等。特别是两处始发井泥水厂由于地理位置限制，配备 4 套泥浆分离设备、1 台离心及和 2 台压滤机，处理容量较小，不能满足需求，因此在附近租赁 70 亩地新增一处泥水处理厂，铺设 6.5 km 管道将 2 号盾构泥水厂、3 号盾构泥水厂联通，泵送方式传输，两台盾构机产生的废浆集中进行处理。新增泥水厂配备压滤设备 2 台，离心设备 2 台，处理废浆量可达 1 200 m^3/d。

5.3.3 盾构选型

盾构机选型主要依据岩土工程勘察报告、初步设计及参考国内外已有盾构工程实例，以确保盾构施工的安全性、可靠性、适用性、先进性、经济性相统一。

1. 盾构机选型分析

盾构机选型需要考虑工程地质条件、周边建筑物分布等多方面因素。地层因素主要有两方面，地下水情况和地层渗透系数、地层土体颗粒级配。

(1)北京地区地下水不发育，但仍需考虑地下水以及地层的渗透系数。其中，粉质黏土渗透系数 $K=1.61\times10^{-9}$ m/s，适宜用土压平衡盾构；卵石土渗透系数 $K=9.26\times10^{-4}\sim1.16\times10^{-3}$ m/s，适宜用泥水平衡盾构；粉细砂渗透系数 $K=5.79\times10^{-5}$ m/s，土压或泥水平衡盾构均适用；中粗砂渗透系数 $K=3.47\times10^{-4}\sim5.79\times10^{-4}$ m/s，适宜用泥水平衡盾构。盾构区间卵石土含量为63%，粉质黏土含量为26%，综合考虑，应选用泥水平衡盾构。

(2)从地层颗粒级配考虑。粉质黏土层50～20 μm粒径颗粒占比约50%，20 μm粒径以下颗粒占比约35%，细颗粒含量较多，渣土较易形成不透水的流塑体，适宜采用土压平衡盾构；卵石土地层中，2～6 cm卵石含量占比为60%，最大卵石粒径超过13 cm，存在漂石、孤石可能性，颗粒粒径较大，土压平衡盾构难以在土舱中建立平衡压力，掌子面易失稳，适宜采用泥水平衡盾构。综合考虑，本工程富水卵石土与粉砂、粉土互层地层，应采用泥水平衡盾构。

(3)从周边环境角度考虑。盾构多次下穿重要建(构)筑物以及地下管线，应严格控制施工引起的地层扰动。泥水平衡盾构在控制地层扰动方面优于土压平衡盾构，使用泥水平衡盾构可降低隧道施工对周边重要建(构)筑物以及地下管线的影响。

综合以上几点分析，清华园盾构隧道采用泥水平衡盾构。

2. 盾构机关键参数分析

采用大开口率的辐条式刀盘，有利于渣土流动及快速掘进，降低刀具磨损，提高刀具一次掘进距离；但对于大直径泥水盾构，综合考虑隧道规模、刀盘功能、渣土性质等各方面因素，辐条式刀盘并不适用，国内外大直径泥水盾构无一例外都选择了辐条面板式或纯面板式刀盘结构，刀盘开口率15%～40%之间。由于隧道卵石土含量达到65%，颗粒粒径较大，刀盘采用辐条面板式结构，刀盘开口率36%左右，开口尺寸(最大可允许进入的粒径)约为96 cm，在刀具配置方面使用刮刀和齿刀配合为主的刀具。

3. 盾构最终选型结果

盾构机由掘进系统、同步注浆系统、泥水输送系统、集中润滑系统、导向系统、数据采集及分析系统、泥水分离系统等构成；具有泥水压力平衡功能、泥水输送及管路延伸功能、自动控制及故障显示功能、方向控制功能、数据采集处理和分析功能、管片安装功能、同步注浆功能、泥水分离等基本功能。盾构机的后配套主要有1节设备桥及4节台车组装。后配套上安装着盾构机的动力源主控室、注浆系统、泥水环流系统、喂片机、管片吊车。

盾构机刀盘选用世界领先的常压背装式换刀方式，刀盘开口率设定为36%的面板式刀盘，刀具共计226把，其中常压可更换刀具80把，配备重型刮刀+先行贝壳刀；主驱动由13个250 kW的变频电机驱动，刀盘转速为0～2.6 r/min，额定扭矩为18 925 kN·m，最大扭矩为26 116 kN，最大推力为160 000 kN；盾构机配置两个人仓，最大操作压力为860 kPa，可通过人仓进入前仓带压工作。盾构机实景如图5-49所示。

图5-49　泥水平衡盾构机实景图

5.3.4　工期指标

工期指标见表5-26～表5-29。

表5-26　盾构施工主要工序进度指标

序　号	项　目	能　力	分　析	备　注
1	掘进—卵石层	15 mm/min	依据机器参数与经验	关键
2	掘进—卵石+土	20 mm/min	依据机器参数与经验	关键
3	掘进—土+砂	30 mm/min	依据机器参数与经验	关键
4	管片拼装	1环/60 min	依据机器参数与经验	关键
5	管片运输	1环/60 min	能力足够	非关键
6	泥浆循环	2×1 250 m^3/h	液态，足够	关键
7	泥浆分离	250 m^3/h	固态，足够	关键
8	废泥浆压滤	160 m^3/d	固体，足够，稍为欠缺	非关键
9	渣土外运	1 500 m^3/夜	松散固体物，足够	关键
10	洞底找平	300 m^3/d	运输作业，足够	关键
11	无渣道床	100 m/d	运输作业，足够	关键

表 5-27　盾构施工主要日进度指标

序　号	地　　质	掘进时间	管片拼装时间	理论计算	计划采用	效　　率
1	卵石层	140 min/环	60 min/环	6.0 环/d	4 环/d	66%
2	卵石+土	100 min/环	60 min/环	7.5 环/d	5 环/d	66%
3	土+砂	70 min/环	60 min/环	9.0 环/d	6 环/d	66%

表 5-28　盾构施工主要月度进度指标

序　号	地　　质	每天进度	每月进度	备　　注
1	卵石层	4.0 环	25×4.0×2=200	每月考虑 5 d 维保换刀等停机时间
2	卵石+土	5.0 环	25×5.0×2=250	
3	土+砂	6.0 环	25×6.0×2=300	

表 5-29　清华园隧道施工进度

工程项目名称	开始时间	完成时间	工期/d
工程开始	2016.03.01	—	
场地征拆、管线改移、树木伐移	2016.03.01	2016.08.10	163
办公生活区建设、大小临工程建设	2016.08.11	2016.11.20	100
京包断线、轨道拆除、道砟清理	2016.11.21	2016.11.30	10
3 号竖井及明挖区间施工	2016.12.01	2017.07.12	224
2 号竖井施工	2016.11.21	2017.08.30	282
1 号竖井及明挖区间施工	2017.07.13	2018.03.10	240
2 号竖井盾构机组装调试	2017.08.31	2017.11.29	90
2 号～1 号竖井区间盾构施工	2017.11.30	2018.12.20	385
2 号～1 号竖井区间盾构拆解	2018.12.21	2019.02.19	60
2 号～1 号竖井区间无砟轨道施工	2019.02.20	2019.03.27	37
3 号竖井盾构机组装调试	2017.07.13	2017.11.19	90
3 号～2 号竖井区间盾构施工	2017.11.20	2018.07.29	252
3 号～2 号竖井区间盾构拆解	2018.07.30	2018.09.28	60
3 号～2 号竖井区间无砟轨道施工	2018.09.29	2018.11.30	30
铺轨(配合)	2019.04.15	2019.04.20	5
四电(配合)	2019.04.21	2019.12.30	290
工程竣工	—	2019.12.31	

5.3.5　施工组织信息化管理

1. 基于 BIM 技术的施工组织管理

清华园盾构隧道 BIM 协同管理平台，综合运用 BIM、互联网、物联网、大数据等信息化技术，将隧道主体结构、地质、周边构筑物、市政管线道路等 BIM 模型无缝融合，形成了集进度、质量、安全风险及盾构机远程监控为一体的综合管理平台，实现清华园隧道精益建造作业流程，提高作业协同效率。BIM 平台架构如图 5-50 所示。

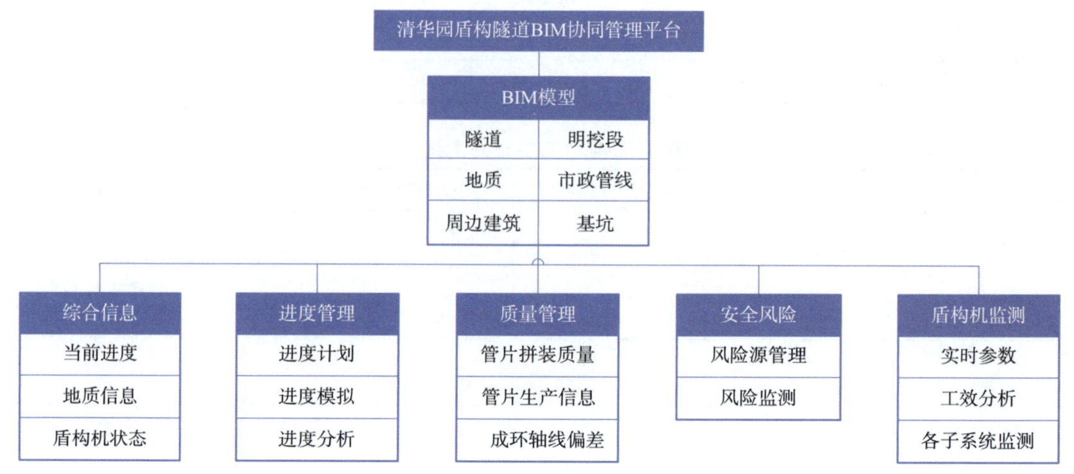

图 5-50 BIM 平台构架

(1)进度管理

通过编码关联 BIM 模型，通过不同的颜色显示当前的进度状况，数据驱动 BIM 模型进行进度信息可视化展示；实现对工程计划进度模拟推演、实际进度动态跟踪及形象化进度分析等。

(2)质量管控

对管片拼装质量信息、管片椭圆度、管片病害及成环隧道轴线偏差等工程质量数据的可视化分析、展示，提高隧道质量管控能力。

(3)风险管控

对隧道工程施工过程中安全风险监测信息动态分析、风险及时预报警、风险源及时提醒、风险形象化展示。

2. 大直径盾构可视化技术

(1)可视化六大模块

可视化施工系统集施工监测数据、施工信息以及施工管理信息于一体，对海量数据进行处理分析，通过数字化、可视化技术实现不同的功能。主要包括工点信息、盾构监控、工程 GIS、监测数据、视频管理以及系统管理等六大模块，系统界面如图 5-51 所示。

不同模块可以实现不同的系统功能，各模块之间也存在相互联系和数据交换。工点信息模块可以让用户根据工程的施工工点快速匹配该工点的所有信息，包括该工点在整个工程进度图中所处的位置信息、工点的施工巡查信息、工点附近相关测点的监测数据和信息，以及利用相关安全控制标准自动分析判断的安全评估信息。风险源可视化根据风险源特点

图 5-51　可视化系统界面

和地质信息建立模型，以神经元网络计算为基本原理，实现施工过程中对风险源的人工智能预测和切实可控；盾构推进前采用施工仿真模拟进行沉降分析，确定指导性施工参数，经过海量数据的处理分析，实现精确预测风险源沉降控制所需的盾构参数，推进中根据实时沉降数据反馈进行修正和优化，保证各类风险源的安全。参数预测与实际对比如图 5-52 所示。

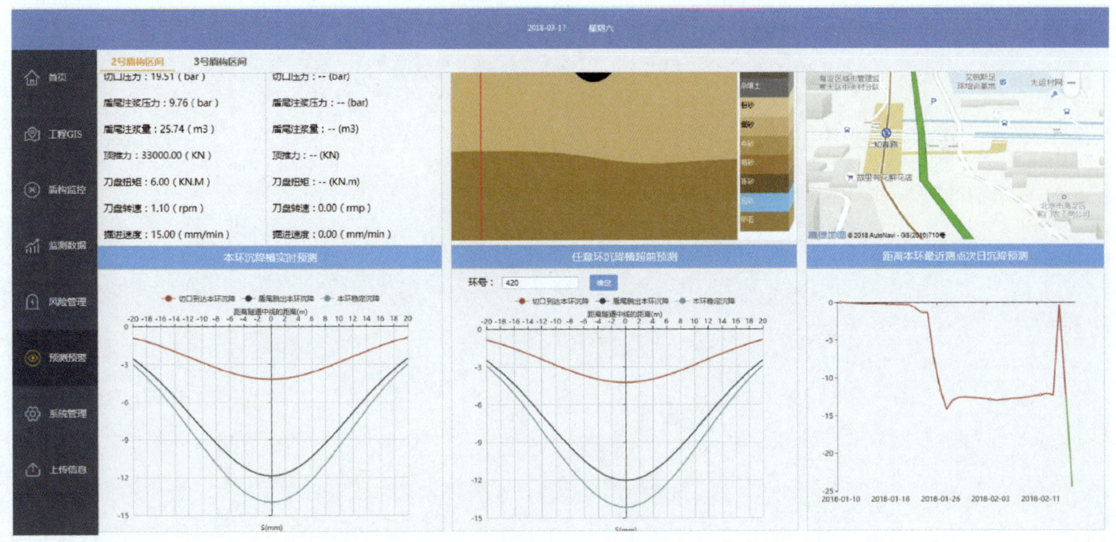

图 5-52　参数预测与实际对比

(2)可视化透明施工技术

项目构建基于 BIM+GIS+IoT 技术的可视化技术，通过地层变形演变预测结果的应用和高精度远程自动监测技术对邻近建筑物变形趋势进行精准研判，对不同条件下盾构施工参数自动采集、监测、分析和智能优化，实时预测数据和监测数据的融合对比分析，对地质和环境风险给予超前预判和参数建议，现场得以实时优化调整掘进参数，实现风险透明、施工最优，保证了盾构穿越关键风险的施工全过程安全可控。

3. 应用“云监控”技术

应用基于 BIM＋物联网的实时感知与预警综合技术，施工数据同步上传到公司大盾构数据监控指挥中心，盾构专家 24 h 提供远程监控和技术服务，智能检测分析预警，使 100 余处风险源的穿越始终处于安全可控状态。同时数据监控指挥中心可对参数信息采集存储，为施工和运维提供全周期的数据服务。

第6章 路基工程施工组织创新与实践

路基是承受轨道结构重量和列车荷载的基础，是铁路线路工程的重要组成部分。高速铁路对轨道的平顺性和稳定性提出了更高的要求。与此相应，高速铁路路基除应具备一般铁路路基的基本性能之外，还需要满足高速铁路轨道对基础在强度、刚度、平顺性以及运营维护方面提出的严苛要求。

6.1 路基工程施工组织要点

6.1.1 高速铁路路基工程特点及结构设计要求

路基工程呈线性分布，线长、工作面多，施工组织与管理的工作量大。路基工程施工需要露天作业，受当地气温、降水等自然条件影响大，尤其是受当地降水影响大，雨季路基施工困难，质量难以保证；东北和西北季节性冻土地区还受气温影响，冬季不能进行路基填筑，冬季施工措施代价大。路基工程经过软土、松软土、膨胀土（岩）、湿陷性黄土等特殊土和不良地质类型多，工程地质和水文条件复杂，地基处理工程量大，隐蔽工程多，质量控制难度大。路基地基处理、土方填筑和路堑开挖以采用机械作业为主，人工配合，但是在路基支挡、边坡防护及防排水工程中机械化程度较差，需要大量的人工进行作业，施工组织协调和管理难度大，工程质量控制难度大。石质路堑开挖采用爆破开挖时还存在较大的安全风险。

路基工程施工包含路基土方填筑、路堑开挖、边坡支挡防滑、防排水等各分项工程，还涉及取土场、弃土场、级配碎石拌和站、改良土拌和站、混凝土拌和站、小型构件预制场等临时工程，各分项工程的施工顺序及有效衔接以及拌和站、取土场、预制构件场等临时工程建设及生产情况直接影响路基工程的进展。路基取土、弃土、路堑开挖及填料生产改变了沿线原有的自然状态和地形地貌，对当地生态环境、水土保持等影响较大。路基不仅受到自然条件的影响，而且还可能受到征地拆迁、三电迁改等的影响，与地方协调和配合工作量大，制约因素多。

高速铁路针对路基工程的性能要求和技术特点对路基构造提出以下了明确的要求：

（1）提高填料标准和基床压实度，强化路基基床，减少路基本体的变形。路基本体的变形主要指本体的压缩沉降、路基上拱(含路基冻胀);季节性冻土区应加强填料细粒含量的控制。

(2)加强地基处理,控制路基基底的变形。地基处理的目的是提高地基承载力,减少地基沉降,满足构筑物稳定或变形控制要求。地基处理分为两类。一类是对天然地基土体全部进行土质改良,如排水固结法、强夯法、原位压实法、换填法等。另一类是形成复合地基,分为三类:散体材料复合地基、柔性桩复合地基和刚性桩复合地基。散体材料复合地基如碎石桩复合地基、砂桩复合地基等。柔性桩复合地基如深层搅拌桩复合地基、旋喷桩复合地基等。刚性桩复合地基如 CFG 复合地基、管桩复合地基、钢筋混凝土复合地基等。复合地基有以下两个基本特点:加固区是由基体和增强体两部分组成的,是非均质的、各向异性的;在荷载作用下,基体和增强体共同承担荷载的作用。我国在高速铁路建设中广泛采用 CFG 桩、预应力管桩、挤密桩、搅拌桩、桩网、桩板、桩筏复合结构处理软土、松软土、湿陷性黄土等特殊土地基,以控制路基总沉降和工后沉降。

(3)在路桥、路涵等横向结构物两侧设置过渡段。通过设置过渡段实现轨道刚度过渡,控制不同结构物间沉降差异。

(4)加强路基的防排水措施,加强边坡和灾害的防护。为了绿化、美化环境,高速铁路路基边坡主要采取骨架护坡、锚杆(锚索)框架梁与植物防护相结合的边坡防护形式。路基支挡工程主要采取重力式挡土墙、扶壁式挡土墙、抗滑桩和桩板墙、预应力锚索等支挡结构。同时,对路基的防排水功能进行系统设计。

6.1.2 路基工程施工组织总体要求及安排原则

1. 路基工程施工组织总体要求

路基施工组织设计应以工程质量和安全为前提,以优化工期、资源配置和投资效益为目标,结合工程实际,对路基工程地基处理、路基填筑、路堑开挖、支挡防护及防排水等施工全过程进行系统规划与合理组织。

路基工程施工组织设计应根据路基工程所处自然环境、工程特点及重难点,通过经济技术比选,合理设置施工便道、取土场、弃土场、填料拌和站、小型构件预制场等临时工程,根据现场实际情况选择适宜地基处理、路基填筑及路堑开挖等分项工程的施工方案,并根据项目指导性施工组织设计或标段工期确定路基施工进度计划,在此基础上进行资源配置,确保高效地完成建设任务。

路基施工组织设计应在取土场、弃土场、填料拌和站、小型构件预制场、防排水工程设置等方面遵循节约用地、节能环保、因地制宜的原则,力求永临结合、节省投资,并重视防灾减灾、文物保护等。

路基工程施工组织设计应满足铁路建设标准化管理要求,积极采用现代化管理手段,推广桩基智能施工、路基智能填筑、水沟滑模施工等先进工艺及先进技术,提高“机械化、工厂化、专业化、信息化”水平。

2. 路基施工组织总体安排原则

(1)开工前做好地质核查、施工图核对和取土场调查工作。路基工程开工前,应落实取土场和填料来源,根据附近隧道洞渣开挖和路堑石方开挖安排施组,落实土方调配方案,并对料源地的填料质量进行核查,尤其应核查填料中蒙脱石、硫酸盐及黄铁矿等膨胀性物质的含量;建设单位开工前应组织水文地质、工程地质、地形地貌等核查和施工图核对,形成核查报告,作为工点开工条件和设计优化依据。

(2)以"架梁铺轨"工程为主线进行路基工程施工安排。路基工程施工组织设计首先应以"架梁铺轨"工程为主线,统筹安排地基处理、路基填筑、路堑开挖、支挡防护及防排水等相关工程,按照技术可行、经济合理的原则,做好施工组织方案比选,优化人、材、物、机等资源配置,突出重点,合理安排施工顺序,注重工程接口,均衡组织生产。

(3)高速铁路路基沉降变形观测期满足规范要求并通过沉降评估后方可进行轨道工程施工。高速铁路路基工期安排应考虑路基的沉降变形观测期,根据《铁路工程沉降变形观测与评估技术规程》(Q/CR 9230—2016),路基填筑完成或施加预压荷载后沉降变形观测期不应少于 6 个月,并宜经过一个完整雨季。高速铁路路基沉降变形稳定并通过评估后方可进行后续轨道工程施工。

(4)路基首件工程评估计划应纳入建设单位指导性施工组织设计。根据《铁路建设项目首件工程评估管理办法》(铁办工管〔2022〕26 号)相关要求,项目开工后,建设单位指导性施工组织设计应选取路基工程首件工程评估段落或工点编制《首件工程实施计划》,纳入指导性施工组织设计并动态调整。

(5)路基工程应尽量避开雨季施工。路基工程为露天作业工程,地基处理、填料生产及路基填筑在降雨时都无法保证施工质量,考虑到路基相比于隧道可开的工作面更多,路堑土石方开挖和路基填筑宜避开当地降雨集中期,如果工期紧张,必须在雨季施工时,应采取切实可行的雨季施工质量保证措施。

(6)应加强特殊土路基施工组织安排。高速铁路软土、松软土、膨胀土(岩)等特殊路基工程应作为重点工程组织施工。路基工程开工前,勘察设计单位应明确软土、膨胀性岩土、湿陷性黄土等特殊岩土详细分布段落,提供岩土物理、力学参数,并提出有效可靠的处理措施和变形监测方案,膨胀(岩)土路堑开挖不应安排在雨季施工,季节冻土区路基工程应尽量避免冬季施工。

(7)路基本体与支挡、防护及防排水工程同步实施,同时完成。路基工程暴露在自然环境中,容易遭受风霜雨雪等的侵蚀,尤其在路基地基处理和路基填筑施工过程中,如果永临结合的防排水设施不到位,极易导致路基基底被水浸泡,或者填筑完成的路基面和路基边坡被水冲刷,路基边坡开挖后如未及时进行边坡支挡防护,暴露时间过长,在降雨的诱因下可能导致边坡失稳,因此路基施工应按照路基本体与支挡、防护及防排水工程同步实施、同时完成的原则进行组织安排。

(8)车站路基应与新线引入工程同步规划设计,同步实施,统筹施工安排。高速铁路车站路基站线、站台与正线地基处理措施应系统设计,综合考虑荷载特征、沉降标准、施工工序等因素,加强正线路基、站线路基、岔区路基、旅客地道、站台墙、雨棚等各种结构的变形协调设计;对软土、松软土、湿陷性黄土、高填方等车站路基工程,还应考虑车站建成后周边环境变化(特别是地方实施市政工程抽降水影响),有针对性地优化地基处理设计措施,并进行车站路基沉降变形专项设计安全风险评估。车站路基应与新线引入工程同步规划设计,同步实施,并与周边地方市政工程统筹施工安排,车站站台填筑应与正线路基(含预压土)同步完成;综合接地线、电缆过轨钢管、线间集水井、横向排水管等应与路基填筑同步完成;站房及地方市政基坑工程宜与车站路基同步实施、同步完成,确有特殊原因站房施工和市政基坑滞后于车站路基施工时,建设单位应组织各方研究提出可靠的措施,确保建成的车站路基工程稳定。

(9)路基施工全过程统筹做好防排水工程施工安排。在建设期间设计单位应根据施工现场地形、地貌和构筑物等条件变化,对排水系统进行系统设计;建设单位应组织设计、咨询、施工、监理单位与地方相关部门对接市政排水方案,满足车站排水需求;在路基施工全过程中应严格按照"永临结合"的原则做好防排水工作,严禁出现场地积水、断头沟、坡面散排冲刷、涵洞积水、红线外地表水回灌、路基坡脚积水等情况;路基施工前应按地形和设计要求及时做好天沟及坡脚排水沟,路堑开挖过程中应做好边坡截、排水;在路基工程主体基本完成时,建设单位应及时组织设计、咨询、施工、监理和运营管理单位对防排水工程逐段进行排查,并有针对性地优化防排水设计,确保排水系统的位置、起讫点、过水能力及衔接合理有效。

(10)高度重视外部环境变化对路基沉降变形的影响。施工过程中要加强区域性沉降地区的区域变形和地下水位监测工作,定期组织对路基两侧堆载、挖土、打井等外部环境排查。无砟轨道工程实施前,建设单位应组织完成对路基两侧 200 m 范围水井封闭。

6.1.3 路基工程施工组织设计编制

1. 专项实施性施工组织设计主要内容

(1)编制依据、编制范围。主要交代路基工程专项实施性施工组织设计所依据的全线指导性施工组织设计、标段实施性组织设计文件等;路基专项施组编制的范围可以是项目全线路基工程、标段内路基工程,或某个车站路基工程等。

(2)路基设计概况及工程概况。路基设计概况主要包括地基处理、路基填料、边坡支挡防护及防排水等环节的设计情况;工程概况主要包括路基长度,路基工点数量以及路基土石方、地基处理工程数量等信息。

(3)路基工程所在地区特征。主要包括路基工程所经过区域的地形、水文、资源供应情况、施工环境及施工条件等。

(4)总体施工组织安排。包括总工期安排、主要阶段工期安排及专业工期安排、各工程接口关系等;施工部署及施工方案:部署施工任务,安排施工顺序。通过技术经济评价,选择最佳施工方案。施工进度计划:最佳施工方案在时间上的体现,在此基础上编制资源需求计划和施工准备计划。施工平面图:施工方案和进度计划在空间上的体现使整个现场能有组织地进行文明施工。

(5)临时工程及过渡过程。取弃土场设置、施工现场的布置,包括各项临时工程的设置方案、位置和布局等。

(6)施工方案。主要包括路基地基处理、路基填筑、支挡防护等工程施工区段的划分、施工方法的确定、施工机具的选择、施工顺序安排及土石方调配等。施工区段划分应避免路基与涵洞、桥台、隧道洞口、站房基础等工程的施工交叉干扰。移挖作填路基施工顺序安排时应考虑路基填筑的填料需求与路堑开挖进度、隧道出渣进度的协调等。

(7)资源配置。主要包括路基工程所需的劳动力、材料、机械设备采购供应方案、分年度主要材料设备采购供应计划、关键施工装备的数量及进场计划等。

(8)信息化技术的应用。主要包括路基桩基、路基填筑、桩基检测等工程的信息化施工及检测,BIM 技术应用实施方案等。

(9)施工组织管理措施。主要包括施工组织机构,现场组织协调,施工现场监控,现场安全风险管理与控制,安全、质量、工期、环保等方面保障措施,冬季、雨季等施工措施,应急预案及措施。

2. 路基工程施工进度计划编制原则

(1)路基工程施工进度计划编制应以“架梁铺轨”工程为主线进行工安排。

(2)应根据企业及现场组织机构管理水平、技术装备水平合理安排工期,并应留有适当余地。

(3)路基工程应与桥涵工程做好施工衔接,原则上区段内的小桥和涵洞工程应结合路基工程进度安排,在路基工程完工前 0.5～1.5 个月完成,以便有充足的时间做好过渡段填筑、涵洞洞顶土方填筑、锥体护坡等工作。

(4)路基地基处理、路基填筑及路堑开挖工期安排应相互协调,路基主体与支挡防护、防排水等各项工序应前后兼顾、衔接合理,合理安排施工顺序,注重工程接口,力求减少干扰,均衡施工。

(5)在确保质量安全和总工期的前提下,以“均衡分配”为原则,对路基工程所需的劳动力、机械设备、物质和资金进行合理安排,充分发挥资金的时间价值和投资效益。

(6)路基进度计划安排应考虑地基处理、路基填筑等路基首件工程准备及评估,并纳入路基工程施工进度计划。

(7)路基土石方工程施工安排要重视土石方调配方案,移挖作填的路基工点应根据路堑开挖和隧道弃渣的施工安排进行针对性安排。

(8)路基工程进度安排应充分考虑路基堆载预压、沉降观测及评估等需要的时间,并纳入路基工程施工进度计划。

3. 路基工程工期参考指标

(1)施工准备

路基工程施工准备可与桥、隧等工程的施工准备同步开展,路基工程施工准备主要包括开工前的熟悉设计文件,施工图纸及设计文件核对,地质核查,施工调查,线路控制桩和路基中线、高程核对,施工前取弃土场核查,路基填料复查和试验,工艺性试验,施工便道规划施工,改良土拌和站及填料拌和站的规划及设置等。路基工程施工准备根据路基工程量的大小一般需要1～3个月时间。

(2)地基处理

高速铁路将路基工程不可避免地穿越软土、松软土、湿陷性黄土、膨胀土、冻土等地区,地基处理是高速铁路路基工程最重要的工程,也是开工后优先开展的工程内容,主要包括CFG桩、螺杆桩(螺钉桩)、水泥搅拌桩、旋喷桩、打入桩、混凝土灌注桩、水泥土搅拌桩、柱锤冲扩桩、碎石桩等桩基类型。高速铁路地基处理工程一般安排3～6个月时间,单工作面、基本工班、单台(套)设备配置情况下,地基处理主要工程工期参考指标见表6-1。

表6-1　地基处理主要工程工期参考指标

序号	工程项目	工作内容	工期参考指标/(万 m·月$^{-1}$)
1	CFG桩	试桩、放样、桩机就位、钻进、灌注、提钻、桩机移位等	1.5～1.8
2	螺杆桩(螺钉桩)	试桩、放样、桩机就位、钻进、灌注、提钻、桩机移位等	1.4～1.6
3	预应力管桩	静压法	1.0～1.2
		锤击法	1.0～1.2
4	水泥搅拌桩	试桩、放样、钻机就位、喷浆下钻、钻至设计深度、第一次提升搅拌至停灰面、复搅下钻至桩尖、第二次提升搅拌至停灰面、桩头复搅提出钻头停机、钻机移位等	0.6～0.7
5	粉喷桩	试桩、放样、桩机就位、钻进至设计深度、喷粉、搅拌提升、复搅、提升至桩顶、钻机移位等	0.4～0.5
6	旋喷桩	试桩、放样、钻机就位、地面试喷、钻孔、旋喷、冲洗钻机、钻机移位等	0.4～0.5
7	打入桩	试桩、放样、桩机就位、打桩、接桩、桩头处理、桩机移位等	0.5～0.6
8	混凝土灌注桩(钻孔桩)	试桩、放样、钻机就位、钻孔、下钢筋笼、混凝土灌注等	参考桥梁钻孔桩工期指标
9	水泥土挤密桩	试桩、放样、成孔、填料、锤击成桩、桩机移位等工序(主要设备包括1台成孔机、两台夹杆夯锤机)	1.8～2.2
10	柱锤冲扩桩	包括放样、成孔、填料、锤击成桩、桩机移位等工序(主要设备包括1台柱锤冲压机,1台填料小车)	1.8～2.2
11	碎石桩	测量放样、机具就位、沉管、加料、拔管、桩管下压、拔管、机具移位等	0.5～0.6

(3)路基填筑

高速铁路路基填筑主要包括基床表层级配碎石填筑，基床底层 A、B 组土或改良土填筑，以及基床以下路基 A、B、C 组土或改良土填筑及过渡段填筑等。主要工序包括填料生产、拌和、运输、填料检验、“四区段、八流程”填筑施工、压实质量检验、防排水等工作内容。路基填筑单工作面、基本工班情况下的工期参考指标见表 6-2。

表 6-2　路基填筑单工作面工期参考指标

序　号	工程项目		工期参考指标/(万 m^3 · 月$^{-1}$)
1	基床表层级配碎石填筑		2.5～3.0
2	基床底层 A、B 组土或改良土填筑		2.7～3.0
3	基床以下路基 A、B、C 组土或改良土填筑		3.0～3.6
4	过渡段	路桥过渡段	0.28～0.35
		路堤与横向结构物过渡段	0.35～0.42
		路堤与路堑过渡段	0.27～0.33
		路基与隧道过渡段	0.32～0.40

(4)路堑开挖

路堑开挖工期指标主要受土石比的影响，不同土石比土方开挖的工期参考指标见表 6-3。

表 6-3　不同土石比土方开挖的工期参考指标

序　号	土 石 比	工期参考指标/(万 m^3 · 月$^{-1}$)
1	10∶0	5.3～7.4
2	8∶2	3.5～5.4
3	5∶5	4.1～4.2
4	2∶8	3.0～3.6
5	0∶10	2.4～2.9

(5)路基支挡及边坡防护工程

高速铁路路基支挡工程是保证路基边坡安全稳定的重要结构，主要包括重力式挡土墙、桩板式挡土墙、悬臂式和扶壁式挡土墙、桩基托梁挡土墙、抗滑桩、预应力锚索、锚杆挡土墙、土钉墙、加筋土挡土墙等结构形式。

高速铁路路基边坡防护工程是指为防止路基坡面发生溜坍等病害所采取的防护加固措施，主要包括植物防护、混凝土骨架护坡、实体护坡(墙)、孔窗式护坡(墙)、锚杆框架梁护坡、喷射混凝土(砂浆)护坡等，其中高速铁路最常用的防护是混凝土骨架护坡、锚杆框架梁护坡和植物防护等形式，工期参考指标见表 6-4。

表 6-4　高速铁路路基边坡防护工程工期参考指标

序　号		工程项目	工程内容	工期参考指标/(圬工方·月$^{-1}$)
1	路基支挡工程	混凝土挡墙(含重力式挡墙、悬臂式和扶壁式挡土墙等)	测量放样、基坑挖填、模板安拆、混凝土浇筑、养护等	1 400～1 700
2		浆砌片石挡墙	测量放样、基坑开挖、地面以下墙身砌筑、基坑回填,地面以上墙身砌筑、墙顶封闭等	1 000～1 200
3		桩板式挡土墙	测量放样、桩孔开挖、支护、钢筋骨架制安、桩身混凝土浇筑,挡土板、上部桩身制安,墙后填筑等	250～300
4		抗滑桩	测量放样、桩孔开挖、通风,护壁,钢筋笼制安、桩身混凝土浇筑等	350～400
5		预应力锚索		
6	边坡防护	浆砌片石护坡	测量放样、清理修整边坡、基础检查、砌筑、勾缝、抹面、检查验收	1 100～1 300
		混凝土骨架护坡		1 000～1 200
		锚杆框架梁护坡		800～1 000

6.1.4　新技术应用和信息化施工组织实践

1. 桩基施工自动监测系统在地基处理工程中的应用

在以往的铁路建设中,路基 CFG 桩、螺杆桩等桩基施工过程控制主要靠施工和监理单位技术人员现场管控并在施工现场如实进行记录,辅以承载力试验等手段抽样检测其成桩质量。由于路基地基处理工程属于隐蔽工程,桩基体量较大,受到人力不足等条件制约,施工过程见证和施工记录存在客观性较差、难以考证等弊端,承载力试验费时费力、难以大量开展;另外,路基填筑完成后一旦出现路基下沉等路基病害,桩基施工质量现场核查评估工作量大,需要时间较长。因此,亟须建立一种桩基施工质量自动监控系统,对桩基施工过程进行有效地过程控制、管理和记录。2018 年起,国铁集团开始正式研发试用桩基施工系统,并第一次在太焦高速铁路螺杆桩施工中进行试用。2020 年桩基自动监测系统基本完善并接入国铁集团工管中心工程管理平台。

桩基施工自动监测系统主要由监测单元、工控单元、数据管理单元组成,其中监测单元是系统的核心部分,对桩基施工过程中的桩位、桩深、桩体垂直度、钻探动力指标等关键参数进行自动化监测。监测数据在数据管理单元中进行分析、处理,结合工控单元进行展示,并通过数据管理单元上传至后端平台。该系统采用北斗卫星定位系统实现钻机的自动就位引导,利用北斗定位(编码器、线位移传感器)、倾角传感器、电流传感器等自动化监测装置分别对施工过程中的桩位、桩深、桩体垂直度、钻探动力指标等进行实时监测,自动判断桩基施工过程中各项关键参数是否满足相关质量要求,对超限值进行提示。通过与铁路工程管理平台发布的相关接口规定对接，将监测数据实时上传至网络平台进行同步展示，实现了桩基施工的远程管理。该系统已在太焦、郑万、京张、京雄、牡佳、赣深、贵南等高速铁路建设项目上得到成功应用。桩基施工自动监测及信息化管理系统如图 6-1 所示。

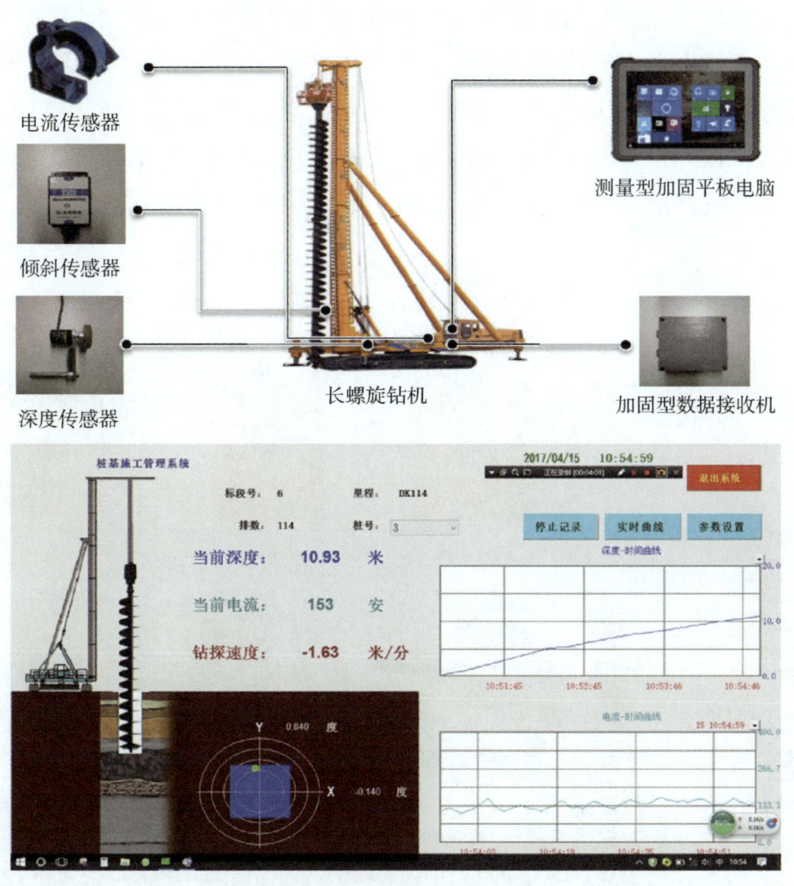

图 6-1　桩基施工自动监测及信息化管理系统

2. 桩头前截法新工艺在地基处理工程中的应用

复合地基螺杆桩、CFG 桩、管桩等刚性桩桩帽传统施工顺序为：桩身施工完成后，再开挖一定深度的桩间土，然后截除桩头，桩基无损检测合格后施工桩帽，最后回填桩间土施作褥垫层，该工法施工过程中混凝土超方严重，且在桩间土机械开挖及桩头截除过程中易造成浅层断桩，另外桩帽施工也需要再次进行开挖立模，施工工序复杂，工效低成本高，质量控制难。

为降低桩头处理的断桩率，提高施工效率，节约成本，大西客专建设期间对复合地基螺杆桩桩头处理及桩帽施工工艺流程进行优化改进和创新，并在太焦高铁高平东站进行了试点，在朝凌、牡佳、潍莱等高铁项目建设中得到了成功应用。桩头前截法工艺主要创新点如下：

(1)将刚性桩复合地基施工顺序优化为:桩身施工前对原地面处理整平至桩帽顶高程,在成桩过程中将桩顶高程准确控制在设计高程位置,桩身检测合格后采用土模法施工桩帽,最后施作褥垫层。通过工艺改进有利于节约混凝土,避免了桩头截除过程中对桩头造成损害;对桩间土扰动较小,有利于达到"桩土一体受力"的复合地基效果,且工效高、成本低。

(2)将桩帽开挖人工立模浇筑混凝土改进为先将桩帽高程以下土体碾压密实,然后利用机械开挖出圆形杯状桩帽,土模浇筑混凝土。通过工艺改进,省去了桩帽间土体的开挖,避免了浅层断桩,机械开挖土模浇筑桩帽混凝土提高了施工功效,提升了工艺质量。

复合地基刚性桩桩头前截法施工工艺流程及实例如图 6-2 所示。

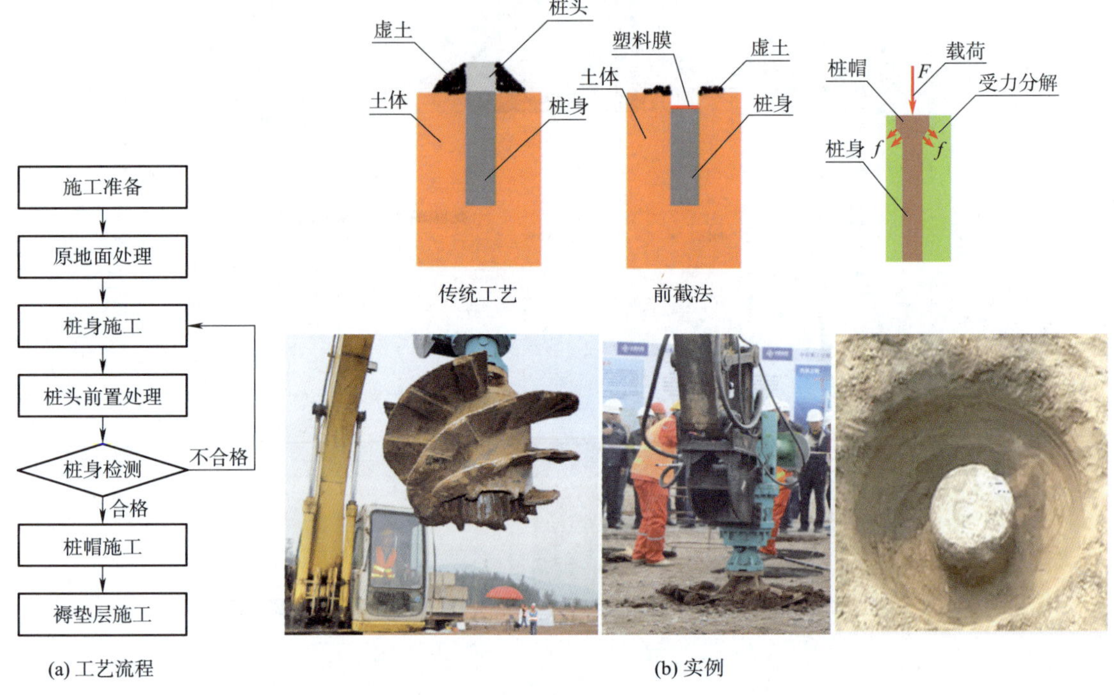

图 6-2 复合地基刚性桩桩头前截法施工工艺流程及实例

3. 智能填筑在站场路基填筑施工中的应用

铁路路基填筑按"三阶段、四区段、八流程"的施工工艺组织施工,主要工序包括填料运输、摊铺、平整、碾压、检验、整修等。常规路基填筑施工通过填筑工艺试验确定施工方法及工艺参数,采用人工操作机械进行分层填筑压实,采用人工抽样检验方法进行压实质量控制,现场实施过程中摊铺厚度准确控制难度较大,压实质量检测费时费力,需要依靠大量人力、物力保证路基填筑质量要求,填筑施工精度和工效亟待提高,迫切需要引入智能化技术对路基填筑进行优化升级。铁路路基智能填筑采用信息化和智能化技术实现路基填筑全过程质量控制。铁路路基智能填筑系统由智能填筑指挥子系统、定位与测量子系统、机械智能控制子系统、质量连续检测子系统组成,如图 6-3(a) 所示。通过创新采用卫星定位、自动控制、信息化检测等技术，对常规路基填筑施工机械与工艺进行智能化升级，实现填料进场质量实时管控，摊铺、平整、碾压、边坡整形等施工过程自动引导与控制，以及压实质量的连续检测和信息反馈，可有效保障路基填筑质量，显著提高填筑工效。铁路路基智能填筑适用于新建高速铁路、城际铁路、普速铁路、重载铁路的路基基床表层、基床底层与基床以下路堤填筑，特别适用于车站站场路基填筑。该系统在京雄高铁霸州北站和固安东站、京滨城际铁路北辰站及和若铁路且末站站场路基填筑中得到了成功应用，如图6-3(b)所示。

图6-3　铁路路基智能填筑系统

4. 沥青混凝土在特殊土地区路基防排水工程中的应用

路基防水封闭结构作为防止天然降水侵入路基的外部屏障，是保证高速铁路路基长期服役性能的关键措施之一。沥青混凝土防水封闭结构是指在基床表层与支承层(道砟)之间全断面铺设一定厚度的碾压密实型沥青混凝土，以实现对路基的整体防水保护。通过在路基表面设置全断面沥青混凝土，避免了纤维混凝土封闭层纵向结构缝和横向伸缩缝的设置，提高了对路基的整体化防水效果。施工中通过采用具有记录与智能控制的沥青混凝土拌和设备进行沥青混凝土的生产，并对生产温度、各原材料用量、配比等关键参数进行监控，保证沥青混凝土的生产质量。

总体来看，全断面沥青混凝土具有工效高、整体化防水效果好、技术先进、机械化程度高、质量可控等特点，适用于寒冷及严寒、多雨地区，膨胀岩土、湿陷性黄土、盐渍土等特殊土地段的高速铁路路基的防水封闭，已在郑徐、武冈、京张、郑万、牡佳等多条线路中得到应用。沥青混凝土压实如图 6-4 所示。

图 6-4　沥青混凝土压实实例

5. 泡沫轻质土在新线引入既有高铁车站路基工程的应用

随着我国高速铁路路网规模的不断扩大，新线接入既有高铁所需的帮宽工程逐渐增多，线路沉降和变形难以控制。泡沫轻质土路基施工工法将传统路基填料替换为新型轻质高强的泡沫轻质土，采用环保材料，现场制备泡沫轻质土，一次泵送浇筑成型，无须振捣碾压，采用泡沫轻质土填筑路基具有工效高、整体性好、质量可控等特点，浇筑过程中路基段与过渡段无需划分，可连续浇筑为一体，大幅度降低过渡段不均匀沉降，有效解决了路基帮宽、过渡段、软土路基、陡坡路段等特殊路段沉降变形控制的路基填筑难题。

泡沫轻质土的施工工艺原理可概括为"三点制作、两步输送、流动浇筑"。"三点制作"指水泥浆制作、泡沫制作和泡沫轻质土制作；"两步输送"指水泥浆自搅拌站管道输送至泡沫轻质土制备站及泡沫轻质土输送至浇筑现场；"流动浇筑"指泡沫轻质土的浇筑是通过其自身的自流特性来实现，该特性确保了浇筑区所有空间均能浇筑到位，不存在死角或狭小空间无法浇筑饱满的问题。

泡沫轻质土浇筑工艺具有效率高、用工少、质量可控、后期无须担心沉降病害等优点，对于路基帮宽、过渡段、软土路基、陡坡路段等特殊路段路基填筑施工可解决传统路基填筑无法避免的沉降和偏移难题，大幅度缩短工期，有效保证了路基填筑质量，综合技术经济效益明显，在石济高铁德州东站、鲁南高铁曲阜东站、大西高铁忻州西站、太焦高铁等项目得到了成功应用。泡沫轻质土浇筑工艺及帮填施工实例如图 6-5 所示。

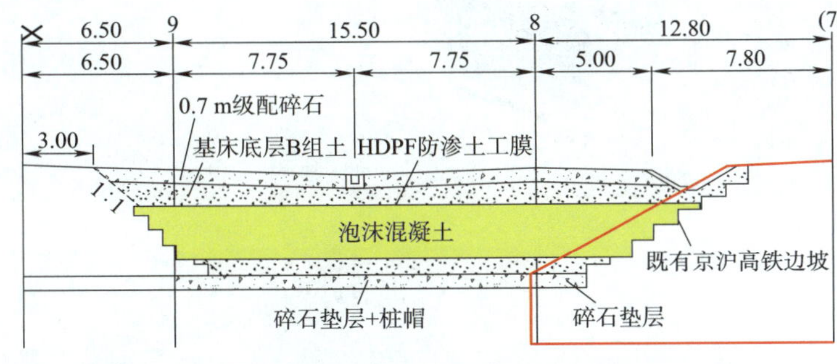

石济客专引入既有京沪高铁德州东站
泡沫轻质混凝土施工（单位：m）

图 6-5　泡沫轻质土浇筑工艺及帮填施工实例

6. 水沟滑模施工新工艺在路基防排水工程中的应用

在路基梯形水沟施工中，传统工艺采用人工辅助普通挖掘机进行沟槽开挖，存在沟形控制不好，易造成超欠挖和沟底、沟壁土体被扰动等问题；水沟混凝土分底板和侧壁两部分浇筑，侧壁需立模，混凝土整体性差，容易出现孔洞、烂根等质量问题。

梯形水沟滑模施工是指水沟施工工装由专用开挖机械和混凝土滑模浇筑机械组成，沟槽采用挖掘机配备定型铲斗一次性开挖成型，沟形规则密实，无超欠挖；沟身混凝土采用滑模机施工，沟底、沟壁一体成型，具有工效高、费用省、技术先进、整体性好、质量可靠等特点。

梯形水沟滑模施工新工艺适用于原地面地质条件为易于开挖的土质或强风化岩路段，纵向坡度宜小于 30°，横坡宜小于 5°；对于岩石地段，水沟采用传统工艺开挖完成后仍可采用滑模机施工水沟混凝土。从经济角度考虑，段落连续长度宜大于 100 m，以方便水沟的连续作业。该施工技术已经在青连、京张、济青、太焦、郑万、连镇、连盐、昌吉赣、赣深、银西等十余个铁路项目中得到应用（图 6-6），其中青连铁路采用滑模工法施工水沟达 40 余公里。

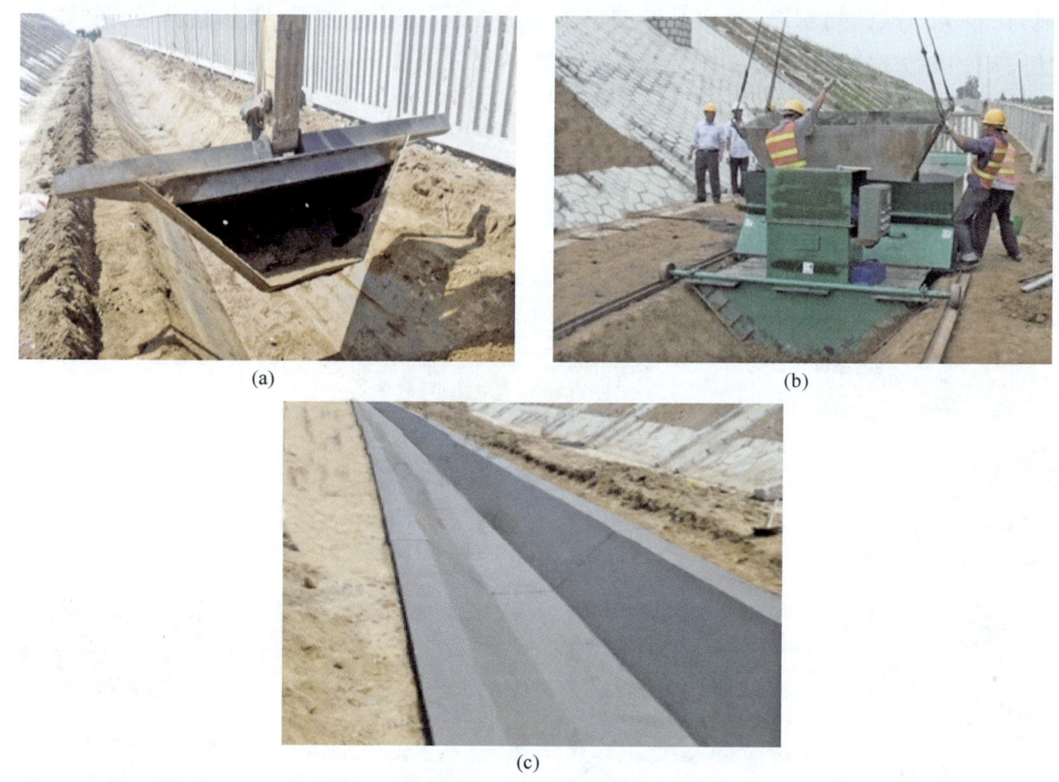

图 6-6　特制定型挖斗开挖水沟成型及实例

6.2　特殊路基施工组织

6.2.1　特殊路基施工组织原则及总体要求

特殊路基，是特殊土(岩)路基和特殊条件路基的统称，其中特殊土(岩)路基是指位于软土、膨胀土(岩)、黄土、盐渍土、冻土等特殊土(岩)地段的路基；特殊条件路基是指位于风沙、雪害、滑坡、危岩落石、崩塌、岩堆、岩溶、坑洞或采空区等不良地质地段的路基，以及受水、气候等自然因素影响强烈的高陡边坡、长大路堑、陡坡地段、浸水或冲刷地段路基。

特殊路基工程应按土工结构物进行施工组织，宜积极推广应用新技术、新结构、新材料、新工艺。

特殊路基在开工前应对施工图进行核对，重点核对以下内容：地基处理措施的设计范围是否与现场实际情况一致，现场施工条件是否满足实施要求。加固防护等措施的设计范围是否与现场实际情况一致，现场施工条件是否满足实施要求。支挡结构措施的设计范围是否与现场实际情况一致，现场施工条件是否满足实施要求。应对移挖作填、集中取(弃)土、填料改良等方案进行技术经济比较，如采用黄土、膨胀土等特殊土(岩)作填料进行改良时，应合理布置改良土拌和站，研究合理的料改良方案，通过工艺试验，确定相关的技术参数和施工工艺。

特殊路基工程高陡边坡施工，应重视环境保护、水土保持，并兼顾节约用地和文物保护等要求，减少对天然植被和山体的破坏，加强边坡支挡加固与防护措施，严格按照分级开挖分级防护的原则进行施工，防止诱发工程滑坡等地质灾害。

特殊路基工程防排水工程应根据特殊土(岩)特性、气候及水文地质特征、现场地形地貌等环境因素，结合基床处理及边坡加固防护，采取有效的截排、封闭等综合措施，合理组织施工，确保与桥、涵、站场或地方排水设施合理衔接，形成完整、通畅的防排水系统，满足路基防排水及环境保护等要求。吉图珲高铁路基排水效果如图 6-7 所示。

图 6-7　吉图珲高铁路基排水效果图

地质及环境条件复杂、安全风险高的软土路基、膨胀土高陡边坡等特殊路基工程，施工中应进行变形监测，实施信息化施工。

6.2.2　软土路基处理施工组织

1. 软土工程特性

软土泛指淤泥及淤泥质土，是第四纪后期于沿海地区的滨海相、潟湖相、三角洲相和溺谷相，内陆平原或山区的湖相和冲积＋洪积沼泽相等静水或非常缓慢的流水环境中沉积，并经生物化学作用形成的饱和软黏性土。软土具有含水率大、孔隙比大、压缩性强、强度低等特点，按照物理力学指标可分为软黏性土、淤泥质土、淤泥、泥炭质土、泥炭等。

软土的工程特性主要表现在以下四个方面：(1)软土具有天然强度低、压缩性强的特性，易导致路基稳定性差、地基沉降变形大；(2)软土具有渗透性低、固结缓慢的特性，地基固结历时长，且固结时间及其沉降量随固结条件变化差异性较大，影响深厚层软土地基路基工后沉降及工期控制；(3)高灵敏度软土具有触变性时，施工振动、扰动将导致软土强度严重降低，影响施工期周边既有工程的稳定、变形或安全使用；(4)高塑性或超固结软土具有流变性，在不排水剪切条件下，将导致软土长期强度降低较多、变形持续加大，影响路基长期稳定、变形控制及周边环境安全。高速铁路路基施工组织应充分考虑软土工程特性及对路基工程安全和稳定性的影响。

2. 软土路基施工组织要点

(1)变形控制及施工组织。在施工组织中,软土和松软土地段路基的沉降变形控制是最重要的关键环节。应注意不同地基处理措施可能产生的差异沉降,并应保证必要的预压期。软土地段路基填筑应选择代表性地段进行路基填筑工艺性试验,用以检验设计参数和确定施工工艺,指导全段施工。

路堤填筑时应按设计要求设置观测点和观测设备,进行地基及路基面沉降及水平位移观测,观测频率及精度应满足设计要求。软土路基如采用堆载预压措施,施工组织设计应预留足够的预压期,对路基面以上的预压荷载应确定合理可行的方案。路堤填筑及预压期间,应进行路基沉降、水平位移的动态观测,控制填土速率,路堤填筑时边桩水平位移量每天不得大于 5 mm,路堤中心地面沉降量每天不得大于 10 mm。当超过以上任意限值时,应减缓填筑速率或停止填筑,待沉降速率平稳后,再恢复填筑。有运架梁作业的路基,在运架梁期间应加强路基的沉降和位移观测。采用排水固结地基处理措施时,应控制填筑速率。施工过程中应及时收集、整理沉降观测资料,并向设计单位提供沉降观测资料,供修正设计使用。根据观测资料分析确保工后沉降量,满足设计要求,经设计单位、建设单位评估后,确定卸载、填筑基床表层以及铺轨时间。

(2)相关工程施工组织。反压护道应与路基同步填筑,其填料、填筑压实方法、压实标准应符合路堤相应部位的规定。护道顶面应平整密实并设有向路基两侧的排水坡,边坡坡面应顺直无凹陷。路堤与其他构筑物分界处、地层变化较大地段及不同地基处理措施连接处,应按照设计要求采取渐变过渡的地基处理措施,与相邻的路堤同步进行,以减少不均匀沉降。路基上的接触网支柱基础、声屏障基础、电缆槽及其他管线沟槽等附属工程施工应充分考虑路基沉降、变形的影响,保证软土路基工程的稳固与安全。路堤坡脚不宜取土、挖沟,当必须取土时,其安全距离应通过稳定性检算确定。邻近既有线、公路、地下管线或其他建筑物地段的地基处理施工,应考虑对既有设施的影响,并采取必要的监测或处理措施,保证既有设施的正常使用和安全。

6.2.3 黄土路基施工组织

1. 黄土工程特性

黄土是第四纪干旱和半干旱气候条件下形成的一种特殊沉积物,工程特性为:黄土骨架结构以粉粒为主,含少量碳酸盐结核及少量易溶盐并具大孔隙和垂直节理,抗水性能差、易崩解和潜蚀、上部多具湿陷性等工程地质特征。天然含水率低,作为路基填料时应考虑其成分、粒径及液限等影响。老黄土透水性弱,边坡直立性强;垂直节理发育时易剥落。黄土具有湿陷性时，其湿陷变形易引起地基沉降或边坡失稳；新黄土遇水易崩解、剥蚀、产生陷穴，陡边坡稳定性较差。黄土斜坡地段，土体在重力、自然因素或人类工程活动影响下，可能存在或产生滑动、崩塌等不良地质问题。

黄土的湿陷性是指黄土受水浸湿后，土的结构受到破坏，在外荷载或土的自重作用下，而发生显著的下沉现象。黄土在受水浸湿后在土的自重压力下发生湿陷的，叫作自重湿陷性黄土；在自重压力作用下浸湿不发生沉陷，但在附加压力下发生湿陷的，称为非自重湿陷性黄土。黄土在受水浸湿时，胶结物质发生化学和物理化学反应，使结构强度降低，是产生湿陷的主要原因。湿陷性黄土主要分布在浅层，以新黄土及新近堆积的黄土为主，湿陷深度一般为 20 m 以内。

2. 黄土路基施工组织要点

(1)防排水设施施工组织。湿陷性黄土地区路基施工前首先要做好永临结合的防排水设施。路基排水设施要采取防冲防渗的加固措施，加强对黄土地段排水沟底隔水垫层的施工质量控制。黄土冲积、洪积平原地区应加强排水，湿陷性黄土地区路基边坡外 20 m 范围不应有积水。湿陷性黄土地区的各种防排水设施施工应加强对地表水的拦截、引排，做好基底的防渗处理，涵洞的进出口应做好铺砌，黄土路堤堑顶地表水应及时排出，天沟内边缘至堑顶距离不宜小于 5 m，天沟内、外侧的积水洼地应回填夯实整平，夯实后土的干容重不应小于 15 kN/m^3。路基附近的冲沟危及路基安全时，应采取截排或防护措施，在黄土地区路基通过垭口、深路堑、高路堤、滑坡、陷穴等地区，应注意结合水土保持进行综合治理，如用挖鱼鳞坑、水平沟、种草植树等方法对坡面径流进行调治防护。

(2)地基处理施工组织。高速铁路湿陷性黄土地基处理措施主要考虑黄土工程特性、黄土分布及厚度、工后沉降要求等因素，采取换填垫层、冲击碾压、强夯、挤密桩、柱锤冲扩桩、长短桩、刚性桩桩板结构等全部或部分消除湿陷性的处理措施。当湿陷性黄土下还有松软土等土层，采用换填、挤密桩法等对湿陷性黄土地基处理后，路堤地段工后沉降仍不满足要求时，采用长短桩结合的方式进行地基处理。短桩消除湿陷性黄土的湿陷变形，一般采用水泥土挤密桩、柱锤冲扩桩(孔内强夯)；长桩解决地基的压缩变形，一般采用 CFG 桩，当处理深度内有厚度大于 2 m 卵石土(砾石土)等 CFG 桩难以穿越的土层时，采用夯扩载体桩或旋喷桩加固。湿陷性黄土地基常用的处理措施见表 6-5。

表 6-5　湿陷性黄土地基常用的处理措施

处理措施	适用范围及其处理目的	可处理的湿陷性黄土层厚度/m
换填垫层	地下水位以上；全部或部分消除湿陷	1～3
冲击(振动)碾压	地下水位以上，$S_r \leqslant 60\%$的湿陷性黄土；全部或部分消除湿陷	1～3
强夯	地下水位以上，$S_r \leqslant 60\%$的湿陷性黄土；全部或部分消除湿陷	3～12
挤密桩复合地基	地下水位以上，$S_r \leqslant 65\%$的湿陷性黄土；全部或部分消除湿陷	5～15

续上表

处理措施	适用范围及其处理目的	可处理的湿陷性黄土层厚度/m
柱锤冲扩桩桩复合地基	自成孔适用 $S_r \geqslant 65\%$ 的湿陷性黄土，预钻孔适用 $S_r \leqslant 65\%$ 的湿陷性黄土；全部或部分消除湿陷	大于 15
长短桩复合地基	压缩层厚度较大，处理深度较深；全部或部分消除湿陷，减少压缩沉降	
刚性桩桩板结构	湿陷土层厚度大，处理深度深；防止湿陷变形影响，减少压缩沉降，控制不均匀沉降	
短桩复合地基+刚性长桩结构	压缩层厚度大，处理深度深；全部或部分消除湿陷，减少压缩沉降，控制不均匀沉降	

黄土地基处理示例如图 6-8 所示。

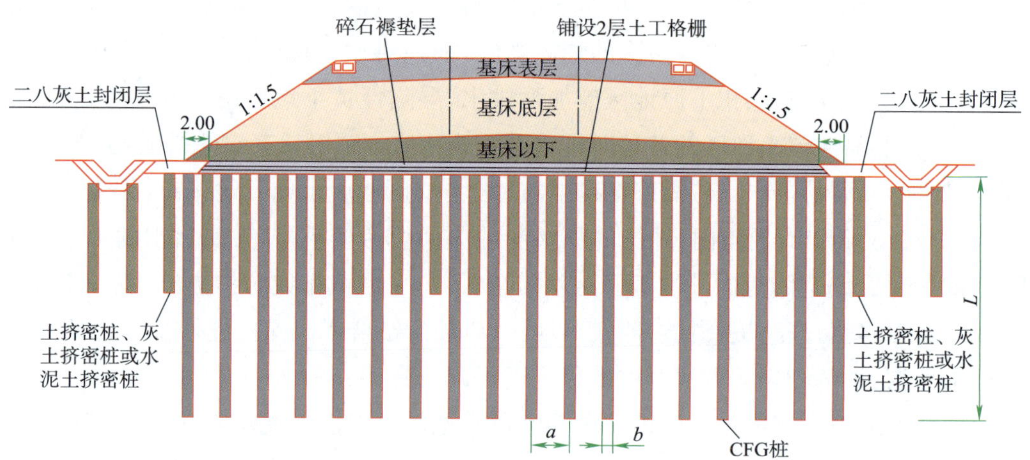

注：地层上部为湿陷性黄土（厚度大于4 m）、下部为松软土地基处理标准横断面图。

图 6-8　黄土地基处理示例(单位：m)

(3)路基填筑。高速铁路填料不应直接采用黄土填筑，基床底层和基床以下路堤可采用黄土改良土填筑。黄土河谷地带，当路基位于阶地陡坎或岸坡陡壁附近时，施工中应关注土体自身的稳定性和雨季水流冲刷对路基稳定性的影响。

(4)路堑施工组织。黄土路堑宜在旱季施工。当在雨季施工时，应集中力量快速施工，工作面随时保持大于 4%的排水坡度，施工过程中路堑边坡应尽量避免受水浸泡或冲刷。高速铁路黄土路堑基床底层处理应采取换填、土质改良或其他地基加固措施，处理深度应考虑湿陷变形的影响，基床底层顶部宜采取封闭、隔水措施。黄土路堑开挖，严禁采用爆破施工，路堑开挖应从上而下进行，严禁掏底开挖；开挖过程中如发现路堑边坡有变形迹象，应采取应急的合理减载措施，并立即研究相应技术措施。路堑坡顶至与边坡高度再加 5 m 距离内的地面坑洼应填平，松散自然地面应整平夯实。路堑支挡工程应从两端开始，挑槽开挖基坑。堑顶的裂缝和积水洼地，应填平夯实；路堤应做好靠山侧的排水工程，并填平夯实积水洼地。

(5)陷穴处理。黄土陷穴是黄土地区一个典型的工程地质问题,产生的原因是由于黄土的湿陷性在水的冲蚀和溶蚀及地下水潜能作用,形成的暗沟、暗穴等统称陷穴。陷穴的类型包括碟形的陷穴、漏斗状陷穴、竖井状陷穴、串珠状陷穴以及暗穴等。黄土路基施工前应采取物探调查、电探调查、控制调查和钻探调查等手段,对路基附近的陷穴进行排查,并对施工图上标明的陷穴位置、规模、深度等进行复查核对,以确定针对性的工程处置措施。黄土陷穴的处理范围为:对外露的陷穴,在路堤坡脚或路堑坡顶线外上方侧 50 m 以内,下方侧 10～20 m 内,应全部处理,处理深度自地面至陷穴底;对横穿路基的隐蔽暗穴,自路堤坡脚或路堑坡脚向外侧按($45°+\varphi/2$)(φ 为土体内摩擦角)向下扩展至需要处理的暗穴底。流向陷穴的地面水,应采取拦截引排措施。黄土陷穴处理方法主要有回填夯实、明挖回填夯实、支撑回填夯实、灌砂、灌泥浆、导洞、竖井等,处理方法及适用条件详见表 6-6。

表 6-6　陷穴的处理方法及适用条件

处理方法	适用条件
回填夯实	外露陷穴
明挖回填夯实	隐蔽陷穴,埋藏浅
支撑回填夯实	隐蔽陷穴,埋藏较深
灌砂	隐蔽陷穴,小而直
灌泥浆、导洞、竖井	隐蔽陷穴,大而深

6.2.4　膨胀土(岩)路基施工组织

1. 膨胀土工程特性

膨胀土是指土的黏土矿物成分中富含亲水性黏土矿物,具有吸水膨胀、软化、崩解和失水而急剧收缩开裂,并能产生往复变形的黏性土,又称裂土。膨胀土所含矿物质多为蒙托石、伊利石和高岭石,主要化学成分为二氧化硅、氧化铝、氧化铁等,其体积随含水量的增加而膨胀,反之随含水量的减少而收缩,具有较强的膨胀性。膨胀土多呈坚硬～硬塑状态,结构致密,成棱状土块者常具有胀缩性,棱形土块越小,胀缩性越强,且膨胀时产生膨胀压力,收缩时形成收缩裂隙。膨胀土对气候和水文因素有很强的敏感性。

膨胀岩是指含有较多亲水矿物,含水率变化时发生较大体积变化的岩石,具有遇水膨胀、软化、崩解和失水收缩、开裂的特性。膨胀岩类属于软岩,但又不同于膨胀土和一般的软岩。膨胀岩具有天然含水率高、密度小、孔隙比大、裂隙多、浸水后易崩解的特性。膨胀岩岩体浸水后,黏粒表面水化膜增厚,晶间吸附水层增厚,颗粒间结合水的巨大衡压会导致岩体急剧膨胀,甚至崩解,使岩体体积膨胀;膨胀岩具有明显的胀缩特性,其中遇水崩解同时体积增大的特性是影响高速铁路安全稳定的主要因素。

2. 膨胀(岩)土路基施工组织要点

膨胀土路基施工应高度重视施工组织与策划,贯彻“避开雨季、加强排水、集中力量、快速连续”的施工组织原则。

(1)做好开工前的地质核查和填料检查工作

施工前做好膨胀岩(土)地质核查、施工地质核对和路基填料控制等相关工作;核查膨胀土(岩)的分布范围和膨胀性物质含量。认真分析局部发育的膨胀岩土(如鸡窝状、条带状等)产生的膨胀变形对路基工程的不利影响,充分利用施工断面揭示的地层资料结合勘察、取样测试分析等手段进一步查明膨胀岩(土)的分布特征、工程特性和相应区段的水文地质特征等,并分析评估对应位置路基上拱变形对线路正常运营的影响,优化、完善地基处理、路基填料、防排水等设计方案,加强设计技术交底,从源头上消除膨胀岩(土)路基上拱变形影响;施工过程中应加强地质核对等工作,发现膨胀岩(土)地层分布特征与设计不符、局部出现膨胀岩(土)等现象时应及时处理;加强取土场填料试验检验、核查等工作,严格填料进场前检验制度,重点检查核查蒙脱石、伊利石、高岭土及石膏等有害矿物,凡不符合设计要求的填料严禁进场。

(2)提前做好防排水设施

膨胀土路基施工前首先应对防排水系统设计进行核查核对,按照“永临结合”的原则施作防排水设施,堑顶天沟提前施作,避免积水冲刷边坡、浸泡边坡坡脚,保持边坡的稳定。

(3)膨胀土路堑开挖施工组织要点

路堑开挖遵循“集中力量、自上而下,连续快速、分段跳槽、分级分层、逐级开挖、防护紧跟”的施工原则。膨胀土路堑开挖,易引起边坡失稳、坍滑,施工中应采取预加固(设预加固桩)措施或临时防护(设喷混或锚喷)措施,边坡开挖必须自上而下施工(设桩板墙地段,先施工好预加固桩后再开挖边坡),上一级边坡开挖好后应及时将边坡防护措施做好,做好上一级边坡的防护工程后方可开挖下一级边坡。路堑开挖后如支挡和防护施工不能紧跟,应根据土层的风化程度、含水量、预计停顿时间等具体条件,在设计的开挖面上暂留适当厚度的原土不挖,作为临时保护层,边坡应预留的保护层不应小于 0.5 m,待支挡或防护施工时开挖。严禁长大段落拉槽开挖,严禁一挖到底再进行支挡防护。施工过程中应加强膨胀土边坡(尤其是高边坡)变形、位移监测和预报处置,根据监测结果安排施工进度,确保安全。

开挖过程中应保持排水系统通畅,重视坡面及基底渗、漏水处理。影响边坡的地面水和地下水应及时引排,施工过程中膨胀土路堑开挖面应随时保持不小于 4%的排水坡,严禁积水。对黏性较大、含水量较高的黏性土,应适当晾干后再行开挖。开挖面应随时保持不小于4%的排水坡,严禁积水。对黏性较大、含水量较高的膨胀土,应适当晾干后再行开挖。对黏性及含水量大的膨胀土,为防止由于其强度过低而造成坍滑,可适当晾干后开挖。

基床换填、边坡防护应与路堑开挖密切衔接,当开挖接近路堑换填底面设计高程时,应及时测量开挖面高程,预留 50 cm 采用人工开挖,对基床范围内的地基进行检测,检测土质和压实标准是否满足设计要求,如满足要求,则继续开挖至基床底层顶面,同相邻路基段同步填筑基床表层级配碎石填料;如地基条件不能满足设计要求时,则根据地质条件对路堑基床采取换填压实等处理措施。砌筑挡土墙、护墙下的侧沟时，必须夯实墙前基坑回填土。

路基基底换填厚度应根据开挖后地基检测结果确定，且不应小于设计要求。基底换填应与开挖紧密衔接。如不能及时回填，应预留厚度不小于 50 cm 的保护层。路堑基床换填深度应符合设计要求。换填应采用合格的填料。基床换土开挖后应立即回填压实。路堑顶处 5～10 m 范围内的表面，应做好压实或换填处理，严禁雨水或地表水渗入地表以下。换填及路堑路床挖到设计高程后，应超挖 1～1.2 m，随即用粒料、非膨胀土或改性土回填，并按规定压实进行检测。

6.2.5 季节性冻土路基

1. 冻土的工程特性及路基冻胀机理

季节性冻土是指受季节影响，冬季冻结，夏季全部融化的土。路基冻胀是指在负温条件和存在一定温度梯度条件下，冻结深度范围内路基填料和地基土体发生冻结，引起路基土体和地基土体膨胀变形，并最终导致路基顶面高程发生上拱变形的现象。路基冻胀主要影响因素为温度、水分、岩性。温度条件是指区域气候冻结指数(负温和负温延续时间乘积的代数和)决定了土体冻结深度，冻结期温度差决定了冻结速率，二者叠加综合影响了土体冻胀量。水分条件是冻胀的主导因素，具有水分补给的开敞系统冻胀大于无补给条件的封闭系统冻胀。岩性条件主要指土的粒度成分、矿物成分、化学成分和密度等，其中最主要的是土的粒度成分。

2. 季节性冻土地区路基施工组织要点

季节性冻土地区路基工程施工应根据设计和实际情况合理选择施工季节，各项工程应在暖季施工，施组安排应遵循连续填筑、及时封闭、临时与永久防排水设施同步施工的原则；路基工程开工前建设单位首先应组织咨询单位进行图纸审核，寒区铁路应更加重视路基防冻胀措施的针对性和有效性。

(1)填料控制及路基填筑

填料控制是路基冻胀变形控制的关键环节，路基填筑过程中应对路基填料进行严格把关，寒区铁路尤其要重视填料细粒含量和级配的质量控制。我国季节性冻土地区高铁在吸取哈大高铁冻胀防治的经验教训后，对防冻层填料进行了优化，要求设计冻深范围内的填料细颗粒含量(小于 0.075 mm)不大于 5.0%。

正式填筑前应进行路基填筑试验段施工，严格控制填料的细颗粒含量及渗透系数，确认填料性能满足压实度要求。施工过程中加强基床填料的细颗粒检验控制，材质、颗粒级配及渗透系数检测每个料源不少于 3 组；细颗粒含量，每段路基每层不少于 3 点，间距不大于 50 m，按线路左线中心外侧、线路中心、线路右线中心外侧“之”字形布置。

对于基床位于弱风化硬质岩石的路堑地段，在路堑开挖至设计高程开始进行路基填筑前，应按照设计要求采用 C20 混凝土找平，并设置不小于 4%的横向排水坡。

电缆槽应在路肩级配碎石施工完成后开槽施工，路基范围内设置的其他附属设备，包括接触网支柱基础、过轨、综合接地、声屏障基础等不得影响路基的稳定和防排水功能。

(2)路基防排水系统施工

水是冻胀的重要影响因素，防排水系统功能是否完善合理，直接影响着路基冻胀总体水平，是路基冻胀防治的关键环节。施工前应抓住整体布局，完善路基防排水系统，确保天沟、截水沟、侧沟、边坡支撑渗沟、渗水盲沟及排水槽、管等排水设施之间的相互衔接和排水通畅，并与过水涵洞、自然沟渠等地方水系相沟通连接。路基施工中应认真进行地质核查，重点核查地下水位及路堑边坡渗逸水等情况，严格按照设计进行路基表面防排水、天沟侧沟、盲沟等路基防排水设施施工，确保排水通畅。为避免经排水系统汇聚的集中水流对自然地面的冲刷、污染，对铁路排水系统与自然沟渠衔接处应采取必要的消能、沉淀措施。设置两布一膜隔水层地段应保证排水坡度不小于 4%，排除基床表层积水的排水管的坡度应准确无误，确保排水畅通。季节性冻土施工组织关键卡控环节如图 6-9 所示。

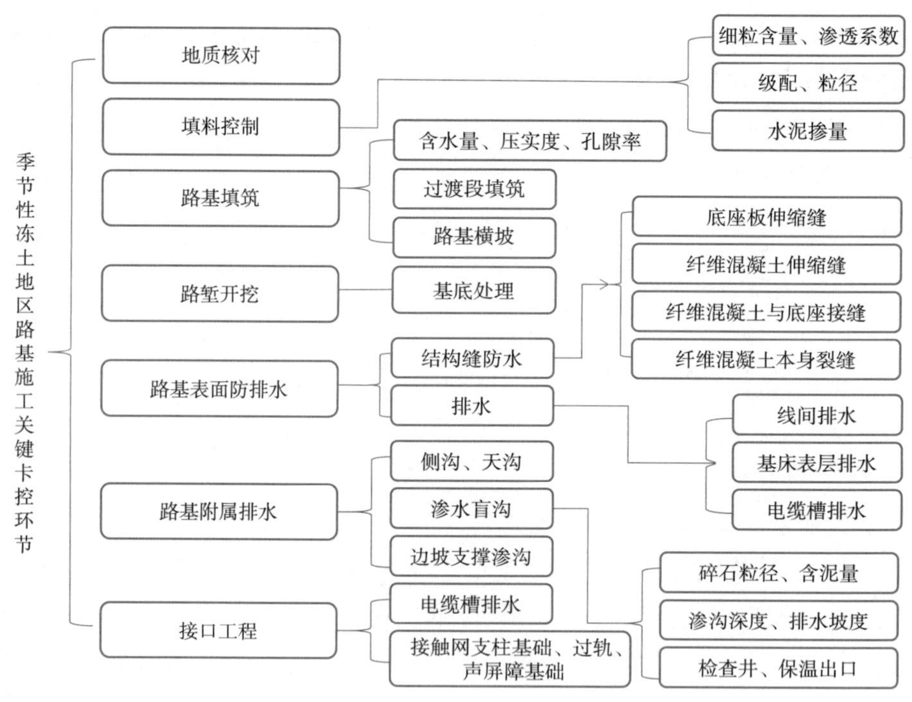

图 6-9　季节性冻土施工组织关键卡控环节

对于基床位于弱风化硬质岩石的路堑地段，爆破或机械开挖后基岩面采用 C20 混凝土找平，并设置不小于 4%的横向排水坡。路堑开挖工程中加强地下水位核查，特别是未设置渗沟地段，发现地下水位较高时应及时增设盲沟。渗水盲沟的施工应加强施工质量的控制，盲沟所采用的碎石应清洗干净，严格控制含泥量，强度和孔隙率(渗透性能)应满足设计要求。保温出口应单独详细设计，确保冬季排水畅通。

渗水盲沟的施工应加强施工质量的控制，盲沟所采用的碎石应清洗干净，严格控制含泥量，强度和孔隙率(渗透性能)应满足设计要求。盲管的周边开孔方式及数量、检查井、透水土工布等的材质及性能应满足设计要求。渗水盲沟开挖应满足排水条件且保证排水坡度，盲沟开挖至设计高程浇筑施工盲管混凝土底应复核盲沟的深度和纵向坡度，确保渗沟排水通畅；开挖过程中必须设置纵横挡板及支撑，以保持沟壁及边坡的稳定，渗沟开挖不得扰动路基基床。保温出口应单独详细设计，渗沟出口应进行保温处理，避风朝阳，确保冬季排水通畅，不得对路基造成冲刷或浸泡等其他危害。

路基表面封水层伸缩缝设置要与无砟轨道底座板伸缩缝及横向排水通道错开设置；保证横向排水坡度；填缝施工前，清理干净；密封胶与混凝土接触面不得有油污、粉尘，凝固后不出现离缝现象。

(3)冻胀观测

路基主体工程基本完成后，应适时开展路基冻胀观测(图6-10)，根据冻胀观测结果，必要时对冻胀重点段落进行工程处理。冻胀观测应选取代表性段落，根据项目实际，制定人工观测、自动监测、综合检测列车动态检测等多种方法相结合的冻胀观测方案；观测频次及观测时间安排应结合当地气候条件及观测需求确定；冻胀观测的数据下载、测量成果处理、统计对比分析应专人负责，及时形成周报月报。

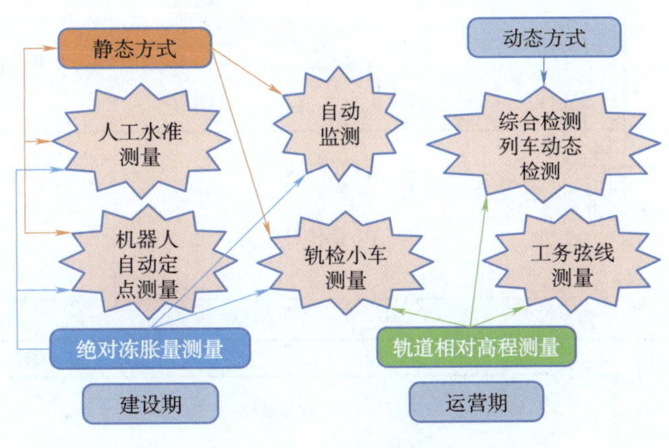

图6-10　冻胀观测

6.3　路基过渡段施工组织

6.3.1　过渡段结构形式和功能

过渡段是路基与其他结构物等衔接时需要特殊处理的地段，是高速铁路路基不均匀沉降的关键部位，主要实现轨道刚度过渡和控制不同结构物间沉降差异的功能。过渡段包括路基与桥台过渡段、路基与横向结构物过渡段、路基与隧道过渡段、路堤与路堑过渡段、填料过渡段等。过渡段是路基施工质量控制的关键环节，也是路基施工的难点之一。过渡段主要有正梯形、倒梯形和二次过渡三种结构形式，如图 6-11 所示。

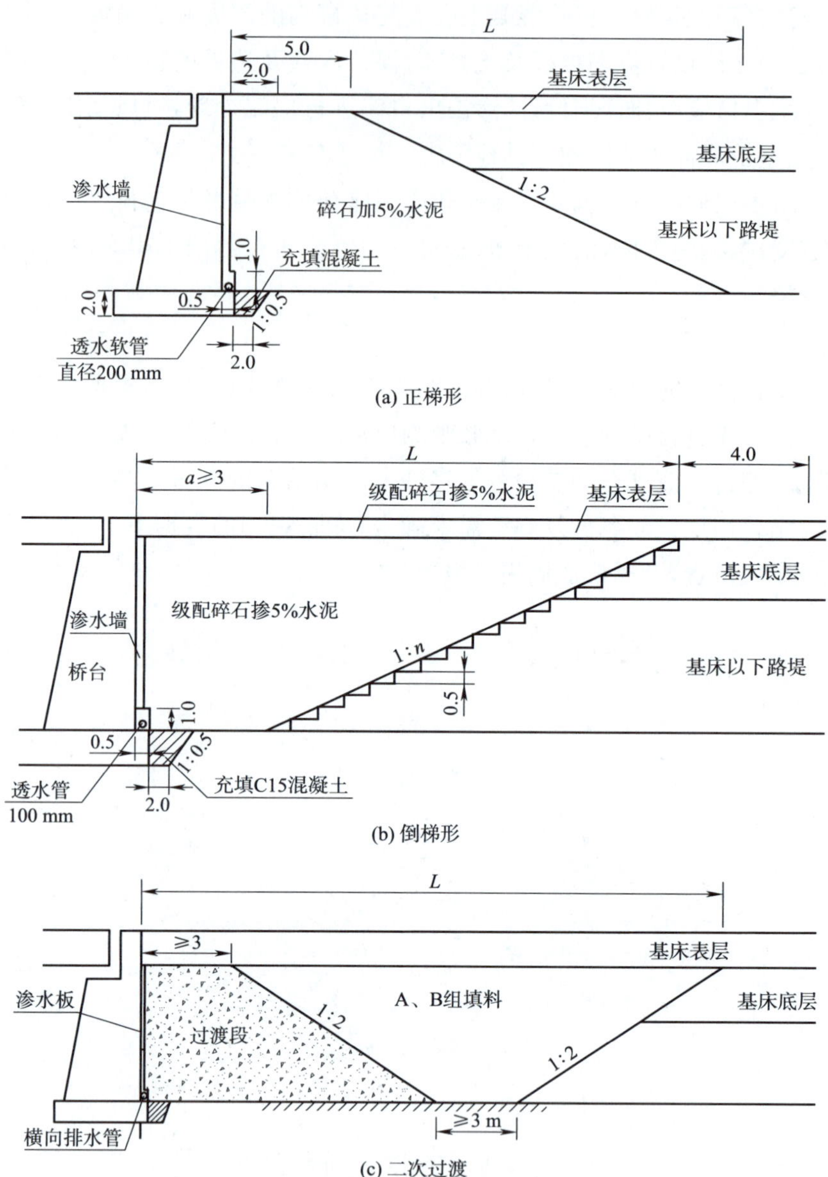

图 6-11 过渡段形式(单位:m)

6.3.2 过渡段工程特点

同一般路基相比，高速铁路路基过渡段具有以下工程特点：

(1)过渡段与桥涵等横向结构物相邻，与横向结构物存在着沉降差异。

(2)路涵、路桥过渡段原始地基地势低洼，路基两侧的地表水和地下水需流经过渡段区域，最后排至涵洞或桥下，一旦防排水系统出现问题，过渡段路基将首当其冲，积水下渗导致或加剧路基过渡段病害的发生和发展。

(3)过渡段填筑时桥隧结构和一般路基已成型，缺口填筑作业空间狭小，路基填筑的密实度和平整度控制困难，如果过渡段工期紧张，填筑质量控制将更加困难。

6.3.3　过渡段施工组织要点

1. 做好施工准备

过渡段施工前，核对施工图中过渡段的主要尺寸、位置、高程，编制技术交底，明确过渡段与其他结构物先后施工的衔接顺序。过渡段施工前，应根据现场实际情况，修建永临结合的排水设施，确保施工区域排水通畅。过渡段填筑施工前应选择有代表性的过渡段作为试验段，进行工艺性试验，确定施工工艺参数。

2. 过渡段施工组织顺序

过渡段相邻的桥台、涵洞工程应尽量先行施作，确保过渡段与相邻路基及锥体同步填筑施工。如果过渡段附近桥台或横向结构物因征地拆迁等客观原因无法先行施作，可根据现场实际情况和施工图预留位置，先行填筑过渡段以外的路基。过渡段与路基连接处应刷去松土，开挖出宽度不小于 1.2 m 的台阶并压实。

过渡段基底处理首先要做好过渡段基底范围及其两侧的排水、防渗和地下水的拦截设施，确保排水通畅，场地无积水。软土、松软土、膨胀土和黄土等特殊土路基过渡段基底处理应与桥台、横向结构物、相邻路堤、相邻隧道的基底处理同时进行。过渡段结构物基坑开挖时应加强基坑变形监测和边坡防护，开挖中应避免基坑开挖对过渡段地基的基桩造成破损和折断。

过渡段填料填层应与相邻的路堤及锥体同时施工，并将过渡段与连接路堤的碾压面按大致相同的水平分层高度同步填筑并均匀压实。横向结构物过渡段应两侧对称填筑，避免因偏压引起结构物变形。

过渡段靠近桥台、涵洞等结构物处部位应采用小型振动压实机具碾压，分层填筑，施工中不得损坏桥涵及横向结构物。

过渡段路堤两侧防护砌体的施工应在地基和路堤变形稳定后进行，宜与相邻路堤的防护砌体施工相互协调。

半填半挖地段施工时，台阶根据填筑进度开挖，做到随填随挖，避免一次性开挖后裸露久置。填筑前用小型碾压设备对台阶进行就地碾压。

3. 施工质量控制

过渡段路堤填筑应重点控制填料质量、分层填筑厚度、碾压作业时间、过渡段填层与相邻路基填层的搭接处理等；路堤填筑中严禁同层采用不同种类填料混填，以确保路堤的均匀沉降。渗水土填在非渗水土上时，非渗水土面层做成向两侧倾斜的 2%～4%的横向排水坡。当上下两层填料的颗粒大小相差悬殊时，在分界面上铺设垫层。路-桥过渡段、路-涵过渡段、堤-堑过渡段，选用级配碎石填筑，每层高度根据试验参数确定，但不超过 30 cm，且最小压实厚度不小于 15 cm，具体的摊铺厚度及碾压遍数按工艺试验确定的参数进行控制。掺入水泥的级配碎石混合料宜在 2 h 内使用完毕，每层混合料施工完毕后需按要求进行养护。过渡段施工应重点控制台后排水层、分层填筑厚度、碾压作业时间、过渡段填层与相邻路基填层的搭接处理等。过渡段填筑效果实例如图 6-12 所示。

图 6-12　过渡段填筑效果实例

过渡段桥台后基坑及横向结构物基坑采用混凝土回填时，回填材料和混凝土强度等级应符合设计要求，回填的混凝土应及时回填并分层捣固密实；基坑采用渗水土或碎石回填时，应分层回填，并采用小型振动机械压实，其压实质量应符合设计要求。

陡坡地段的半填半挖路基或横向不同岩土组合时，为保证路基横向刚度及避免横向差异沉降的产生，路基面以下挖除换填一定厚度。换填材料和厚度应能保证：轨道受力范围内地基条件一致；基床底层范围内填料一致；不小于相应地层基床换填厚度。换填底部设 4%的向外排水坡。路堑地段硬质岩石路基与土质路基纵向连接时，由土质路基的换填底面向硬质岩石换填底面顺坡设置过渡段，其长度不小于 10 m。过渡段范围内的填料应满足路基各部位的填料要求。

6.4　路基接口工程施工组织

6.4.1　路基接口工程内容及重要性

高速铁路接口工程是指高速铁路路基、桥涵、隧道、轨道等站前专业，通信、信号、电力、电力牵引供电等“四电”专业及站房等专业相互之间联系沟通的工程。路基接口工程主要包括路基与桥涵、隧、轨道、站场等其他站前工程之间接口工程及路基与通信、信号、电力、电力牵引供电等站后专业的接口工程。既涉及桥梁、路基、站场等土建专业，又与电力牵引供电、电力、通信、信号等站后专业密切相关；同时，细部的接地钢筋、接地端子、贯通地线、预埋件等细小内容，容易被忽视。高速铁路建设是一项复杂的系统工程，路基接口工程是路基与其他工程交叉配合的关键部位，接口工程实施质量不仅影响本专业工程质量和进度，也严重影响相关专业工程推进，甚至对全线的调试、运营和安全构成影响。

6.4.2　路基与其他站前接口工程施工组织要点

路基与其他站前工程之间接口工程包括路基与桥梁、隧道、轨道工程之间的接口。

路桥过渡段填筑应与相邻的锥体按一整体同时分层施工，大型机械碾压不到的部位及台后 2 m 范围内应采用小型振动压实设备进行碾压。

路基两侧的电缆槽开挖应采用专用机械在无水条件下切除基床表层级配碎石，开挖时不得损害基床表层和底层之间的两布一膜不透水土工布。

路基填筑完成或施加预压荷载后沉降变形观测期不应少于 6 个月，并宜经过一个完整雨季。高速铁路路基沉降变形稳定并通过评估后方可进行后续轨道工程施工。

6.4.3　路基与“四电”工程接口施工组织要点

路基与“四电”工程的接口主要有综合接地、电缆槽、过轨预埋、人孔、手孔和站台综合管沟、综合管线、接触网支柱基础等，如图 6-13 所示。

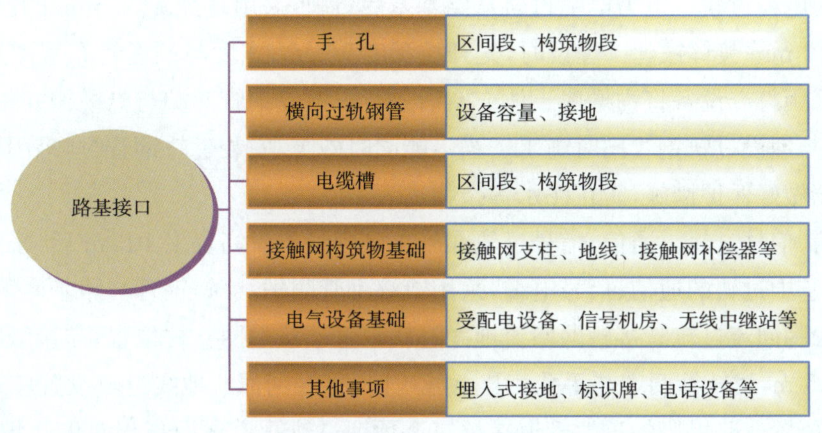

图 6-13　路基工程接口

6.4.3.1　施工组织管理

路基接口工程施工时，应注意其施工的先后顺序。根据设计要求，贯通地线的埋设与路基填筑同步施工，过轨管的埋设在路基填筑至基床底层顶面后进行，电缆槽（电缆井）在基床表层填筑完成后施工；接触网和声屏障基础一般安排在基床表层施工前进行，也可以安排在基床表层施工完后施工，具体根据现场实际情况确定；综合接地预埋采用接触网支柱基础钢筋，预留接地端子。

建设管理应加强电缆槽道、过轨管线的接口管理，将区间电缆槽道、车站内纵横向电缆槽道、过轨管线提交时间纳入整体施组进行管理，制定相应的考核机制，加以重点盯控，及时组织专项检查，严格履行交接验收程序，明确成品保护责任和措施，规范交接程序管理，确保按期提供接口工程。

设计上应统筹规划“四电”接触网坠砣安装位置，避免与CPⅢ立柱、声屏障等相互干扰。“四电”施工单位应尽早介入，配合路基施工单位做好“四电”槽道及接地端子等预埋，接触网基础立柱、电缆井等预设工作，及早测量接触网立柱限界，发现问题尽早处理。高度重视桥-隧、路-隧、路-桥过渡段及梁缝等特殊地段“四电”接口的设计及施作。

6.4.3.2 工程接口施工做法

站前施工预制或现浇电缆槽应按设计要求预埋接地端子；电缆槽盖板安装可委托“四电”单位负责在线缆敷设完毕并验收合格后进行安装，施工中站前单位和“四电”单位应协调配合，加强沟通。

1. 过轨预埋管道

由于通信电缆、信号电缆、电力电缆、接触网回流地线和供电线等构筑物需要横穿路基，为此必须在有电缆过轨的地方预先埋设过轨管道，与此同时，过轨管道处的路基两侧均应设置连接手孔。

(1)电力电缆过轨。电力电缆过轨从路基基底过轨，采用直径 ϕ150 mm 的镀锌钢管，管内预留两根 2 mm 镀锌铁丝。埋设时，先开挖深度 50 cm、宽度与预埋管布置图尺寸相适应的沟槽，并采用打夯设备将沟槽底土体夯实后进行。镀锌钢管两端与电缆槽井相连，电力电缆槽井尽量与埋设过轨钢管同时施工。当不能同时施工，安装过轨钢管时，采用胶布等将管口封闭，两端做好保护措施，防止泥水等杂物进入。

(2)通信、信号过轨。通信、信号过轨在施工到埋设位置高程上 10 cm 后，采用小型机械开挖。从路基中过轨的通信、信号电缆，采用镀锌钢管防护，镀锌钢管与路基两侧手孔连接。

(3)接触网回流过轨。接触网回流地线过轨设置于接触网立柱位置，与接触网支柱基础的距离为 1.5 m，过轨管两端与手孔相连。施工时，接触网回流地线过轨设置应避开线间集水井的设置位置。路堤段的过轨管道在填筑至预埋过轨管道顶面高程时停止填筑，采用人工挖槽的方法挖出与预埋管径相匹配的 U 形槽后埋设过轨钢管并回填至填筑面，用小型打夯机在管道两侧夯实；路堑地段的过轨管道埋设结合地基处理、基床底层施工过程同时进行，过轨管道埋设完成后应记录其埋设位置的精确里程以便在切割手孔施工时能准确定位。

2. 电缆槽

电缆槽设置于线路两侧的路肩上。施工时，待路基填筑至路肩高程，且沉降观测与评估满足铺轨条件后，采用人工配合小型挖机进行通信信号电缆槽的切割，切割完后铺设电缆槽底部的沥青混凝土封闭层，并在电缆槽底和沥青上铺设中粗砂用以找平，在槽底外侧（中粗砂排水层与护肩干砌片石间）设有无纺布包裹砂砾石透水反滤层，反滤层施工完成后进行干砌片石护肩施工，最后修整路基面，并用沥青混凝土充填各施工缝，并对护肩进行砂浆勾缝和抹面，槽内的中粗砂待电缆敷设完成后再进行夯填。通信、信号电缆槽与手孔井连接时，两者同时施工，并做好接缝的防水处理。

3. 手孔

手孔是为满足设置光缆接头盒及光缆盘留弯曲半径，以及引至下区间通信、信号机械室的要求，在对应的过轨钢管位置设置电缆接头、预留 C25 钢筋混凝土手孔。通信信号手孔施工在路基填筑完成，沉降观测满足要求后进行。采用无水切割方法开挖，施工过程中要严格控制，防止施工造成路基本体的损伤。桥头路基需要设置桥路过渡通信、信号电缆槽和电力电缆槽三槽和槽的大手孔。手孔采用人工开挖切割后现场绑扎钢筋及现浇手孔混凝土，手孔处的通信、信号电缆槽待手孔施工完毕后再行立模浇筑施工，施工时注意预留孔与过轨管道的正确连接，其间用砂浆填充密实。

4. 接触网立柱基础

接触网立柱位于电缆槽内侧，接触网立柱基础采用人工切割，现场满灌混凝土，与路基顶接触四周采用沥青混凝土进行封闭，并做好顶面的预埋件预埋工作，接触网基础应先于通信、信号电缆槽施工。与通信、信号、电力电缆槽等构筑物一样，在路基刚性过渡地段应在刚性过渡段施工过程中预留相应的位置，以免造成基础切割施工困难。施工接触网基础时，应根据接触网基础的型号预埋对应类型的接触网基础螺栓。螺栓的固定采用钢筋定位加固。对施工完成的接触网支柱基础螺栓要进行防锈处理，并采取设置警示标识牌等措施防止后续施工对接触网基础螺栓的撞伤。接触网支柱基础施工不得破坏渗水盲沟、路基防护等路基结构，支柱基础基坑必须全部采用混凝土浇筑；线路两侧同里程两基础中心连线应垂直于线路正线。

5. 综合接地贯通地线的埋设

综合接地贯通地线在路基两侧各设一根，其铺设于两侧电缆槽底以下不少于 0.5 m 的基床底层 A、B 组填料之中，路堤段距轨面下 1.805 m，施工时在基床底层 A、B 组填料填至电缆槽底 0.5 m 处按设计位置先敷设综合接地贯通电缆，然后再往上填筑 A、B 组填料至设计高程。综合接地贯通电缆在接触网支柱设置里程处预留 2 根长度 6 m 的分支电缆，分支电缆水平引致路基边坡，待施工通信、信号电缆槽时，再从电缆槽底部预留孔中引入电缆槽。引入电缆槽的分支电缆要求蛇形布置，任意一位置不得重叠。

6.5　沉降变形控制创新与实践

6.5.1　沉降变形观测及评估组织管理

铁路工程沉降变形观测与评估工作应由建设单位组织，建设单位在开工之初应及时确定沉降变形评估单位，组织制定沉降变形观测与评估细则，审核沉降变形观测实施方案及冻胀变形观测实施方案，并组织勘察设计、施工、监理和评估等单位实施，及时组织分析处理沉降变形观测中发现的变形异常。其中施工单位主要负责沉降变形测点埋设维护及观测工作，沉降评估单位主要负责沉降变形工作技术培训、现场指导和平行观测，并负责沉降变形数据分析与评估，提交沉降变形评估报告，负责分析沉降变形观测异常情况等。

建设单位应根据《铁路工程沉降变形观测与评估技术规程》(Q/CR 9230—2016)相关要求对高速铁路路基工期进行合理安排，路基填筑完成或施加预压荷载后沉降变形观测期不应少于 6 个月，并宜经过一个雨季。个别情况采取可靠工程措施并经论证可确保路基工后沉降满足轨道铺设要求时，路基放置条件可适当调整。高速铁路路基通过沉降评估后方可进行轨道工程施工。

充分应用铁路沉降变形观测信息化系统提升沉降观测管理工作质量和效率。我国铁路从 2018 年起正式在高速铁路建设中采用沉降变形观测信息化系统对沉降观测工作进行管理，系统由数据采集端、远程数据处理服务器端和客户端三个软件模块组成，是集线下工程沉降观测数据采集、分析、超限提示和远程监控为一体的信息化管理系统，实现了数据采集、平差、自动上传，自动计算分析、自动反馈和超限提示，具有沉降观测数据采集、数据处理、数据分析、异常提醒、远程实时查询、溯源管理等功能。对测点的沉降变形量、沉降变形速率、测量完成率等关键指标实现自动计算，信息系统在规范现场测量，保障数据采集和实时上传、保障观测的频次、实现数据共享、提升观测数据质量等方面发挥了有力的监管作用，是建设、施工、监理等参建单位对沉降观测工作进行管理的重要手段，如图 6-14 所示。

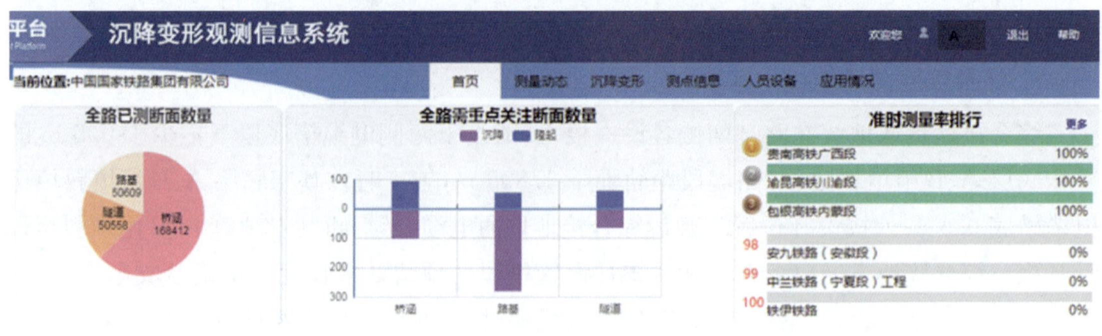

图 6-14　沉降观测管理平台

6.5.2 路基沉降变形观测及评估技术要求

高速铁路路基应根据项目特点和具体情况，编制沉降变形观测实施方案及平行观测实施方案，选择合适的沉降变形观测标志、元器件、仪器设备、方法、数据管理方式。高填方路基、软土松软土地基等沉降变形风险较大地段、路基与横向构造物过渡段、路桥过渡段、雨雾天气较多地段、地形复杂、人工观测困难地段可选用自动化监测。线路周边环境发生变化时，应及时调整沉降变形观测实施方案。

路基沉降变形观测断面的设置及观测内容应根据工程结构、地形地质条件、地基处理方法、路基结构、路堤高度、堆载预压等具体情况，结合沉降预测方法和工期要求具体确定。沉降变形观测断面的间距应符合设计要求。站场路基观测点数量根据股道数量、轨道结构类型等适当增加。

路堤地段应从路基填土开始进行沉降变形观测；路堑地段应从开挖完成后开始进行沉降变形观测。基床底层填筑完成后，可根据需要埋设临时沉降板和沉降观测桩进行观测。

路基填筑期间路堤中心地面沉降速率不应大于10 mm/d，坡脚水平位移速率不应大于5 mm/d。当路基沉降变形速率过大(无砟轨道铁路连续两次观测的沉降差大于4 mm)、变形量超过限值，周边出现塌陷、滑坡等异常情况或出现由于地震、暴雨等自然灾害引起的变形异常情况时，应加密沉降变形观测频次，及时分析原因，必要时采取相应措施。冬休期、路基填筑或堆载暂停超过10 d可降低沉降变形观测频次。

6.5.3 加强高速铁路沉降观测工作

近年来，部分建设项目路基工程在进入静态验收或联调联试后，陆续发现路基沉降或路基上拱现象，严重影响了静态验收和联调联试工作的正常进行。结合近年来部分高速铁路项目路基出现病害后分析变形观测数据时发现的问题，进一步规范和加强路基沉降变形观测工作。

(1)加强对沉降评估过程中异常变形数据的分析工作。铺设无砟轨道前，应对沉降评估过程中发现的异常变形数据进行分析甄别，预判其可能发展趋势及影响，必要时进行地质核对和施工质量核查。

(2)加密无砟轨道铺设后的观测频次。针对无砟轨道铺设后的观测频次不利于及时发现路基变形的现状，在现行规范要求的基础上适当加密观测频次，见表6-7。

表6-7 无砟轨道轨道板(道床)铺设后路基沉降变形观测频次建议

观测阶段	施工单位观测频次	第三方观测单位平行观测频次
第1～3个月	2次/月	1次/月
3个月以后至联调联试开始	1次/月且至少3次	1次/2月且至少2次

(3)进一步明确测量误差,尽早发现路基变形。无砟轨道施工单位在无砟轨道完成后和精调单位在第一次精调前应对轨面高程或承轨台高程进行测量,并与设计轨面高程进行对比复核,如果发现超过 2 mm 以上(或超过 2 倍测量中误差)的偏差,应立即进行分析研究,妥善处理。

(4)利用铁路工程管理平台提高轨道精调数据的可追溯性。相关单位应将无砟轨道铺设后一周内的轨面绝对高程测量成果、轨道精调前和第一、二遍精调后及联调联试开始前的轨面绝对高程测量成果上传至铁路工程管理平台备查。

第 7 章　轨道工程施工组织创新与实践

轨道工程是高速铁路非常重要的单项工程，直接决定高速列车运行的速度、安全和稳定，具有施工工艺复杂和施工精度高等特点，对专业化和精细化管理水平要求高。经过多年技术创新，高速铁路轨道工程施工技术从机械化、工厂化不断向更高层级的信息化、智能化方向发展。

7.1　高速铁路轨道工程施工组织要点

高铁铁路轨道工程施工专业化、机械化、信息化水平要求较高，施工应根据轨道结构形式、施工条件、工期要求、工程特点等因素进行方案比选，按照技术先进、安全适用、节能环保的原则，确定合理的施工方法、施工装备配置，积极采用机械化、智能化、信息化技术，要提前做好施工调查、技术方案、铺轨基地建设等相关工作。

7.1.1　施工调查

要重点调查沿线交通、水源、电源、原材料等情况；落实道砟来源、运输条件及储备场设置条件。无砟轨道施工前应重点调查轨道板(轨枕)运输、存放，自密实混凝土拌制、运输相关的道路及环境等情况。要了解可作为铺轨基地和既有邻近车站停留工程列车的条件，与既有线接轨点及相邻车站情况，如线路标准、客货流量、车站股道数量，选择进料通道和卸料、存料场地。了解与轨道工程有关的工程施工进度，分析轨道工程进度计划实施的可行性。

7.1.2　合理确定施工技术方案

1. 有砟轨道施工

有砟轨道施工国内主要有单枕连续法、换铺法两种施工方法。设计为箱梁，或者 T 梁提前采用公路架桥机完成架梁的，一般采取单枕连续法铺轨，作业效率高，施工质量好，可避免大量使用工具轨和设置轨排组装生产线。山区高速铁路 T 梁架设分布较为分散，需要通过铁路架桥机架梁，一般采用边铺边架施工方案，铺轨采用换铺法施工，需要根据施工组织情况配置一定数量的工具轨。施工应配备铺轨机、配套枕轨运输车、道砟运输、道砟摊铺、机械化整道作业车组、移动式焊机等设备及配合施工班组。

有砟轨道施工道砟组织生产供应非常关键，高速铁路道砟采用一级道砟，资源相对稀缺，因此有砟轨道铺轨工程应根据项目实际情况，合理设置临时存砟点，适当储存部分道砟，以满足工期需要。其数量及规模取决于道砟生产厂家生产能力、线路长度、地形地貌、交通运输等因素，通常情况下，30 km 左右设置 1 处道砟存储场，每处存储能力 5～10 万 m^2 较为合理。道砟存储场应尽可能沿线路设置，尽量设置在车站位置，便于汽车运输或安装固定式传输设备；道砟存储场规划时，根据存砟数量及周期，考虑场坪硬化面积，安装水洗设备等。

2. 无砟轨道施工

无砟道床施工应根据工程特点、交通条件、工期安排，合理规划物流组织、工作面划分、工装配套和劳动力组织安排，编制物流组织方案，确定分阶段材料供应、设备和人员进场计划。工装设备按经济、高效、兼顾通用的原则进行配套，积极采用智能化先进工装。

无砟道床施工完成以后，直接铺设 500 m 长钢轨，采用 CPG500 铺轨机或本邻两线铺轨机组铺设，配备长钢轨运输、焊轨、应力放散及锁定等设备。如线路长度较短，经方案比选，也可不设置铺轨基地，采用 T11 运轨车运轨直铺方案，需提前做好营业线运输长轨条的方案评估及车辆需求组织。

7.1.3 规划设置铺轨基地

无砟轨道铺轨基地主要功能为长钢轨的存储，基地规划时结合工程数量、工期计划、长钢轨供应能力、铺轨方案和工效等确定长钢轨存储能力，设置相应的存储区数量和配套的群吊系统，一般按照 200 铺轨公里设置为宜。典型无砟轨道铺轨基地如图 7-1 和图 7-2 所示。

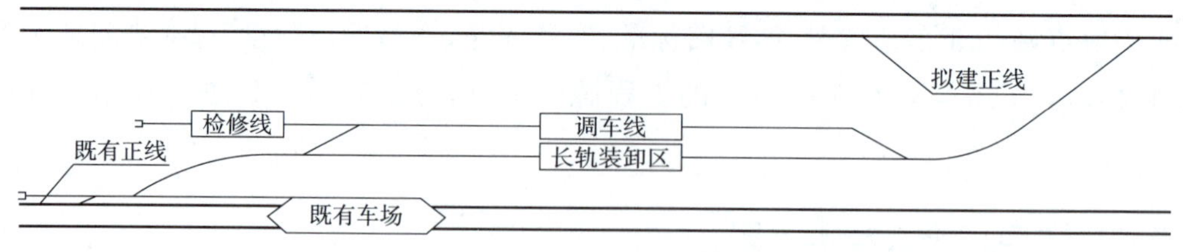

图 7-1 高速铁路无砟轨道铺轨基地示意图

有砟轨道铺轨基地相对规模较大，除设置长轨存储区外，还应设置轨枕存放区、道岔存放区、道砟存放区等，轨排换铺法还应设置轨排生产线，需要停放机车等施工设备更多，需要更多股道，典型有砟轨道铺轨基地如图 7-3 和图 7-4 所示。

图 7-2　高速铁路无砟轨道铺轨基地实景图

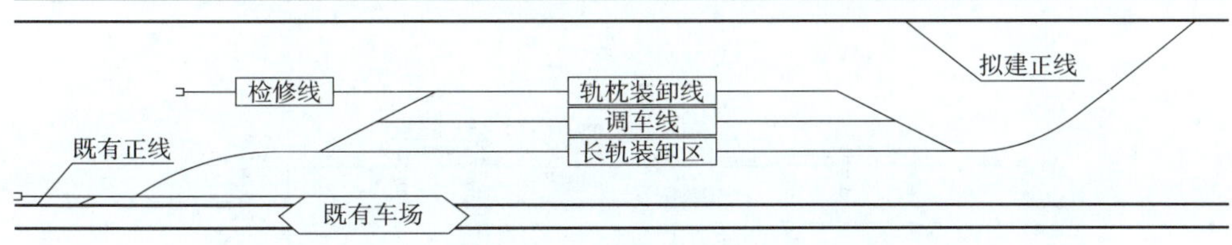

图 7-3　高速铁路有砟轨道铺轨基地示意图

图 7-4　高速铁路有砟轨道铺轨基地实景图

7.2　无砟轨道施工组织技术

我国高速铁路无砟轨道经过多年的应用实践与发展，逐渐形成了完全自主知识产权的

CRTS Ⅲ型板式无砟轨道和引进再创新的双块式无砟轨道。物联网、协作机器人、增材制造、预测性维护、机器视觉等新兴技术迅速兴起，为无砟轨道施工技术进步提供了良好的支撑，经过不断技术创新，形成信息化、智能化成套施工技术。

7.2.1 CRTSⅢ型板式无砟轨道智能施工组织技术

CRTSⅢ型板式无砟轨道系统已成为我国高速铁路主要的轨道形式之一，目前已逐渐形成了自动化、信息化、智能化施工技术。CRTSⅢ型板式无砟轨道由钢轨、弹性分开式扣件、轨道板、自密实混凝土结构层、隔离层及弹性垫层、混凝土底座等结构组成，其中自密实混凝土是非常重要的结构，与轨道板层形成复合板结构并在底座设置隔离层及限位凹槽，起到“上稳下固”的作用，如图 7-5 所示。无砟轨道施工工序为：基面处理→底座钢筋安装→底座模板安装→混凝土浇筑→混凝土养护→伸缩缝嵌缝施工→隔离层及弹性垫层施工→轨道板粗铺→轨道板精调→自密实混凝土灌注→自密实混凝土养护。

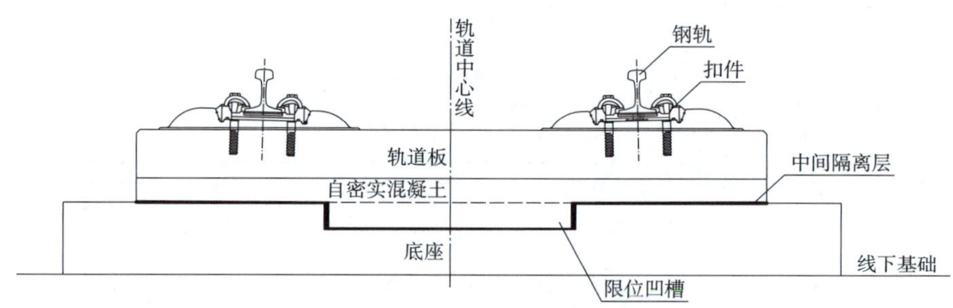

图 7-5　CRTSⅢ型板式无砟轨道结构

1. 底座基面处理

底座板施工前应复核底座范围表面平整度、高程，对桥梁和隧道地段底座基面进行凿毛处理。凿毛设备采用车载大型凿毛机，凿毛纹路应均匀、清晰、整齐，露出新鲜石子面，凿毛范围不小于 75%，凿毛后及时清理基面的浮渣、碎片、尘土等，并提前进行预湿，保湿 2 h 以上且无多余积水。车载大型凿毛机及使用效果如图 7-6 所示。

图 7-6　车载大型凿毛机及使用效果图

桥梁段底座板清理后进行 L 形钢筋安装，采用套丝扳手＋丝锥清理及修复套筒丝牙，拧入连接钢筋（ϕ16 mm），安装连接钢筋时拧入套筒内的长度为 21 mm。梁面预埋套筒缺失或损坏处，需按照设计要求进行植筋。

2. 底座板自动铺装施工

底座采用 C40 钢筋混凝土结构，底座顶面设置中间隔离层，隔离层采用 4 mm 厚聚丙烯土工布。每块底座板设置两个限位凹槽，凹槽侧面铺设 8 mm 厚的弹性垫板。

（1）新型一体化底座模板系统。模板系统为钢制定型模板，包括纵模板、横模板、凹槽模板、支护固定系统、钢轨、轨道连接及轨道调整系统，具有模板安装简单、凹槽定位准确、伸缩缝自由调节等功能。模板系统如图 7-7 所示。

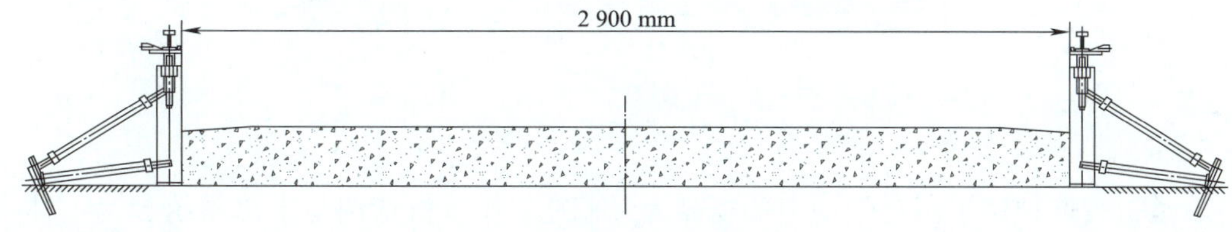

图 7-7　无砟轨道底座模板系统

（2）底座自动整平设备（图 7-8）。对浇筑后的混凝土进行初步推平和振动提浆，后部整形机构对混凝土表面整形并控制顶面高程，具有抹面平整、一次成型、尺寸控制准确等优点，具有质量稳定、节省人工、工作效率高等特点。

图 7-8　底座自动整平设备

3. 轨道板自动铺设

轨道板一体化施工设备（图 7-9）是集轨道板吊装、运输于一体的施工装备，将轨道板运输与三维调整有机地结合在一起，由一种设备代替两种、甚至多种设备，可以实行轨道板的稳定、准确、快速调试，解决了无施工便道或跨越大河、吊车无法靠近的作业困难地段，尤其是单线桥梁地段的轨道板运输、粗铺、自密实混凝土灌注施工等难题，使 CRTSⅢ型轨道工程施工速度得到大幅提高。

图 7-9　轨道板一体化施工设备

4. 轨道板智能精调

轨道板智能精调采用自带动力的框架系统(图 7-10),将精调与支撑系统合为一体,可实现精调数据自动传输和实时调整,精调系统的算法、数学模型等软件嵌入在控制器与机载电脑中,测量系统将误差值发送给控制与动力单元,直接驱动液压阀或电机动作,传感器反馈位移,完成精调。调整结束无须连接外部横向拉杆,由支腿处螺杆继续锁紧,减少人为操作误差,提高效率。

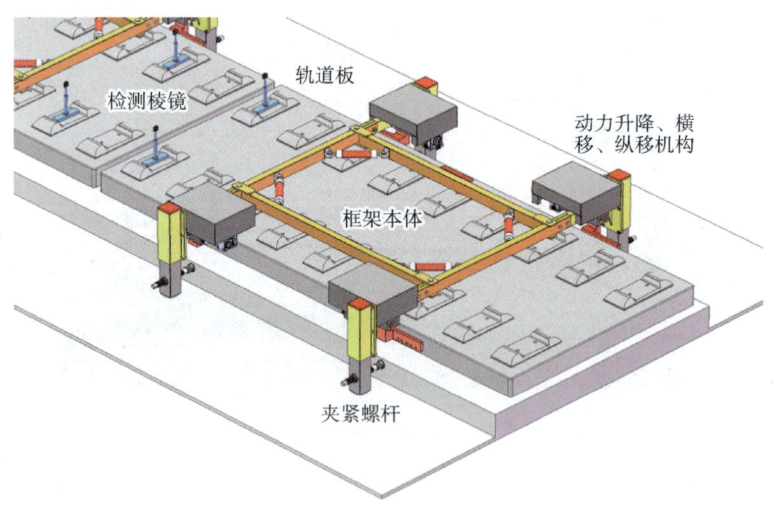

图 7-10　精调动力框架系统

5. 自密实混凝土灌注与养护

自密实混凝土灌注质量控制难度大,是整个无砟轨道施工的又一个关键环节。

(1)自密实混凝土模板安装

每套自密实混凝土模板包括转角模板 4 块、端头模板 2 块、中间模板 2 块及挡浆插板 4 块，使用 140 mm×6 mm 厚 Q235 钢板制作，内侧粘贴透气模板布，可周转使用 2～3 次。模板固定由压紧装置处螺栓顶紧。

(2)自密实混凝土灌注

依据施工配比在专用混凝土拌和站进行自密实混凝土拌制，投料顺序为：粗骨料、细骨料、水泥、矿物掺合料和其他材料，干粉搅拌 1 min，再加入所需用水量和外加剂，并继续搅拌 2 min。单车混凝土拌制量依据现场实际需要，单块板灌注量平均按 1.5 m^3 控制，考虑运输、灌注等时间控制在 2 h 内。

混凝土输送车到达浇筑现场时，高速旋转 20～30 s 方可卸料。灌注前必须检测自密实混凝土性能，测量模板温度和腔内温度不超过 35 ℃。

灌注过程中，密切注意控制混凝土下料情况、流动情况和浇筑高度，待四角排气孔内混凝土流满导流槽，排出混凝土的骨料均匀时，可关闭挡浆插板。一块板灌完后，移动溜槽架开始下一块轨道板灌注。混凝土从拌制到完成灌注应在 2 h 内完成。单块板灌注时间控制在 8～12 min 内。

(3)自密实混凝土养护

当自密实混凝土膨胀达到最大体积后拆除压紧装置，夏季一般为 8～10 h，气温较低时以 20 h 左右为宜，带模养护 3 d。拆模前混凝土强度不得小于 10 MPa，模板拆除按立模的顺序逆向进行，并不得损伤轨道板四周混凝土。拆模后在自密实混凝土四周涂刷养护液进行养护，如图 7-11 所示。

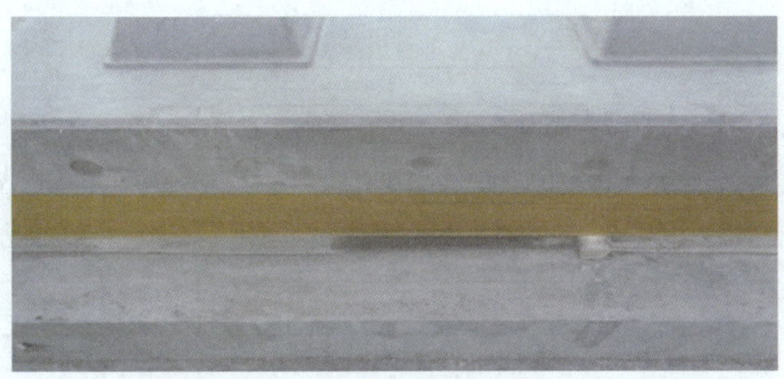

图 7-11　自密实混凝土养护

7.2.2　双块式无砟轨道智能化施工组织技术

双块式无砟轨道从上至下依次为钢轨、扣件、双块式轨枕、道床板和底座板或支承层。道床板下结构路基段采用水硬性混凝土支承层，桥梁段采用钢筋混凝土底座板，隧道段道床板直接浇筑在隧道仰拱回填层上。路基、桥上双块式无砟轨道结构如图 7-12 所示。

双块式无砟轨道施工工艺流程如图 7-13 所示。主要关键技术包括水硬性支承层摊铺

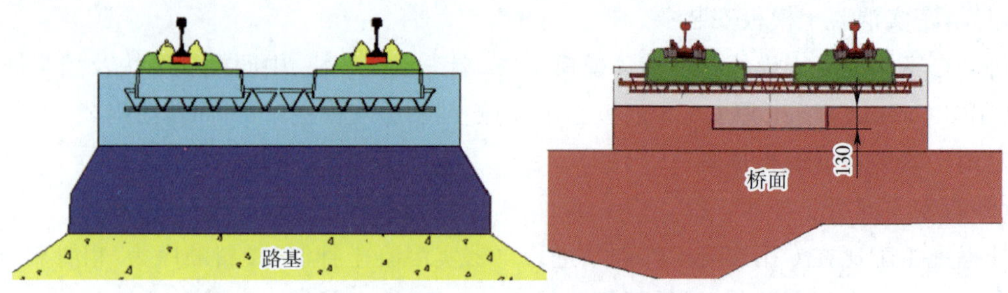

图 7-12　路基、桥上双块式无砟轨道结构图

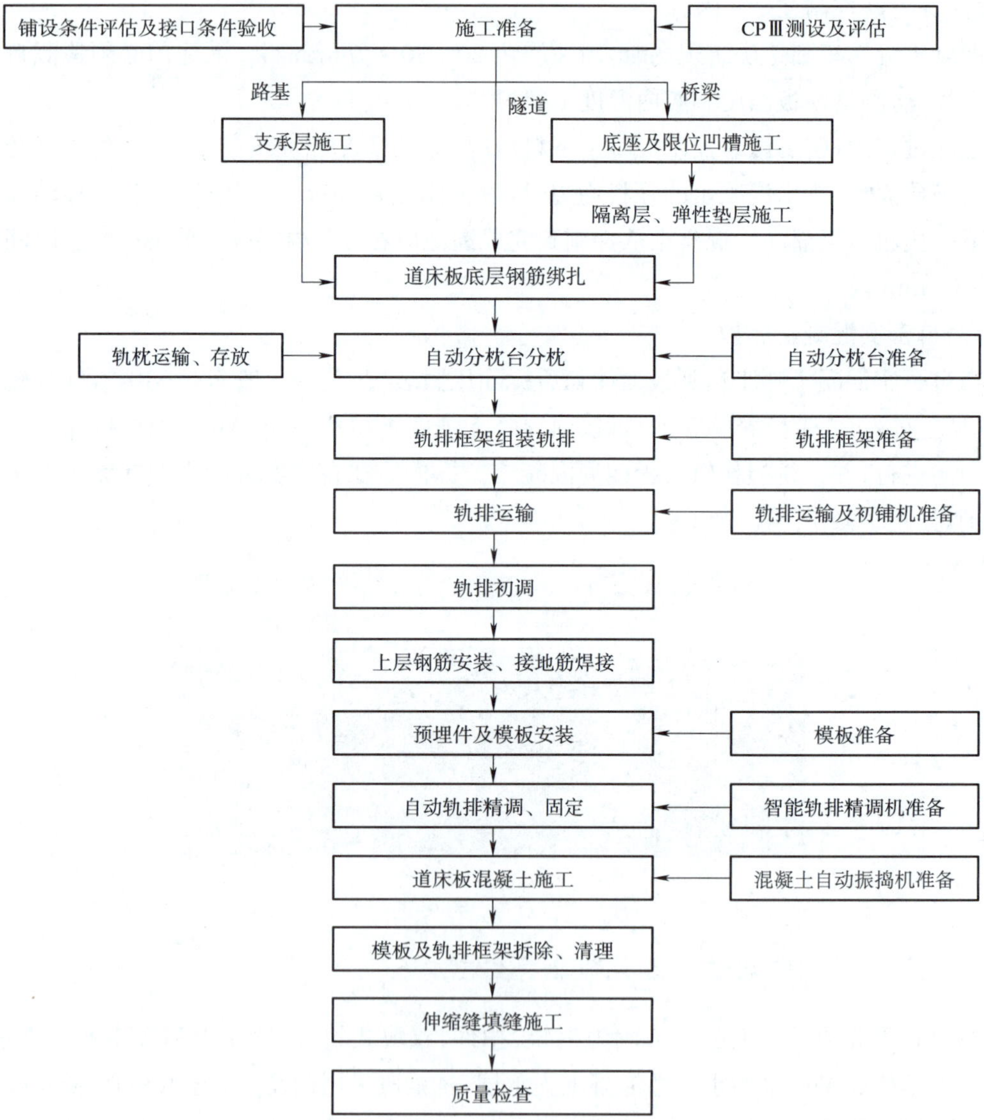

铺设条件评估及接口条件验收 → 施工准备 ← CPⅢ测设及评估

施工准备 →
- 路基：支承层施工 → 道床板底层钢筋绑扎
- 隧道：→ 道床板底层钢筋绑扎
- 桥梁：底座及限位凹槽施工 → 隔离层、弹性垫层施工 → 道床板底层钢筋绑扎

道床板底层钢筋绑扎

↓

轨枕运输、存放 → 自动分枕台分枕 ← 自动分枕台准备

↓

轨排框架组装轨排 ← 轨排框架准备

↓

轨排运输 ← 轨排运输及初铺机准备

↓

轨排初调

↓

上层钢筋安装、接地筋焊接

↓

预埋件及模板安装 ← 模板准备

↓

自动轨排精调、固定 ← 智能轨排精调机准备

↓

道床板混凝土施工 ← 混凝土自动振捣机准备

↓

模板及轨排框架拆除、清理

↓

伸缩缝填缝施工

↓

质量检查

图 7-13　双块式无砟轨道施工工艺流程图

技术、智能化底座板混凝土浇筑及整平施工技术、自动分枕技术、嵌套式轨排工装技术、智能化轨排运输及初铺技术、智能轨排精调技术、道床板混凝土自动振捣施工技术、混凝土智能养护技术等。

1. 水硬性支承层摊铺技术

支承层摊铺设备包括滑模摊铺机、挖掘机、搅拌机、洒水车、自卸车等设备。滑模摊铺机应具备螺旋布料、高频振捣、振平提浆和拉槽等功能，通过加装振平提浆、自动成型、自动拉毛等系统，进一步提高支承层的密实度和外观质量。摊铺机振捣棒的振捣频率不应低于 9 000 r/min，摊铺速度 0.6～1.2 m/min 为宜，具体工艺参数根据设备性能通过现场试验确定。挖掘机配合布料、摊铺机推铺如图 7-14 所示。

图 7-14 挖掘机配合布料、摊铺机摊铺

2. 智能化底座板混凝土浇筑、整平施工技术

智能化底座板振平机是针对无砟轨道底座板施工研发的专用设备，通过全站仪测量数据控制整平机走行，可实现自动浇筑、自动振捣、自动抹平，使底座混凝土平整度、高程、密实度整体一次到位，作业现场如图 7-15 所示。

图 7-15 智能化底座板振平机作业现场

3. 自动分枕技术

自动分枕装备由分枕平台、分枕定位车、节距分枕小车、智能电控系统组成，具有自动收拢、自动分枕、轨枕定位、轨排框架定位等功能，可自动调整轨枕前后、左右位置，实现任意不同位置轨枕的间距布置，轨枕间距误差可控制在 3 mm 以内，轨枕与钢轨垂直度控制在 1 mm 以内，具有平稳、准确、高效、安全等特点。操作人员提前将需要的轨枕间距输入到程序当中，在实际操作使用时，选择需要的一种模式即可实现自动布枕，分枕平台如图 7-16 所示。

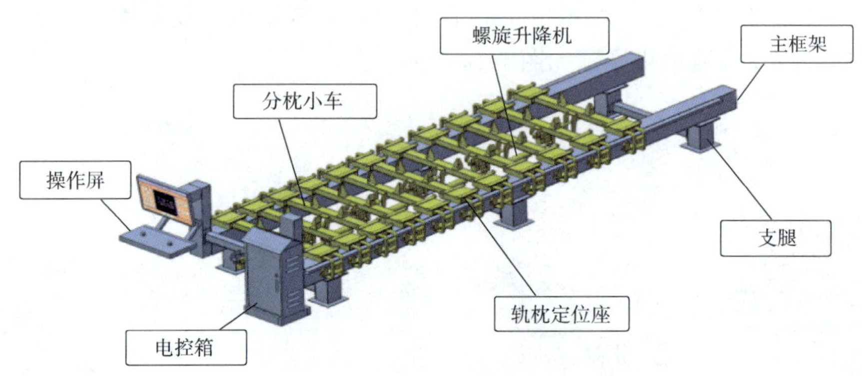

图 7-16　分枕平台示意图

4. 嵌套式轨排工装技术

嵌套式轨排由工具轨、组合托梁体、高低螺杆、防护墙固定座、锁定装置等组成，通过托梁内外套滑动的方式实现轨向调整，轨向与高程独立调节，实现轨向与高程的调节互不干涉，减少相互影响。轨向调节螺杆具有轨向锁定功能，不需要继续锁定，施工效率与轨排调整精度都大幅提高，同时配合智能化精调机的使用，大大缩短道床精调工序施作时间，作业现场如图 7-17 所示。

图 7-17　嵌套式轨排作业现场

5. 智能化轨排运输及初铺技术

智能化轨排运输初铺机是针对双块式无砟轨道道床施工工艺设计的智能化专用设备，采用变频驱动实现轨排的吊装与行走，智能型全站仪与测量棱镜、数据处理控制电脑、行走位置控制感应元件组成测量定位控制系统，实现轨排的自动化吊运、粗铺功能。可保证每一个步骤、每一道工序可控、可视、可储存、可追溯，减少过程误差的积累和人为因素造成的错误，达到精确初铺。智能化轨排运输初铺分单线及双线机，作业现场如图 7-18 所示。

图 7-18　智能化轨排运输初铺现场作业图

6. 智能轨排精调技术

智能化精调机器人结合自动测量、智能控制、精密机械等技术，以机载电脑为核心，通过数据链路组成一个整体，完全替代人工调整。通过全站仪自动扫描精调机上安装的棱镜，再将测量数据传输给精调机并驱动精调器与嵌套式轨排相结合进行轨排高低、方向自动精调；智能化轨排精调机可实现自动测量、自动精调、数据追踪、数据存储、报表查询等功能，增加了施工质量数据的可追溯性，避免了传统精调过程中人为因素的干扰和反复精调对精调效率的影响，施工现场如图 7-19 所示。

图 7-19　智能精调机器人施工现场

7. 道床板混凝土自动振捣技术

混凝土自动振捣机由车架、走行装置、振捣系统、升降系统、减振系统和电控系统等组成。可根据轨枕间距设定，完成轨枕间混凝土振捣，振捣时间通过 PLC 编程控制，针对不同坍落度的混凝土调整振捣参数，通过数据自动采集功能，能够实现振捣时间、频率、插入深度等数据的存储和上传。设备自重轻，配置有减振装置，对精调后的轨排影响小。采用混凝土自动振捣机可有效避免人工振捣导致的振捣不足或过振情况，提高混凝土整体质量。混凝土自动振捣机作业现场如图 7-20 所示。

图 7-20 混凝土自动振捣机作业现场

8. 混凝土智能养护技术

道床板智能养护工装可实现实时监控道床板养护环境湿度，当环境湿度低于设定值后，其将自动启动养护设备，且可将监测数据实时传输到现场管理人员手机上，便于随时监控。智能养护工装由温度传感片、路由器、网关、水箱、自动控制装置等组成，在道床板养护时安装湿度传感器，覆盖土工布、漏管、塑料布并绑扎牢固，自动监控装置通过传感片无线传输启动养护设备开关，避免人为因素造成的混凝土养护不及时，确保混凝土施工质量，养护现场如图 7-21 所示。

图 7-21 道床板智能养护现场

9. 智能化轨道精调技术

无砟轨道精调智能化技术建立在轨道承轨台智能快速测量机器人基础上，具备了对承轨台测量的自动化及快速化能力，为轨道精调工序前置提供了条件，可在无砟道床施工完成后，在铺轨前对承轨台的几何位置进行复测，获得每个承轨台实际的中心平面位置、高程等数据，根据实测值与设计值的偏差，推算满足铺轨后轨道平顺性需要的对应轨道扣件型号，有效提高铺轨精度，减少后期精调工作量。智能化精调施工流程如图 7-22 所示。

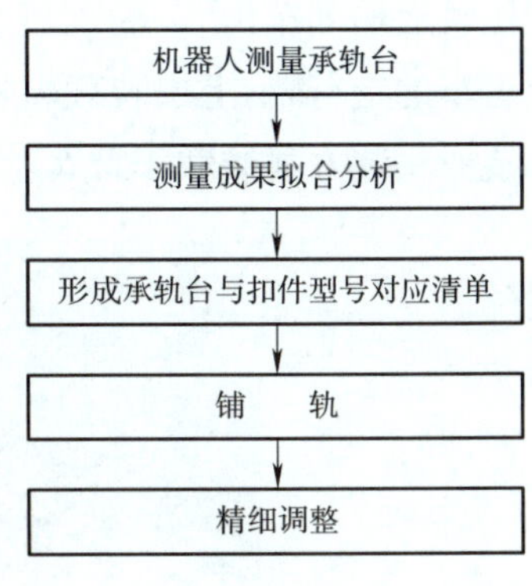

图 7-22　智能化精调施工流程图

7.3　无缝线路铺设施工组织技术

7.3.1　群枕法 500 m 长轨铺设技术

有砟轨道 500 m 长轨铺设“群枕法”是相对于“单枕连续法”而命名的，CYP500 型群枕式长轨铺轨机组包括长轨拖拉机、主机、辅机、轨枕搬运车等，其作业基本工序与 CPG500 单枕连续铺轨机组大体相同，其主要在布阵方式上进行了优化改进，采用了轨枕匀设机构和布枕机构，可以同时吊起 14 根间距均匀的轨枕并将其准确地铺设于有砟道床上，解决了单枕连续法施工普遍存在的卡枕和翻枕故障等技术难题。

群枕法铺轨工艺流程如图 7-23 所示。

1. 铺轨机组组装、调试及就位

在铺轨基地完成铺轨机组的组装、调试工作后进行编组，其编组方向由铺轨前进方向向后依次为铺轨机组主机、辅机、枕轨运输列车、内燃机车。每套铺轨机组通常按运输距离及相关影响因素配置 2～3 列枕轨运输列车。枕轨运输列车与铺轨机组主机和辅机可同时编组，也可分开编组，由机车推送至铺轨起点位置。群枕式铺轨机组首次铺轨时，主机前进至距已铺轨线路轨端 870 mm 处停车，完成主机转向架与走行履带的连接，将主机前端走行由轨行式变为履带式。铺轨机组和长轨拖拉机到达现场如图 7-24 所示。

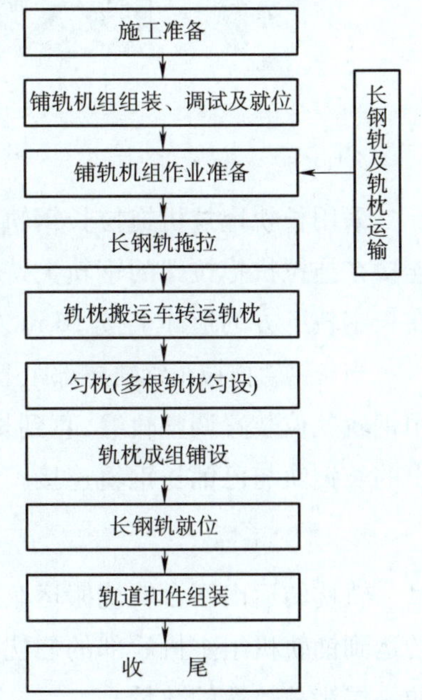

图 7-23　群枕法铺轨工艺流程图

2. 长钢轨及轨枕运输

采用枕轨运输列车装载和运输长钢轨和轨枕。每列

枕轨运输列车由 37 辆 N17 型铁路平板车编组而成，平板车上面安装有运输支架和轨枕搬运车的走行轨，上层装载轨枕、底层装载长钢轨，轨枕扣件在长钢轨及轨枕装载完成后以袋装或箱装方式装载于首车上。轨枕及长钢轨运输如图 7-25 所示。

图 7-24　铺轨机组和长轨拖拉机到达作业现场

图 7-25　轨枕及长钢轨运输

3. 长钢轨拖拉

采用长轨拖拉机拖拉长钢轨，拖拉前，长轨拖拉机退到铺轨主机前方位置，将钢轨固定连接在拖拉机拖拉架的钢轨夹持器上，拖拉机沿铺轨中线向前拖拉钢轨。钢轨拖拉过程中，在长钢轨下方的道砟上按 10 m 左右间距放置地面导向滚筒。

当长钢轨拖拉至钢轨尾部距上次铺设钢轨端头约 10 m 时，放慢拖拉速度（≤15 m/min），利用钢轨就位装置调整轨缝，直到长钢轨尾端与已铺设钢轨轨端基本对齐，并用无孔夹具将拖出的长钢轨与已铺长钢轨连接。长钢轨拖拉作业如图 7-26 所示。

4. 轨枕转运

轨枕转运由两台轨枕搬运车采用中转和接力传递方式将轨枕从枕轨运输列车上成组地转运到铺轨机组主机后部的匀枕平台位置。每台搬运车一次搬运 28 根轨枕（即每辆平板车的一层满载轨枕的数量）。

转运轨枕的速度应与匀枕机构和轨枕布设机的作业协调配合，保证连续进行铺设作业。

图 7-26　长钢轨拖拉作业

轨枕搬运时应整列列车平均进行，逐层搬运，以免因各车辆装载不均造成走行轨道起伏过大导致轨枕搬运车重载爬坡，影响作业效率和作业安全。轨枕转运作业如图 7-27 所示。

图 7-27　轨枕搬运车轨枕转运作业

5. 匀枕

匀枕通过主机后部平台的匀枕机构完成，匀枕机构由支架、顶升油缸、匀枕小车(14 辆)、轨道和牵引装置等组成。轨枕搬运车转运一组轨枕(14 根)放置于匀枕平台的支架上面，通过油缸使支架升高，14 辆匀枕小车在牵引机构的驱动下沿轨道驶入 14 根并排靠拢的轨枕的正下方，再使支架下降，将 14 根轨枕一一对应落放至 14 辆匀枕小车上面，再次启动牵引机构，使 14 辆匀枕小车均匀分开，相邻匀枕小车之间的最大分开距离可通过调整链条的有效长度进行限制，以满足轨道线路对轨枕间距的要求。匀枕作业如图 7-28 所示。

图 7-28　匀枕作业

6. 轨枕铺设

轨枕铺设由主机上部的轨枕布设机(简称布枕机)完成,作业过程包括吊装轨枕、纵移、横移调整等作业工序。匀枕机构完成匀枕作业后,轨枕布设机沿轨道行驶至 14 辆匀枕小车正上方,一次性夹提 14 根轨枕,轨枕布设机沿轨道前行纵移到位,轨枕吊具下降至距地面 50～100 mm 时停止,操作布枕机前后纵移或使其吊具左右摆动,当轨枕间距及中线符合要求后,轨枕夹具打开一次性将 14 根轨枕铺放至道床上面,完成一组轨枕的铺设。成组轨枕铺设作业如图 7-29 所示。

图 7-29　成组轨枕铺设作业

7. 收轨就位

群枕式长轨铺机组具有自动将长钢轨收拢就位的功能,在主机铺轨作业向前走行的过程中,通过铺轨机组主机和辅机上面设置钢轨导向框及收轨装置将钢轨从线路两侧自动引导至已铺轨枕承轨台上方,完成收轨就位,如图 7-30 所示。

图 7-30　长钢轨收轨作业

7.3.2　本邻两线长钢轨铺设技术

BLCP500 型本邻两线长钢轨铺设机组可实现本线和直接铺设相邻线路，无须设备转线，该机组由推送车、本线顺坡铺轨装置、邻线顺坡铺轨装置、平车、活动平衡装置、动力系统、电气系统、液压系统等组成。相较于传统方法，可实现对双线长钢轨和站线相邻的左右股道铺设，邻线作业面不连续时也可铺设，铺轨施工组织灵活，节约铺轨转线时间；邻线铺轨时长钢轨直接落位，减少人力、提高工效。铺轨、焊轨各在一股道上作业，互不干扰，减少扣件装拆工作量，提高了施工效率。

本邻两线长钢轨铺设施工工艺流程如图 7-31 所示。

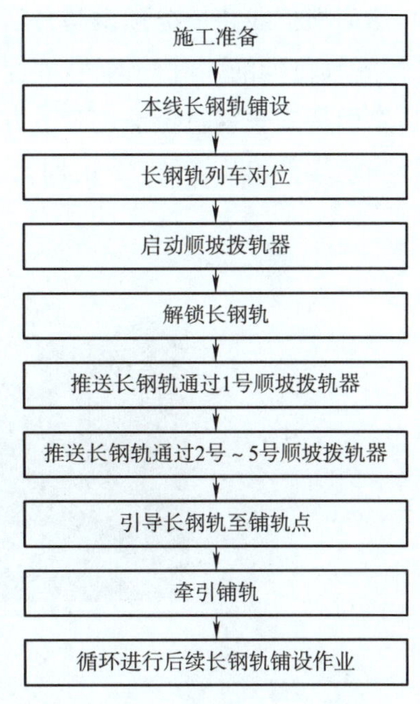

图 7-31　本邻两线长钢轨铺设施工工艺流程图

1. 本线长钢轨铺设

本线铺轨时，设置在平板上的液压顺坡接轨装置代替了传统施工的顺坡小车，铺设本线长钢轨时，顺坡拨轨器(图 7-32)处于初始状态不展开，推送长钢轨通过 1 号顺坡拨轨器及设置于平板车上的本线顺坡滚轮，而后通过液压顺坡接轨装置，该装置可通过液压系统前后及上下移动，将长钢轨从平板车过渡到承轨槽内，长钢轨铺设到位后，安装扣件，固定长钢轨，如此完成本线长钢轨的铺设施工。

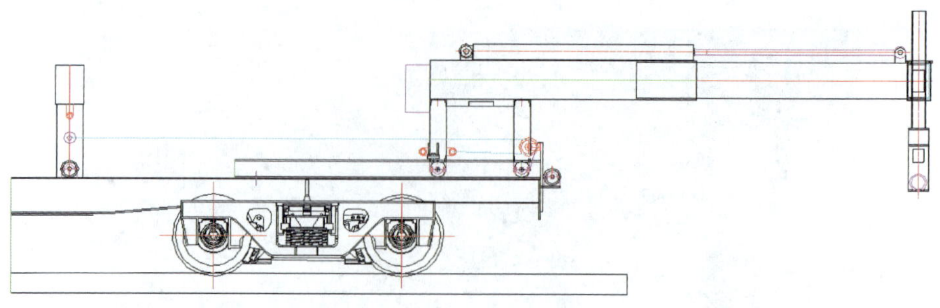

图 7-32　顺坡接轨装置示意图

2. 邻线长钢轨铺设

(1)长钢轨列车对位

长钢轨列车沿着本线已铺设完成的线路行驶至邻线待铺地点，当 5 号顺坡拨轨器距离邻线铺轨起始点 20 m 左右时一度停车。

(2)钢轨通过顺坡拨轨器

依次将待铺线路侧的各顺坡拨轨器展开，并与固定架连接，将配重推送至固定位置并加固，然后根据线路情况预调整各活动架到一定位置。

解锁待铺的一对长钢轨，并保持其他长钢轨处于安全锁定状态。启动推送车后置卷扬机，牵引待铺长钢轨至推送车下方推送装置压紧。推送车将长钢轨推送穿过 1 号顺坡拨轨器，当轨端伸出 4 m±0.2 m 时，顶推 1 号顺坡拨轨器至相应位置，如图 7-33 所示。

图 7-33　推送长钢轨通过 1 号顺坡拨轨器

1 号顺坡拨轨器顶推至相应位置后，推送车继续推送长钢轨依次通过 2 号～5 号顺坡拨轨器。推送过程中若轨头与顺坡拨轨器不对中，可适当调整顺坡拨轨器。

(3)引导长钢轨至铺轨点

长钢轨端部穿过 5 号顺坡拨轨器 2～3 m 后，微调 5 号顺坡拨轨器，确保长钢轨端部能准确进入承轨槽内，加固顺坡拨轨器，再次检查各顺坡拨轨器状况和钢轨曲线状况，确认正常后，推送车继续推送长钢轨，在道床面放置滚轮并引导钢轨至邻线铺轨点，钢轨到位后取出滚轮，使钢轨入槽，在长钢轨端部 3～5 m 范围安装全部扣件锁定。

(4)牵引铺轨

松开推送车的压紧装置，机车牵引长钢轨列车按照直线地段不超过 5 km/h、曲线地段不超过 3 km/h 的速度牵引运行。在机车运行过程中，邻线钢轨两侧站立施工人员手持撬棍辅助钢轨入槽，待长钢轨尾部距离推送车 20 m 时，机车减速至 3 km/h 以下，长钢轨尾部离开 3 号拨轨装置 3 m 时一度停车，机车缓慢行驶直至剩余长钢轨铺设完成。牵引铺轨如图 7-34 所示。

图 7-34　牵引铺轨

3. 施工要点及注意事项

(1) 曲线外轨超高邻线铺轨作业

在邻线曲线超高地段铺轨作业时，各拨轨装置操作人员必须实时监控线路情况，根据线路不同超高情况随时调整各拨轨器高度，保证长钢轨顺利导入邻线承轨槽内。此时，设备处于最不利工作状态，严格遵照操作规程作业，控制机车运行速度小于 3 km/h。

(2)车站邻线轨道铺设施工作业

车站正线与到发线之间一般设置有接触网立柱，若采用 BLCP500 型本邻两线长钢轨铺设设备进行邻线长钢轨铺设，需在接触网立柱安装之前进行，当车站接触网采用硬横跨形式时，则邻线铺轨不受影响。

(3)无砟有砟交替情况本邻两线轨道铺设施工作业

在遇有大跨度特殊桥梁、长大隧道或者特殊地质结构等情况施工中，常常存在有砟无砟频繁交替的情况，BLCP500 型本邻两线长钢轨铺设设备也同样适用，但有砟使用的履带式牵引车、无砟使用的轮胎式牵引车已不再适用，需更换成有砟无砟两用牵引车。

7.3.3 钢轨焊接施工组织技术

高速铁路工地钢轨焊接是无缝线路施工非常重要的环节，其施工质量直接影响高铁轨道质量，并可能影响运营安全，必须做到焊接质量合格，外观打磨达到标准。应配有移动式闪光焊接作业车、拉轨器、锯轨机、钢轨打磨机、正火机、调直机、探伤仪等设备。焊接前须通过型式检验确定工艺参数，至少应在正式上线焊接前一个月开始型式试验，焊接参数确定后，不得随意调整。焊接施工流程包括施工准备、轨端打磨、焊接对位、焊接和推凸、正火、调直、粗打磨、探伤、精磨。

近年来，国内一些单位为适应新工况，进一步提高施工质量、效率，研发一些新设备。储能式混合电容电源代替传统柴油发电机组（图 7-35），具有环保、低噪声、供电平衡性强、焊接效率高、性能稳定、使用维护成本低等优点，尤其适用于高原铁路长大隧道及高原地区缺氧环境。移动式钢轨感应正火作业车（图 7-36），可自动控制热处理过程，精确控制焊缝正火的工艺参数，提高钢轨焊缝的质量稳定性。智能化轨道螺栓机器人（图 7-37），具有自动行走、自动定位、快速安装、自动拧紧等功能，实现了无人化施工，提高焊轨扣件安装施工效率。

图 7-35 LR1200-BES 型新能源储能式钢轨闪光焊机组

图 7-36 YZH-120Q 型移动式钢轨感应正火作业车

图 7-37 ZGLJ300 型智能化轨道螺栓机器人

7.3.4　无缝线路应力放散及锁定信息化技术

无缝线路应力放散及锁定是保证铁路轨道平顺性和稳定性的关键作业环节，作业采用滚筒法施工和拉伸器滚筒法。作业轨温在设计锁定轨温范围之内时，采用滚筒法；作业轨温低于设计锁定轨温范围时，采用拉伸器滚筒法。

传统作业主要是通过人工测量钢轨拉伸是否到位，较难实现锁定作业的质量追溯和有效监管，无缝线路应力放散及锁定施工信息化管理系统利用高精度位移和温度传感器，通过对环境温度、作业轨温和钢轨拉伸量的实时监测，自动采集、分析、计算、判定放散作业数据，准确引导施工单位严格遵守放散作业规范，实时获取准确的、可追溯的实际锁定轨温数据。系统包括管理平台和终端系统，系统构架如图 7-38 所示。

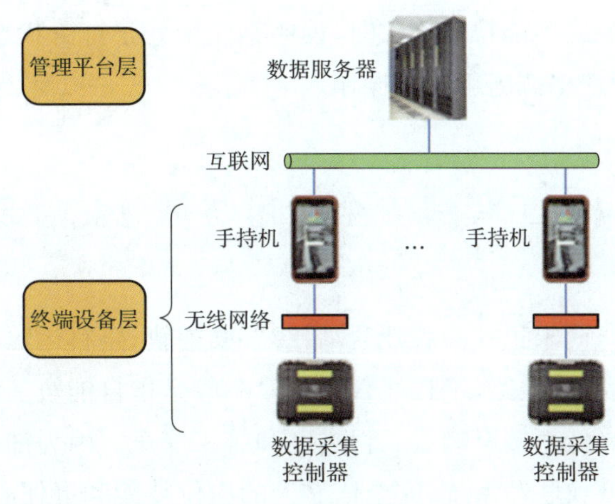

图 7-38　系统构建图

施工时在钢轨上根据需要按照图 7-39 布设温度和位移传感器，温度和位移传感器设置如图 7-40 所示。

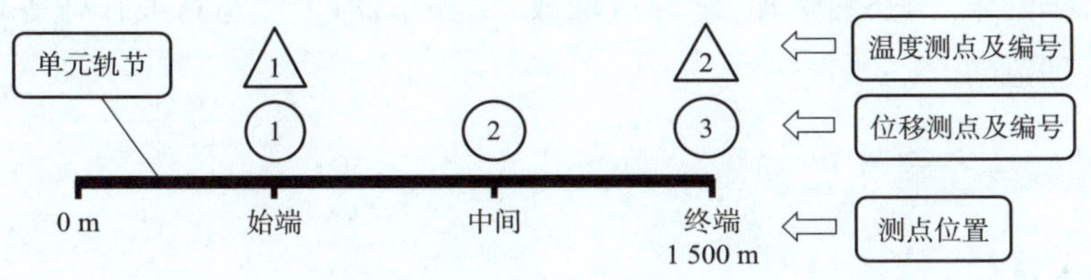

图 7-39　温度和位移传感器布置图

滚筒法通过采集测点撞轨过程中的位移数据，按照“撞出去多少，回来多少”的原则，进行位移的判定，实现系统测点均匀性的自动判定。单元轨节所有测点都达均匀性状态时，系统判定单元轨节达到零应力状态。如果测点始终不能达到均匀时，说明钢轨未处于自由状态，需要第一时间检查扣件或滚筒等工序是否严格按施工规范操作。

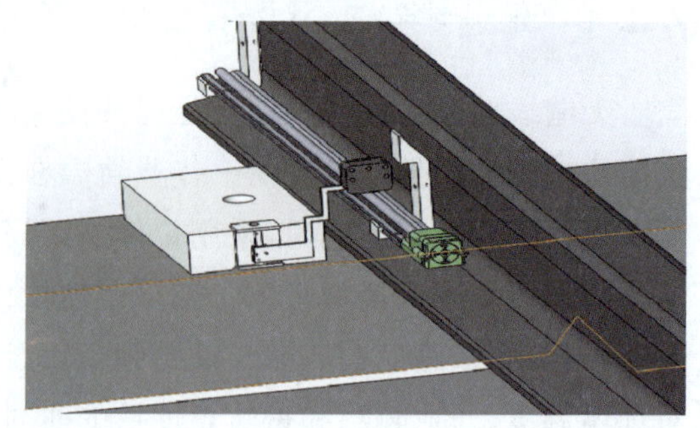

图 7-40　温度和位移传感器设置

拉伸器滚筒法测量单元轨节测点的实际位移，换算成轨温达到设计锁定轨温范围，则测点拉伸到位；如果测点始终不能拉伸到位时，说明钢轨未处于自由状态，需要第一时间检查扣件或滚桶等工序是否严格按施工规范操作。

7.4　工程线安全运用与信息化管理

工程线是指铺轨后，尚未正式验收开通，后续架梁铺轨、路料运输、补砟整道、“四电”作业等工程施工车辆需运行的线路，工程线管理阶段一般是指自铺轨工程开始起至动态验收开始止，其管理水平的高低直接影响着工程进度和施工安全。因为铺架工程在施工期间尚未建立起铁路信号、闭塞及联锁系统，完全依靠人的岗位技能和责任心完成运输生产，缺乏有效的技术手段，所以长期以来运输生产效率较低且安全风险较大。不同于铺轨前土建施工阶段施工单位按业主指导施组各自组织施工的特点，工程线管理由建设单位主导、施工单位协同合作具体实施，尤其需要集中统一管理。凡是涉及占用或跨越工程线施工，邻近工程线可能影响行车的施工，路料运输、装卸或堆放，工程车辆，上线运行或作业等均须纳入工程线施工安全管理范畴。

7.4.1　工程线安全运用管理

1. 健全管理制度

工程线管理涉及建设、监理、施工等单位多，交叉施工多、行车和施工组织复杂、各单位之间协调难度大。工程线管理应构建由建设单位主导、参建各方协同的安全管理体系，明确各方分工和职责，各司其职、齐抓共管，共同做好工程线的安全管理工作。

(1)建设单位组织制定工程线管理办法等配套管理制度，成立工程线管理机构，设置工程线调度指挥中心，负责工程线施工管理。做好施工与行车计划审批、过程检查、监督考核、工程线管理的重大问题处理等工作。

(2)施工单位是工程线施工的主体单位，成立相应的工程线施工组织机构，制定工程线管理实施细则及配套制度。严守施工纪律，落实好教育培训、计划提报、计划执行、规范作业、问题整改等工作。

(3)监理单位负责工程线施工的监督检查工作，制定工程线施工安全监理细则，监督检查各施工单位施工计划执行情况，对工程线施工过程中发现的问题提出整改要求，并跟踪落实整改闭合。

2. 工程线提速管理

铺轨开始后，随着铺轨延伸和上砟整道、焊轨、防护栅栏安装等后续工序完成，应明确不同线路条件下的行车限速标准；随着线路质量的提高，为提高运输效率，需逐步提高行车速度，但必须规范提速管理程序，提速一般由铺轨单位提出申请，建设单位组织监理、铺轨、整道等单位共同添乘检查，下发会议纪要或通知进行批复，调度部门执行。

有砟线路铺轨，首次整道后行车速度不得大于 15 km/h，最大行车速度不得大于 40 km/h。无砟轨道线路长轨铺设后行车速度不得大于 30 km/h，最大行车速度不得大于 60 km/h。

有砟轨道线路铺轨后及时进行重点整道，处理三角坑、反超高、空吊板、不平顺等线路病害，满足不同阶段线路的行车速度条件。

3. 施工作业计划管理

(1)计划管理

①凡影响工程线设备稳定、使用和行车、人身安全的施工，必须纳入施工计划，施工计划应包括施工方案、施工项目、作业内容、地点和时间、影响范围、施工组织负责人及防护办法、列车运行条件等。施工计划管理如图 7-41 所示。

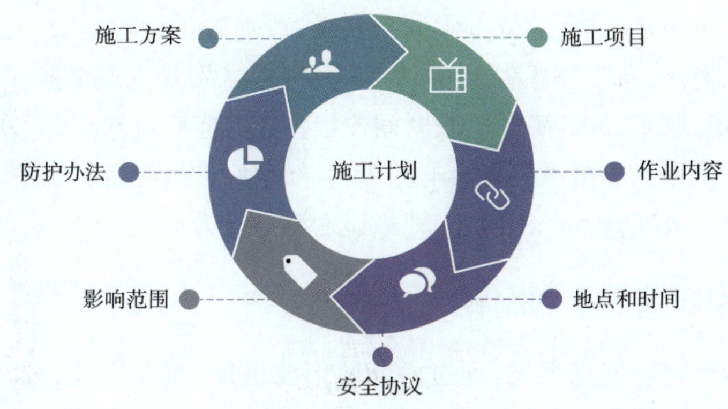

图 7-41　施工计划管理图

②严禁无计划施工。施工单位在组织施工前，须严格按规定程序提报施工计划，建设单位审批。原则上不予审批临时计划，确有特殊原因的，施工单位须报建设单位审批。

③运用调度管理系统计划审批平台进行计划的编制、审批。施工和行车计划录入到审批平台后，审批平台自动筛选出相互冲突的计划并预警，调度中心合理调整并审批计划，审批后计划网上传输给调度室、施工单位，既能合理安排施工计划，又能防控计划编制错误风险。

(2)请销记管理

①施工前，按批准的施工方案，落实好人员、物资、设备机具等准备工作，确保各类资源满足现场施工需求；严格执行登记请点制度，必须按规定时间登记；调度员按照"一事一令"的方式发布调度命令。

②施工中，杜绝违章指挥，严禁超范围施工。凭调度命令进入指定地段，先防护、后施工，确保在计划时间内完成。若因特殊情况，不能在计划时间内完成，须提前向调度中心提出延时申请，经批准后方可继续施工，严禁擅自延长施工时间。

③施工后，施工负责人必须确认人员机具撤出现场、物资材料无侵限占道后，方可撤除防护、办理销记。

4. 现场安全防护管理

(1)施工负责人、驻站联络员、现场防护员必须经过专项培训且考核合格后持证上岗，严禁擅自变更施工负责人、驻站联络员、防护员。

(2)参照营业线要求设置防护，防护员须着装规范，配齐对讲机、信号旗(信号灯)、喇叭等防护装备。不同工况下，防护要求有所不同，以单线封锁施工为例，作业点设置现场防护员，施工地点两端 20 m 处设置移动停车信号牌，施工现场两端 800 m 处设置远端防护员，远端防护员还须配置预警移动终端，实现人与车双向预警。施工负责人、驻站联络员、现场及远端防护员必须保证通信畅通，定时呼唤确认。

(3)施工负责人、驻站联络员、防护员在施工期间要坚守岗位，严禁离岗、脱岗。首先要选用责任心强的人员担任；其次建立领导值班制度，加强施工过程巡查；在特殊工况下采取特殊措施，如大雨、炎热、寒冷等恶劣天气，要为防护员，特别是远端防护员创造良好的现场防护条件，配置避雨、遮阳等保障措施，长时间连续作业时应安排双班。

(4)有装载机、挖掘机等机械设备参与的施工，要把好机械设备进场关，确保设备状况良好；严格落实"一机一人"防护，严密防控，杜绝违章操作行为。

7.4.2 工程线运输信息化调度管理

工程线运输调度管理信息系统，通过对铺轨形象进度、机车定位、列车运行图、计划管理、调度命令、行车监控等功能进行研发和应用，及时掌握项目施工动态，实现工程运输调度指挥信息化、列车运行监控实时化、施工安全管理可视化、统计分析智能化四大目标。

1. 系统主要功能

工程线运输调度管理系统包括平台端与终端两部分，功能架构如图 7-42 所示。

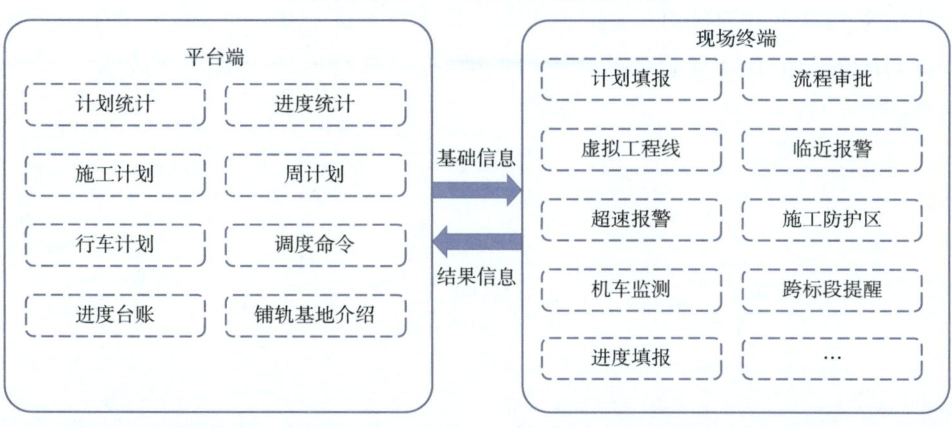

图 7-42　功能架构

2. 平台端功能

平台端主要包括施工计划、调度命令及工程进度的台账化管理，并具备施工进度、施工计划等关键性指标的统计分析功能，平台端实现对终端系统的远程访问与调用功能。

（1）统计分析

将终端采集的计划数据、命令数据及钢轨、道岔、股道等进度数据进行汇总分析，形成关键性数据指标项，并集成铺轨基地示意图，实现对铺轨基地概况信息的形象化表达。统计计划工作界面如图 7-43 所示。

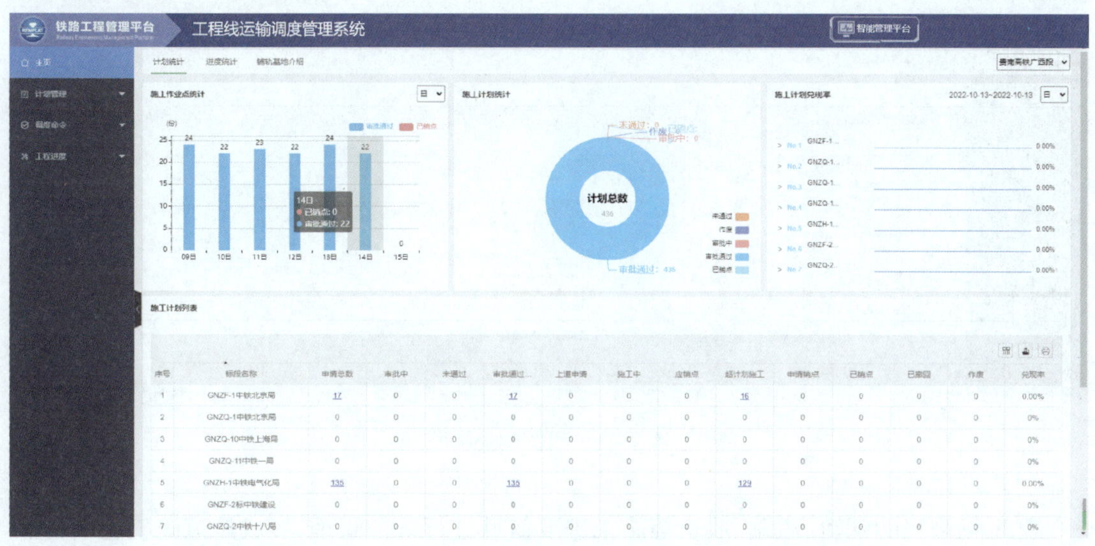

图 7-43　计划统计工作界面

(2)计划管理

将终端系统审批完成的日班施工计划、行车计划等进行统一管理,形成工作台账,实现对现场计划施工登记和闭环管理的全过程追溯,提高轨行区施工的管理效率。计划管理工作界面如图 7-44 所示。

序号	项目名称	标段	施工计划号	施工日期	封锁时间	线别	施工地点	施工开始里程	施工终止里程	状态
1	贵南高铁广西段	GNZQ-4中铁...	(2022)字 第(09.07)-0009	2022-09-07 14:39:00	起:14:39:00止:17:32:00	左右线	环江站	DK 273 + 350	DK 0 + 0	上道申请
2	贵南高铁广西段	GNZQ-4中铁...	(2022)字 第(09.07)-0009	2022-09-07 14:39:00	起:14:39:00止:17:32:00	左右线	环江站	DK 273 + 350	DK 0 + 0	上道申请
3	贵南高铁广西段	GNZQ-4中铁...	(2022)字 第(09.07)-0009	2022-09-07 14:39:00	起:14:39:00止:17:32:00	左右线	环江站	DK 273 + 350	DK 0 + 0	上道申请
4	贵南高铁广西段	GNZQ-4中铁...	(2022)字 第(09.07)-0009	2022-09-07 14:39:00	起:14:39:00止:17:32:00	左右线	环江站	DK 273 + 350	DK 0 + 0	上道申请
5	贵南高铁广西段	GNZQ-4中铁...	(2022)字 第(09.07)-0009	2022-09-07 14:39:00	起:14:39:00止:17:32:00	左右线	环江站	DK 273 + 350	DK 0 + 0	上道申请
6	贵南高铁广西段	GNZQ-4中铁...	(2022)字 第(09.07)-0009	2022-09-07 14:39:00	起:14:39:00止:17:32:00	左右线	环江站	DK 273 + 350	DK 0 + 0	上道申请
7	贵南高铁广西段	GNZQ-4中铁...	(2022)字 第(09.07)-0009	2022-09-07 14:39:00	起:14:39:00止:17:32:00	左右线	环江站	DK 273 + 350	DK 0 + 0	上道申请
8	贵南高铁广西段	GNZQ-4中铁...	(2022)字 第(09.07)-0009	2022-09-07 14:39:00	起:14:39:00止:17:32:00	左右线	环江站	DK 273 + 350	DK 0 + 0	上道申请
9	贵南高铁广西段	GNZQ-4中铁...	(2022)字 第(09.07)-0009	2022-09-07 14:39:00	起:14:39:00止:17:32:00	左右线	环江站	DK 273 + 350	DK 0 + 0	上道申请

图 7-44 计划管理工作界面

(3)调度命令

针对现场执行"一事一令"的管理要求,将准确下发的调度命令管理形成工作台账,对现场命令的执行情况及确认状态进行查阅。调度命令示例如图 7-45 所示。

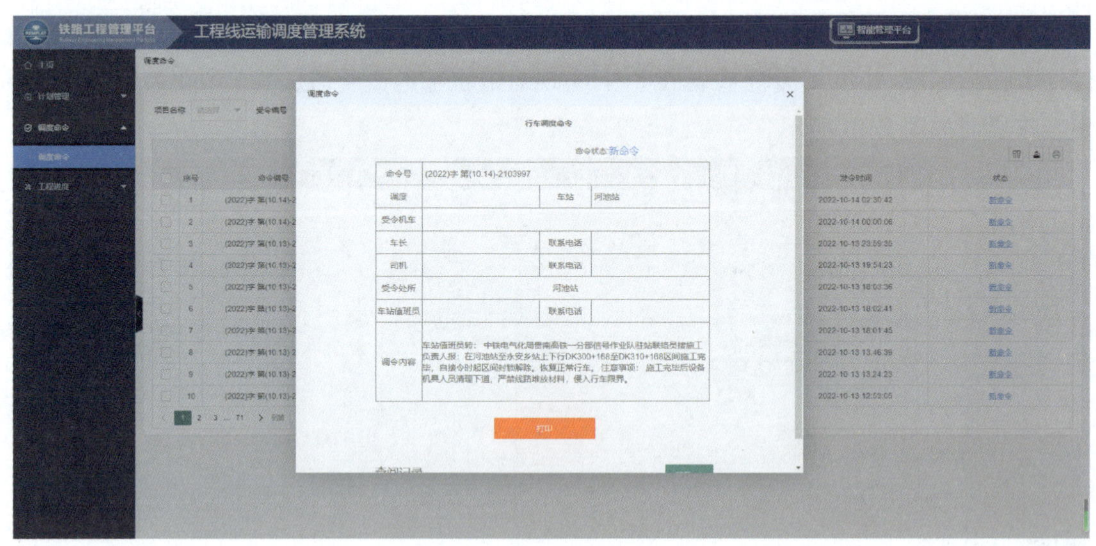

图 7-45 调度命令示例

(4)进度台账

将现场采集的钢轨、道岔、股道等施工进度信息进行统一管理,形成轨道施工进度台账,实现对铺架作业期间的轨道施工进度完成状态的写实表达。进度台账示例如图 7-46 所示。

序号	铺轨位置	行别	轨下结构	中心线开始里程	中心线结束里程	长度(m)	状态	完成时间	作业班组	施工负责人
1	永安乡站	下行线	有砟股道	DK321+647	DK327+347	5500	铺设完成	2022-08-28		
2	永安乡站	上行线	有砟股道	DK323+638	DK328+138	4500	铺设完成	2022-08-27		
3	河池站	下行线	有砟股道	DK312+851	DK315+851	3000	铺设完成	2022-08-25		
4	永安乡站	下行线	有砟股道	DK315+851	DK321+851	6000	铺设完成	2022-08-26		
5	永安乡站	上行线	有砟股道	DK317+638	DK323+638	6000	铺设完成	2022-08-24		
6	河池站	下行线	有砟股道	DK298+761	DK304+761	6000	铺设完成	2022-08-22		
7	河池站	上行线	有砟股道	DK311+645	DK317+645	6000	铺设完成	2022-08-21		
8	河池站	下行线	有砟股道	DK304+761	DK312+851	8090	铺设完成	2022-08-23		
9	河池站	上行线	有砟股道	DK308+646	DK311+645	3000	铺设完成	2022-08-20		
10	河池站	上行线	有砟股道	DK290+774	DK303+645	12871	铺设完成	2022-08-18		

图 7-46　进度台账示例

3. 终端系统功能

终端系统具备施工计划及调度命令的上传下达功能，施工计划的申请、审核销记及监理对施工计划的监管等功能可以解决上述施工和行车组织安全问题，通过虚拟工程线、临近报警等技术，使调度中心能够及时了解现场情况，通过应用定位、综合调度、视频监控、移动互联、图形可视化等技术提升铺轨调度中心的整体调度能力，能够较好地解决铺轨作业行车和施工安全等首要的工程施工问题。

(1)施工计划管理

施工计划管理是对所有在轨行区施工点进行统一管理，严格执行封锁点施工"一事一登记、一注销，谁登记、谁注销"的原则，施工单位须向调度中心进行计划和销点工作，实现施工登记和闭环管理，防止出现未经允许的施工作业，实现在线申请—审批下发—上道复核—下道销点的全过程施工计划写实追溯。

(2)调度命令管理

主要实现调度中心向各级参建单位及时准确无线下发调度命令，各施工单位负责人、车站值班员、司机和车长接收确认，保证调度命令安全及时可靠传递。该功能实现调度命令无线传输，对命令从发起到最终执行全流程信息跟踪管理。

(3)虚拟工程线

结合现场施工平面图形成虚拟工程线电子地图(图 7-47)，通过对轨道、道岔等图元进度信息的采集，推动钢轨、道岔、股道等施工图元进行变色，实现对现场实时施工进度的形象化管理。

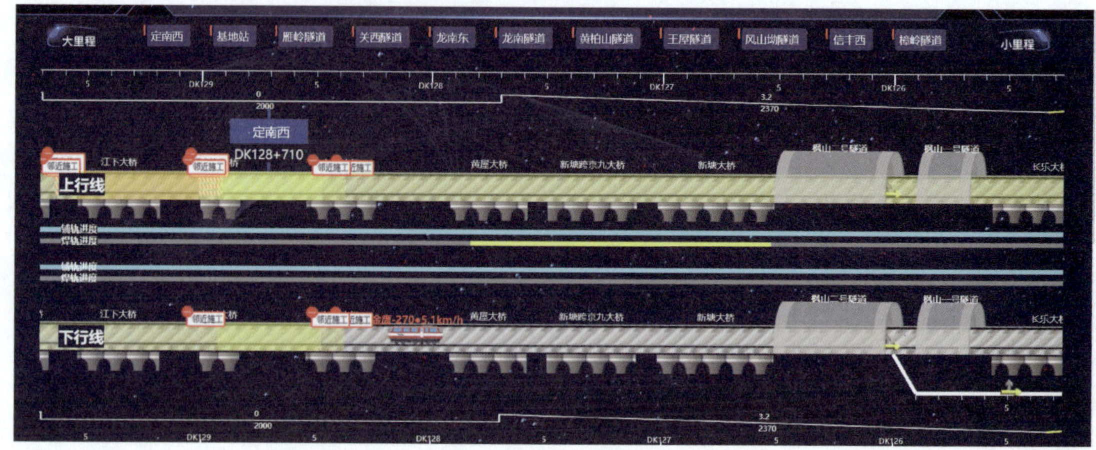

图 7-47　电子地图

(4)施工防护区及临近报警

根据日班施工计划自动生成安全防护区域(限速区)及施工防护区,通过物联报警设备,监测机车与机车、小平车、红绿灯、道岔、施工防护区及施工人员之间的距离,达到两者设定的安全距离时触发报警,提醒司机控制机车速度,并对司机、施工人员及调度中心三方同时进行报警提示。施工防护区及临近报警如图 7-48 所示。

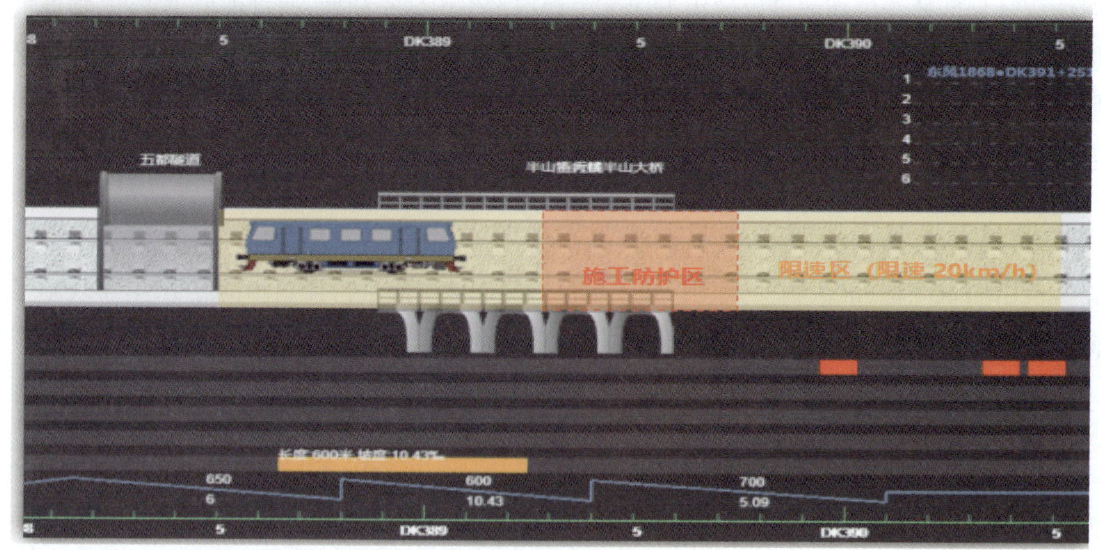

图 7-48　施工防护区及临近报警

(5)机车监控

通过 GPS/北斗定位装置及测速传感器,实时监控机车运行的当前位置、速度、所处坡度和曲线半径,以及车辆进入车站时,自动判别所在股道。机车监控工作界面如图 7-49 所示。

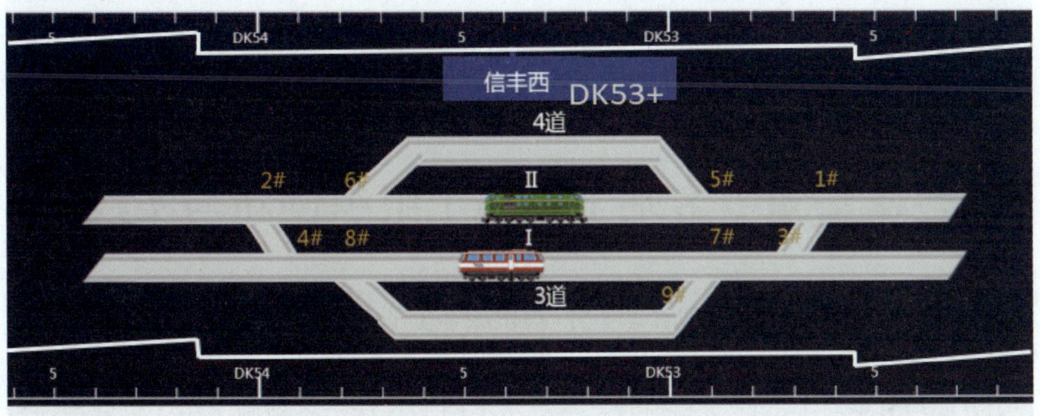

图 7-49　机车监控工作界面

第 8 章　客站工程施工组织创新与实践

铁路客站作为铁路部门办理客运业务，提供旅客上下车服务的地标性交通建筑，随着高速铁路的建设，铁路客站也得到了快速的发展，在设计理念、功能定位、建筑形态、专业技术等各个方面均有本质上的改变和提升。本章从不同形式铁路客站施工组织创新与实践着手，论述了高架客站、线侧平式客站、线侧下式客站、桥下站、地下站、改扩建车站六种不同形式的铁路客站，在新管理、新方法、新技术、信息化等方面的应用实践，为建设铁路精品客站示范工程提供借鉴。

8.1　客站工程施工组织要点

8.1.1　客站工程施工特点

随着我国高速铁路的迅猛发展，铁路客站的建筑形式也越发多样化，一般来说，铁路客站的规模根据最高聚集人数或高峰小时发送量确定，分为特大型车站、大型车站、中型车站、小型车站。特大型车站最高聚集人数 $H \geqslant 10\,000$ 人，高峰小时发送量人数 $P_{H} \geqslant 10\,000$ 人；大型车站 $3\,000 \leqslant H < 10\,000$，$5\,000 \leqslant P_{H} < 10\,000$；中型车站 $600 < H < 3\,000$，$1\,000 \leqslant P_{H} < 5\,000$；小型车站 $H \leqslant 600$，$P_{H} < 1\,000$；若按站房与铁路线的平面高差位置关系，可分高架客站、线侧平式客站、线侧下式客站、桥下站、地下站，各式车站示意如图 8-1～图 8-5 所示。

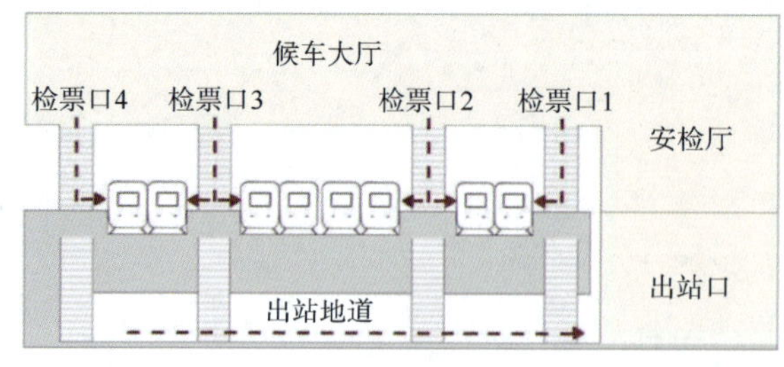

图 8-1　高架客站示意图

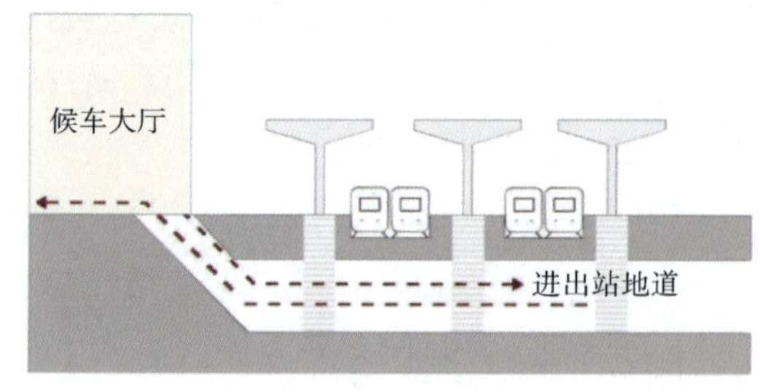

图 8-2　线侧平式客站示意图

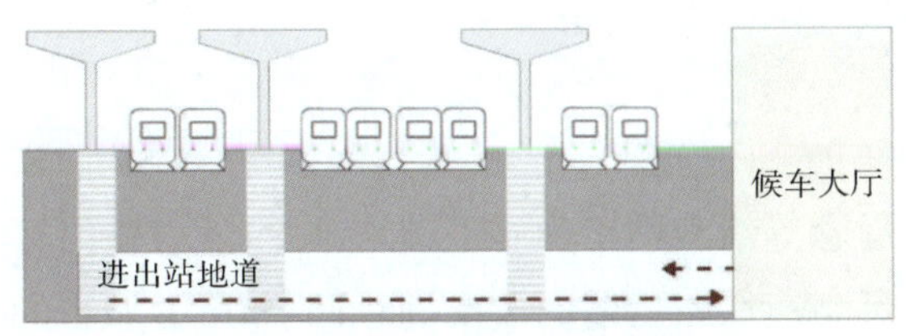

图 8-3 线侧下式客站示意图

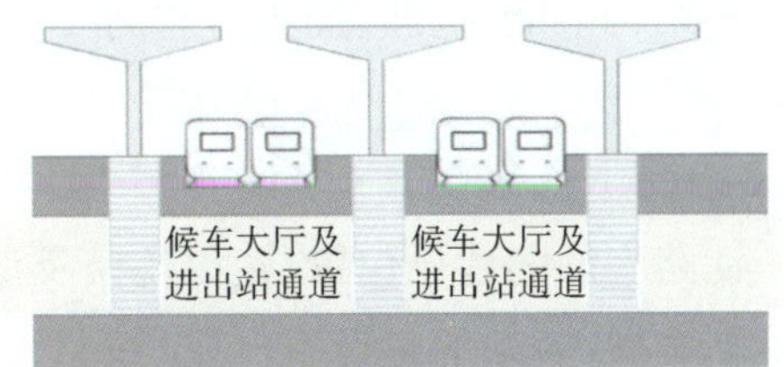

图 8-4 桥下站示意图

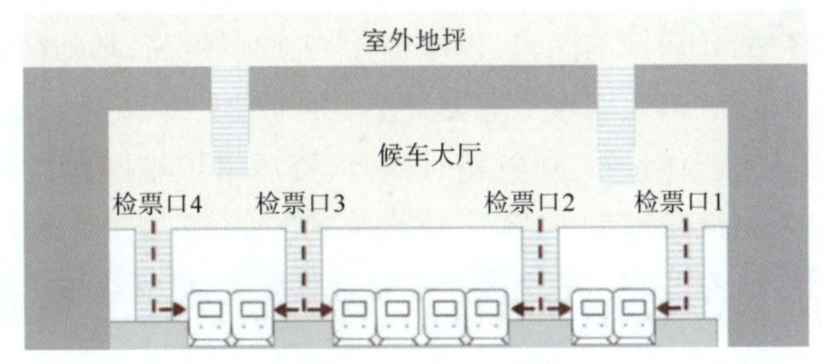

图 8-5 地下站示意图

铁路客站，因其特殊的建筑功能，在施工过程中，均存在专业接口多、施工交叉作业多、结构形式多、工艺工法多的特点，因此根据工程特点做好各接口、各专业的施工协调，合理进行工序组织，科学编制施工计划，明确施工工期，确定交接时间及分区位置，制定针对性施工方案是管理重点内容。

(1)专业接口多，主要涉及站房与站前工程接口（施工场地移交、运输通道、轨道工程、旅客及行包通道、站台墙、挡墙、桥式站、高架站、雨水排水工程等）；站房与“四电”工程接口（“四电”用房、“四电”线缆通道、通信铁塔基础、建筑物综合接地系统工程、电力引入工程、机房装修及环境工程、机房消防工程、机房空调工程等）；站房与信息工程接口（设备用房、功能用房、信息工程线缆通道、电梯线缆通道，站台及站房内显示、广播、监控、人工售补票、自动售检票、安检、实名制验证等客服终端设备吊挂件预埋及设备安装工作面，动态显示与静态标识的结合部等）；站房与地方配套工程接口[有地铁、公交、通站道路、站前广场（或地下广场）、站前高架、给水、排水、排污、热力管线、外部电源引入等]。

(2)施工交叉组织协调多，主要涉及内部地基基础、主体结构、装饰装修、建筑屋面、建筑给排水及供暖、通风与空调、建筑电气、智能建筑、建筑节能、电梯等各个分部分项专业相互交叉，与站前各专业、“四电”客服、市政配套工程相互交叉。

(3)基础、结构形式多，主要包括基坑支护、地基处理、桩基础、混凝土基础、混凝土结构、砌体结构、钢结构、钢管混凝土结构、型钢混凝土结构等多种基础、结构体系。

(4)新技术应用多，站房工程建设中广泛应用《建筑业 10 项新技术》（住房和城乡建设部发布）及“四新”技术，主要包括地基基础和地下空间工程技术，钢筋与混凝土技术，模板脚手架技术，装配式混凝土结构技术，钢结构技术，机电安装工程技术，绿色施工技术，防水技术与围护结构节能、抗震、加固与监测技术,信息化技术等。

8.1.2 客站工程重难点

铁路客站的建设位置、建设规模及设计理念等给客站工程施工带来难度,随着铁路客站的不断发展,客站的建设不仅在功能上要满足高速铁路运输的需要,而且要和所处城市的建筑风格、历史文化相协调,要融入城市的交通运输体系,一般而言,安全、质量、工期、技术管控是工程的重难点。

特大、大型铁路客站:建设标准高、工程体量大、工期风险高、基础结构形式复杂,“四新”技术应用难度大,涉及地铁、市政区域专业交叉多、协调难度大、安全风险高、环保要求严。

中、小型铁路客站:工程体量小、位置相对偏僻、资源组织难度大、工点分散人员组织难度大、内部专业交叉多、协调难度大。

改、扩建铁路客站:既有线施工安全风险高管理难度大、既有线施工组织难度大、与运营单位协调难度大。

8.1.3 客站工程施工组织管理团队

施工组织管理团队是客站施工中非常重要的一环,它是施工项目整体建立起来的必要和基本条件,因此依据施工任务的特点和组织管理的要求,精选管理团队,明确职责范围、权责关系及各部分的作业职责对施工项目的成败具有重大影响。

为了高质量完成建设任务,本着统一部署、分步实施、平稳推进、各负其责的原则,建立精干高效的管理团队。特大、大型客站一般采用“3 级管理机制”,由公司管理层、项目管理层、队伍执行层共同组建项目施工组织架构。中、小型客站一般采用“2 级管理机制”,由项目管理层、队伍执行层共同组建。

其中,公司管理层由集团公司分管领导及各分公司主管领导共同组成;项目管理层由领导班子、“6 部 4 室 1 中心”的管理部门及下属各施工分区组成,其中“6 部 4 室 1 中心”管理部门包括技术质量部、工程部、安全部、物资部、合约部、财务部、综合办公室、试验室、测量室、资料室、BIM 及信息化中心;队伍执行层由专业施工队伍组成,主要包括地基基础队伍、主体结构队伍、钢结构队伍、幕墙施工队伍、装饰装修队伍、屋面施工队伍、机电安装队伍等,施工组织架构如图 8-6 所示。

8.1.4 客站工程施工总平面布置

客站施工总平面布置是工程有序建设的基础,其规划方案应本着“直观可视、简洁实用”的原则,以“精品、安全、绿色、创新、廉洁”项目建设理念为指导思想,尽可能将工程施工现场建设成“规范有序、安全可控、环境和谐”的安全文明标准化示范工地。主要考虑以下原则:

(1)现场施工区场地布置:整体应布局合理,整洁美观,功能配套。施工便道应采用混凝

公司管理层
集团公司分管领导(局级)
××分公司主管领导
××分公司主管领导
××分公司主管领导
项目管理层
项目经理
项目书记
生产经理
总工程师
商务经理
安全总监
技术质量部
副总工
技术部部长
质量工程师
土建工程师
钢结构工程师
试验室
试验主任
实验员
测量室
测量主管
测量员
资料室
资料主管
资料员
BIM信息化中心
BIM负责人
BIM工程师
安全部
安全部长
安全员
工程部
工程部长
施工员
劳动力管理员
节能环保员
物资部
物资部长
材料员
机械管理员
材料收发保管员
合约部
合约部长
造价员
财政部
财务主任
出纳
会计
综合办公室
综合办主任
综合管理员
司机
1工区
工区负责人
土建工程师
质量工程师
技术员
施工员
安全员
2工区
工区负责人
土建工程师
质量工程师
技术员
施工员
安全员
3工区
工区负责人
土建工程师
质量工程师
技术员
施工员
安全员
…
工区负责人
土建工程师
质量工程师
技术员
施工员
安全员
队伍执行层
地基基础队伍
主体结构队伍
钢结构队伍
幕墙施工队伍
装饰装修队伍
屋面施工队伍
机电安装队伍
…

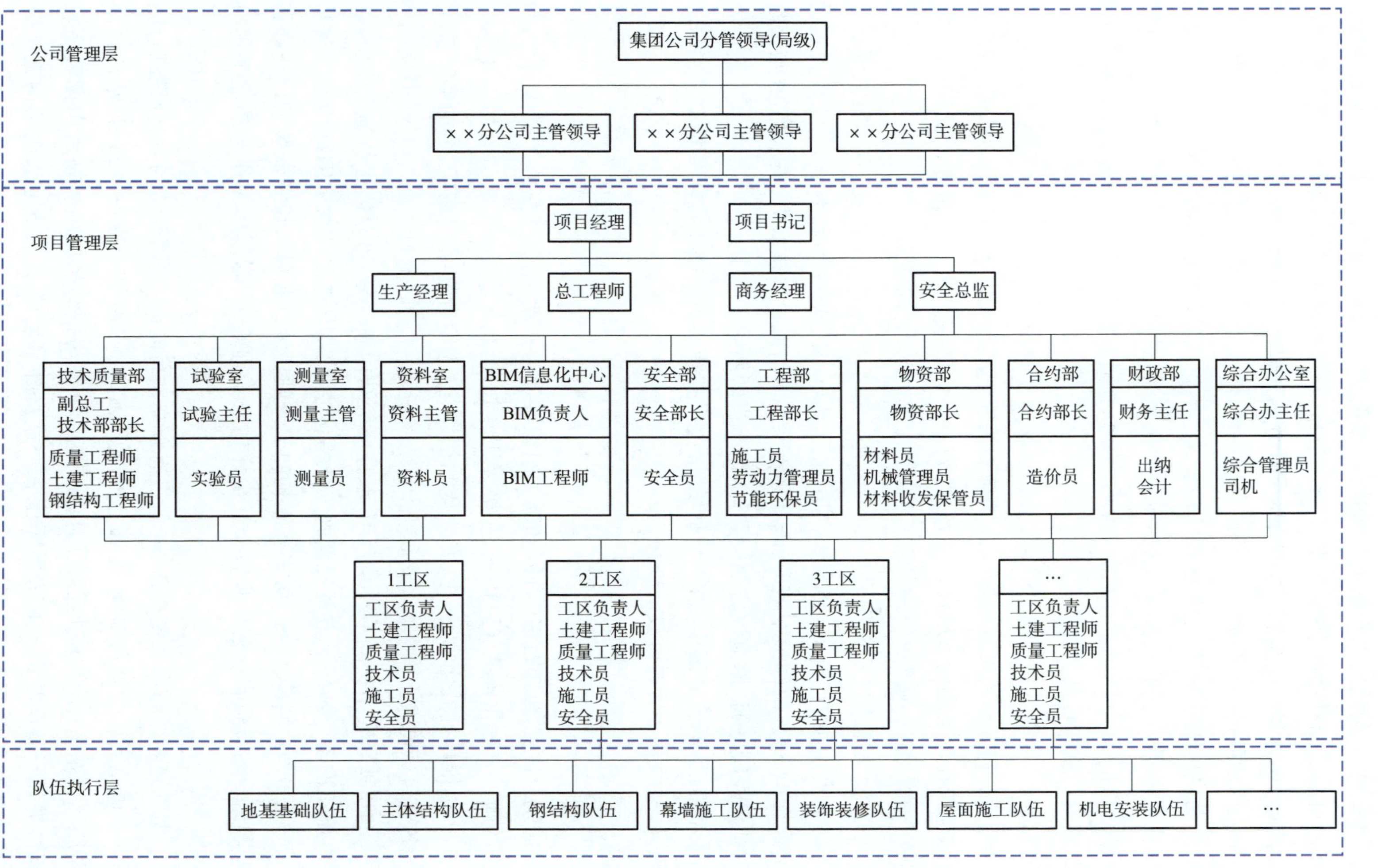

图8-6　施工组织架构图

土或沥青路面硬化，满足施工车辆的行车速度、载重量等要求。管线敷设统一规划，做到平、顺、直、牢。电缆线路杜绝随意敷设，供水管路应布置合理，接头严密不漏水。各类物资应按品种、规格堆码整齐、稳妥，金属、木材及构配件分区存放并设置标识牌。

（2）工人生活区：生活区应统筹安排，合理布局，满足安全、消防、卫生防疫、环境保护的要求，防汛、防洪应统筹安排，生活区用房应安全、牢固、美观，并符合消防安全规范。生活区与施工区应严格划分，并保持安全距离，采取专用金属定性材料或砌块进行围挡。生活区必须设置办公室、传达室（门卫室）、宿舍、食堂、厕所、盥洗设施、淋浴间、开水房、文体活动室、密闭式垃圾箱等临时设施。

（3）项目办公生活区：选址遵循“因地制宜，交通便利，安全可靠，临近工地，服务生产，满足生活”的原则，避开高边坡、深基坑、高挡墙及易发生洪水灾害等危险的区域，避开取土、弃土场地，避免选在污染源的下风口。生产、办公及生活区域分区合理布置、整洁美观。同时封闭管理应遵循“统一标准、严格封闭、美观大气、牢固耐用”的原则。

（4）交通组织：施工便道应形成环形回路，满足施工车辆的行车需要，双车道宽度不小于 8 m，单车道宽度不小于 3.5 m，转弯半径不小于 20 m，坡道坡度不大于 10%，重要位置设置必要的交通标识，道路两侧根据地形、既有排水系统等情况设置排水沟、集水井，并与市政正式或临时排涝系统联通，两侧设置照明路灯，用于夜间照明。

（5）大型临设：钢筋加工场、结构预制场、混凝土拌和站等大临工程需要根据施工需求进行专项设计，验收合格后方可投入使用。

8.1.5 客站工程施工总体安排

客站施工总体安排应以施工合同和施工组织设计为基础，结合现场施工具体情况，制定切实可行的施工方案和各项保障措施，积极采用新技术、新工艺、新工法、新设备，体现当今先进水平，大力推行机械化、工厂化、专业化和信息化，科学合理组织施工，全面响应施工组织设计的各项目标要求。

特大、大型铁路客站一般不对站台雨棚、连廊等结构做区分，可总体进行施工组织，总体施工顺序：施工准备→站房土方及桩基施工→站房主体结构施工→站房钢结构施工→站房屋面施工→站房外幕墙施工→站房二次结构施工→站房装饰装修及设备安装调试→静态验收→联调联试→动态验收→初步验收→安全评估→工程竣工，附属房屋作为独立工程单独进行施工组织。

中、小型铁路客站除站房结构外，一般设有独立站台雨棚、连廊等结构，可分别进行施工组织，联调联试主要影响站台雨棚、连廊范围，总体施工顺序：施工准备→站房、站台雨棚土方及桩基施工→站房、站台雨棚连廊主体结构施工→站房钢结构施工→站台雨棚装饰装修及设备安装调试→联调联试→站房屋面施工→站房外幕墙施工→站房二次结构施工→站房、站台雨棚装饰装修及设备安装调试→静态验收→动态验收→初步验收→安全评估→工程竣工，附属房屋作为独立工程单独进行施工组织。

改、扩建铁路客站一般于既有站房附近新建过渡站房，同时涉及既有线路拨线、既有站房拆除等施工内容，总体施工顺序：施工准备→一阶段既有站房附近新建过渡站房、站台雨棚结构施工→一阶段过渡站房、站台雨棚装饰机电施工→静态验收→联调联试→动态验收→初步验收→安全评估→既有站房停运、既有线路拨线→既有站房、站台雨棚拆除→二阶段既有站房位置新建站房、站台雨棚结构施工→二阶段既有站房位置新建站房、站台雨棚装饰机电施工→静态验收→联调联试→动态验收→初步验收→安全评估→工程竣工，附属房屋作为独立工程单独进行施工组织。

8.1.6　客站工程施工资源配备

客站施工资源配备合理与否，直接关系到施工项目实施效率的高低，进而影响到整个项目的进度及费用，因此合理的资源配置，提高施工效率成为施工项目的重心，同时也是施工项目管理中的一大难点，在施工项目中，主要关注三类资源：人员、机具、材料，其中人员和机具资源具有重复性，而材料资源一般多为一次性消耗。根据这三类资源在施工前项目结合本工程数量、施工阶段划分及工期要求提前编制劳动力、材料、机具计划表及保证措施，统筹建设资源，合理进行资源配备，满足各个阶段的施工需求。

(1)专业队伍

客站施工主要配备基坑支护、土方、桩基、防水、主体结构、预应力、钢结构、二次结构、精装修、幕墙、金属屋面、临水临电专业队伍，队伍数量及施工人数根据工程实际条件进行配备。结合各个阶段施工，在不同专业合同签订前需对施工队伍进行严格的资质审查，同时应选派经验丰富、责任心强的队伍管理人员。并根据施工进度计划、施工阶段的划分、各个专业工种的需求编制切实可行的劳动力计划，施工过程中根据分项工程的特殊要求，做技术质量安全培训，规范作业，提高施工效率。

(2)机械设备

客站施工主要配备施工机械包括塔吊、人货电梯、挖掘机、自卸吊车、汽车吊、履带吊、旋挖钻机、叉车、拖式混凝土输送泵、汽车式混凝土输送泵等，根据施工进度计划及施工设备需求，编制施工机械设备进场计划，并组织施工设备按计划、按期进场，确保工程施工顺利进行，过程中建立健全各项设备管理规章制度，规范行为，且不定期对执行情况进行检查，加强施工机具的管理，按期检修和保养，保证机具的运转良好，充分发挥其效能，确保施工正常进行。后期设备退场在征得监理人员同意后，闲置施工机械设备按不同施工阶段的计划退场。

(3)材料配备

站房工程一般位于城市附近，周边市县大型生产企业、建筑材料生产厂家较多，材料供应及质量有保障，大多可直接送货到场，能完全满足项目施工需求。为保证站房混凝土供应需求，搅拌站选用当地生产规模大、生产设备先进、具备生产及运输能力能满足现场 24 小时施工需要的企业。

8.1.7 客站工程关键技术

铁路客站是铁路线路的重要节点，客站形式多样，结构复杂，施工组织难度大，经过深入研究与实践，逐渐总结出地下结构逆做、钢结构屋盖整体提升、滑移、顶升、清水混凝土结构施工、装配式雨棚等多项施工关键技术。

1. 地下结构逆作施工技术

地下结构逆作施工技术适用于对周边建筑沉降速率、施工速度要求较高的大规模地下空间结构施工，该技术减少了基坑大开挖时卸载对持力层的影响，减小围护结构变形，降低对邻近建筑影响，同时削减了支撑和工作平台等大临设施，减少了施工工期。

地下结构逆作施工技术以逆作桩柱为核心，施工原理包括：先沿建筑物地下室轴线或周围施工地下连续墙或其他支护结构；建筑物内部的有关位置浇筑或打下中间支承桩和柱，作为施工期间于底板封底之前承受上部结构自重和施工荷载的支撑；施工地面一层的梁板楼面结构，作为地下连续墙刚度很大的支撑；逐层向下开挖土方和浇筑各层地下结构，直至底板封底。由于地面一层的楼面结构已完成，为上部结构施工创造了条件，所以可以同时向上逐层进行地上结构的施工。北京城市副中心站地下结构逆作示意如图 8-7 所示，逆作桩柱示意如图 8-8 所示。

图 8-7 北京城市副中心站地下工程逆作示意图

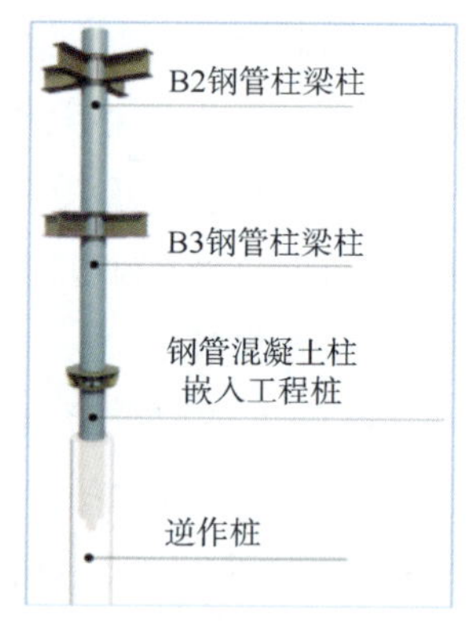

图 8-8 逆作桩柱设示意图

2. 钢结构施工技术

(1)钢结构整体提升技术

钢结构屋盖提升技术是铁路站房屋面钢结构施工的一种新型精细化建造技术，适用于大跨度、异型结构的高铁站房工程。结合 BIM 技术的全系统智能化校核装置使钢结构屋盖的提升技术同时也适用于各类高大空间、大跨度的钢结构屋盖工程。

融合了传统整体提升技术与BIM技术的特点，将液压同步提升设备和BIM智能模拟与校核进行联动，通过对钢结构屋盖结构体系受力分析、液压提升系统、BIM可视化等研究，形成钢框梁屋盖提升技术。制定出“吊点油压均衡，结构姿态调整，位移同步控制”的提升策略保证钢框架屋盖提升过程中的同步性。此技术通过研究吊点、吊具、导向架、提升器、电器控制系统等设施，结合分级加载提升方法，同时通过BIM可视化模拟，使整体提升技术展现出良好的应用效果。

钢结构屋盖主要由钢管混凝土柱、钢管柱、支座、钢梁、片式桁架、铸钢件、开花柱、平面斜撑、钢筋桁架楼承板等构成。其中，钢梁主要为H形、箱形等，屋盖钢梁通过V形撑与钢柱连接，两侧通过滑动支座搭接在雨棚钢梁上方。

该技术具有操作方便、实体质量好、施工速度快等优势，可助力客站建造转型升级，推动了标准体系建立，加大BIM智能融合等技术研发与应用，实现智能建造与传统整体提升的协同。目前雄安站、清河站、杭州西站、北京朝阳站等应用了此项技术。钢结构屋盖整体提升工艺应用场景如图8-9所示，钢框梁整体提升工艺模拟场景如图8-10所示。

图8-9　钢结构屋盖整体提升工艺应用场景

图8-10　钢结构屋盖整体提升工艺模拟场景

(2)钢结构滑移技术

钢结构滑移技术适用于钢结构大跨度网架、桁架结构、平面(曲面)立体钢结构屋盖安装施工。特别适用于站房线路提前开通场地三面受限、屋盖结构周边不便于吊装设备行走、安装位置不便于吊装、楼面承载力不允许地面拼装的工况。

滑移施工技术能有效将散件吊运地面散拼、单元滑移、局部组装等施工程序同时进行。自动化程度高，操作方便，安全可靠，就位精度高。对吊装设备要求低，可与屋盖下部结构施工平行、立体开展，节约工期。缺点是要求结构平面外刚度大，需要铺设轨道，施工准备工作量大。

以贵安站为例，沪昆先期开通运营，首先采用高架西侧拼装，搭设滑移平台，利用原有钢结构柱作为支撑轨道，采用累积滑移技术。主要施工工序包括拼装平台搭设、滑移轨道装置、同步计算机控制、顶推设备安装、卸载。钢结构累积滑移如图8-11所示，贵安站房如图8-12所示。

图 8-11　钢结构累积滑移安装

图 8-12　贵安站房正立面

3. 钢结构顶升技术

钢结构网架整体顶升施工技术适用于造型复杂、安装高度高、结构跨度大、支座阶梯分布高差大，具有地面拼装条件的网架安装。

该技术集机械、液压、计算机控制、传感器法检测等技术于一体，解决了传统吊装工艺和大型起重机械在高度、重量、结构面积、作业场地等方面无法克服的难题。既能保证施工质量要求，又通过计算机控制同步，提高安装精度和施工安全，同时由于顶升不受场地限制，能够大大缩短工期、节约施工成本。在鄱阳南站、环江站、马山站等工程施工中应用此项技术。

钢结构整体顶升施工技术在施工过程中主要应用 3D3S 仿真模拟受力分析技术，通过仿真模拟受力分析，确定顶升点位，选定最合理的顶升方案进行施工；应用同步顶升控制技术，根据顶升点布置、分配荷载大小，通过系统自动监测受力与变形，对结构进行综合施工控制；应用变形监测技术，在顶升架和临时支撑顶标高按照网架下弦曲面设计标高精确设置，使用全站仪监测验证网格下弦节点坐标在其投影线上，对公差值进行监测。

鄱阳南站钢网架顶升安装及效果如图 8-13 所示，马山站钢网架顶升安装及效果如图 8-14 所示。

图 8-13　鄱阳南站钢网架顶升安装及效果图

图 8-14　马山站钢网架顶升安装及效果图

4. 清水混凝土结构施工技术

清水混凝土施工技术是铁路站房的一种新型的混凝土建造技术，因其大面积暴露的混凝土表面具有较高的景观视觉效果，并在一定程度上反映工程质量，故适用于清水效果下混凝土结构的工程。

在传统施工工艺的基础上进行优化、创新，围绕关键技术存在问题，进行混凝土材料制备、钢筋加工、模板设计与施工工艺的研究，对大截面箍筋辅助加工设备、新型几字角码＋木方的清水模板体系、混凝土配合比设计、清水混凝土色差的分析和评定方面进行了突破，解决了大型和小截面异型钢筋精益加工，总结了“托、箍、顶、包、拉、搭、封”七步法，实现混凝土接茬无缝对接，总结出浇筑顺序、振捣设备选用、振捣时间等工艺参数，并为清水混凝土施工标准奠定了坚实基础。

雄安站房的首层候车厅、城市通廊等高大空间的梁、柱采用了清水混凝土。首层候车厅及城市通廊位于承轨层下方，结构构件尺寸大，结构柱阳角处设置通长的弧形凹缝造型，向上收分，在柱梁交接处进行曲线双向加腋；结构梁两侧加腋形成弧形梁；整体呈现出规则变化的曲线，体现出建筑与结构相统一。

北京朝阳站清水混凝土结构施工技术通过对设计结构图纸影响施工的问题进行优化，对清水混凝土配合比试配与设计、对大尺寸异型多曲面清水混凝土钢模开发制作、对斜交梁柱节点木模的设计研究、对梁板模板三维放样和最终实施过程的质量要点控制的全过程精细管控，最终呈现出尺寸准确、色泽均匀、外美内坚、绿色环保的视觉效果。

该技术具有实体质量好、施工速度快、成本可控等优势，可助力客站建造转型升级。目前已在南京南站、厦门西站、重庆西站等国内高铁站房中应用。下一步将推动标准体系建立，加大工艺技术研发与应用，实现高铁站房清水混凝土的高质量化、标准化。雄安站清水混凝土实体及效果如图 8-15 所示，北京朝阳站站台层清水混凝土结构如图 8-16 所示。

5. 装配式施工技术

(1)装配式雨棚施工技术

全装配式混凝土雨棚是铁路站台雨棚客运建筑的一种新型工业化建造技术，适用于铁

图 8-15　雄安站清水混凝土实体及效果图

图 8-16　北京朝阳站站台层清水混凝土结构

路站房、货场、营业线改造等采用标准单元混凝土结构雨棚的工程，以及工期紧张、作业面交叉制约严重、既有线施工、受季节影响较大等条件下混凝土结构雨棚的工程。

装配式雨棚施工技术结合传统 PC 结构连接及桥梁结构的特点，将铁路客站混凝土雨棚和简支梁桥有机融合，通过对铁路客站站台混凝土雨棚结构体系、构件连接节点力学性能分析研究等，形成全装配式混凝土雨棚技术。该体系构件分为柱、梁、中板和边板装配式构件。在预制工厂生产的各构件，通过运输车辆运输到现场，用汽车吊、履带吊等专用拼装设备将预制构件吊装完成，预制构件通过半灌浆套筒和支座连接方式进行拼装。此施工工艺具有预制率高、施工速度快等优点。工厂内即可批量生产，不受施工现场条件制约，在具备条件后即可运输到现场安装，有利于缩短施工工期。同时，实现了在工厂内进行构建的批量生产制作，所有构件的加工及养护条件一致，可以使混凝土的实现较好成型质量。

构件分为预制柱、水平垂轨预制梁和预制屋面梁板三部分。其中，预制雨棚柱两端与相邻构件采用套筒灌浆连接、浆锚搭接等连接方式。预制柱顶部、水平垂轨预制梁端的牛腿与预制屋面梁端连接，在顺轨向形成简支或排架体系。在白银南站、长治东站等工程进行应用，如图 8-17、图 8-18 所示。

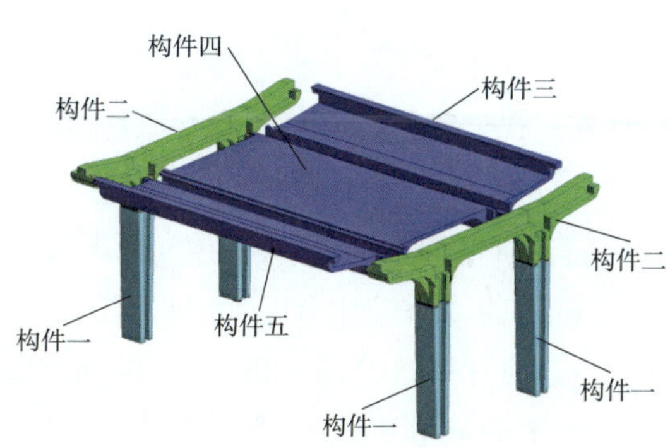

图 8-17　全装配式混凝土雨棚构件三维图

图 8-18　白银南站、长治东站房应用实景

(2)装配式站台吸声墙技术

装配式站台吸声墙技术是铁路站房的一种新型吸声材料建造技术，适用于铁路站房、货场、营业线改造等采用混凝土站台结构装饰吸声的工程，以及对噪声性能要求高的站台、既有线施工的工程。

装配式站台吸声墙及其模具为国内首创，推进了铁路客站站台墙向装配式发展的进程，良好的降噪性能减小了列车通行对桥下候车空间的影响。噪声通过正立面的方形孔洞传至中间层，中间层为离心玻璃棉，材料内部有大量微小的连通的孔隙，声波沿着这些孔隙可以深入材料内部，与材料发生摩擦作用将声能转化为热能。最内层细石混凝土，用于站台墙整体结构支撑。最外层与最内层之间采用不锈钢连接件支撑整体构造稳定性。在最内层混凝土内预埋螺母，用于斜撑固定，从而达到装配式站台吸声效果的高质量。

吸声墙外观呈方形，孔洞中空形式。构造：中间层离心玻璃棉，最内、外层 C40 细石混凝土，之间采用不锈钢连接件进行支撑稳定。

该技术具有外观质量好、施工速度快、降噪效果好等优势，可助力客站建造转型升级。已经在雄安站应用，下一步将推动标准体系建立，加大材料、工艺等技术研发与应用，实现智能建造与绿色建造协同发展。装配式站台吸声墙如图 8-19、图 8-20 所示。

图 8-19　装配式站台吸声墙实物图

图 8-20　装配式站台吸声墙现场安装图

8.1.8 客站工程施工信息化技术应用

近年来客站建设紧跟国家战略发展步伐，把握新时代发展趋势，积极探索智能铁路建设，构建了基于BIM技术的标准体系，设计阶段的建模设计分析与仿真智能化，施工阶段利用BIM+、机器人等进行现场管控，管理阶段通过物联网技术进行项目管理，运维阶段利用云计算和大数据进行建筑的运行维护。实现了对工程规划、设计、施工、运营、维护全生命周期的智能管控。

客站在施工中依托云计算+大数据、物联网+边缘计算、BIM+GIS、5G+移动互联网、人工智能等信息化技术，研发应用了智慧建造平台，通过物联网技术对项目“人、机、料、法、环”各环节进行全面管控，如重庆东站、北京朝阳站等；应用了钢筋智能化集中加工及配送，以工业4.0技术架构体系，融合了BIM技术、物联网技术、云计算及大数据分析技术，优化整体钢筋加工效率，实现数字化、智能化的集中钢筋加工与管理模式，如白云站、潜山站等；应用了钢结构智能健康监测系统，通过“可视化”的人机交互界面，过程监测钢结构施工的应力应变及扰度，实现监测智能化，如杭州西站、雄安站等；应用了BIM与数字化加工一体化技术，对风管等构件进行预制加工，保证构件精度，如大兴站风管预制加工、郑州南站装配式联方网壳清水混凝土雨棚等，应用了3D打印技术，对构件进行数据化切割，对成品进行现场实施安装，如雄安站等；施工中还应用机器人代替传统人工施工，实现标准化、机械化、智能化，如白云站、雄安站等。

上述部分客站信息化技术的应用，为客站智能建造提供了典型案例，实现了车站和互联网深度融合，推进了铁路建设由劳动密集型向技术密集型转变，推动了工程建设向智能化建设方向发展。重庆东站智慧建造管控平台如图8-21所示。

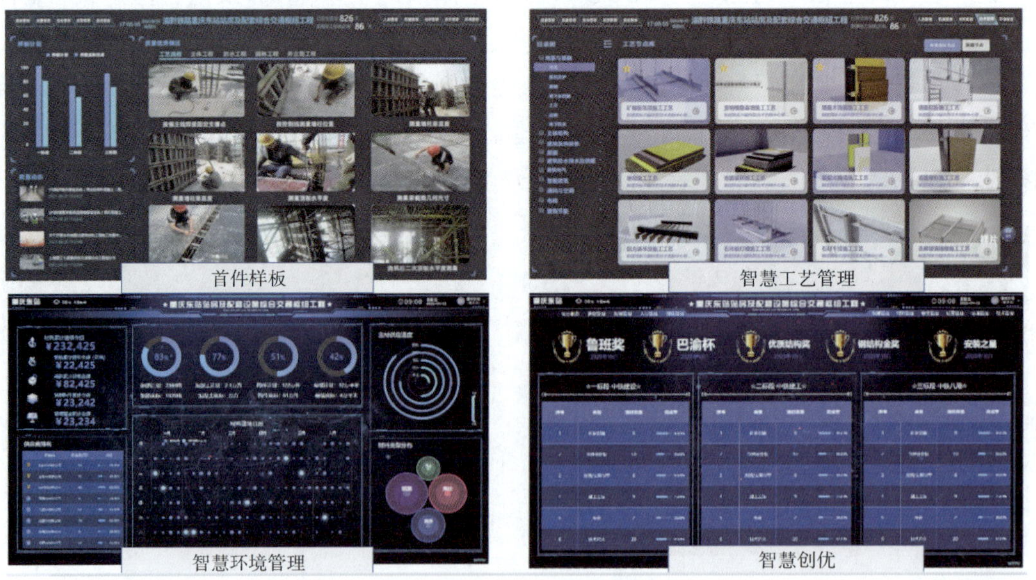

图8-21 重庆东站智慧建造管控平台

8.1.9　客站工程绿色低碳技术

雄安站贯彻站城融合理念，创新了大型客站站城一体化、全方位、多角度绿色节能新技术，集成了智慧客站关键技术，形成了绿色效应驱动下的大型客站智能建造成套技术。雄安站建设坚持"庄重大气、简约精致、绿色环保"的施工原则，实现"绿色化、智能化"，将其建成"新时代铁路客站创新发展"的标志性精品工程。通过对绿色施工内涵的延伸与扩展，BIM、智慧管理平台系统与5G+边缘计算的结合应用，为绿色施工注入了新的生命力，针对整个项目管理体系包括安全、质量、进度、成本、采购、风险、人力、沟通管理等，依靠信息化、智慧化的力量，予以全方位的把控。在整个雄安站施工过程中，按照绿色施工体系，充分落实到整个项目管理过程中，实现建造过程的环境、数据、行为的三个透明，全面实现施工现场的管理智慧化、生产智慧化、监控智慧化和服务智慧化，极大地提升了企业绿色施工管理水平。成立BIM、智能化建造、信息化技术、清水混凝土、绿色建造五大创新工作室，秉承绿色发展理念，借助"BIM技术平台"及"工地智能平台"，让绿色施工发展真正具有可持续性。

雄安站创新"站城一体化"设计理念，首创线下和高架双层立体候车形式，有效减少高铁线路对城市的切割，节约土地、保护生态环境。

在站房屋面和雨棚上采用"光伏建筑一体化"技术，形成直立锁边金属屋面＋光伏组件、阳光板＋光伏组件的屋面系统，打造绿色生态车站。同时在候车厅设置贯通地面和屋顶的光廊，将自然光线引入室内，有效改善地面候车厅的采光、通风环境。在光廊中设置连通南北两侧交通场站的天桥，为旅客提供便捷的换乘条件。雄安站金属屋面、阳光板、光伏组件如图8-22所示，光廊如图8-23所示。

图8-22　金属屋面、阳光板、光伏组件现场图

图8-23　光廊现场图

8.2　客站工程施工组织创新与实践

8.2.1　概　　述

铁路客站中站房建筑是主体，包括候车部分(各类候车室)、营业管理部分(售票室、行李

包裹房、小件寄存处、盥洗室、客运室、转运室等)、交通联系部分(大厅、通道、楼梯)等。站前广场包括停车场、道路、旅客活动地带和广场周围的服务设施。站场客运建筑包括站台、跨线天桥和地道、检票口等设施。

铁路客站的主要功能是输送旅客,解决旅客乘车、下车和中转换车等问题,这些活动形成各种流线。流线按性质可分为旅客流线、行李包裹流线和车辆流线;按流动方向可分为进站流线和出站流线。在客运站的设计中,首先要安排好各种流线,按照各类旅客进出站和办理各种手续的顺序,进行总体布置和各个厅室的配置,尽量缩短旅客进出站的路线和高程,力求避免进出站流线之间及旅客、行李包裹、车辆流线之间的互相干扰,使流线简捷通畅。

大小客站的规模和客流量相差很大,因此在设计大型站时,主要须从空间分配上安排流线,而小型站则可利用错开时间的办法来安排流线。站房设计除满足一般公共建筑的设计要求外,应特别注意流线的合理安排,为旅客创造方便舒适的候车环境,给工作人员提供良好的工作条件。还应能为今后的调节使用和扩建、改建留有余地。

近年来中国高速铁路快速发展,有些铁路客站已不只是旅客上下列车的单一性设施,而成为城市公共汽车、电车、地下铁道等多种交通工具的综合枢纽站。铁路旅客可以方便地通过自动扶梯到达位于不同高程的换乘点,换乘所需要的交通工具。有的为了节省土地、方便旅客,建设了多功能的高层客运站大楼,凡同旅行有关的业务和服务设施诸如售票中心、行李包裹房、小件寄存处、商店、餐厅、酒吧、冷饮店、旅馆、邮电局(所)、银行、海关、出租汽车营业室、旅行社等,都尽量布置在大楼内,并尽可能地采用新设备、新技术为旅客服务。

8.2.2 高架客站

高架客站的大型主要车站功能用房位于车站站台与线路上空,并跨越和可以到达多个站台,是一种适应大人流量的站房形式。站房一般设置三层,地下一层、地上二层,局部设夹层,由下至上分别布置进出站通道、设备用房、站台面、综合服务中心、办公用房和旅客候车厅等功能区域。旅客流线多采取“上进下出、下进下出”的组织形式,可与地铁、公交、出租和社会车辆等各类交通方式无缝换乘,无缝衔接其他交通流线,实现零距离换乘,引入 TOD 可持续发展理念,以交通为中心的城市综合体,引入商务、商业等多重城市功能。是站城融合、功能复合、生态结合、智能统合和的城市交通综合体。

高架车站工程规模大,施工组织复杂,本节以雄安站、昆明南站、北京朝阳站等大型高架站房为例,介绍施工组织及创新应用情况。

8.2.2.1 工程概况

雄安站总建筑面积 47.52 万 m^2,站场 11 台 19 线,东侧预留轨道交通 R1 线及 R1 机场支线,地下预留地铁 M1 线。雄安站设计充分体现“建构一体”理念,塑造出开敞通透、庄重大气的建筑效果,如图 8-24 所示。

昆明南站位于昆明市呈贡区,总建筑面积 334 736.5 m^2,地下一层,地上二层。旅客流线采取独创的“单向多点”出站客流模式，地铁、公交、长途、出租和社会车辆等各类交通方式无缝换乘，方便快捷。站场规模为 16 站台，30 条线路，如图 8-25 所示。

北京朝阳站集高速铁路、普速铁路、市域(郊)铁路、城市轨道交通、城市公共交通等基础设施于一体的综合交通枢纽，总建筑面积 24.5 万 m^2，站场规模设 7 站台 15 线，如图 8-26 所示。

图 8-24　雄安站全景图

图 8-25　昆明南站正立面

图 8-26　北京朝阳站全景图

8.2.2.2　施工组织

雄安站结构实施期间以光谷为界划分两个标段。各标段内按设计分区划分为 5 个施工区，各施工区在具备工作面后同步施工。各标段内引入三支作业队，形成三个组团，即 BD 组团、A 组团、CE 组团，施工分区及流水段划分示意如图 8-27 所示。

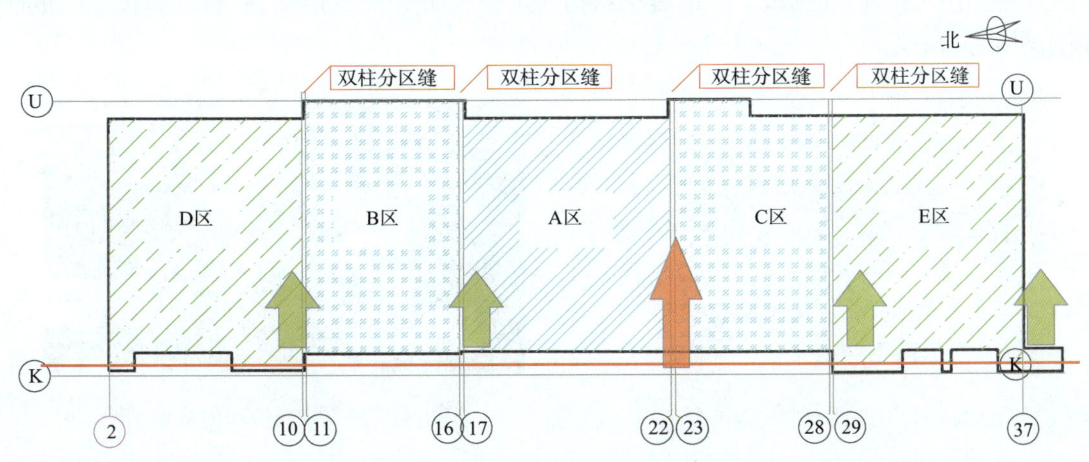

图 8-27　施工分区及流水段划分示意

施工中按照各自的结构分区(A、B、C、D、E)组织施工。依照基础、主体结构、屋面及雨棚的顺序组织实施。以层数最多、工序最复杂的 A 区为关键路线，其他各结构分区的施工均不占用关键路线。

重点工序早开工：确保工程总工期及各阶段节点工期实现，选定中央 A 区为施工关键区段，如图 8-28 所示，此区域地下二层、地上三层，包含地下二层城市轨道交通 M1 线、地下一层商业区、首层地面候车大厅、二层站台层、三层高架层、上部屋盖，施工工序多、作业复杂，因此将施工控制的关键区段选定此区域。

北京朝阳站施工范围存在一条既有铁路，为保证其正常运营并顺利完成拨线，将项目整

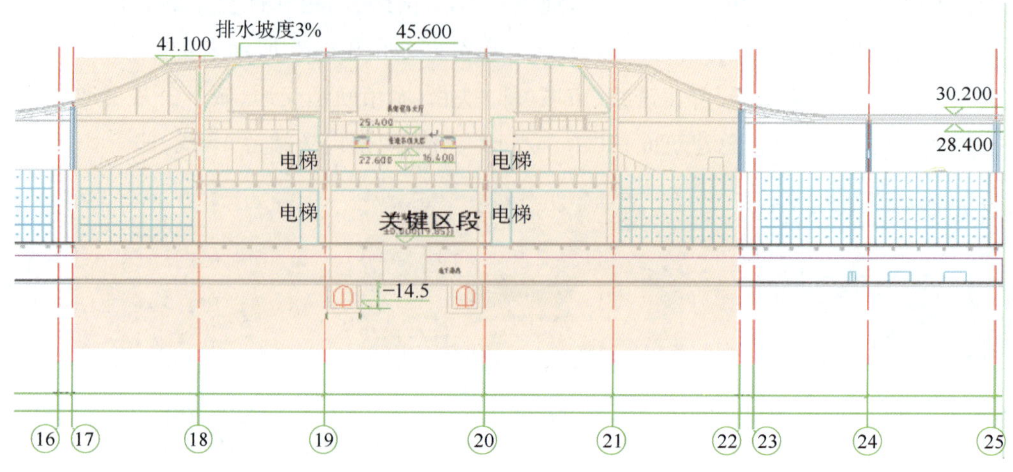

图 8-28　施工关键区域示意图

体分为两期施工。一期站房结构先施工轨道拨线所需的 3 条轨道区间结构，待轨道区间结构及装修施工完成后，进行轨道拨接。轨道拨接完成后转场施工二期站房工程，一期轨道区间之外的站房结构仍继续施工。混凝土结构施工分区如图 8-29 所示，既有铁路拨线完成航拍如图 8-30 所示。

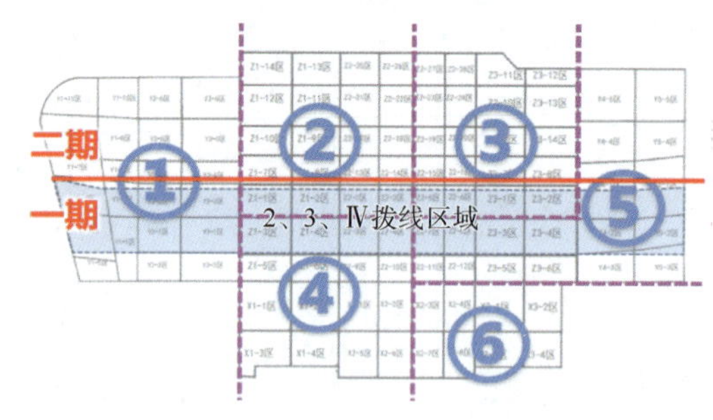

图 8-29　混凝土结构施工分区图

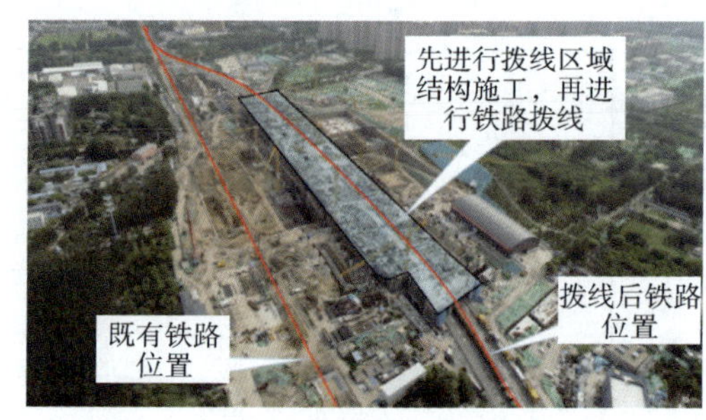

图 8-30　既有铁路拨线完成航拍图

根据结构施工特点，钢结构按照一区、二区、三区、四区的顺序施工，一、二、四区采用先分区整体提升、后进行结构夹层及钢柱施工的施组方案；三区因夹层较多，采取先土建夹层施工，后钢结构滑移施工。钢结构屋盖平面分区、整体提升如图 8-31、图 8-32 所示。

8.2.2.3　施工组织控制措施

高架客站建设标准高、工程体量大、管理难度大，工程施工过程中大量应用信息化管理手段进行现场管控，主要内容包括信息化管理平台应用、BIM＋GIS＋无人机倾斜摄影技术应用、BIM 深化设计应用等等，大幅提高管理效率，实现了新时代智能铁路建设要求。

1. 研发应用信息系统管理平台

研发应用综合智慧管控系统平台，实行“一个平台、五大终端、六智融合”的总体框架，即

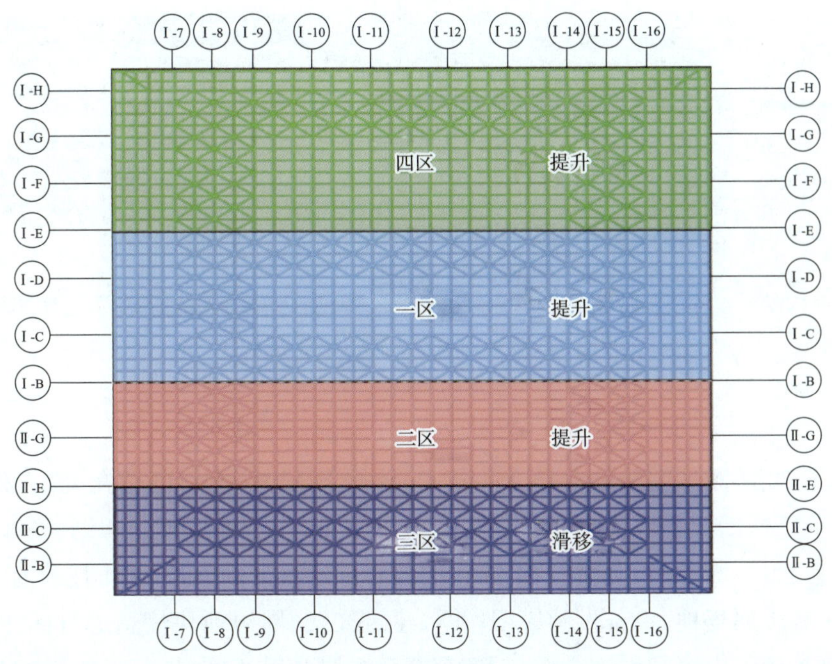

图 8-31　钢结构屋盖平面分区图

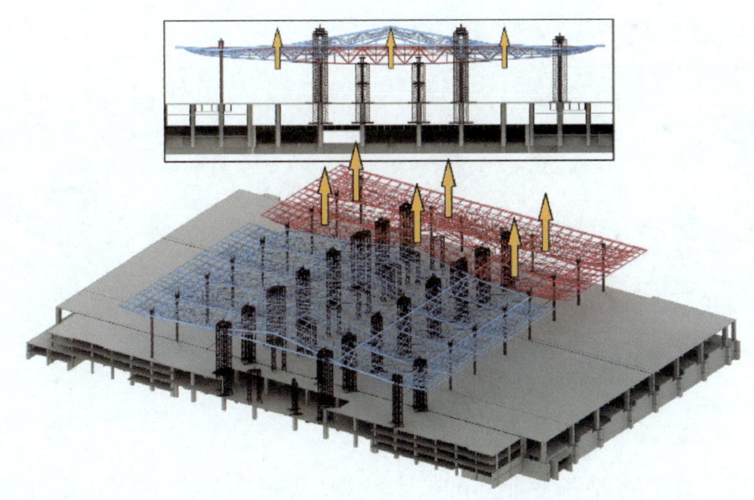

图 8-32　钢结构分区整体提升图

智慧建造云平台(1 个平台);物联端、电脑端、手机端、大屏端、微信端(5 个终端);智能进度管理、智能劳务管理、智能物料管理、智能场区管理、智能监测管理、智能调度管理(6 种智能化管理),如图 8-33 所示。该系统通过物联网技术对施工项目“人、机、料、法、环”各环节进行全面管控。

图 8-33 “156”信息系统管理平台

2. BIM＋GIS＋无人机倾斜摄影技术

采用基于 BIM 图形引擎的多模合一技术，整合 BIM 模型、GIS 信息、无人机倾斜摄影实景模型、CAD 图纸及物联网设备信息形成电子沙盘，作为前期拆迁规划、场地布置策划、过程三维动态管控、竣工后一体化数据交付的核心基础数据。依托 BIM 技术的三维可视化特点，建立工程附属场地、设备设施模型，并将建筑红线、周边地块信息进行标注，辅助工程策划，所有现场施工内容和设施全部在 BIM 模型规划好后实施，提前采取措施避免施工相互影响。站房 BIM＋GIS 征地拆迁、场地规划如图 8-34 所示。

图 8-34 站房 BIM＋GIS 征地拆迁、场地规划

3. 基于 BIM 深化设计施工一体化应用

采用 BIM 技术打破客站各专业间的技术壁垒，实现多专业的深化设计和专业协调，有效避免“错漏碰缺”等问题。

（1）钢结构 BIM 深化设计施工

根据客站钢结构特点，对具有代表性的复杂节点进行深化，及时解决发现的钢筋排布、碰撞等问题，如图 8-35 所示。对梁的拉筋横穿型钢腹板的不同施工工艺进行对比，为后续施工方案的确定提供直观有力地依据，避免窝工、返工问题。

（2）幕墙 BIM 深化设计施工

基于 BIM 技术创建幕墙 BIM 深化模型，对大量构配件及专业间的碰撞进行检查，提前

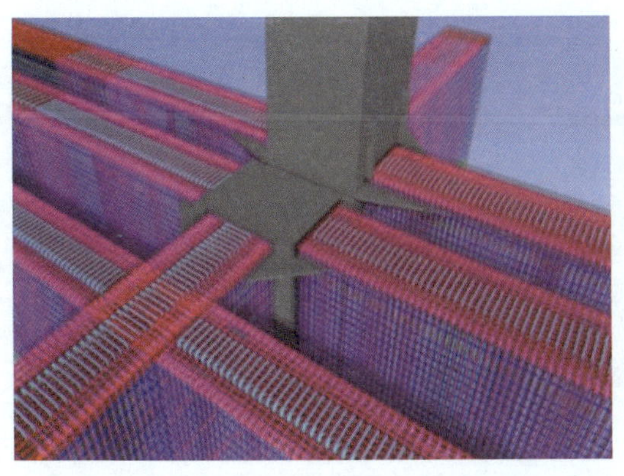

图 8-35　复杂梁柱节点深化模型图片

发现当前方案可能存在的问题，节点深化模型如图 8-36 所示。将幕墙 BIM 深化与算量深度融合，提取各类构件工程量及加工图，同时对幕墙单元编号，追踪幕墙嵌板的生产、运输及安装工作。

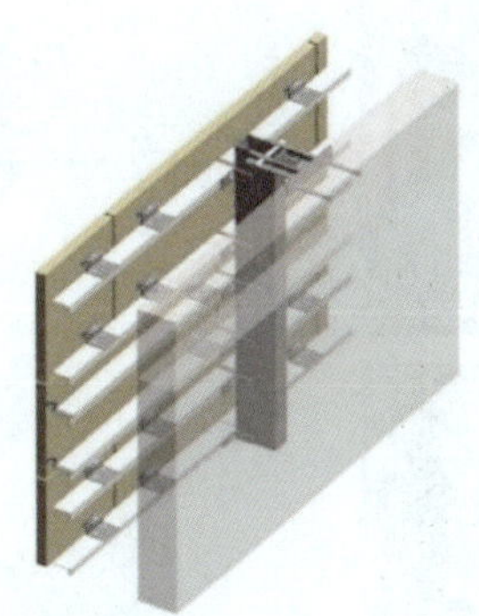

图 8-36　玻璃、石材幕墙节点深化模型图片

(3)装饰 BIM 深化设计

利用 BIM 模型，对地砖排布、墙砖、吊顶、门窗等排布进行深化，实现墙、顶、地三维对缝，确保对缝效果以及面层合理排布。同时通过模型导出工程量，可对优化后的面层分楼层、分区域进行工程量统计，辅助项目材料下料及材料成本核算，如图 8-37 所示，提高项目成本控制管理水平。

(4)机电 BIM 深化设计及安装作业

应用基于三维扫描＋BIM 融合技术(图 8-38)和基于 BIM 的深化设计及数字加工、运输技术，进行数字装配式机电施工，实现各项建设目标。优化管线排布，解决碰撞问题。完成支吊架综合设计，对所有设备机房进行管线深化设计，使设备、管线成排成线，减少现场返工，降低材料损耗。

施工时利用 3D 激光全站扫描仪对施工现场进行全方位的精确扫描测量(误差为

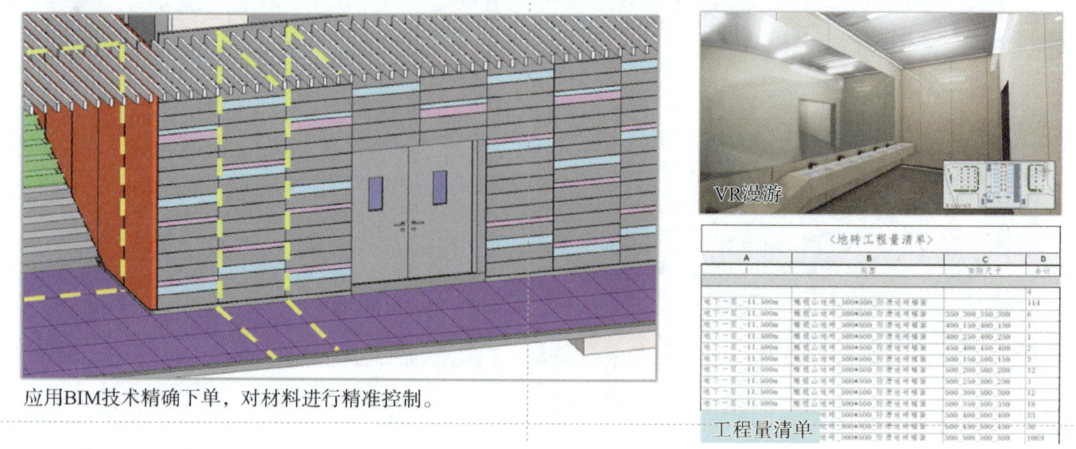

图 8-37　内装模型工程量清单

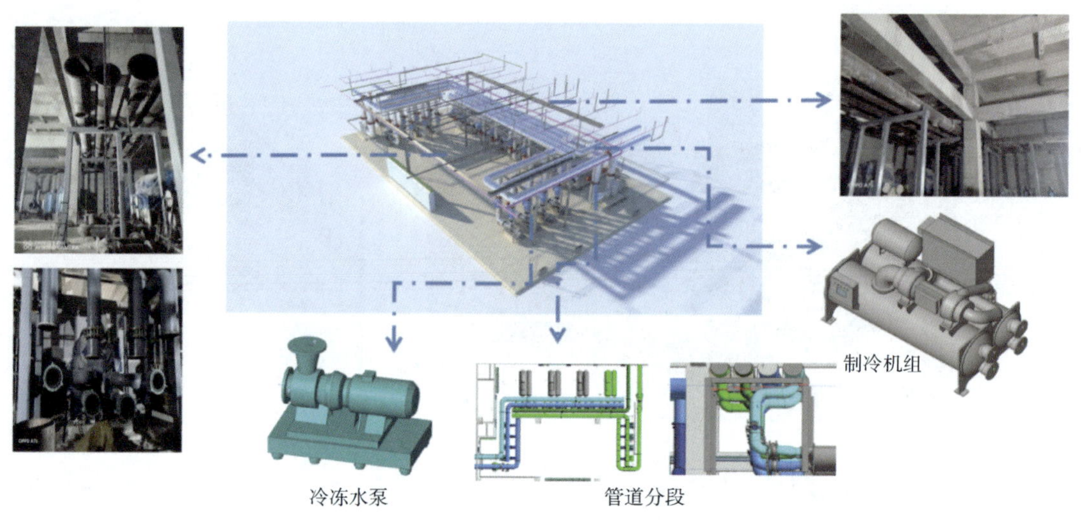

图 8-38　基于三维扫描＋BIM 融合应用

±1 mm)，将测量数据导入 revit 中对 BIM 模型进行修正。通过数字化手段把点位模型导入三维扫描机器人，机器人将 BIM 模型点位精准放样到现场，实现数据使用到现场的目的，在之后进行机电安装时可大幅提高安装精度及效率。在配件生产中，利用 3D 扫描技术和 BIM 技术对三维模型进行构配件拆解，出具拆分后管道构件及阀组构件生产加工图纸，并在导出加工参数后实现工厂数字化生产，加工精度、质量及效率得到极大提高。进行装车运输模拟，合理摆放预制成品构件，充分利用运输车的空间，最大限度提升运输效率。

8.2.3　线侧平式站

线侧平式客站是与车站广场毗连的一层地面标高同站台面标高相平或相差很小的线侧

式站房。大多设置三层，地下一层，地上两层，地下部分为出站地道、大型停车库及商业，地上部分包括站台、候车厅、办公用房、设备用房等，旅客流线多采用上进下出形式，各类交通方式可实现无缝换乘。本节以南阳东站为例，介绍施工组织及创新应用情况。

8.2.3.1　工程概况

南阳东站总建筑面积 56 064 m²。地下一层，地上两层，旅客流线采取“上进下出”组织形式，各类交通方式无缝换乘，方便快捷，如图 8-39 所示。

图 8-39　南阳东站效果图

8.2.3.2　施工组织

工程水平向分六个区域，Ⅰ区为站房区，Ⅱ区落客平台、Ⅲ区为北雨棚、Ⅳ区为南雨棚、Ⅴ区为天桥、Ⅵ区为生产生活用房。

为保证南阳东站施工进度满足现场施工要求，其中站房区分为四个施工段，雨棚分为六个施工段，生活生产用房划分为两个施工段，如图 8-40 所示。

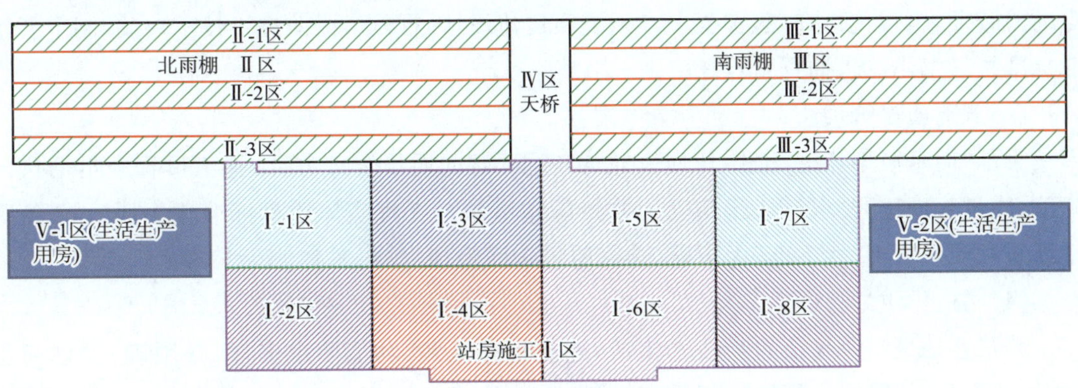

图 8-40　南阳东站平面分区图

站房按竖向施工区段划分为：地下局部一层（消防水泵房）、一层（夹层）、地上二层、屋盖四个施工区段，如图 8-41 所示。

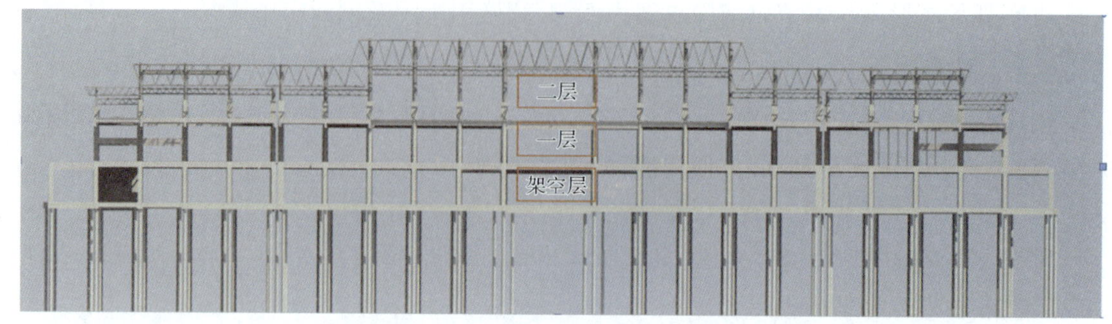

图 8-41　南阳南站竖向分区图

工程施工共分为四个阶段。第一阶段为站房地基基础施工，第二阶段为站房主体结构施工及雨棚基础施工，第三阶段为站房粗装修施工及雨棚主体结构施工，第四阶段为站房、雨棚、地下通道、站台铺装等装饰装修施工及相关配套工程施工。

8.2.3.3　施工组织控制措施

（1）完善管理制度

建设过程牢固树立“建百年工程，立不朽丰碑”的质量思想，确保工程优质，将创优目标贯穿项目可研、设计、制造和施工各阶段，突出“施工安全零事故、投资控制精细化、工程质量精品化、环水保同步化、进度控制动态化、科学技术创新型”六大管理目标。细化标准化管理制度 62 项，实现了精品工程策划全覆盖。

（2）“六控五定”原则

针对站房不同层次和施工内容，制定“六控五定”的原则：即质量、安全、工期、投资效益、环境保护和技术创新的控制要点、控制方法，实施分级控制；按照定人、定期、定岗、定责、定点的检查要求，强化检查、落实要求。围绕项目建设特（难）点，提前进行技术攻关，制定了作业标准指导书 18 项，抽查验收 3 项。

（3）五七质量管理法

秉承“周密策划 精心建造 优质高效 实现承诺”的质量管理方针，施工过程中贯彻执行“五七质量管理法”要求，以《建筑工程质量隐患清单》《工程实体质量标准化手册》、12 条质量红线和质量管理“六不准”为指导，进行质量全面管理，如图 8-42 所示。

（4）网格化质量管理

铁路客站是专业复杂的高技术集成，建筑形式新颖、功能要求多样，必须确立“创新驱动，科研先行”的思想。积极推行网格化管理，自主开发电子网格化管理系统，划分网格单元，从材料的进场验收、半成品加工、隐蔽工程、文明施工等环节对工程质量进行层层管控，确保管理无死角、监管无脱节。

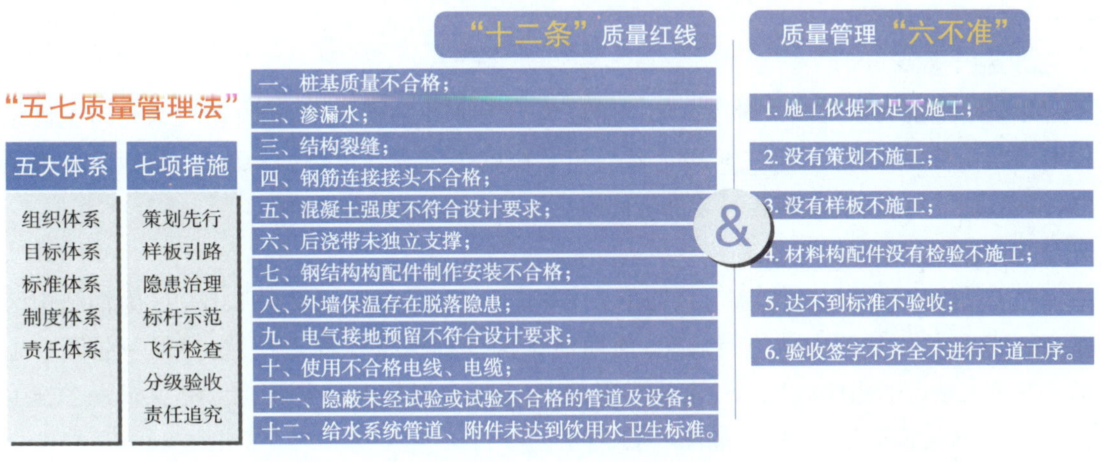

图 8-42　五七质量管理法

8.2.4　线侧下式站

线侧下式客站，是指与站前广场毗连的一层地面标高低于站台面标高的线侧式站房。铁路在穿越城市时，为了保障运输安全，往往会把线路架起以高于百年一遇洪水位，而许多城市的既有或规划高程因涉及的制约因素很多，致使车站所在地的广场及路网无法达到铁路线网的高程，于是形成了线侧下式的布局。线侧下式站房使站前广场与站房进出口取得有机联系，缩短旅客进出站行走距离，广场内各种流线合理，减少或避免各种车流与人流和行李包的交叉干扰，保证广场各项设施应用。本节以北辰站为例，介绍施工组织及创新应用情况。

8.2.4.1　工程概况

北辰站位于天津市北辰区境内。车站规模 3 台 7 线，站房为线侧下式站房，采用下进下出的旅客流线组织模式，站房建筑面积 19 981 m^2，站台雨棚面积为 13 689 m^2，如图 8-43 所示。

图 8-43　北辰站示意图

8.2.4.2 施工组织

(1)施工部署

北辰站施工共分为四个阶段。第一阶段为站房地基基础施工,第二阶段为站房主体结构施工及雨棚基础施工,第三阶段为站房粗装修施工及雨棚主体结构施工,第四阶段为站房、雨棚、地下通道、站台铺装等装饰装修施工及相关配套工程施工。

(2)施工区段划分

北辰站站房区域划分为 A-1、A-2、B-1、B-2、C 区五个区域,其中 B-1、B-2 区为钢结构区域;五个区域均由外侧内侧进行施工;前期 A-1 区没有桩基工程,与桩基工程一起同步施工。一至三站台的雨棚区域以地道为界限,按每个站台划分成两个施工区域,共计六个施工区域,六个区域同时进行施工,如图 8-44 所示。

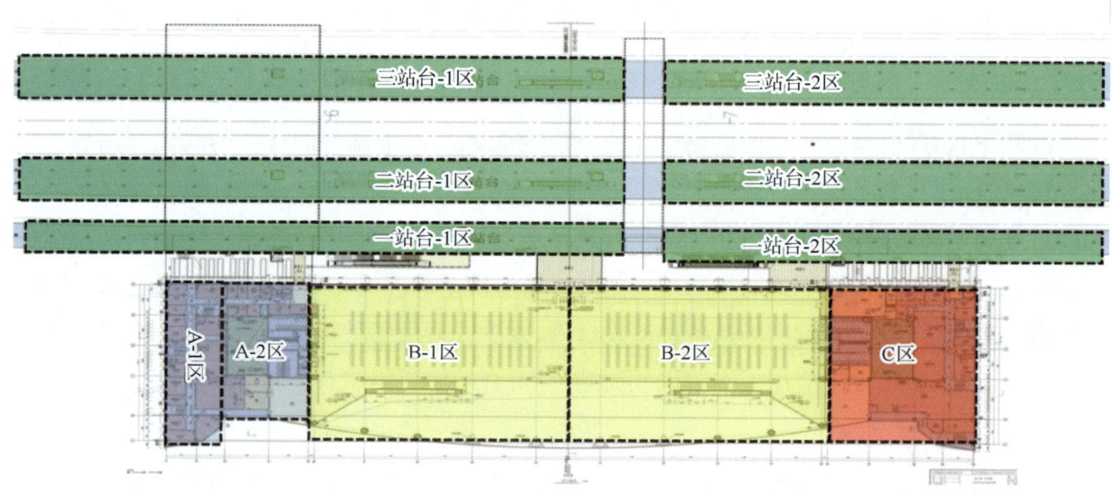

图 8-44 北辰站施工区域划分图

8.2.4.3 施工组织控制措施

(1)树立精品意识。全面落实"强基达标、提质增效"工作主题,牢固树立"安全第一、质量至上"的理念,进一步全面统一精品思想,凝聚全体参建人员的智慧精华,周密策划、精心建造,合众人之力,以技术的先进性、质量的高标性、信息的全覆盖性,为创优和建造精品站房工程做好有力的思想保证。

(2)项目成立精品站房工作领导小组。建立文化艺术中心,小组负责提前对图纸方案进行深化研究,过程中到现场检查督导,研究讨论工艺做法,检查质量问题,召开问题分析会,形成内部问题库,逐条整改提质消缺。

(3)编写制度文件、落实责任。在制度建设中,编制《创精品工程实施方案》,明确职责,强化考核,在质量管理方面严格落实《质量标准化手册》和《精品站房细部做法手册》,加强制度建设严格验收把控等方面从严管理,按照集团和事业部要求认真执行落实。

(4)加强样板管理。在精品客站建设过程中,项目经理部积极组织各部门进行样板实施策划的编制审查,明确了样板深化设计图纸、施作部位、工艺、实施计划等。注重样板引路,通过工艺试验结果,制定首件工艺样板。坚持实行首件认可许可制度,抓好施工质量控制。站房装饰装修深化方案对比如图 8-45 所示。

原方案

深化方案一

深化方案二

图 8-45　方案比选

8.2.5　桥 下 站

桥下站也称线下站,主要特点是站房主要候车空间、进出站通道布置在铁路线路下方。桥下站利用原本桥梁或高架道路下方的空间,避免了占用大量的土地资源,节省土地资源,减少建设成本,减小周边交通带来很大的压力,方便乘客出行。本节以宝坻站为例,介绍施工组织及创新应用情况。

8.2.5.1　工程概况

宝坻站天津市宝坻区,站房规模面积 16 347 m^2,地下一层,地上一层,局部两层,车站形式为侧式进站厅和桥下候车厅。车站规划总规模为 4 台 10 线,站房最高标高 23 m。宝坻站效果及剖面如图 8-46 所示。

8.2.5.2　施工组织

宝坻站为实现质量、安全、工期目标,分区平行施工,根据不同单位工程划分为线侧站房、桥下候车厅、站台雨棚墩台梁工程,三个施工区;根据施工结构伸缩缝、施工缝位置、施工阶段工期节点合理分为不同施工段,不同施工段形成流水施工。

站房及相关工程区划分为三个区组织施工,①站房区(A 区)、②桥下候车厅区(B 区)、③站台雨棚墩台梁(C 区),如图 8-47、图 8-48 所示。

(1)侧式进站区(A 区)

根据站房结构特点(两侧为办公用房,A4 下面有地下泵房),拟将站房范围侧式进站区(A 区)划分为 3 个施工区段组织施工,即 A1～A3 区。施工顺序为 A1→A2←A3,最后施工 A2 区。

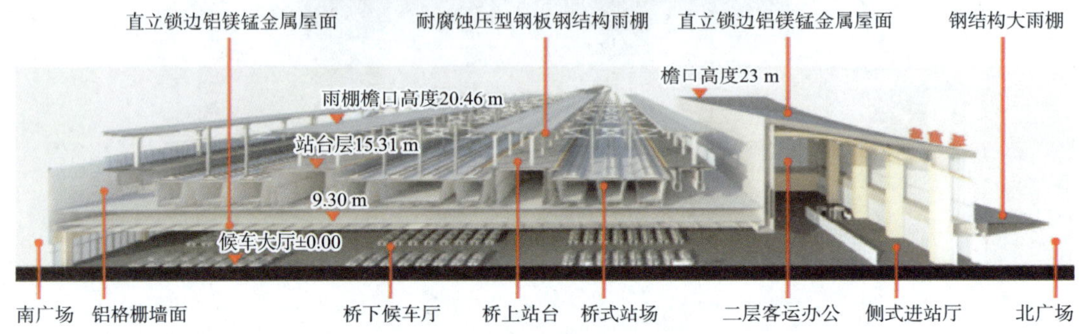

图 8-46　宝坻站效果及剖面图

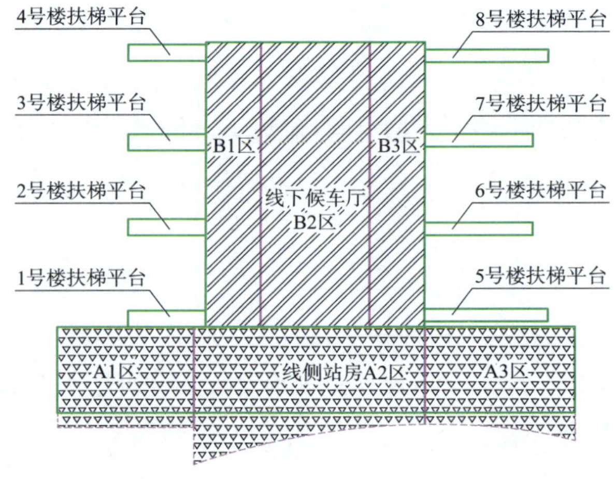

图 8-47　宝坻站站房分区示意图

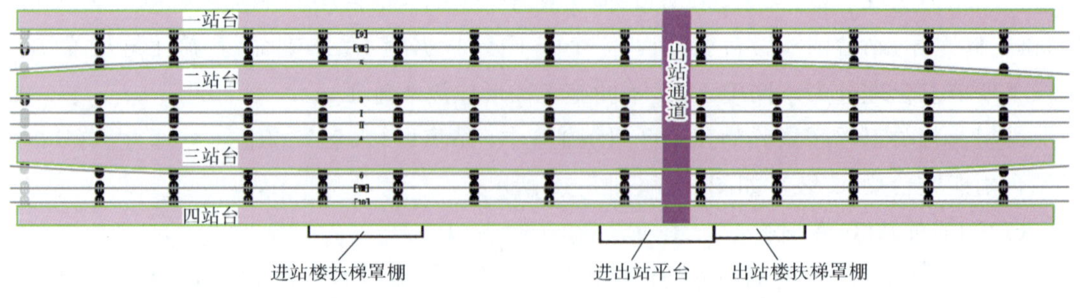

图 8-48　雨棚及出站通道施工分区示意图

(2)桥下候车厅区(B区)

根据候车厅结构特点(候车厅两侧为功能用房中间为候车区)拟将候车厅范围划分为三个施工区段组织施工,即B1～B3区。结构施工顺序为B1→B2←B3,最后施工B2区。

(3)站台雨棚墩台梁(C区)

因候车厅位于桥下,候车厅结构施工需等墩台身及站台梁施工完成后才能进行施工。桥下8个扶梯结构施工空间狭小操作难度大,施工周期长,该部位施工作为重点控制节点。受高度限制,候车厅钢网架采用整体顶升施工。

8.2.5.3　施工组织控制措施

(1)建立“科学管理、样板引路、标准作业”管理措施

铁路客站建造系统集成复杂,施工环境多变、组织协调困难,注重“科学管理、样板引路、标准作业”,编制了桩基础、混凝土结构、钢结构、装饰装修等作业标准,深基坑、旋挖灌注桩、大体积混凝土浇筑、钢结构整体提升等施工工艺流程,确保作业实施有标准,操作有程序。

(2)桥下空间美化

通过对桥下候车厅旅客视线范围内看到的桥墩、桥梁用仿清水混凝土漆进行处理,对上下扶梯视线范围内的管线位置走向进行优化,确保在上下扶梯视线范围内看不到管线等构件,桥墩检修围栏进行美化处理,采用铝板进行装饰,如图8-49所示。进出站通道两侧玻璃幕墙采用磨砂玻璃避免进出站旅客看到通道以外构筑物。

图8-49　桥下仿清水混凝土漆实体效果

8.2.6　地　下　站

地下站,作为高速铁路的重要组成部分,与城市轨道交通、公共交通等组成大型综合交通枢纽,得以实现地上地下立体交通无缝衔接,完美融合。为减少铁路线路对城市发展的影响,节约地上空间,并在高速铁路“一小时城市圈”的建设推动下,地下站的数量大大增加。

地下车站总体布局应根据城市规划、线路敷设方式、周边环境及城市景观等因素综合确定,具有深度身、净空低的特点,应采取降低噪声、减少振动和减少对生态环境影响的措施。并在满足功能及客流需求的同时,采用保证乘降安全和管理方便的通风、照明、卫生、防水、

防灾等措施。北京大兴机场站通过流线布局优化、地域文化引入弱化净空效果，实现提高乘客体验及附加价值的目的。

8.2.6.1 工程概况

京雄城际铁路大兴机场站是超大型综合立体交通枢纽——大兴国际机场的重要组成部分，全地下空铁联运车站，与地铁新机场线、城际铁路联络线和北京地铁大兴机场线共同下穿北京大兴国际机场航站楼。地下两层，车站总建筑面积 115 379 m²，其中地下一层为站厅层，总面积 22 875 m²，分为两个区，北区为出站厅，南区为售票厅、候车厅，层高 4.0～5.5 m；地下二层为站台层，总面积 92 504 m²，设两台六线，正线两条，到发线四条，层高 4.6～9.2 m。大兴机场轨道交通布局如图 8-50 所示，大兴机场站立体及平面如图 8-51 所示，大兴机场站与航站楼位置关系图如图 8-52 所示。

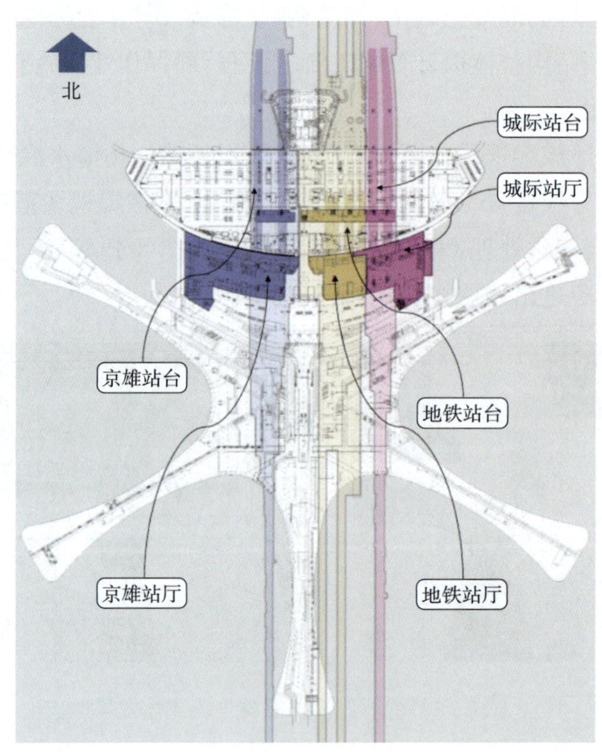

图 8-50　大兴机场轨道交通布局

8.2.6.2 施工组织

地下站施工组织应紧密结合枢纽工程整体工期安排进行统筹规划组织，提前规划施工流向和物流路由。现场施工布置根据各分部工程和不同施工阶段分别进行布置。施工过程中根据现场施工推进情况，和外部环境变化协调调整、优化施工场布。主体结构施工阶段，提前考虑装修和机电安装穿插施工组织，为装修和安装材料、设备运输预留充分的物流条件，并将材料、设备、劳动力等资源配备根据施工流水调转或集中作业。

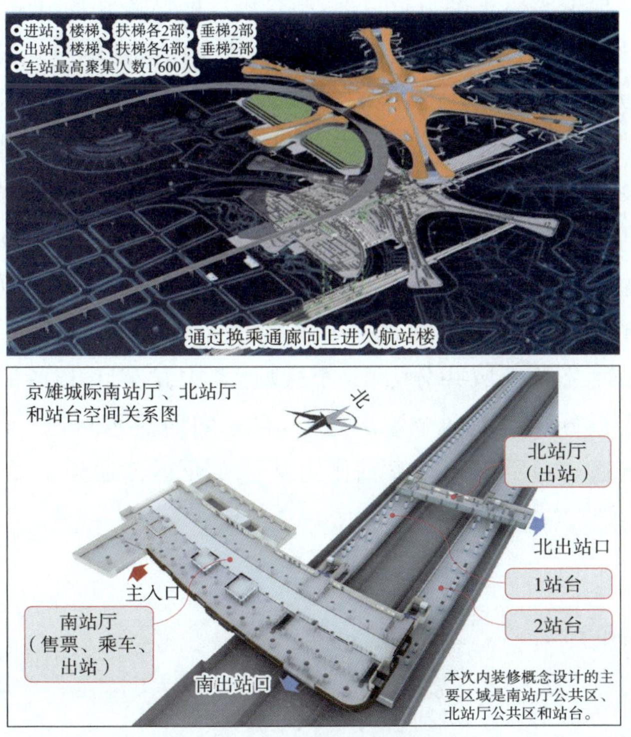

图 8-51　大兴机场站立体及平面图

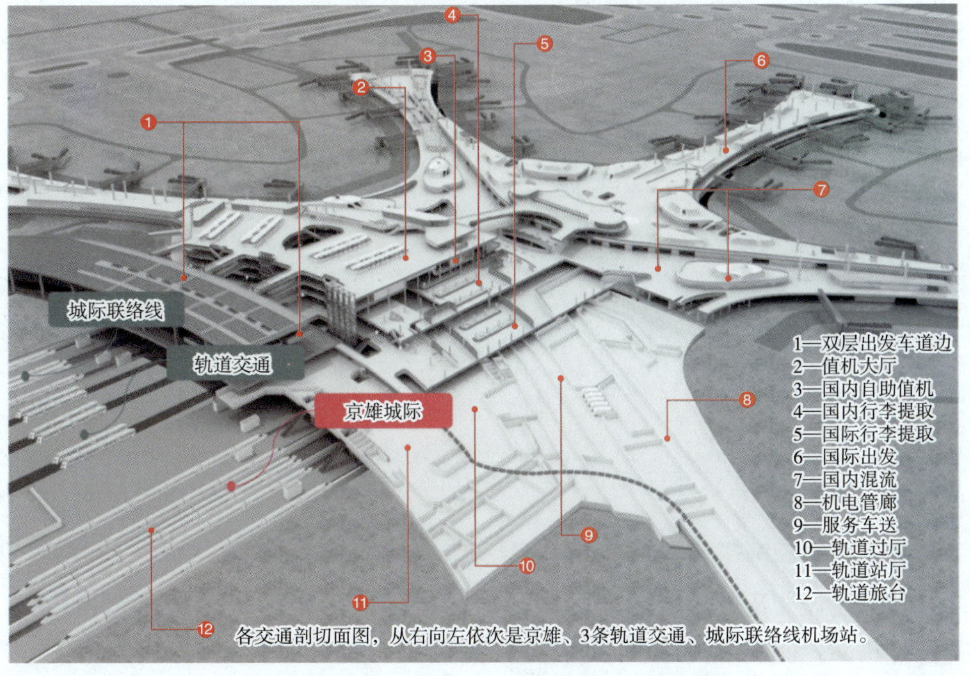

图 8-52　大兴机场站与航站楼位置关系图

北京大兴机场站根据整体工期节点目标，结合机场航站楼和场道施工进展，采取结构顶板预留吊装洞，设置垂直物料提升机，通过隧道内轨道车内部运输方式满足地下二次结构及装修、安装施工物料运输。装修和安装施工，将站房装修站厅层、站台层同步分层组织施工，每个流水段内均以墙面→顶棚→地面为主线，机电安装设备与墙顶装饰同步交叉组织施工，设备末端、接驳点、预留孔等与装修优化综合考虑，达到协调统一、畅通融合。

站台层根据不同房间功能和装修做法按 1、2 号站台公共区，设备房间、办公房间，轨行区四个区块分别组织施工，每个站台公共区根据变形缝的设置划为 8 个施工流水段，施工按照 1 号、2 号站台同时施工原则。

将候车厅及出站厅公共区域共分为 13 个区域(其中候车厅 12 个区，出站厅 1 个区)。候车厅地面和墙顶铝板分别组织两个流水施工，自东向西流水行进。RN05-RN06 轴作为水泥人造石施工运输通道，RN04-RN05 轴作为其他专业运输通道。站厅层墙顶地施工流水组织如图 8-53 所示。

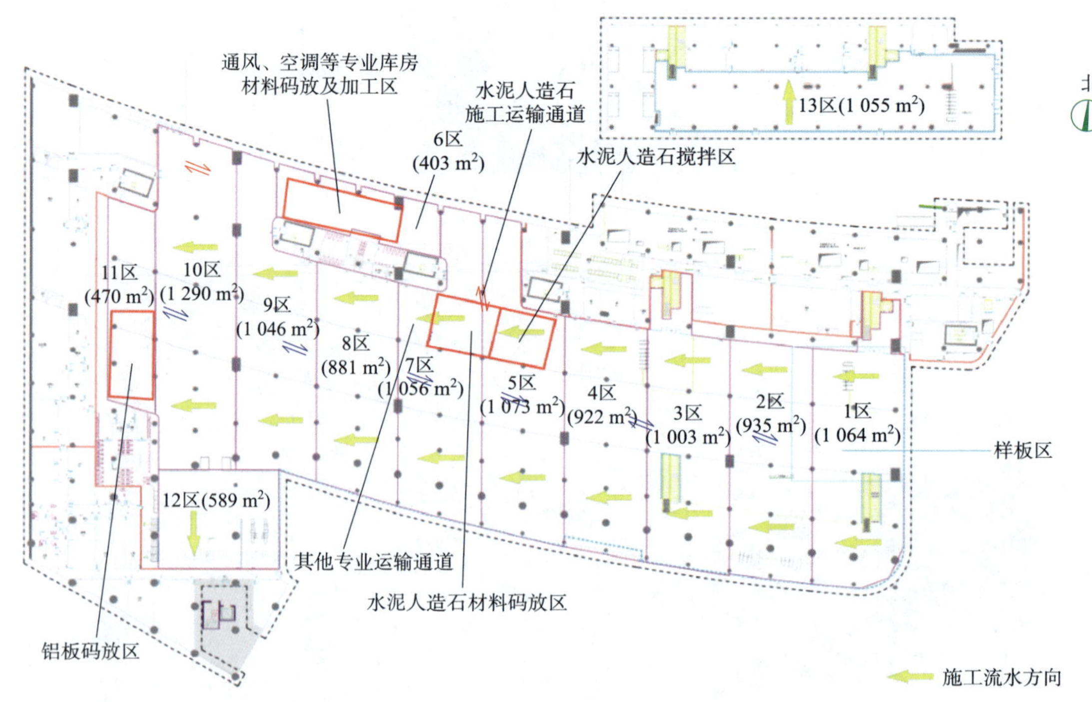

图 8-53　站厅层墙顶地施工流水组织

8.2.6.3　施工组织控制措施

(1)严抓深化设计及方案优化

以建设“精品智能客站”为原则。对车站工程所有分部分项工程从深化设计、施工工艺、技术交底及作业指导书、工序工艺过程控制、专业接口、竣工验收等方面进行全过程、全范围的质量控制。成立以项目总工程师为组长的深化设计小组，分墙面、吊顶、地面、屏蔽门进行专业设计，并定期召开深化设计接口碰头会，整合消防、通风空调、照明、动静态标识、商业广告、电梯扶梯、客服等安装专业，进行方案优化管理。

(2)动态调整施工场布及路由

地下站位于大型综合立体交通枢纽地下空间，施工过程中针对安全、质量、进度采取有效措施外，最大难点在于物料运输路由。地下站往往与周边地上空间环境复杂，交叉作业道路受限，地下材料和设备倒运是施工的主要难题。若与地上大型交通枢纽同期施工，将随道路、管廊、绿化等室外工程施工，运输路线也随之变化并进行调整，严重影响物料运输效率和施工进展。施工中结构顶板预留吊装洞，设置垂直物料提升机，通过隧道内轨道车内部运输，用于满足地下二层结构及装修施工物料主要通道，并结合上部结构施工进展，优先确保材料进入；同时借助室外地上既有通道及机场车库坡道，并预留设备机房洞口，用于地下一层站厅层及出站厅物料及大型设备的运输。大兴机场站运输路线示意如图 8-54 所示。

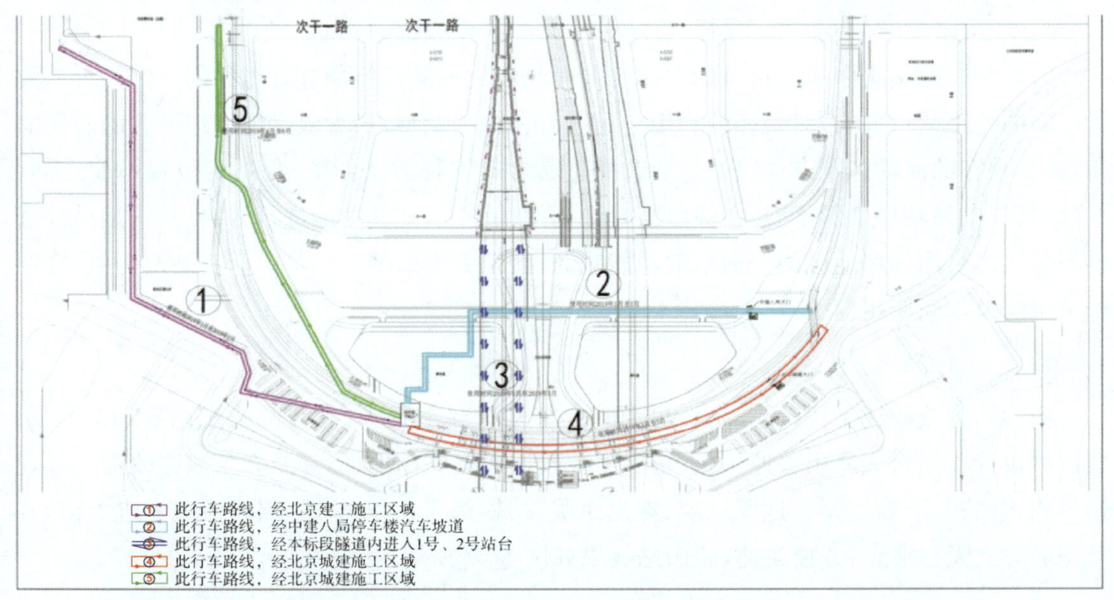

图 8-54　大兴机场站运输路线示意图

(3)大力推广 BIM 技术应用

在工程施工中创新应用 BIM＋GIS、BIM＋VR，基于 BIM 技术的管道预制加工、BIM＋智能放样技术虚拟装修样板选型等，利用信息化手段管控施工现场。

(4)实施效果

车站与机场航站楼一体化设计、一体化施工、同步开通运营。室内装修引入“凤栖梧桐”设计元素，采用大尺寸曲线分格水泥人造石楼面，完美契合航站楼平面造型；采用镜面不锈钢板复合穿孔蜂窝铝板吊顶，辅助以暗藏式通风口，提升空间视觉效果，如图 8-55、图 8-56 所示。

图 8-55 候车厅

图 8-56 站台层

8.2.7 改扩建车站

既有的铁路站房由于其自身的主体构造而与新建成的建筑物有着很大的区别，所以，要适应新的铁路运行方式，对乘客的利用空间进行合理的调整，最大限度地增加乘客的利用面积，减少乘客的流动。既有铁路站房的改扩建通常有三种方法：其一是站房位置不变，拆除新建；其二也是站房位置不变，在保留既有结构的基础上，就其功能进行升级；其三是另外选址新建站房将原站房地区的交通集散功能减弱，甚至完全取消。本节以庐山站改为例，介绍施工组织及创新应用情况。

8.2.7.1 工程概况

庐山站为改扩建工程，原有东站房为既有客站扩建工程，既有线侧式东站房与 6 台 21 线。原设计 4 站台为庐山普速场，进场后需要改造成安九高速场，涉及 3 条线路改造。新建站房建筑面积 59 482 m^2。地下一层、地上两层，站场规模 8 台 25 线，旅客流线上进上出，各类交通方式无缝换乘，方便快捷，庐山站效果如图 8-57 所示。

图 8-57 庐山站改造效果图

8.2.7.2　施工组织

庐山站站场规模为 8 台 25 线，其中涉及营业线改造区域 6 台 21 线，利用天窗点施工几乎无法实施，因此总体施工顺序分为两阶段。

施工准备→一阶段西站房及 4～8 站台施工→二阶段东站房及 1～3 站台施工→配合联调联试及竣工验收。其中一阶段 4～8 站台区域采用转场倒线方式为现场创造施工条件，二阶段采用跨线吊装及钢结构顶推施工方式完成整体结构。各施工工序穿插进行，阶段分区平面如图 8-58 所示。

第一阶段：西侧站房及 3～8 站台上部候车室。

第二阶段：东侧站房及 1～3 站台上部候车室。

竖向结构大致分为换乘层、站台层、高架层及高架夹层。结构由下至上施工，部分夹层可采用逆作法施工，装饰装修分别以换乘层、站台层及高架进站层划分为三个主要施工区段，各区段装修同时进行，平行推进（为保证开通，出站层“四电”用房装饰在“四电”设备安装前完成）。

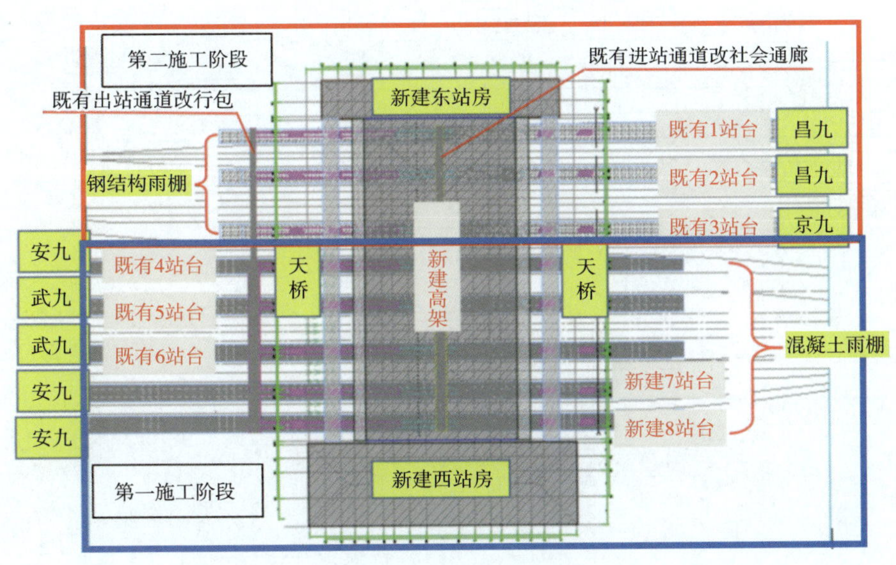

图 8-58　分区平面图

1. 一期施工：站房转场施工方案

第一步：进场后西站房和 7～8 站台高架候车厅部分同时施工，西站房与高架区域共用基础和柱先施工，其他部位从下至上依次施工，高架区域从基础至高架层楼板后再施工雨棚和天桥，基础从中间开始向两边施工，后续高架施工均按此思路实施。

第二步：因 4 站台安九场 3 条线路涉及改造需要停运，利用线路封锁点同步停运半边 3 站台（另外半边正常运行）及相关线路，改造接触网后拆除 3～4 站台，优先施工高架区域基础及主体，利用履带吊施工 3～4 站台高架及天桥钢结构，后续雨棚及结构、装修施工穿插。

第三步：武九客专 5～6 站台各停半边及相关线路。改造接触网后拆除 5～6 站台，基础和钢柱各施工半边，4～5 站台和 6～7 站台高架与天桥钢结构施工，后续雨棚及结构、装修施工穿插。

第四步：5～6 站台恢复半边及相关线路，接触网改造后停运另外半边，正线施工防护棚；剩余一侧基础和钢柱施工，5～6 站台高架和天桥钢结构利用天窗点施工，后续雨棚及结构、装修施工穿插。

第五步：剩余雨棚、天桥、高架候车厅夹层结构、屋面钢结构、金属屋面、外幕墙、内装和机电穿插进行安装；与西站房同步竣工并开通运营。

线路平面如图 8-59 所示，一期施工步骤三维模拟如图 8-60 所示。

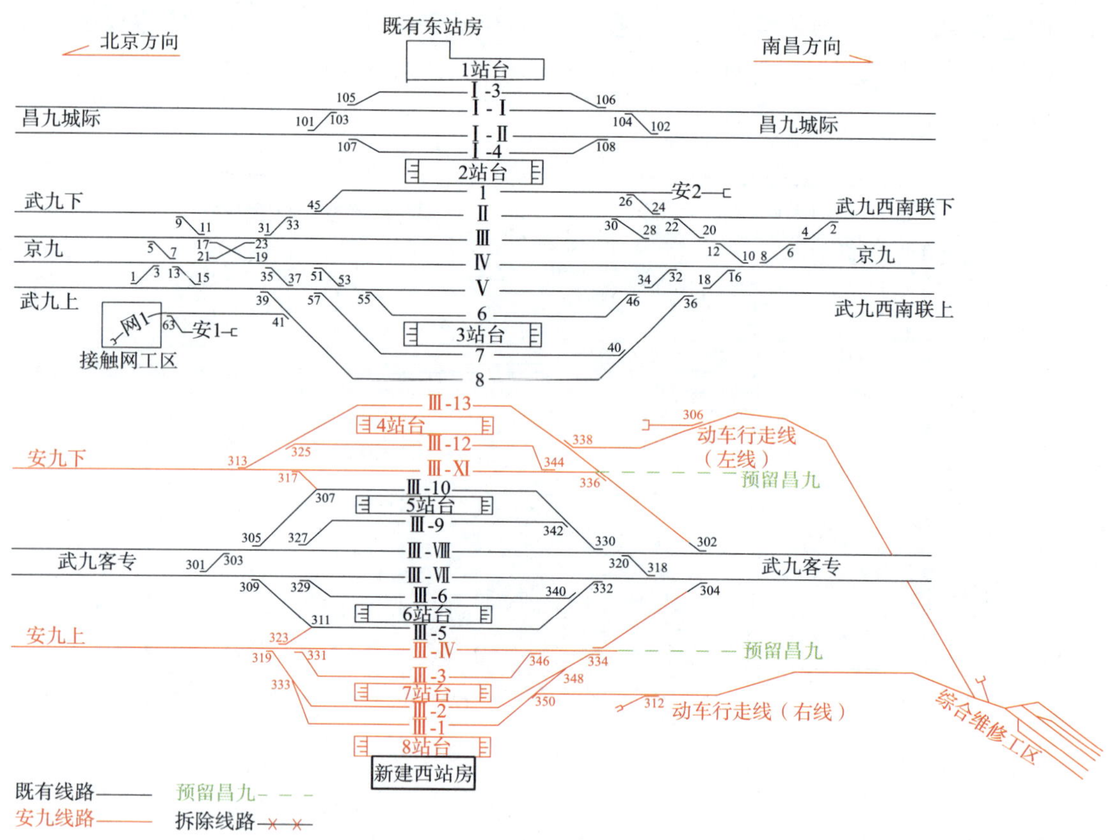

图 8-59　线路平面图

2. 二期施工：钢结构顶推施工方案

根据本工程结构特点，候车层桁架、两侧天桥及换乘通廊采用“厂内分段制作＋现场分单元组拼＋数控液压同步顶推”的整体施工思路。根据构件重量及运输能力合理划分构件分段，构件制作完成后运输至现场。现场采用 260 t 履带吊及 50 t 汽车吊进行候车层桁架组拼。

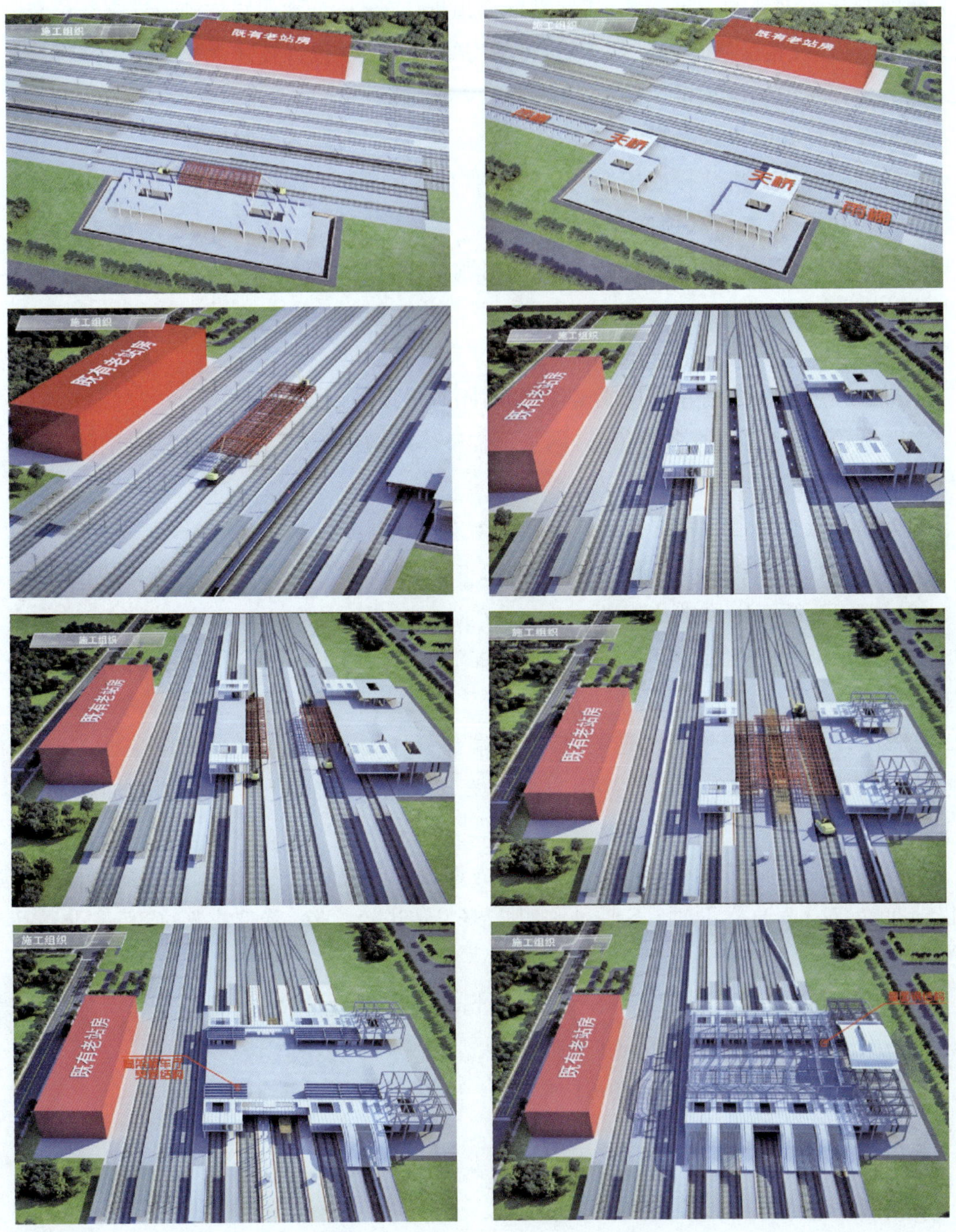

图 8-60　一期施工步骤三维模拟图

在东站房一站台 U 轴外侧设置组拼平台和 10 条顶推轨道，顶推轨道采用直线型。结构拼装成单元体后和导梁连接，然后利用“数控液压同步顶推技术”“整体累积顶推”的施工工艺将结构顶推与既有站房连接。顶推施工时，当导梁顶推至临时墩处临时工装时，利用导向装置将其导入该处的顶推工装上，使其继续顶推，直至整个站房结构到设计安装位置。调整梁端线、梁边线精度满足设计要求后，将站房结构落位于设计支座上。

(1)第一步：第一次顶推

①搭设顶推临时支架及拼装平台，安装滑道梁、固定滑靴等临时措施；

②在临时支架上拼装楼面桁架、天桥、换乘通廊和导梁，导梁与滑移钢结构连接成整体结构单元，同时安装滑靴和顶推设备；

③同步顶推整体结构，拆除滑出轨道的滑靴结构，顶推距离约为 26 m，导梁搭上二站台临时措施，暂停顶推；

(2)第二步：第二次顶推

①拼装剩余滑移结构并连接成整体单元，同时将顶推设备后移；

②调试顶推系统，检查各项措施，同步顶推整体结构约 16.5 m，结构下弦搭上二站台滑移临时措施，暂停顶推；

③拆除降低二站台导梁支撑措施，共 10 组支撑；

④拆除完成后，继续同步顶推整体结构约 18 m，导梁搭上三站台临时措施，暂停顶推；

(3)第三步：第三次顶推及落梁

①调试顶推系统，检查各项措施，同步顶推整体结构约 19.3 m，整体结构到达设计位置上方；

②移除(L1 轴～U 轴)段滑道梁，拆除前端部分导梁；天桥结构下方滑道梁(U 轴～L7 轴)上方布小型顶升油缸，楼面桁架下方滑道梁(U 轴～L7 轴)上方布置顶升油缸；拆除 U 轴上方滑靴；

③拆除 U 轴上方滑道梁，U 轴和 T 轴上方增设临时垫块，三站台顶推措施拆除变更落梁措施布置，对 L7 轴及 T 轴～S 轴处临时支架工装进行拆除，降低支架高度；安装落梁顶升油缸；

④结构分两次落梁一次精调，落梁 1 500 mm 距离至设计位置；对接补焊后补段；结构整体第一次落梁 0.8 m，接触网同步悬挂调整。

二期施工步骤三维模拟如图 8-61 所示。

8.2.7.3 施工组织控制措施

1. 营业线施工管控措施

(1)制定营业线施工方案并履行审批手续、营业线施工年度轮廓施工计划、月度施工计划、施工日计划，申报批准前不得擅自施工或擅自扩大施工内容和范围。

(2)营业线施工前做好充分准备，技术部门提前向作业人员进行技术交底、安全技术交底，特别是影响行车安全的工程和隐蔽工程；施工中，要严格执行技术标准、作业标准、工艺流程和卡控措施，严禁超范围作业。

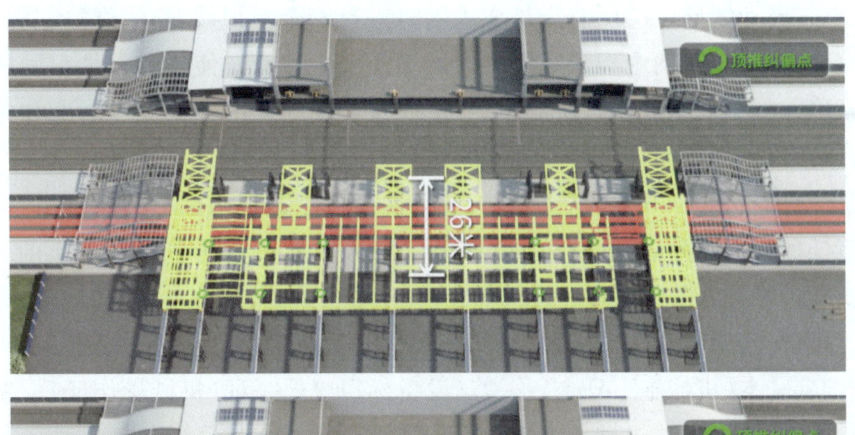

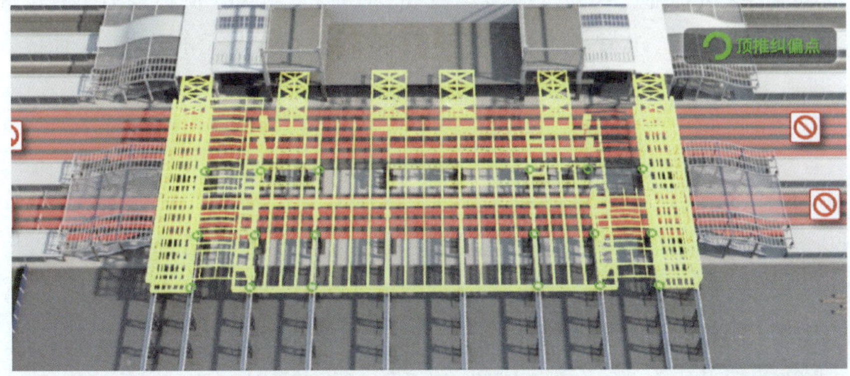

图 8-61　二期施工步骤三维模拟图

(3)施工时，在车站行车室(调度所)设驻站联络员，施工地点设现场防护员，曲线地段和视线不良地段，必须增设中间防护员，联络员和防护员不得临时调换。驻站联络员和现场防护员应由经过考试合格的人员担当。驻站联络员与现场防护员要保持随时通信状态，掌握施工现场和列车运行情况。

(4)既有线应封闭管理，严格执行登销记制度。作业人员不得擅自翻越防护栅栏上道。进入封闭区域前应由作业负责人登记施工人数和机具数量，作业结束后看守人员应同作业负责人核对确认人员、机具完全撤出封闭区域并进行销记。

(5)对参加营业线施工的所有人员在入场时进行安全意识教育、法规法纪教育、营业线施工的安全教育,每日班前由架子队组织开展班前安全教育。使所有人员牢固树立营业线施工必须把确保行车安全放在首位的思想,掌握营业线施工的各项规章制度和施工注意事项。所有作业人员,都要参加项目经理部的培训,并经考试合格方可上岗作业。

(6)邻近线侧施工完毕后,现场管理人员必须亲自监督将雨棚上的所有物料清理干净,决不能留有任何易落物品,尤其是易导电的物料及轻质可漂浮垃圾;站台施工前应临时在线路两侧加设防护栏杆或防护栏栅。

(7)大型机械施工作业防护必须执行"一人一机"防护的要求,做到"五个一"即:一机、一人(专职防护)、一本(机械施工日志)、一牌(设备标识牌)、一证(机械操作证)。来车前必须及时停止作业。钻机移位、机械挖土、吊装等行车安全风险较大的作业必须有专人指挥作业。站内大型施工机械走行、跨越铁路应制定专项安全措施。

2. 邻近营业线深基坑开挖自动化监测

(1)TZT3803A 无线微功耗智能监测系统

TZT3803A 是一款将建筑施工安全监测与无线通信技术相结合的综合监测系统,是具有免布线、快速安装、数据采集、多参数集成及智能预警等特点的自动化监测系统;具备低功耗优化机制,内置锂电池供电,配接太阳能或 AC 220 V 等外部电源,可实现长期在线监测。监测数据自动发送到云服务器,有效缩短监测系统的搭建时间。

(2)测点布置原则

既有铁路线监测点布设遵循以下原则:既有铁路相关变形按每 15 m 布置一个点,对应基坑长度范围左右方向各延伸 15 m,具体参照铁路相关要求进行专项监测。测点布置如图 8-62 所示。

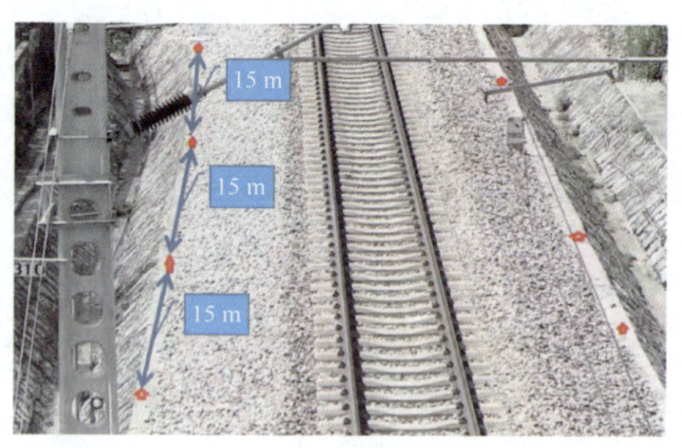

图 8-62 测点布置

(3)测点埋设及技术要求

既有铁路线水平位移观测参照支护结构顶部水平位移,在既有线路上进行观测点标识。既有铁路线竖向位移观测采用静力水准仪进行自动化监测的作业方法,其工作原理及安装示意如图 8-63 所示。

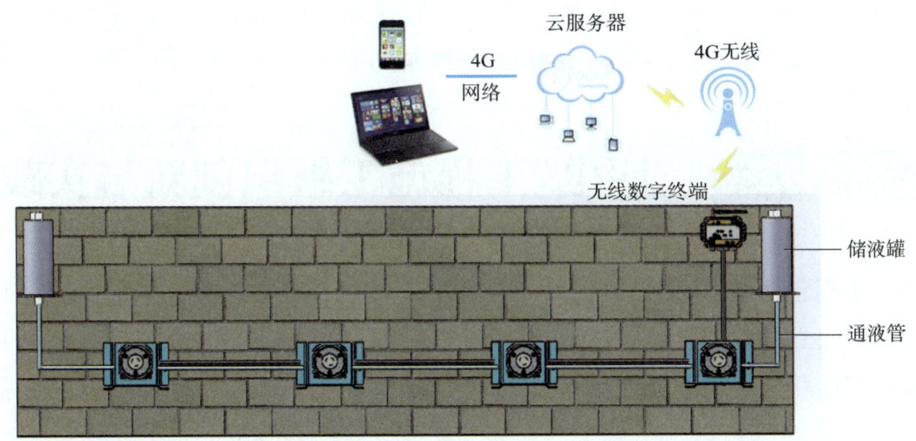

图 8-63　静力水准压差式静力水准仪工作原理及安装示意图

(4)观测方法及数据采集

采用压差式静力水准仪监测测点水位的变化。该装置由储液器、进口超高精度芯体和特殊定制电路模块、保护罩等部件组成。沉降系统由多只同型号传感器组成,储液罐之间由通气管和通液管相连通,基准点置于一个稳定的水平基点,当测点相对于基准点发生升降时,将引起各点压力的变化。通过测量传感器压力的变化,来计算各测点相对水平基点的升降变化。利用自动化监测系统实现长期在线监测,监测数据自动发送到云服务器,可在电脑端实时获取监测数据。

第9章 “四电”工程施工组织创新与实践

“四电”工程包括通信、信号、电力、牵引变电、接触网及相关工程。本章主要论述“四电”工程施工组织要点、施工组织平行作业技术与信息化手段的运用，并介绍当前接触网和通信信号工程中智能化施工组织的创新和实践。

9.1 “四电”工程施工组织要点

“四电”工程包括通信、信号、电力、牵引变电、接触网及相关工程。通信工程包括通信线路、传输系统、电话交换及接入网系统、数据通信网、GSM-R移动通信系统、调度通信系统、会议电视系统、应急通信系统、时钟及时间同步系统、通信电源及环境监控系统、综合视频监控系统、综合网管系统、综合布线、监测系统。信号工程包括调度指挥系统、列车运行控制系统、计算机联锁系统、信号集中监测系统、电源系统、综合接地系统工程。电力工程包括外部电源线路、变电站、配电所、车站高低压配电系统、区间高低压配电系统和电力远动系统。牵引变电工程包括设备基础、地网系统、设备安装、电缆敷设及二次配线、单体调试、系统调试。接触网工程包括基础、预埋件及化学锚栓、支柱及拉线、接触悬挂、设备、附加悬挂。

“四电”工程是铁路的“中枢大脑”和动力之源，是铁路建设中的关键环节，是一项多方参与、多专业协调、多方位推进、多工种交叉作业、与相关专业交叉平行作业的系统性工程，具有技术标准高、施工难度大、接口工程多、施工周期短等特点。施工组织要点主要包括施工资源组织、工程接口关系协调、施工工艺控制、重点工程施工方案以及新技术应用等。

9.1.1 充分做好施工资源组织

1. 人力资源配备方面

针对项目的工程特点、工期要求、工程数量和施工方案，合理派遣足够的管理人员、技术人员及施工作业人员，最大限度地提高劳动生产率，在实施的过程中，要根据项目的进展情况，灵活调整人员配置，保证施工的连续性，确保工程进度和质量满足合同工期的要求。在施工队伍布置上以“分段实施、平行推进”为原则，各专业系统根据各自专业特点分为若干个区段,充分利用既有的交通网络、水电设施、站前相关资源,贯彻“以人为本、着眼施工、合理布置”的理念,在队伍部署、统筹协调等方面力求做到最优化。

2. 机械资源配置方面

根据工程的环境特点及施工进度安排,编制机械设备需求计划,合理组织机械设备进场,确保满足工程需要和环境要求。合理组织机械设备的调配,组织好机械设备的流水作业。高速铁路“四电”工程需按照机械化作业、工厂化生产的原则组织施工。主要施工机械设备的配备要重点选择能够适应工程实际施工要求的专项设备,确保工程项目的施工能力和质量要求。

(1)设备配备与工程规模相适应

施工设备的配备要体现目前铁路“四电”系统集成项目施工中先进的机械设备,配备高效率、低污染的施工设备;施工设备的配备要体现保护环境和改善作业条件,并且满足工期要求。

(2)设备配备与施工方案相适应

以施工方案为前提,成套配备机械设备,形成多条机械化作业线,满足项目施工的需要。

(3)设备配备与施工技术相适应

项目机械设备配备要充分体现目前高速铁路“四电”工程的施工技术水平,确保施工机械的相互匹配和效率的充分发挥。

“四电”工程施工主要专用工装设备见表 9-1。

表 9-1 “四电”工程专用工装设备

序　号	设备名称	施工用途
1	通信专用仪器仪表 (满足通信施工检测)	铁路通信 施工检测
2	信号专用仪器仪表 (满足信号施工检测)	铁路信号 施工检测
3	电力专用仪器仪表 (满足电力施工检测)	电力检测
4	光缆熔接机 (例如,满足光缆成端)	光缆成端
5	光时域反射仪 (例如,满足光缆性能测试)	光缆性能测试
6	ZPW-2000 专用仪表 (满足 ZPW-2000/高压脉冲测试要求)	ZPW-2000 测试
7	转辙机拉力测试仪	转辙机拉力测试
8	轨道吊车 (满足电气化施工)	接触网施工

续上表

序　号	设备名称	施工用途
9	接触网检测车 （满足接触网动、静态检测的要求）	接触网静态检测
10	恒张力放线车 （满足电气化架线作业施工）	电气化架线作业施工
11	接触网作业车 （满足电气化施工）	电气化施工
12	后植锚栓拉拔仪	锚栓拉拔
13	接触网电连接压接工具	电连接安装

3. 物资供应方面

依据设计文件及工程进度编制采购计划，制定详尽的年度、季度、月度用料计划，对需求量大及新材料、紧缺材料提前备料。设置材料储备场地和存储仓库，材料储存周转量不少于3个月，制定高峰期和特殊情况下应急供应预案，以保证在施工高峰期及特殊情况下的物资供应。

9.1.2　积极推进工艺标准化

“四电”工程施工包括设备安装，采用统一的施工工艺标准，为“四电”工程施工组织推进创造良好的条件。一是要提高施工工艺标准的编制质量，编制施工工艺标准以技术规程、验收标准为准则，借鉴国内高铁的先进施工经验，并结合工程特点及铁路局集团公司的运营维护需求。二是要规范施工工艺标准的审核程序，施工单位编制完成施工工艺标准后，进行严格的审核，审核通过后的施工工艺标准以正式文件发布并推广应用。三是做好工艺标准的技术交底，使施工人员掌握施工工艺标准、质量要求以及施工的程序和步骤，便于科学组织施工。四是建立四电工厂化预制中心，将现场分散加工的构件、半成品集中预制，提高加工精度和生产效率，保证现场的施工质量。

9.1.3　做好接口关系协调

“四电”与站前、站房接口工程只有紧密衔接，才能确保“四电”工程顺利进行。“四电”工程与站前工程之间的接口主要包括综合接地、电缆槽、综合管沟、过轨管线、手孔、锯齿孔、电缆上下桥槽道、隧道预埋槽道、接触网基础等，与站房专业的接口主要包括“四电”房屋的提供、综合管沟及预留各种管线。“四电”施工单位进场后，需与站前单位积极沟通，对接口工程移交计划和施工作业面提供计划，制定详细的“四电”工程施工组织安排，在施工过程中，与站前施工单位紧密配合，严格落实接口工程的移交确认手续。同时，定期对接口工程及界面提供情况进行梳理分析，出现严重影响工期节点兑现的情况时，需制定相应的措施和方案，对施工组织进行相应调整，保证工期满足工程节点要求。

9.1.4 做好重难点工程方案

1. 电力外电源工程

电力外部电源工程分布区域广且情况复杂，加强与地方供电、规划等部门沟通协调，尽早确定外部电源方案，确保外电源工程顺利推进。建设单位应与地方供电部门对接供电方案，确定电源具体接入点，同时做好图纸审查工作以保证铁路系统标准满足电力系统标准要求；建设单位应加强与地方规划部门的沟通，并组织设计单位进行现场踏勘，确定合理的电源路径方案。

2. GSM-R 系统网络优化

GSM-R 系统网络优化工作是指对网络进行参数采集、数据分析、测试指标、参数调整，使指标满足规范要求。高速铁路的网络优化工作较为复杂，高速运行的列车车载电台会遇到电磁环境干扰、电平快速衰落、多普勒频移等情况，同时存在天线覆盖不规范、个别网络参数设置不合理等问题。网络优化方案包含低速、高速网络优化方案。

低速网络优化是采用轨道车的方式进行 DT 测试优化的过程，收集测试数据及问题；核查频率规划，对重点区段或点位进行现场测试，避免存在网内同邻频干扰问题；核查数据库，对不合理或存在问题的参数进行合理优化；优化切换参数，对小区切换位置进行优化，避免越区切换或切换位置不合理的问题；排查电磁环境干扰，对网络存在上下行服务质量异常的区段，进行现场测试排查，解决网络存在干扰问题；测试网络业务功能，发现硬件隐形故障进行更换排除网络隐患；形成低速网络优化报告。

高速网络优化是采用添乘动态检测车的方式进行 DT 测试优化的过程，收集测试数据及问题，结合动态检测车测试数据进行分析，制定优化措施；通过调整天线角度进行覆盖优化；对不合理的切换参数进行优化，达到满足切换要求的目的；对存在干扰的点位进行现场测试排查；对直放站设备引发的网络切换、电平质量、跨 BSC 切换等问题通过跟踪信令分析数据进行优化；形成高速网络优化报告。

3. 信号营业线改造

信号营业线改造涉及运营线路安全，制定详细的施工组织方案对保证安全至关重要，同时施工过程严格控制，按照既定方案组织实施。施工组织方案应明确工程重点、难点、施工注意事项、施工技术要求、安全注意事项等，同时对涉及的信号软件仿真试验及换装、营业线临时服务器软件修改、CTC 软件换装、应答器换装时等项目，要做出详细的实施方案，并在现场落实到位。

9.1.5 积极应用信息化技术

“四电”工程工厂化、机械化、装配化、专业化程度最高，在施工组织中要积极运用先进的信息化技术手段，提高智能化施工水平，比如应用基于BIM技术的施工进度计划管理系统、物料管理系统、工地可视化管控系统、接触网智能化预配及安装技术等。

9.2 “四电”工程施工组织技术与手段

“四电”工程施工组织技术重点体现在与站前、站房工程的平行交叉作业方法上及各专业的施工组织控制与节点安排，同时在信息化和智能化创新上进行了实践，提高整体施工水平。

9.2.1 平行交叉作业施工组织方法

9.2.1.1 “四电”与站前、站房工程接口

“四电”工程与站前、站房工程存在交叉施工较多，须做好相关工序的衔接与配合，根据站前工程界面移交计划制定施工组织安排。桥梁架设完成后开展支柱组立，避免支柱影响架梁车通行；无砟轨道施工完成后开展腕臂安装、承力索架设等后续施工，避免影响龙门架通行；隧道缺陷整治完成后进行隧道内承导线架设，避免隧道整治架子行走时损伤承导线；轨道工程铺架完成且具备轨行车辆上道条件后开展接触网导线架设；钢轨敷设锁定完成后，开始信号设备钢轨钻眼工作；电缆槽在施工完成并清理杂物后，开始电缆敷设。

“四电”与站前工程接口及配合关系见表9-2。

表9-2 “四电”与站前工程接口及配合关系

序号	项目	路基	桥梁	隧道	架梁	铺轨	站房
1	接触网立柱基础	●	●	○	○	○	○
2	综合接地预埋件	●	●	●	△	△	●
3	电缆槽	●	△	●	△	△	●
4	过轨管线	●	●	△	○	△	○
5	设备安装基础	○	○	○	○	○	●
6	管线及设备入室	○	○	○	○	○	●
7	信号设备安装及联锁	●	○	○	○	●	●
8	房屋建筑	△	○	○	○	○	△
9	接触网架设	○	○	○	○	●	○

注：●表示强相关，△表示弱相关，○表示不相关。

9.2.1.2 “四电”工程与站前工程平行交叉作业的施工组织

“四电”工程与站前工程平行交叉作业主要集中在信号工程和接触网工程，与站房工程的平行交叉作业主要集中在设备安装、管线布置。其中信号专业轨旁设备安装和接触网专

业接触线架设、悬挂调整等与轨道关联的工序，受铺轨及钢轨锁定进度影响，施工中一般与站前平行交叉作业，需要做好以下工序的交叉作业的相关组织。另外室内设备安装与站房装饰装修可以进行平行交叉作业。

1. 信号工程

(1)钢轨铺设前

信号工程在钢轨铺设前，根据防撞墙、电缆沟槽管道、无砟道床施工进度组织作业，重点进行信号点和电容定测、区间和站内敷设电缆，区间防撞墙、隧道电缆沟壁穿墙螺栓、方向盒安装、电缆成端制作及配线等施工。此期间应加强与站前在电缆沟槽贯通、综合管沟进度、路基轨旁设备安装位置预留等的沟通协调，重点在路桥、桥隧过渡段及站场综合管沟、引下电缆沟槽等重点部位电缆槽贯通。路基轨旁设备安装位置预留作为精细化管理的要求，施工组织中要加强定测管理和与站前单位的沟通协调，确保预留准确。

(2)钢轨铺设完成

钢轨铺设完成后，开始无砟道床上相关设备安装，包括设备点位置、电容复测、无砟道床植化学锚栓、安装电容、ZPW-2000 设备安装及成端制作、扼流变安装、站内转辙机安装、道岔融雪箱安装等，联系站前确认站内轨缝位置，安装信号机及配线。

(3)钢轨锁定完成

钢轨正式锁定后，轨旁设备将全部安装到位。包括钢轨打孔、各类引接线安装、引接线在道床上固定及各种标志牌安装、道岔跳线及分支并联线、道岔安装及调试，道岔密贴检查器安装、道岔融雪装置安装等。例如，钢轨引接线安装完毕后，进行信号室内外连挂试验，而有砟区段此时也进入大机捣固的关键时期，为避免交叉作业损坏信号设备及影响信号试验正常进行，需要将钢轨引接线从石砟位置暂时移到枕木上，并对钢轨引接线采取适当的防护措施，待大机捣固完毕后恢复到石砟位置，可以确保信号试验与大机捣固作业同时进行且互不影响。

2. 接触网专业

(1)无砟道床完成前

接触网在无砟轨道完成前，组织进行接口检查、支柱组立、吊柱安装、硬横梁架设等作业。尽快完成连续区段支柱的组立，以确保上部结构安装及附加导线架设的全面实施。此期间应加强与站前的接口检查，重点是基础和隧道预埋滑槽检查，施工用龙门吊的宽度、高度协调等，避免影响支柱和吊柱组立。支柱组立尽可能在无砟轨道施工前进行，以减少支柱二次倒运工作。

(2)无砟道床完成后

无砟道床完成后，可以参照无砟道床高程进行上部结构的测量计算，开始上部结构安装，包括附加导线肩架安装和附加导线架设、支持结构安装、拉线安装、补偿装置安装、承力索架设、弹性吊索安装作业。此期间应加强成品保护工作，重点是线索架设后在站前上料口、吊装口等地段的防护和监控。

(3)铺轨及钢轨锁定

紧跟钢轨铺架进度，在钢轨铺架完成后可以分段进行接触线架设、定位装置安装、吊弦测量预配及安装、电连接安装、设备安装等作业。具备条件的接触网工程，可以采用无轨胶轮式接触网恒张力放线车，以减少接触网工程受站前铺轨进度的影响。钢轨锁定后进行接触网状态参数检测，确保各项参数达标。此期间应加强钢轨铺设进度、工程线施工计划及安全管控。

9.2.2 “四电”工程施工组织技术

9.2.2.1 通信工程

1. 光缆线路施工

光纤通信具有传输速度快、容量大、距离长、抗干扰能力强等优点，铁路越来越多的系统采用光纤通信，现阶段通信 OTN 系统、传输系统、接入网系统、数据通信系统、光纤直放站及信号专业安全数据网等组网均采用光纤直连，光纤传输的损耗性直接决定了网络传输的距离、稳定性和可靠性，是所有语音、数据通信的基础，在工程实施中降低光纤损耗至关重要。由于光缆质地脆、机械性能差、接续对工具及技术要求高等特性导致了在工程实施中容易造成传输损耗，如模场直径不同、活动连接器接触不良不清洁、同一中继段接续过多、熔接不规范、敷设张力过大、弯曲半径过小、松套管绑扎过紧、受到砸伤和挤压等会造成光纤损耗过大从而影响信号传输的质量。降低光纤传输损耗在施工组织过程中应采取以下措施：

施工准备阶段，在施工过程中任何的疏忽都会导致光纤的损耗增加，应选择、组建高素质的施工队伍，确保施工质量；同一中继段应使用同一厂家、同一批次光缆，使光纤特性匹配，降低模场直径产生的损耗；光缆径路应进行复测，选择最佳的路由与敷设方式，根据测试结果进行配盘、采购，确保光缆整盘敷设，减少接头数量降低接头损耗；光缆到货后施工单位应组织监理单位、供货厂商共同对光缆长度、损耗和绝缘性能进行测试，做好测试记录，确保产品各项指标合格，并检查外观有无损伤。

光缆敷设阶段，应按照光缆的端别和编号顺序进行布放，降低芯径失配产生的损耗；光缆敷设应注意允许的弯曲半径与额定拉力限制，敷设时速度不宜过快，应保持匀速，避免光缆扭曲、弯折、打小圈，防止出现“背扣”和“浪涌”现象，在拐弯时保证足够的弯曲弧度，降低弯曲损耗；光缆余留时采用盘留、S 弯等方法，确保弯曲半径满足规范要求。

光缆接续、成端阶段，测试接续人员必须经过专项培训，取得合格证后方可上岗操作；制备光纤端面是光纤接续最关键的工序，端面应垂直、平整、无缺损、无毛刺；避免在潮湿、沙尘的环境中作业，应保持接续部位、材料和工具的清洁，切割之后的光纤不宜在空气中长时间暴露，熔接合格后的光纤接续部位应立即进行热缩加强管保护，加强管收缩应均匀、无气泡，接续时应用 OTDR 实时监测接续损耗；在 ODF 架进行光纤终端接续时，光纤应绑扎松紧适度，排放整齐；活动连接器应耦合紧密、插接良好，防止出现漏光的现象。

施工完成后，对中继段长度、接头损耗、衰减、回波损耗及偏振模色散等技术特性进行测试，应符合标准规范及设计要求；做好成品保护工作，防止光缆被砸伤和挤压。

2. 通信系统调试

通信工程涉及子系统多、点位多、调试工作繁杂，其中承载网向多个专业提供通道，多专业、多系统协同调试，配合、协调工作量大，且大部分新建线路在调试阶段均进入了工程末期，时间紧、任务重，通道按期提供是其他专业、其他系统开始调试的重要保障，系统调试的顺利完成是启动联调联试的基础，是通信工程施工的重点，组织协调好各专业及各单位的配合工作尤为重要。

光缆线路通道。部分专业、系统需直接利用通信干线光缆中部分纤芯资源进行组网，如信号安全数据网，通信专业应掌握安全数据网组网情况，根据信号专业工期节点合理安排施工，并结合本专业情况规划好纤芯运用。

既有机房新增设备及扩容。通信各系统接入中心设备、系统间互联互通需在相关既有机房新增或扩容设备进行。首先根据施工图梳理各系统新增及扩容设备工作量，应包含既有通信机房新增、扩容设备及相应布线等施工内容。然后对既有机房施工条件及设备现状进行详细调查，重点调查扩容设备的位置、待扩容设备的空余槽位、机房布线情况，新增设备的安装位置、电源容量、配线架端子情况、走线方式及光电缆引入径路等。最后编制实施方案，经建设单位、设计单位、铁路局集团公司、监理单位审查批准后实施。

设备单机调试。机架安装位置和强度符合规范要求，子架安装位置及板件插入可靠、位置正确；设备配线检查无误，绕接、卡接、焊接、压接端子质量符合要求，相应的接插接装配正确并可靠连接；设备可靠接地，接地阻值符合要求；电源设备加电，电压、电流等技术特性运行正常，设备加电后运转良好、内置风扇正常启动，各单机显示告警状态符合实际使用情况；传输系统先调试主干设备，再调试接入层设备；数据网先调试主干设备，再调试接入层设备；接入网系统先调试电话交换设备，再调试 GPON（千兆无源光网络）中的 OLT（光线路终端）设备，最后调试 ONU（光网络单元）；GSM-R 系统先调试 BSC（基站控制器）设备，再调试 BTS（基站收发台）设备；综合视频监控系统先调试云平台点设备，再调试各节点设备，最后调试前端设备；网络安全先调试安全保护平台，再调试网管系统；电源及环境监控系统先调试监控中心设备，再调试各站点 RTU 设备及传感器。各系统均从一个方向依次进行调试，便于网元入网。

系统调试。系统接入前，应完成通道测试和技术资料准备，数据配置完成后，进行相关测试及验证工作；新增系统接入既有运行系统时，应制定应急预案，一旦出现异常情况，应保证随时回退到原设备运行状态，防止影响既有系统的正常运营；网管操作及数据配置应对操作者设定权限、操作密码，数据配置充分考虑系统冗余，系统数据均应做好备份。

系统测试。测试人员应培训合格，达到胜任条件并取得操作授权；测试仪表状态良好并在计量检定有效期内；严格按照技术指标、测试仪表使用说明书规定的方法操作；仪表连接正确，不得超量使用，无关人员不得拨动仪表；不得在仪表周围安放对仪表灵敏度产生干扰的设备；对接地有要求的仪表，测试前应做好接地连接。

系统割接。制定割接方案前，应对现场实际情况进行勘察，掌握在用设备的使用情况，并准备好网络拓扑图、设备及线路连接图；割接方案中应明确施工负责人、维护管理单位配合人员、厂家负责人，并确定操作人员分工；制定详细的割接步骤、系统的更改和数据配置以及每一步回退方案，将每一步的先后工序及所用时间排列清楚；熟练掌握各工序操作要点及注意事项；准备好机具、仪表、材料；割接方案应报建设单位组织各方会审后实施；申请割接时，应有充足的时间余量，并做好相应的应急预案，准备好备品备件；割接前应对系统运行情况再次进行检查，对所割接的光电缆、设备做好标记；割接过程严格按照割接步骤执行，未得到上一步的确认不得进行下一步的工作；拆除旧设备时不得影响正在使用设备的运行，先拆除线缆、再拆除设备，先拆除电源线、再拆除信号线；新设备入网应准确、细致、有序。

通道的提供。系统调试阶段优先调试承载网传输系统和数据网，结合各专业、各系统调试特点及工期节点要求，制定详细的通道数据配置原则及顺序，如信号专业 CTC 系统与微机监测系统、电力专业远动系统、电气化专业远动系统调试周期长、时间紧，应优先提供，加强与各专业、各系统厂家的协调配合工作。

9.2.2.2 信号工程

信号工程施工组织主要从室内设备安装、室外设备安装、系统调试等几个方面组织，提高信号工程的施工质量和施工效率，达到设备安装一次到位，满足验收标准要求。

1. 室内设备安装

(1)机柜组立前根据施工平面图核对机柜位置，重点考虑机柜组立后与空调、消防等设备之间的位置是否满足设备使用及维修要求，如发现冲突及时提交房建专业更改空调、消防等设备接口预留位置，避免后续返工影响施工质量和效率。

(2)可利用 BIM 技术对电缆桥架位置、线缆走向、模拟电缆固定位置等线缆布置进行碰撞检测，优化布线方案，从源头重点解决线缆交叉碰撞等问题，同时利用 BIM 技术对不同性质线缆分区、分层布置，为后期信号设备的运营维护提供便利。

(3)车站室内安装时还应考虑机械室、微机室、电源屏室、运转室之间的布线方式，如机械室与微机室之间的联锁、列控布线距离过长会影响数据传输效果，电源屏室与机械室布线距离过长会影响设备的供电电压，因此在设备布置和布线过程中通过调整设备安装位置、优化走线方式等方法进行优化，避免后续返工影响工程进度。

2. 室外设备安装

(1)利用钢卷尺、小推车、基于北斗系统＋RTK 的新技术等多种手段对室外设备安装位置进行定测。

(2)信号室外工程箱盒、电容、应答器及钢轨引接线的安装钻孔可根据确定的工艺标准生产统一的钻孔模具，施工人员利用钻孔模具施工简便快捷，同时施工工艺标准统一。

(3)为了提高劳动效率，可根据现场作业条件，安排电容与引接线钻孔工作同步进行，钢轨钻孔与应答器设备安装钻孔同步进行。

(4)钢轨钻孔是信号工程病害多发区，为保证钢轨钻孔质量采用如下措施：①编写作业指导书，作业指导书配备动画操作流程，使现场施工人员便于掌握钻孔关键点；②钢轨钻孔挑选有责任心、技术过硬的人员成立钢轨钻眼工班，对作业人员进行培训和考试，培训考试合格后才能上岗；③每个作业班组配备一组专职位置复核确认人员，位置复核重点复核钻孔位置与钢轨焊缝位置之间的距离，确认无误后方可钻孔；④钢轨钻孔过程中密切关注钻孔过程，发现钻头异常时及时更换，钻孔过程中钻头推力应均匀，避免推力过大造成钢轨破坏；⑤钻孔完成后应及时倒角并涂抹导电膏进行保护。

3. 系统调试

信号专业系统调试具有配合要求高、涉及专业多、接口复杂等特点，组织协调好各专业及各单位的配合，对信号系统调试质量和进度极为重要。

(1)做好培训工作，邀请各系统厂家对现场配合人员进行技术培训，让现场配合人员熟练地掌握信号各系统调试时模拟条件设置的要求和流程，提高调试进度和质量。

(2)做好专业协调，信号系统需要电力专业和通信专业配合。电力专业的配合主要是保证正常供电，与电力专业共同制定调试计划，防止因电力专业与信号专业调试区域重叠造成停电，影响信号专业调试进度；通信专业配合主要是通道提供，根据现场具体情况及信号专业需求编制通道调试计划，组织通信专业、信号专业及各系统厂家共同进行通道调试，通道调试的计划进度需与信号专业调试计划匹配。

(3)最后组织好内部协调，内部协调主要是各系统厂家和现场配合人员之间的协调，针对内部协调在系统调试前组织各系统厂家和现场配合人员召开协调会，共同讨论制定调试计划和配合需求，保证内部配合无缝衔接。

9.2.2.3 电力工程

电力工程施工组织要从保证通信、信号系统调试用电为目标的角度出发，重点工作在于电力外部电源，变、配电所，区间贯通电缆及箱变的施工组织安排。

1. 变、配电所施工

变、配电所是铁路供配电系统的核心，在铁路供配电系统中占有特殊的地位，不仅要给车站生活生产房屋提供电源，更是要保证铁路通信和信号的设备用电。在变、配电所的施工过程中，会遇到设备基础不匹配、预留孔洞不合理等情况，电力专业应该与土建、房建等专业在变、配电所房屋的施工阶段进行密切配合，结合运营维护的需要，确认场坪标高、设备基础、预埋配件、预留孔洞、电缆沟槽和电缆支吊架等接口满足电力专业施工要求。变、配电所内电缆数量多、线径大，容易出现电缆交叉或冲突的情况，可以利用 BIM 技术，对变、配电所电缆夹层和电缆沟槽内各类性质的线缆布置进行碰撞检测，优化线缆敷设路径，从源头解决线缆交叉碰撞等问题，力保电缆敷设一次完成。

2. 区间贯通电缆施工

区间贯通电缆是给区间通信和信号设备供电的前提，属于线路上施工，涉及的线路长，工程量大，经常受到站前工程作业面移交滞后和交叉施工的制约。为了给通信和信号设备提供稳定可靠的电源，在贯通电缆敷设的施工中，“四电”单位应该积极主动与站前单位进行沟通，督促站前单位按施工需要移交施工工作面，根据移交情况，灵活调整施工作业组织，在线路情况良好的区段应该采用机械作业，提高贯通电缆敷设的效率；在交叉施工时，应当采用钢管和沙袋对电缆进行防护，防止出现电缆出现外护套破损等情况，现场条件恶劣的情况下，设计单位应该根据现场情况，提供贯通电缆过渡施工方案，确保贯通电缆的正常敷设。

9.2.2.4 牵引变电工程

变电工程的施工组织重点在于如何克服诸多因素影响保证大型设备一次性运输到位和如何通过统筹规划大量线缆施工提升工艺质量，节约成本。

1. 大型设备运输

变电所大型设备主要是主变压器，在施工中往往会因为诸多因素影响导致变压器不能一次性运输到位，从而影响工程推进。为保证变压器一次性运输到位，首先，优化运输方案，运输前应对运输通道进行详细调查，通过 BIM 技术对调查数据进行反复模拟形成最优运输方案，若运输路径涉及承重、限高、障碍物、行车半径等问题应制定专项方案。其次，优化施工组织，主变器运输一般由设备厂商通过异地运输公司一次性完成运输或采取异地运输公司运至施工单位指定地点后通过当地运输公司进行转运，后者施工组织更为合理，当地运输公司有着先天的优势，运输机械证件齐全，减少相关手续办理，节约时间，司机熟悉路况，减少运输安全风险。最后，加强沟通协调，建设单位应协调站前和站后单位施工组织匹配性，重点是进所道路的施工应在变压器运输前完成或至少完成征地。

2. 高低压电缆敷设

变电工程线缆数量较多，排布复杂，整个施工组织不经过统筹规划极易造成材料的浪费和返工。为了提升施工效率，有效节约施工成本，首先，优化高低压电缆敷设方案，施工前应依据设计图纸，利用 BIM 技术仿真模拟线缆走向、布放位置、空间状态、支吊架和桥架安装位置及结构参数、土建预留预埋等形成线缆布放最优路径方案并生成模拟敷设材料表和顺序表、电缆沟槽剖面图等，从而指导线缆提料和现场施工；其次，优化施工组织，线缆敷设应由远及近、由内至外、由下至上进行敷设，室外设备按照相对室内设备距离进行排序，先敷设距离长的线缆，再敷设距离短的线缆；线缆在支架上先放置在靠近电缆沟壁的位置，再依次向外排列;上层为电源电缆,下层为控制电缆,施工人员应严格按照电缆敷设顺序表进行施工,同时施工过程资料、检验批和检测报告等竣工资料在施工中同步录入 BIM 平台,形成数字化档案。最后,加强施工现场管理,成立线缆敷设施工队,参与施工的管理和施工人员应进行培训和考试,培训考试合格后才能上岗。

9.2.2.5 接触网工程

(1)目前,接触网工程腕臂、吊弦已实现了工厂化加工,流水线作业。除此之外,弹性吊索、中锚绳、电连接线、拉线装置、接触网棘轮底座等也可在预配车间进行预制。通过现场数据测量和计算确定材料长度等参数,在预配中心进行材料预配登记,然后现场安装,做好记录,可保证接触网主要材料的工厂化预配,实现关键物资的溯源管理。在预配车间加工,能做好材料尺寸、螺栓力矩等参数的精确控制,便于现场安装的统一和质量控制,提高接触网工程的施工效率和安装质量。

(2)接触网安装工程工序复杂且工程量大,需要的作业人员多,施工质量更多依赖于作业人员的专业素质。在施工过程中,可分解施工工序,成立专业的施工小组,如数据测量、腕臂安装、接触线架设、吊弦安装、电连接压接等,简化现场施工,合理的分配利用人力资源,便于落实各工序技术交底和培训,保证对现场的安装工艺执行到位,实现安装质量的可追溯。

(3)接触网工程除供电线外基本属于线路上施工,受站前工程作业面提供及交叉施工制约较大。由于无砟轨道龙门架通过影响,腕臂安装等后续施工需无砟轨道施工完成才能进行;导线架设需采用专业的恒张力放线作业车,占用轨道进行施工,需钢轨铺设完成满足上道运行条件。因此,接触网工程的施工总是被限制在后期极短的时间内完成,普遍存在抢工的情况,影响接触网施工调整的质量。为接触网工程争取更多的施工调整时间和作业空间,可与站前单位沟通探讨改进无砟轨道施工龙门架的形式,保证其功能的情况下,降低高度,控制在接触线设计高度以下,避免与接触网施工的相互影响;保证接触网架线车恒张力作业稳定性的情况下,改进作业行走方式,减小铺轨进度对接触网施工的制约。

9.2.3 利用信息化技术手段

9.2.3.1 基于 BIM 深化应用的施工组织技术

结合“四电”工程施工组织复杂程度、精细化的要求不断提高,特别在“四电”专业与房建专业的碰撞检查、“四电”专业线缆的布设优化、设备布置优化、专项方案模拟、零构件工厂化预制等方面,可利用 BIM 技术手段实现组织资源配置的预演,实现施工组织的精细化和高效率,主要应用点如图 9-1 所示。

其中专项方案模拟,如“四电”专业间分支沟槽模拟、供电线路径规划模拟、“四电”构件的工厂化预制、设备线缆布设优化、室外电缆沟优化设计、区间电缆槽过渡段设计等。以变电所外分支沟槽施工方案为例,涉及专业多,线路与变电所之间环境复杂。利用 BIM 技术

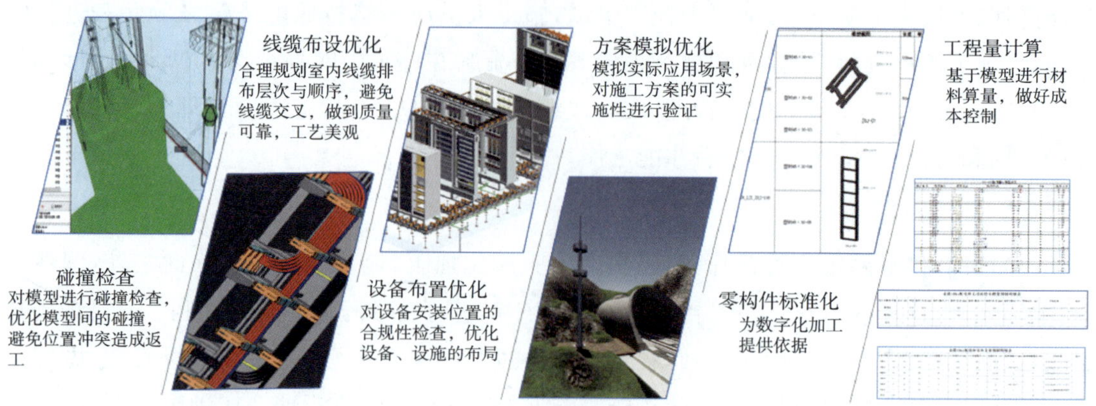

图 9-1　施工深化模型主要应用点

对各专业分支沟槽统一规划，使各专业分支沟槽电缆互不干扰，互不交叉，得出最优布置方案，优化案例如图 9-2 所示。

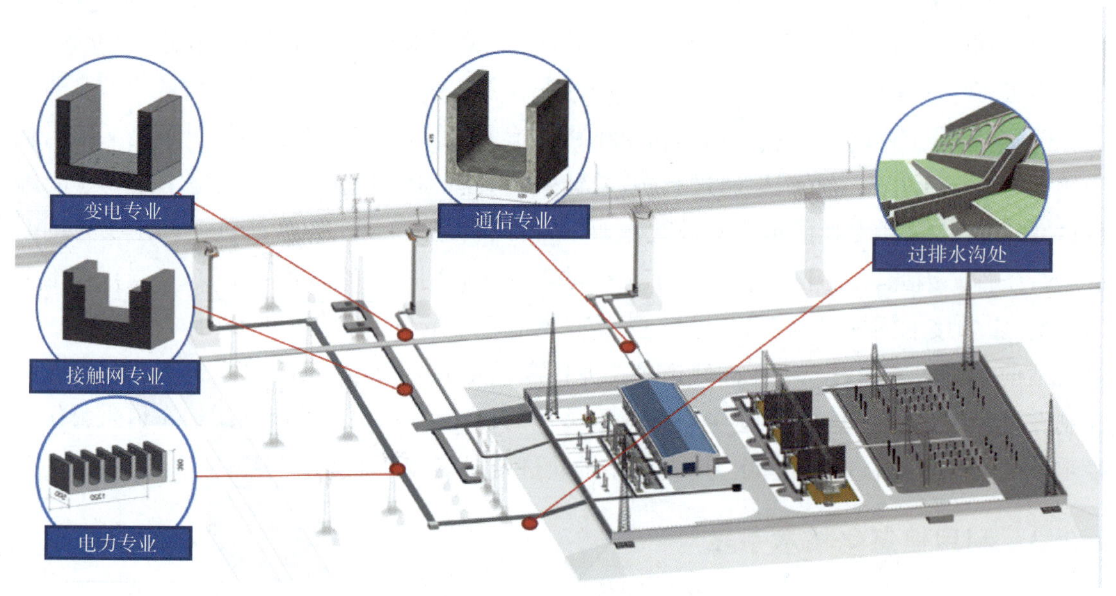

图 9-2　翔安北牵引变电所分支沟槽布置方案模拟优化

9.2.3.2　基于 BIM 进度模型的形象化表达

高速铁路“四电”工程施工线路长、跨越地区环境情况不一、施工专业多、专业间施工接口杂、施工点多且分散，施工流动性大，施工周期短，如何在长距离、多工点，施工组织难度大的情况下做好施工进度的实时监控，及时对进度计划纠偏，是提升进度管理水平的关键。BIM 可视化技术与传统施工进度控制的结合应用，基于 BIM 施工深化模型和编码映射，实现施工日志驱动三维 BIM 模型形象变化（黄色为未完成、绿色为已完成、黄色向绿色颜色渐变体现构件完成率),同时利用甘特图对比实际进度和计划进度。通过形象化进度回溯的方式更好地辅助现场生产调度指挥,提高项目整体效益和可控度。形象化进度如图 9-3 所示。

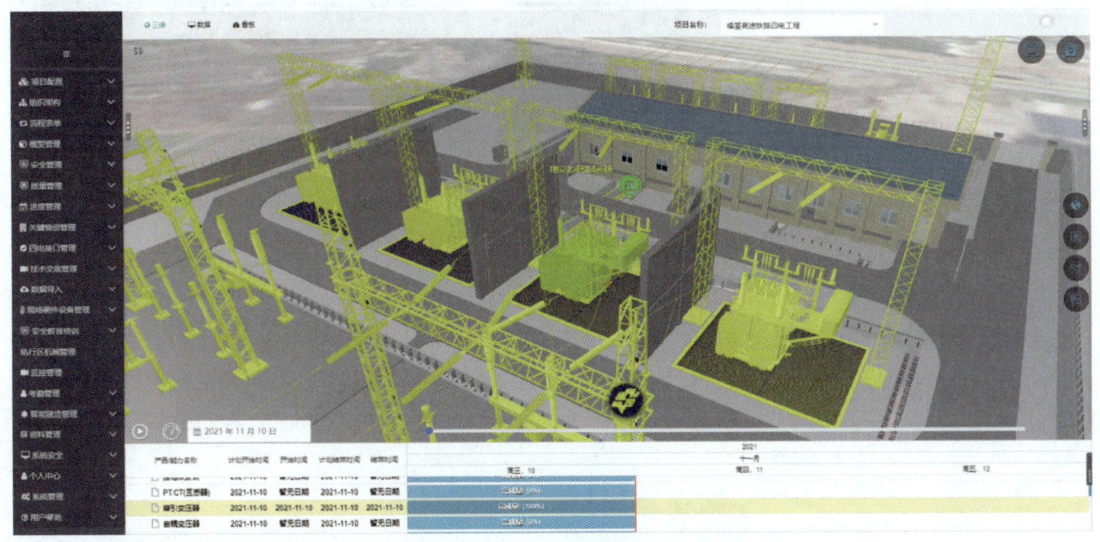

图 9-3 形象化进度

9.2.3.3 基于 BIM 模型的关键物资组织

高速铁路“四电”集成工程涉及物资材料种类繁多、投资占比巨大、施工工点点多面广,致使施工组织时对物资材料仓储管控难度较大,物资无法做到有效的追溯及实时更新。为此,引入全生命周期可追溯的理念及储存 ABC 分析法,研发基于 BIM 的关键物资可追溯系统(以下简称系统),实现了关键物资可追溯的全过程闭环管控。首先组织编制关键物资清单,同时确定物资流转过程中采集的属性信息。通过系统搭建起关键物资分类与 BIM 模型构件的映射关系,并且设定物资属性模板。在材料目录中划分关键物资分类的不同规格型号、供应商等信息,将供应商纳入管理,供应商生产时通过系统获取二维码铭刻在物资设备上(图 9-4),利用二维码快速便捷的优势,从源头开始采集物资设备的生产、出厂、入库、出库、安装属性,扫码安装后同 BIM 模型建立绑定关系,物资过程属性集成至 BIM 模型,实现模型信息化,形成项目数字化模型资产,达到现场与系统信息统一、虚拟与现实价值转换。物资流转数据分析处理后形成可视化图表(图 9-5),通过对日期、名称、型号、流转状态等级联筛选,快速了解“四电”关键物资的流转情况、到货比以及库存情况,合理调配资源,保障工程的稳步推进。

9.2.3.4 “四电”与站前接口工程组织实施的信息化

为了解决高速铁路“四电”接口组织实施过程中存在的题,满足“四电”接口工程组织检查效率需求,研发“四电”接口系统功能。通过里程关联数据,定制好接口检查中的各项要点,搭建接口标准化问题库;定制涵盖“发起-处置-销项”的接口检查全闭环管控流程(图 9-6)。通过

图 9-4　物资二维码下载及铭刻

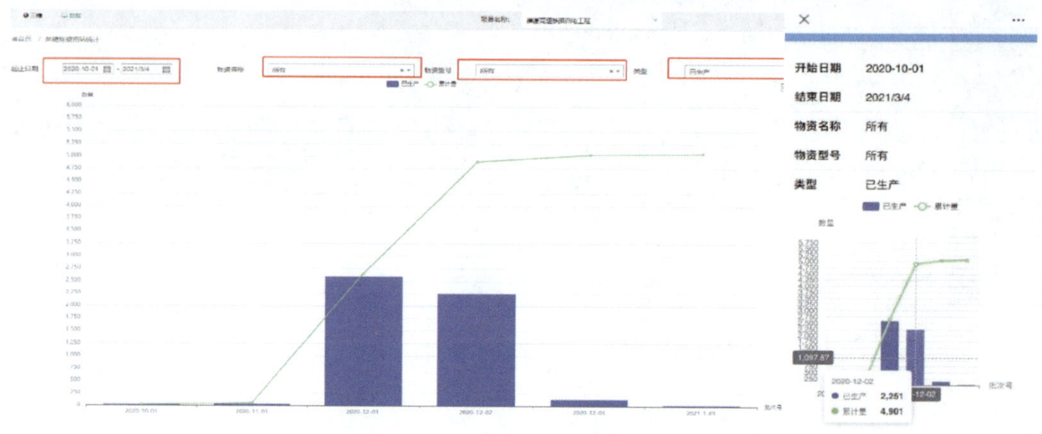

图 9-5　关键物资数据统计分析

手机微信端或 web 端在平台中输入相应问题信息，自动关联到对应的车站/区间和站点及监理单位，减少现场填报工作量，同时里程关联 BIM+GIS 三维标签进行可视化展示(图 9-7)。

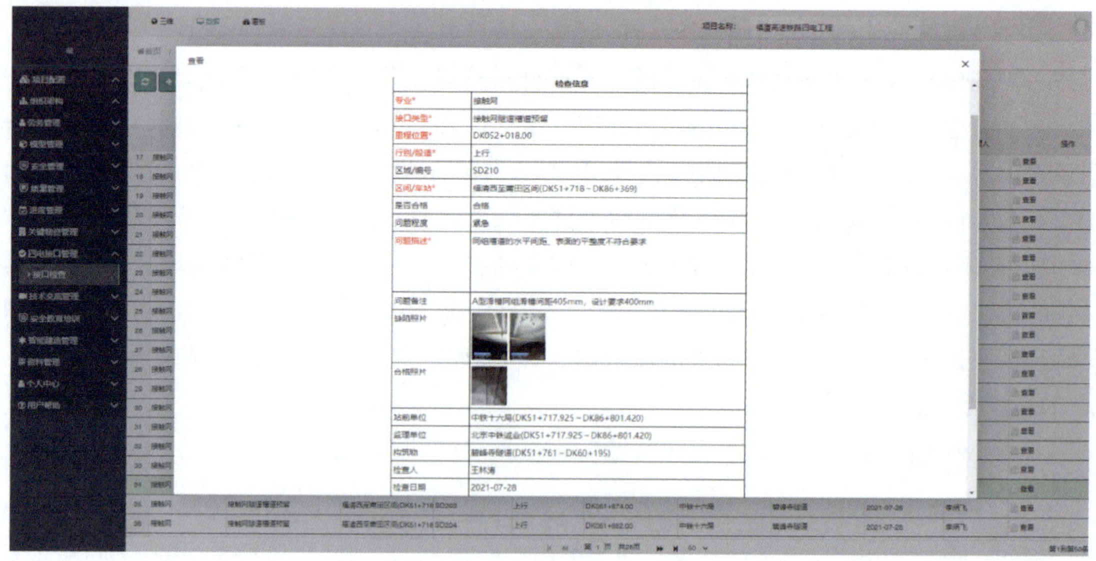

图 9-6　接口检查问题填报

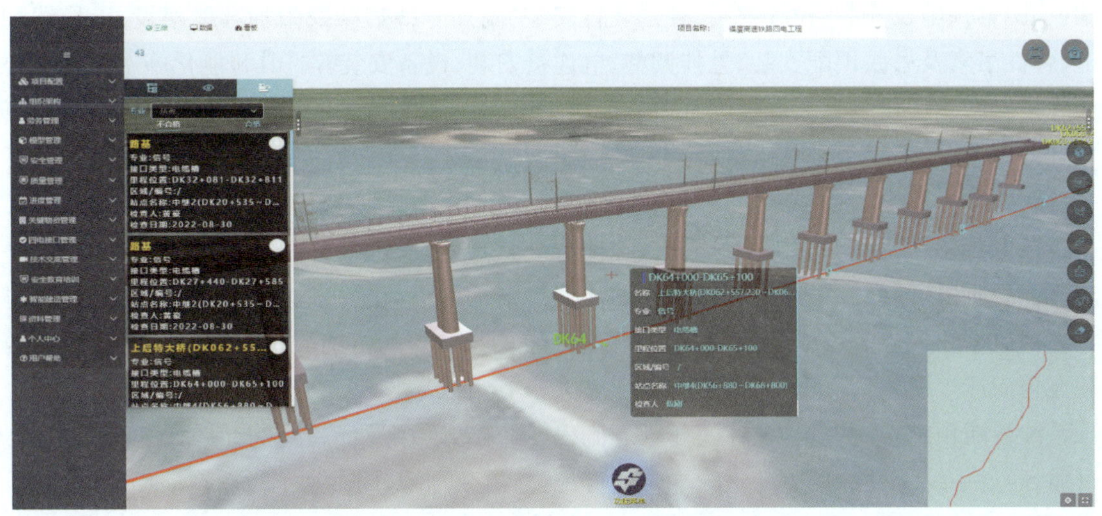

图 9-7 基于 BIM 管理平台的接口检查信息集成

9.2.3.5 基于智慧工地平台的施工组织控制

智慧工地平台应用围绕“人、机、料、法、环”五大要素展开，通过现场采集设备、智能化装备、BIM 系统及其他设备接口采集工程数据，利用云端服务器进行数据存储及分析，将现场进行可视化展示，形成对现场施工人员、机械设备、物资、工艺工法、施工环境等情况进行智能监测和远程控制(图 9-8)，提升现场施工组织效率。

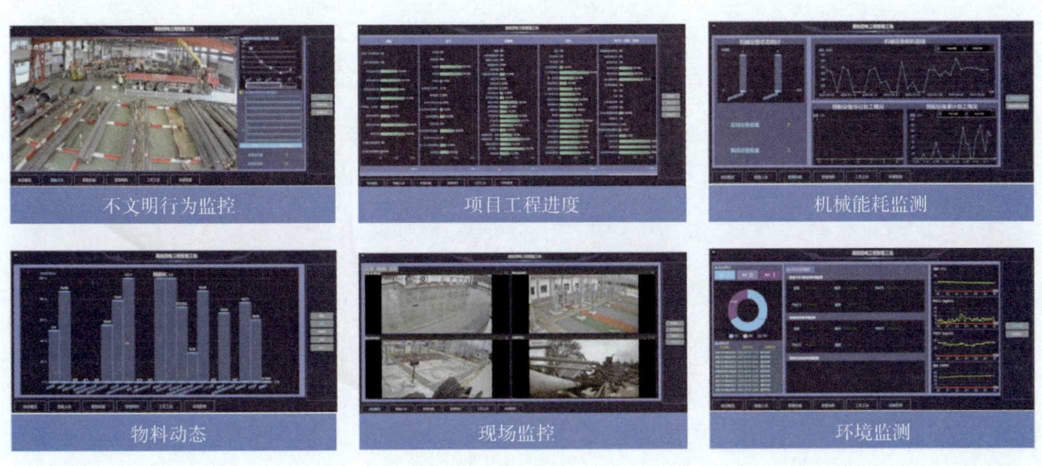

图 9-8 智慧工地界面展示

9.3 接触网工程智能化施工组织

高速铁路接触网是铁路供电工程的主动脉，施工内容包括支柱组立、吊柱安装、硬横梁架设、腕臂预配及安装、拉线安装、补偿装置安装、附加导线肩架及附加导线架设、承导线加上、弹性吊索及吊弦预配安装、悬挂调整、电连接安装、设备安装等。其智能化施工组织主要实现接触网工厂化装配和现场施工作业关键工序的数字化、流程化、智能化。

9.3.1 基于 BIM 数据驱动下的智能化接触网预配

在电气化铁路接触网施工过程中，腕臂及吊弦预配是接触网施工质量的重点控制工序之一。现阶段，国内接触网腕臂和吊弦的预配技术是利用预配计算软件导出的预配数据，再将表格数据输入生产线或是采用固定平台进行人工预配，其传统流程工艺存在因信息流转和人为而产生误差。应用 BIM、互联网、大数据等新一代技术，搭建 BIM+GIS 施工组织管理系统智能预配功能模块，设计闭环管理流程(图 9-9)连接设计和施工，保障预配数据真实可靠；通过系统下发数据驱动预配平台进行腕臂、吊弦预配，同时加工数据自动反馈给系统，实现接触网智能预配生产线与管理平台之间信息数据流与数据处理的无缝集成，提高了施工组织的精细化程度及效率。

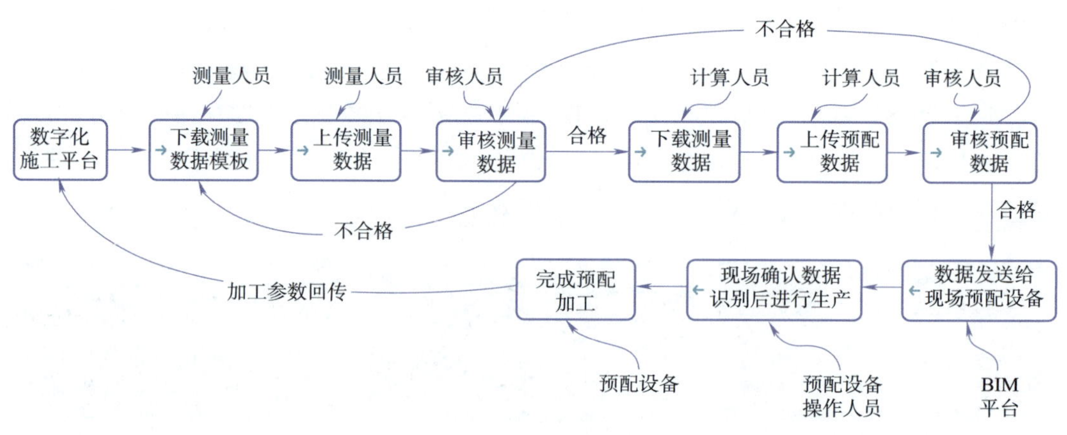

图 9-9 流程设计

9.3.1.1 高速铁路接触网腕臂预配智能化生产线

高速铁路接触网腕臂预配智能化生产线实现智能化、信息化管理、智能机械预配、施工生产管理平台和现场视频监控等技术与施工生产深度结合，依靠智能化装备互联等，实现施工的工厂化、机械化、智能化，提升施工作业效率和施工工艺质量，并为后续智能运维奠定基础。装备具有远程传输预配数据、自动识别预配数据、管材自动送料、自动定长锯切钻孔、自动喷码打标、零件自动穿管定位、零件自动紧固、成品自动下料码垛等先进技术。预配生产线适用于钢腕臂、铝合金腕臂，应用范围广，如图 9-10 所示。

通过 BIM 平台实现对生产线的远程控制，仅需值守人员 3 人，腕臂预配时长 5 min/组，预配尺寸精度±1 mm，扭矩误差±3 N·m，有效地提升了预配质量和效率。

该生产线已在郑万铁路湖北段、南沿江、昌景黄、京雄城际、京唐、新福厦铁路等工程接

图 9-10 高速铁路接触网腕臂预配智能化生产线

触网腕臂预配中应用。

9.3.1.2 高速铁路接触网吊弦预配智能化生产线

高速铁路接触网吊弦预配智能化生产线通过智能化、信息化管理、智能机械预配、施工生产管理平台和现场视频监控等技术与施工生产深度结合，依靠智能化装备互联等，实现施工的工厂化、机械化、智能化，提升施工作业效率和施工工艺质量，并为后续智能运维奠定基础。装备具有远程传输预配数据、自动识别预配数据、吊弦线自动计长输送、带张力自动定长切断(焊接熔断)、零件自动送料、自动穿线、自动收紧、恒压力带张力自动压接、自动下料、自动生成和打印标签等先进技术，如图 9-11 所示。

通过 BIM 平台实现对生产线的远程控制，仅需值守人员 2 人，吊弦预配时长 2 min/根，预配尺寸精度±1 mm，有效地提升了预配质量和效率。

该生产线已在京张、京雄、朝凌、南崇、郑阜、银吴、商合杭、南沿江、新福厦铁路接触网工程中应用。

图 9-11 高速铁路接触网吊弦智能化预配生产线

9.3.2 高速铁路H型支柱智能组立

高速铁路H型支柱智能组立施工依靠智能化装备实现。高速铁路H型支柱智能组立技术装备基于现有一体化工艺数据信息、标准化工序、工人施工技能等一系列技术要求，实现可靠精准的数据信息智能化施工控制和管理，降低施工人员的体力劳动强度，提高施工效率、施工质量。该设备主要由底盘系统、机械臂、立杆机械手、电控系统、液压系统、管路系统等部分组成，如图9-12所示。支柱组立装备完成立杆半自动安装功能，在抓杆、安装的两个环节采用自动形式，在中间移位采用半自动形式，降低对工人技术水平要求，提高现场使用效率。在支柱组立过程中同时对用户的基础施工情况进行检测和测量，并与用户BIM管理系统进行对接，共享安装过程数据和测量数据信息。该装备具有适应多工况(铁路、公路、轨道板)自行走、基于野外视觉引导系统实现机械臂自动对位安装、多重安全措施保障、高精度重载机械臂多自由度控制、与BIM平台协同作业等先进技术。

该装备具备全工况自行走自主作业；减少施工人员投入，提高施工效率(每组人员由传统8人缩减至4人，作业效率由传统10 min/根缩减至5 min/根)；保证现场施工作业安全；基于BIM平台远程控制，提升项目管理水平；安装精度水平得以提升。

该装备已在京雄城际铁路、京唐城际铁路、新福厦铁路接触网施工中应用。

图9-12 高速铁路H型支柱智能组立装备作业图

9.3.3 高速铁路接触网腕臂智能安装

高速铁路接触网腕臂智能安装主要依靠自行走胶轮式智能安装装备。自行走胶轮式高速铁路接触网腕臂智能安装技术装备满足接触网腕臂的预装、对位、安装功能，施工过程以机械化施工为主，人工辅助为辅，提升腕臂安装装备械化水平、减轻人力现场作业，如图 9-13 所示。装备以铁路平板车为载体，共分为发动机系统、高空作业平台、机械作业臂、腕臂组装台和腕臂材料放置区共五大区域。该装备具有适应多工况(铁路、公路、轨道板)自行走、基于视觉引导系统实现机械臂自动对位安装、腕臂模块化转运与自动化安装、基于现有工艺流程的腕臂机械化安装、多重安全措施保障等先进技术。

该装备具备全工况自行走自主作业；减少施工人员投入，提高安装效率；保证现场施工作业安全；基于 BIM 平台远程控制，提升项目管理水平；安装精度水平得以提升。

该装备已在京雄城际、新福厦铁路接触网施工中应用。

图 9-13　自行走胶轮式高速铁路接触网腕臂智能安装装备作业图

9.3.4　高速铁路接触网恒张力智能化放线

传统接触网导线架设需采用专业的恒张力放线作业车，占用轨道进行施工，受轨道铺设进度制约严重。高速铁路接触网恒张力放线智能化施工采用无轨胶轮式高速铁路接触网恒张力放线车，该装备采用公铁两用底盘＋工作装置的设计思想，进行模块化、集成化设计，如图 9-14 所示。该放线车底盘采用橡胶轮胎驱动公铁两用走行平台，公铁两用底盘满足 CRTSⅠ、CRTSⅡ、CRTSⅢ三型无砟轨道板走行，橡胶轮胎提供驱动力，满足最大 30 kN 恒张力放线所需黏着力，可实现多工况条件下的接触线、承力索收放线作业。采用具有自主知识产权的恒张力放线装置，带反馈的液压系统，能根据外部载荷精确调整液压系统的参数，满足现场实际工况，提高走行和放线张力的稳定性和精度，不产生张力超调现象。

图 9-14　GFX-Ⅰ接触网放线车

1—公铁两用底盘；2—撑线装置；3—线盘架装置；4—侧导向；5—承力索线盘架；6—液压系统及电气系统；7—张力装置组成；8—钢轮导向组成

该装备结构紧凑简单、公路铁路切换行驶方便灵活，具备全工况自行走自主作业功能，减小了铺轨进度对接触网施工的制约，填补了国内无轨恒张力放线施工的空白。

该装备已在丽香铁路、新福厦铁路进行了试点应用，作业现场如图 9-15 所示。

图 9-15　无轨胶轮式高速铁路接触网恒张力放线车作业图

9.3.5　高速铁路接触网智能检测

高速铁路的弓网关系是接触网和列车运行中的重要组成部分，其安全可靠性十分重要，因此，接触网的零部件安装质量和静态参数调整精度要求高，在施工工过程中需要配备专业可靠的测量检测装备。接触网智能检测机器人(图 9-16)系统通过模块化、轻量化、一体化集成技术实现按需设备组合;通过高精度激光扫描仪,实现接触网导高、拉出值、接触线坡度、双支接触线高度差、双支接触线水平距离、支柱侧面限界、吊弦位置、跨距、公里标、轨距、轨面超高等几何参数检测;通过高清摄像头实现接触悬挂、零部件等图像数据采集、存储;具备无线遥控自走形动力系统。

图 9-16　接触网智能检测机器人

该设备已在新福厦铁路调试应用,可以快速准确的完成接触线高度、拉出值、坡度等几何参数的采集,清晰识别接触网零部件静态状态,自动进行缺陷分析,大大提升了施工测量、调整的效率和精度。

9.4　通信、信号智能化施工组织

高速铁路通信、信号工程主要为现场设备安装及调试工作,针对这两方面的需求,对信号防撞墙钻孔、通信系统网络优化等重要工序开展智能化施工组织和技术研究,取得了显著的应用效果。信号防撞墙钻孔机器人,减少施工人员投入,提高施工效率和作业精度;高铁智能网络优化系统,提升了无线网络设计的智能化水平,降低了联调联试成本,有效支撑了高速铁路的高质量建设。

9.4.1　高速铁路信号防撞墙智能钻孔

信号工程防撞墙钻孔施工工序主要是为了安装信号装备,连接信号设备与道床和钢轨之间的信号交互。传统的施工组织是采用人工配合简易工装进行钻孔,尤其是钻孔遇到钢筋时,需要十几分钟的持续钻孔磨钢筋,工人的劳动强度非常大,且手持式水钻机并不稳固,钻孔位置精度不够,钻孔质量也不好保证。

基于上述情况，研制高速铁路信号防撞墙智能钻孔机器人，实现信号工程防撞墙钻孔工序下的智能化施工组织。钻孔前，搬运人员(4 人)对拆解的模块搬运至现场，实现快速组装并在过渡段设置过渡板，根据实际需要选择钻孔程序。钻孔作业时，作业人员(1 人)可根据现场需求自动行走，实现 10 h 连续作业；采用人工无线遥控行走方式，满足现场 35‰的爬坡和驻坡。钻孔完毕后，做好关键模块的清理工作，搬运人员(4 人)拆解后模块化运离现场。

该装备已在新福厦铁路进行现场试点应用，如图 9-17 所示。

图 9-17　高速铁路信号防撞墙智能钻孔机器人

9.4.2　基于 BIM+GIS 的智能网络优化

高速铁路移动通信系统是高速铁路安全运营的重要保障。网络优化依靠反复测试及人工调试，施工组织存在效率低、时间长、成本高等问题。面向铁路移动通信的高精度智能网络优化技术，以高性能射线跟踪仿真为基础，将抽象的电波传播等效为直观的射线，实现准确、高效的高铁智能网络优化。

基于 BIM+GIS 的高铁智能网优系统包括：基于 BIM+GIS 的多源异构跨域场景模型生成，高性能射线跟踪仿真和智能网络优化，共三个部分，如图 9-18 所示。作为高性能射线跟踪仿真的数据基础，面向铁路环境的多源异构跨域场景模型生成主要涉及三维场景模型生成、天线模型生成、材料电磁参数模型生成和铁路结构模型生成。高性能射线跟踪仿真在多源异构跨域场景模型的基础上进行，获取该场景下的无线信道特性变化，并将各位置处的接收信号强度输入智能网络优化部分。智能网络优化，基于人工智能算法和射线跟踪仿真，对站参方案进行迭代寻优，以覆盖、干扰等为优化目标，通过调整天线朝向、发射功率，获取最优解决方案。

该系统综合运用了射线跟踪技术、计算机图形学与机器学习算法，实现了高铁场景智能网优功能，在新福厦高铁进行了全面应用。面向厦门北站场景，高性能射线跟踪仿真，能够

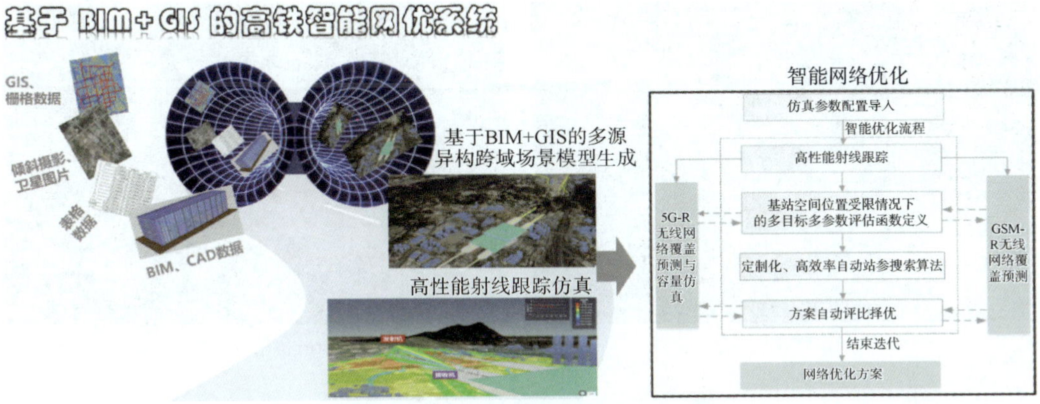

基于 BIM+GIS 的高铁智能网优系统

GIS、栅格数据
倾斜摄影、卫星图片
表格数据
BIM、CAD数据
基于BIM+GIS的多源异构跨域场景模型生成
高性能射线跟踪仿真
智能网络优化
仿真参数配置导入
智能优化流程
高性能射线跟踪
5G-R无线网络覆盖预测与容量仿真
基站空间位置受限情况下的多目标多参数评估函数定义
GSM-R无线网络覆盖预测
定制化、高效率自动站参搜索算法
方案自动评比择优
结束迭代
网络优化方案

图 9-18 基于 BIM+GIS 的高铁智能网优系统示意图

在多源异构跨域场景模型生成的支撑下，对无线信号传播的时－频－幅－相－空－极化信息进行有效的估计，解决了目前经验模型无法准确表征铁路场景的电波传播特性这一瓶颈和难题，为提升无线网络优化精度与效率提供了前提条件，如图 9-19 所示。以厦门北站处场景为例，进行了网络覆盖优化仿真，以厦门北站附近高铁线路为目标，引入射线跟踪技术进行网络优化，通过调整相应基站方位角，有效提升了目标区域的覆盖情况，如图 9-20 所示。基于 BIM＋GIS 的高铁智能网优系统快速对福州南站现有设计方案进行网络性能评估和结果呈现，该区域线路上的网络覆盖率为：97.98％（阈值：－92 dBm），边缘覆盖（5％）：－81.70 dBm，满足 95％ 的覆盖指标要求，如图 9-21 所示。同时，基于 BIM＋GIS 的高铁智能网优系统的可视化呈现，能够通过覆盖热图，直观地显示当前方案在场景中各个位置的接收信号功率。

图 9-19 厦门北射线跟踪多径效果图

(a) 优化前结果

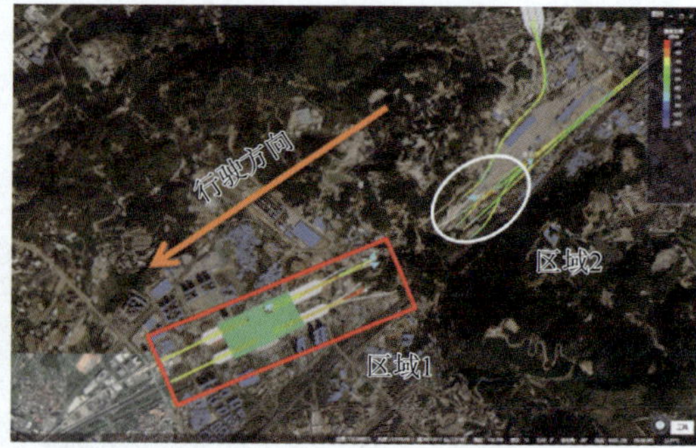

(b) 优化后结果

图 9-20　厦门北站覆盖优化效果图

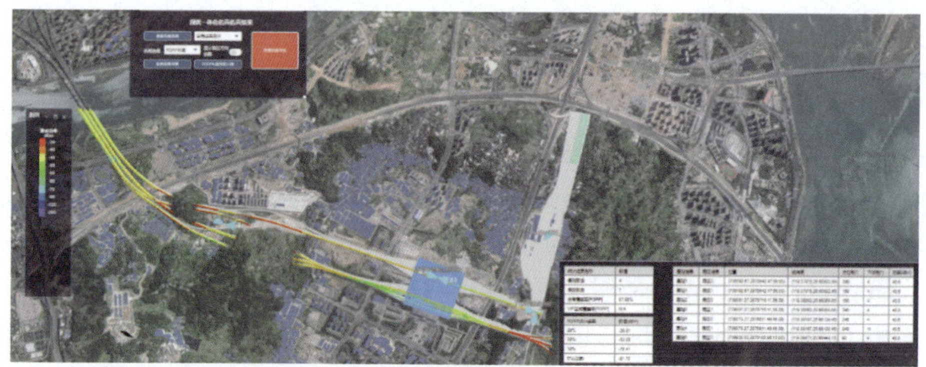

图 9-21　福州南车站覆盖方案评估图

参考文献

[1] 中国铁路总公司.铁路工程施工组织设计规范:Q/CR 9004—2018[S].北京:中国铁道出版社,2018.

[2] 中国铁路总公司.铁路大型临时工程和过渡工程设计规范:Q/CR 9149—2018[S].北京:中国铁道出版社,2018.

[3] 国家铁路局.铁路建设项目预可行性研究、可行性研究和设计文件编制办法:TB 10540—2018[S].北京:中国铁道出版社有限公司,2019.

[4] 卢春房,魏强,王鹏.基于数智化的铁路工程高效益施工组织技术研究[J].工程管理科技前沿,2023,42(1):1-8.

[5] 中国铁路建设管理公司.基于大数据和以效益为核心的铁路工程高质量施工组织设计研究[R].北京:中国铁路建设管理公司,2022.

[6] 卢春房.铁路建设管理“六位一体”目标控制体系的创建与实践[J].管理世界,2008(4):1-7.

[7] 卢春房.铁路建设标准化管理[M].北京:中国铁道出版社,2013.

[8] 中国国家铁路集团有限公司工程管理中心.铁路工程智能建造指导性工艺工法手册:站后工程[M].北京:中国铁道出版社有限公司,2023.

[9] 中国国家铁路集团有限公司工程管理中心.铁路工程智能建造指导性工艺工法手册:站房工程[M].北京:中国铁道出版社有限公司,2023.

[10] 中国国家铁路集团有限公司工程管理中心.铁路工程智能建造指导性工艺工法手册:站前工程[M].北京:中国铁道出版社有限公司,2023.

高速铁路基础研究与技术创新丛书

第一期(16 册)

(一)基础理论与基础技术系列

高速铁路散体道床宏细观力学行为 赵春发　翟婉明　张　徐　著

ISBN 978-7-113-28857-0

高速铁路线路系统动力学 龙许友　时　瑾　王英杰　编著

ISBN 978-7-113-28997-3

高速铁路弓网关系研究 韩通新　著

ISBN 978-7-113-28941-6

(二)动车组系列

高速列车轻量化设计 李　明　伊召锋　米莉艳　等编著

ISBN 978-7-113-28972-0

(三)供电系列

高速铁路受电弓 韩通新　编著

ISBN 978-7-113-28975-1

高速铁路接触网检测技术 韩通新　著

ISBN 978-7-113-28961-4

(四)工程设计系列

高速铁路桥梁抗震设计 陈兴冲　张永亮　编著

ISBN 978-7-113-28964-5

高速铁路轨道工程 BIM 正向设计软件开发及实践 姚　力　刘大园　董凤翔　等编著

ISBN 978-7-113-28934-8

(五)工程施工与组织系列

高速铁路桥梁 BIM 技术研究与实践 盛黎明　苏　伟　刘延宏　宋树峰　编著

ISBN 978-7-113-28938-6

高速铁路岩溶路基边坡变形与稳定 白明洲　师　海　田　岗　等编著

ISBN 978-7-113-28880-8

高速铁路工程地质灾害超前预报图形判别和解译 李　忠　郝娜娜　等编著

ISBN 978-7-113-28935-5

(六)通信与列控系列

高速铁路宽带无线信道测量与建模技术 周　涛　何睿斯　艾　渤　编著

ISBN 978-7-113-28930-0

(七)测量与检测系列

(八)高铁运营与经济系列

高速铁路社会效益研究——基于时空经济分析 李红昌　夏璇璇　著

ISBN 978-7-113-28942-3

(九)现代信息技术系列

高速铁路物联网技术 史天运　孙　鹏　张惟皎　陈瑞凤　编著

ISBN 978-7-113-29029-0

(十)安全·健康·维护系列

高速铁路道砟飞溅机理及防治 高　亮　石顺伟　殷　浩　著

ISBN 978-7-113-28906-5

高速列车多目标均衡综合节能技术 张　雷　李　明　司志强　等编著

ISBN 978-7-113-28976-8

第二期(23 册)

(一)基础理论与基础技术系列

高速列车空气动力学数值模拟——基于 STAR-CCM+软件

李　明　李　田　戴志远　等编著

ISBN 978-7-113-30059-3

高速铁路沿线地面沉降研究与防治 李国和　黄大中　尚海敏　王少林　编著

ISBN 978-7-113-30176-7

高速铁路路基智能填筑技术 王同军　闫宏业　杨　斌　尧俊凯　等著

ISBN 978-7-113-30047-0

季冻区高速铁路路基服役性能与孕灾风险研究

叶阳升　蔡德钩　毕宗琦　李善珍　等著

ISBN 978-7-113-29934-7

高速铁路隧道内附属设施气动效应及安全性研究

彭立敏　杨伟超　施成华　雷明锋　著

ISBN 978-7-113-30104-0

高速铁路钢轨打磨理论与技术　王文健　郭　俊　周　坤　著

ISBN 978-7-113-30061-6

高速列车动态性能正向设计　周劲松　宫　岛　孙文静　著

ISBN 978-7-113-30050-0

高速列车自动驾驶控制理论　宿　帅　李开成　唐　涛　袁　磊　等编著

ISBN 978-7-113-30147-7

高速铁路行车调度与控制一体化　唐　涛　宿　帅　孟令云　阴佳腾　编著

ISBN 978-7-113-30112-5

高速铁路无砟轨道结构水泥基材料理论与技术

龙广成　曾晓辉　马昆林　谢友均　著

ISBN 978-7-113-30056-2

(二)动车组系列

高速列车空气动力学设计技术　丁叁叁　著

ISBN 978-7-113-30055-5

(三)供电系列

高速铁路电力牵引供电工程智能建造技术

胡志华　陈建明　奚金柱　吴命利　等编著

ISBN 978-7-113-30205-4

(四)工程设计系列

现代铁路枢纽规划设计　许佑顶　高丰农　吴学全　李传勇　等编著

ISBN 978-7-113-27468-9

高速铁路隧道底部结构动力响应特性及设计方法

彭立敏　施成华　黄　娟　丁祖德　著

ISBN 978-7-113-30133-0

(五)工程施工与组织系列

高速铁路工程勘察技术创新与实践　陈则连　著

ISBN 978-7-113-30189-7

高速铁路工程质量系统管理(第2版)　卢春房　等著

ISBN 978-7-113-30108-8

高速铁路路基沉降分析与控制技术　宋绪国　郭帅杰　编著

ISBN 978-7-113-30154-5

深埋高速铁路地下车站施工关键技术　杨新安　马明杰　李路恒　罗　驰　编著

ISBN 978-7-113-30001-2

高速铁路施工组织创新与实践　魏　强　编著

ISBN 978-7-113-30136-1

高速铁路路基沥青混凝土防水封闭结构　蔡德钩　闫宏业　楼梁伟　石越峰　等著

ISBN 978-7-113-30033-3

(六)通信与列控系列

高速铁路信号系统雷电防护技术研究　向念文　徐宗奇　阳　晋　编著

ISBN 978-7-113-30135-4

(七)测量与检测系列

(八)高铁运营与经济系列

(九)现代信息技术系列

智能高速铁路图像大数据分析技术及应用　李　平　李　瑞　赵　冰　编著

ISBN 978-7-113-30134-7

(十)安全·健康·维护系列

高速列车横风效应及气动安全控制动力学　毛　军　柳润东　郗艳红　著

ISBN 978-7-113-30028-9